高等学校应用型本科保险学

"十二五"规划教材

人 身 保 险

主 审　张启文

主 编　修　波

副主编　高　杨

中国金融出版社

责任编辑：张　铁
责任校对：张志文
责任印制：陈晓川

图书在版编目（CIP）数据

人身保险（Renshen Baoxian）/修波主编 . —北京：中国金融出版社，2014. 8
高等学校应用型本科保险学"十二五"规划教材
ISBN 978 - 7 - 5049 - 7358 - 0

Ⅰ . ①人… 　 Ⅱ . ①修… 　 Ⅲ . ①人身保险—高等学校—教材 　 Ⅳ . ①F840. 62

中国版本图书馆 CIP 数据核字（2014）第 111674 号

出版
发行　　中国金融出版社

社址　　北京市丰台区益泽路 2 号
市场开发部　（010）63266347，63805472，63439533（传真）
网 上 书 店　http://www. chinafph. com
　　　　　　（010）63286832，63365686（传真）
读者服务部　（010）66070833，62568380
邮编　100071
经销　　新华书店
印刷　　北京市松源印刷有限公司
尺寸　　185 毫米 ×260 毫米
印张　　20
字数　　441 千
版次　　2014 年 8 月第 1 版
印次　　2018 年 1 月第 3 次印刷
定价　　42. 00 元
ISBN 978 - 7 - 5049 - 7358 - 0/F. 6918
如出现印装错误本社负责调换 　联系电话（010）63263947

前　　言

中国的保险业自 1979 年恢复以来，获得了快速发展。尤其是人身保险业，截止到 2012 年底，全国共有寿险公司 73 家，其中中资寿险公司 42 家，外资寿险公司 26 家，养老保险公司 5 家；2012 年全国原保费收入为 15 487.93 亿万元，其中人身保险保费收入为 10 157.00 亿元，占总保费的 65.58%。人身保险以其突出的保障功能和投资理财作用，为安定人民生活、共建和谐社会作出了应有的贡献。然而，近几年来，人身保险业的发展速度有所放缓，出现了寿险销售误导、投诉增多等问题。究其原因，其中包括人身保险从业人员平均年龄偏大，知识老化，专业人才、复合型人才紧缺，人身保险业发展与创新遭遇瓶颈。为了适应新形势下保险业对人才的需求，建立专业化、职业化、国际化保险人才队伍，培养保险基层骨干人才成为应用型本科院校的重要任务。

本教材编写人员经过在寿险公司进行调研，以多年从事人身保险教学的讲稿为基础，结合保险行业近年来新的相关法律法规、公司内部业务手册和当前业界热点问题，汲取各种教材精华，编写了这本教材。教材意在实现理论的基础性、实务的可操作性、知识的时效性有机结合，希望使用者能够系统地掌握人身保险基础知识和业务技能，了解和理解人身保险业界的热点问题，把握发展方向。教材适用于应用型、教学型本科保险专业及相关专业学生的人身保险教学使用，也可以供人身保险从业人员培训与继续教育使用。

本教材的特点是注重案例教学，案例分析有新意，介绍保险产品有价格表，业务流程更新，联系实际更密切。教材由十一章构成，前三章较为系统地阐述了人身保险的基础理论，第四章到第七章全面介绍了人身保险产品的内容，第八章到第十章介绍了寿险公司的主要业务流程，第十一章介绍了寿险公司资金运用和人身保险监管的内容。哈尔滨商业大学教师高杨编写了第一、第三、第十一章，哈尔滨金融学院教师修波编写了其余八章，并对另外三章进行了编纂，东北农业大学经济管理学院副院长张启文是本教材的主审。

在本书编写过程中，参阅了大量的文献和书籍，并参考了某些寿险公司内部业务资料、业内专业网站资料，直接引用了一些老师的教材和相关成果，在此一并表示诚挚的谢意。由于我国人身保险业务一直处于动态发展之中，加之水平有限，书中难免出现错误与疏漏，恳请读者提出宝贵意见。

修波

2014 年 8 月

目　　录

第一章

人身保险概述

【教学目的】

通过本章的教学，使学生掌握人身保险的概念、特点；明确人身保险业务的主要种类；了解人身保险产生、发展的基本原因，以及中国人身保险发展的经历，进而加深对人身保险功能与作用的理解。

【教学内容】

本章主要概述人身保险的概念、特点、业务分类、功能和作用，阐述人身保险的起源，以及中国人身保险业的发展。

【教学重点难点】

人身保险的特点；人身保险的功能与作用；人身保险业务的主要种类。

【关键术语】

人身风险　人身保险　基尔特　公典制度　佟蒂法　生命风险

【本章知识结构】

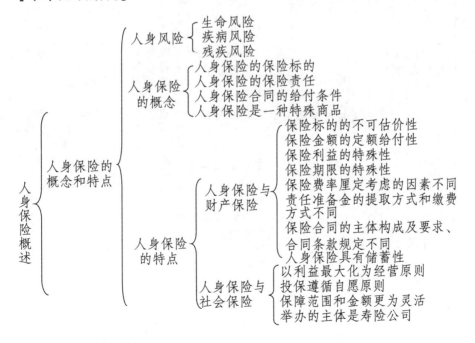

人身保险概述
- 人身保险的特点
  - 人寿保险与储蓄
    - 目的性不同
    - 保障性不同
    - 技术性不同
    - 灵活性不同
    - 利益性不同
- 人身保险的分类
  - 按照人身保险的保障范围划分
    - 人寿保险
    - 人身意外伤害保险
    - 健康保险
  - 按照人身保险的保险期限划分
    - 长期保险业务
    - 短期保险业务
  - 按照人身保险的实施方式划分
    - 强制保险
    - 自愿保险
  - 按照人身保险的投保方式划分
    - 个人人身保险
    - 团体人身保险
    - 联合保险
  - 按照保单是否参与分红划分
    - 分红保险
    - 不分红保险
  - 按照被保险人具有的风险程度划分
    - 标准体保险
    - 次标准体保险
    - 优良体保险
  - 按照被保险人的年龄划分
    - 成年人保险
    - 未成年人保险
- 人身保险的功能与作用
  - 人身保险的功能
    - 风险分散功能
    - 保险金给付功能
    - 调节收入分配功能
    - 金融融资功能
    - 社会管理功能
  - 人身保险的作用
    - 对个人和家庭的作用
      - 分散人身风险、提供经济保障
      - 投资手段
      - 享受税收优惠待遇
    - 对企业的作用
      - 分担企业对员工的人身风险责任
      - 提高员工福利，增强企业的竞争实力
    - 对社会的作用
      - 有助于稳定社会生活
      - 有助于扩大社会就业
      - 有助于解决社会老龄化问题
- 人身保险的发展历程
  - 人身保险产生和发展的条件
  - 古代人身保险思想及其萌芽
  - 近代人身保险的形成
  - 现代人身保险的产生和发展
  - 中国人身保险的发展史

第一节 人身保险的概念和特点

【案例引入】

人身风险的主要案例

1. 2001 年美国"9·11"事件, 2 986 人遇难;

2. 2004 年 12 月 26 日, 印度洋地震、海啸, 死亡与失踪人数 292 206 人, 其中印度尼西亚有 238 945 人遇难。

3. 2008 年"5·12"地震, 69 226 人死亡, 失踪 17 923 人, 受伤 374 643 人 (2009 年 6 月统计)。

4. 2010 年 8 月 24 日 22 时 10 分, 哈尔滨飞往伊春的飞机失事, 44 人遇难, 52 人受伤。

5. 2011 年 7 月 23 日 20 时 38 分, 甬温线动车追尾事故, 造成 40 人死亡, 192 人受伤。

6. 2012 年 8 月 26 日, 延安卧铺客车事故, 36 人死亡, 3 人受伤。

7. 2013 年 4 月 20 日, 四川雅安地震, 死亡人数 196 人, 失踪 21 人, 13 484 人受伤 (4 月 27 日统计)。

8. 2013 年 4 月 24 日, 孟加拉国塌楼事故, 造成 1 127 人死亡, 近 2 500 人受伤 (5 月 13 日统计)。

一、人身风险

人身风险, 是指导致人的身体遭受损害或生命延续突然中断的各种不确定事件。"天有不测风云, 人有旦夕祸福"揭示了人们生活在一个充满风险的社会和自然环境之中。在这个环境中, 人们面临着各种财产风险、责任风险以及人身风险等。其中, 人身风险一旦发生, 往往导致风险载体收入的减少或中断、利益的严重受损, 以及精神上的痛苦和身体上的创伤等。具体而言, 人身保险包括生命风险、疾病风险和残疾风险三类。

(一) 生命风险

生命风险包括早逝风险和老年风险。早逝风险是指依赖他人提供经济收入的人因所依赖的人死亡而导致其收入丧失的风险; 老年风险是指因退休时没有积蓄或没有足够积蓄从而导致退休期间个人或家庭生活困难的风险。早逝之所以能够带来依赖者的收入损失风险, 是因为那些依赖死者的人仍然存在的经济需求因死者的死亡而得不到满足。对于一个没有家庭负担的人, 其死亡不会给别人的经济收入造成影响, 也就不存在经济损失风险。现实社会生活中, 这种情况存在但比较少。在多数情况下, 一个人的早逝往往导致他人的经济损失, 因而人们对早逝风险进行转嫁的需求是客观存在的。早逝风险导致的经济损失包括: 与死亡本身有关的费用, 即丧葬费用、偿还死者所欠债务、遗嘱查验费用和支付遗产税等; 死者生前收入的丧失,即一种潜在损失。此外,还包括那些无法用金钱来衡量的相关人员的精神和心理上的损害。

老年风险是可以简单地理解为"活得太长"的经济风险。老年风险主要表现在两个方面:一是无退休积蓄风险,即个人到退休时没有积蓄,从而不能负担起个人及其家庭的生活;二是退休积蓄不足风险,即虽有积蓄但不够维持正常的家庭生活所需。

(二)疾病风险

疾病风险是一种危害严重、涉及面广、复杂多样,且直接关系到每一社会成员的特殊风险。首先,疾病风险具有普遍性。对于每个人或每个家庭来讲,疾病风险都是无法回避的。其次,疾病风险具有复杂性。人类已知的疾病种类繁多,每一种疾病又因个体差异而表现各异。除此之外,环境污染、社会因素、生活方式、精神心理等各种因素所致疾病,以及未知疾病或潜在疾病等均使得疾病风险很难化解和防范。再次,疾病风险所致危害具有严重性。疾病风险发生后,会给人们的生活、工作带来困难,甚至发生因病死亡的不幸后果。疾病风险除带来经济上的损失外,还损害人们的健康和心理。最后,疾病风险具有社会性。某些疾病具有传染性,这类疾病风险不仅直接危害个人健康,而且可能会危及整个地区乃至社会。

(三)残疾风险

残疾风险是指由于疾病、伤害事故等导致人体机体损伤、组织器官缺损或功能障碍等风险。残疾风险发生后,残疾者的工作能力受到损害,不得不依赖劳动收入之外的经济来源维持生活。因此,如果残疾者所在家庭中的其他人原来是依赖于这份现在已经失去的收入来生活的话,情况将变得更加糟糕。所以,从经济角度讲,残疾风险比生命风险带来的问题更为严峻。家庭中的主要收入提供者死亡,其结果仅是家庭收入来源的终止。如果是残疾,那么其家庭收入来源不仅中止,而且家庭总体消费支出还会增加。

正是由于人身风险的客观存在,人身保险得以产生与发展。

二、人身保险的概念

人身保险是指以人的生命或身体为保险标的,当被保险人发生死亡、伤残、疾病或年老等保险事故或保险期满时给付约定保险金的保险。人身保险包括以下含义。

(一)人身保险的保险标的

人身保险的保险标的是人的生命或身体。以人的生命为保险标的时,保障的是生命的两种状态:生存或者死亡。这里包含以到期生存为约定给付条件的生存保险和以到期死亡为约定给付条件的死亡保险,还有一种是针对生命两种状态均提供保障的两全保险。以人的身体为保险标的时,保障的是人的健康、生理机能和劳动能力。比如在健康保险中,如果被保险人的身体遭受疾病或意外伤害所致疾病或生理机能缺损,根据保险合同满足给付条件的由保险人给付保险金。

(二)人身保险的保险责任

人身保险的保险责任包括生、老、病、死、伤、残等各个方面,即人们在日常生活中可能遭受的意外伤害、疾病、衰老、死亡等各种不幸事故,以及到期生存所承担的给付约定保险金额的责任。人身保险承担了人由于早逝、长寿和伤病等原因造成本人及家庭经济困难和人身风险。

（三）人身保险合同的给付条件

人身保险的给付条件是当被保险人遭受保险合同范围内的保险事故，以致死亡、伤害、残疾、丧失工作能力或当保险期满、年老退休时，由保险人依据保险合同的有关条文，向被保险人或其受益人给付保险金。

（四）人身保险是一种特殊商品

人身保险是保险商品的其中一类，既包含经济保障的内容，又包含专业服务。人身保险也是以法律合同形式表现的特殊商品，具有契约性。

【课堂小讨论】

讨论一下你和你的家庭成员面临哪些人身风险？可以排个序吗？

三、人身保险的特点

我们通过对人身保险与财产保险、人身保险与社会保险的比较来了解人身保险的特点。

（一）人身保险与财产保险

1. 保险标的的不可估价性

财产保险是以财产及有关利益为保险标的，保险标的价值具有可估价性，可以用货币衡量。财产保险合同属于补偿性的合同，在理赔中遵循损失补偿原则，当保险事故发生后，保险人根据被保险人的实际经济损失进行赔款。人身保险以人的身体或生命为保险标的，而人的生命和身体是很难用货币衡量或估价的，除部分医疗保险合同中的医疗费用可以用货币精确表示外，人的身体或生命在因意外伤害、疾病等原因造成残疾或死亡时，是不能恢复原状的，带给被保险人及其家人的痛苦也难以用货币衡量。所以大多数人身保险合同属于定额给付性质的合同，不适用补偿原则及其派生原则的规定。人身保险的保险金额经投保人和保险人双方约定后确立，不能过高，也不宜过低。过高有可能存在道德风险，而过低不能给被保险人全面的保障。保险金额的确定一方面要考虑被保险人对人身保险的需要程度，另一方面还要考虑投保人缴纳保费的能力以及保险公司的承保能力。

2. 保险金额的定额给付性

（1）人身保险是一种定额保险。财产保险的保险金额确定具有客观依据，可以根据其生产成本，或者参考市场价格，或者进行客观估价加以衡量。但人的生命和身体不是商品，其价值无法用货币衡量，因此，人身保险是一种需要投保人和保险人在订立保险合同之初事先约定好保险金额的定额保险。

（2）人身保险是给付性保险。财产保险遵循补偿原则，而除医疗保险个别险种外，补偿原则并不适用于人身保险。因为不能通过保险保障补偿而使因意外或疾病造成的肢体伤残复原，更不能让人起死复生，而只能通过货币对其进行经济上的帮助，所以人身保险不存在重复保险、超额赔付以及代位求偿等问题。

3. 保险利益的特殊性

保险利益是指投保人或被保险人对保险标的具有法律上承认的利益。保险利益是保险合同有效的前提条件。财产保险中凡因财产及其有关利益受损而遭受损失的投保人，对其财产及有关利益具有保险利益。人身保险的保险标的是人的生命和身体，而人的生命和身体无法用货币计量，这决定了人身保险与财产保险的保险利益有显著的不同，主要表现在：

（1）保险利益在财产保险中有明确的量的规定。《中华人民共和国保险法》（以下简称《保险法》）第十二条对财产保险的保险利益有明确的规定："财产保险是以财产及其有关利益为保险标的的保险。"即在财产保险中不仅要求投保人对标的必须具有保险利益，而且还要考虑保险利益金额的多少，但在人身保险中，人的身体和生命是无价的，理论上没有保险金额的限制，也就没有量的限制。但实践中考虑到道德风险，因此要以保险人的缴费能力、生命价值理论和保险公司承保能力为主要依据适当限制保险金额。

（2）我国《保险法》第十二条对财产保险的保险利益做出规定："财产保险的被保险人在保险事故发生时，对保险标的应当具有保险利益。"因此财产保险对保险利益要求是伴随整个保险期间特别是发生保险事故时必须具备保险利益。而对人身保险有如下要求："人身保险的投保人在保险合同订立时，对被保险人应当具有保险利益。"也就是说人身保险的投保人只要在投保时对被保险人具有保险利益即可，保险合同不会因投保人与被保险人的关系发生变化而失效。发生保险事故，保险人仍要给付保险金。例如妻子为丈夫投保人寿保险，后来二人离异，如果前妻持有保单，并不间断缴纳保费，保单仍然有效。

4. 保险期限的特殊性

财产保险合同期限一般为一年，期满可以续保。人身保险（除意外伤害保险外）在保险期限上通常是长期合同，保险有效期可以持续几年，甚至几十年。因此，人身保险在保险费的交付、现金价值的计算、资金运用、准备金的计提和内部管理等方面和财产保险相比都有许多不同。

5. 保险费率厘定考虑的因素不同

财产保险合同是短期性合同，影响费率的因素主要有某种风险发生的概率、财产保险标的的保险金额损失率（以下简称保额损失率）、各种业务附加费等。财产保险费率厘定的关键在于科学地测定保额损失率，而保额损失率应以长期的历史统计资料为依据，综合考虑事故的发生频率、事故损毁率、损毁程度、风险比例等因素来确定。

人身保险合同是长期性合同，影响费率的因素是死亡率、预定利息率、疾病发生率、意外事故发生率、费用率、投资收益率等。考虑到人身保险合同的长期性还会存在一些经营风险，包括解约率、分红率、残费率以及保单中嵌入的各种选择权被保单持有人行使的概率，如保险金给付选择权、保单质押贷款选择权、退保选择权、超额储蓄选择权等，都增加了人身保险费率厘定的复杂性。

6. 责任准备金的提取方式和缴费方式不同

财产保险合同的保险期限较短，期限一般为一年，期满可以续保。财产保险业务一般采取加权平均数法和比例提留法提留责任准备金。财产保险的缴费方式一般为一次性付清。

人寿保险的责任准备金是经营人寿保险业务的保险人为了履行未来的给付责任而计提的准备金。国外寿险公司一般按全部保单的净值提存责任准备金，我国是将本业务年度的寿险收入总额抵补本年全部支出后的差额全部转入寿险责任准备金。人身保险缴费方式可以分为趸缴和期缴。对于期限在一年以内的通常采用趸缴，如意外伤害保险。对于期限大于一年的人身保险如人寿保险、健康保险通常采用年缴、半年缴、季缴或月缴的方式。

7. 保险合同的主体构成及要求、合同条款规定不同

财产保险合同的当事人为保险人和投保人，关系人为被保险人，除少量财产保险业务（如团体家庭财产保险、某些出口贸易业务）投保人与被保险人分离外，一般财产保险的投保人与被保险人通常为一人。财产保险合同的被保险人可以是自然人、法人。

人身保险合同的当事人为保险人和投保人，关系人为被保险人、受益人、保险单所有权人等。在保险实务中，投保人与被保险人可以是同一人也可以不同。人身保险的被保险人则只能是自然人。由于人寿保险合同履约时间长，人寿保险合同通常适用年龄误告条款、宽限期条款、复效条款、保险单贷款条款等标准条款的规定。

8. 人身保险具有储蓄性

财产保险在保险期限内如果未发生保险责任事故，所缴保费一般不予返还。在人身保险实务中，人身保险具有长期性，缴费金额较大、缴费期限较长，因此被保险人缴纳保费后，除了可以获得保险人的保险保障，还可以收回全部或者部分保险费。因此人身保险的某些险种如大部分的寿险具有一定的储蓄性。

（二）人身保险与社会保险

社会保险是指通过国家立法、采取强制手段对国民收入进行再分配，将其所形成的专门保险基金，对劳动者因年老、疾病、生育、伤残、死亡等原因丧失劳动能力或失业而中止劳动，本人或家庭失去收入来源为保险责任，由国家提供必要物质帮助的一种保障制度。它主要包括劳动者的养老金保险、医疗保险、失业保险、工伤保险和生育保险。社会保险与社会救济、社会福利等共同构成一国的社会保障制度。

社会保险与商业性人身保险既有联系又有区别。它们的共性表现在：首先，保险标的相同，都是以人的生命和身体为保险标的。其次，保险责任相同，都是以人的生、老、病、死、残为保险责任。再次，在资金筹集和管理方式上相似，社会保险和人身保险都是依据大数法则和历史统计数据，集中单位和个人的资金，专门管理，保值增值，体现了互助精神。最后，它们的作用是一样的，都是为了让老百姓老有所养、病有所医，安定人民生活，共建和谐社会。但是，与社会保险相比，商业性人身保险有以下特点：

1. 以利益最大化为经营原则

社会保险一般由政府举办，以实施政府社会政策为目的，不以营利为目的，以社会效益为主，政府对其财务盈亏负有最后的责任。人身保险是由商业性保险公司

举办,是以营利为主要目的一种商业保险活动,保险人遵循商业经营原则,要精确合理地制定保险费率,积极运用保险资金,在实现企业自身发展、提高效益的同时为社会经济的稳定发展发挥重要作用。

2. 投保遵循自愿原则

社会保险以社会保险法律或条例为依据,采取强制方式实施,只要符合法律规定范围的社会成员都必须办理保险。人身保险大多数业务是保险人双方按平等、互利、自愿原则,通过订立保险合同的方式确立保险民事法律关系,因此保险关系主要受民法、保险法等法律调整。

3. 保障范围和金额更为灵活

社会保险遵循"社会公平"原则。社会保险的权利义务关系建立在劳动者只要履行了为社会劳动的义务,就能够为自身及其所供养的直系家属获得社会保险保障的待遇,因此,被保险人获得的保险金与其缴纳的保险费数量没有直接关联。社会保险的保险金额按基本生活费用、基本医疗费用标准由国家统一确定。投保人缴纳的保险费依照其当时的收入来确定,社会保险费一般由用人单位和个人或国家共同承担。社会保险是政府为解决社会经济问题对国民实施的一项基本保障政策,由于是以满足人们基本生活需要为标准,故而保障程度较低。

商业性人身保险是根据市场经营原则,按照保险人承担风险质量的大小确定保险责任、保险金额,可以广泛、灵活、充分适应不同阶层的经济保障需要,是社会保险的重要补充。

4. 举办的主体是寿险公司

社会保险的主办机构是政府部门,主要由人力资源和社会保障部门负责管理。人身保险业务由国家批准的寿险公司经办,由国家保险监督管理部门监管。

(三)人寿保险与储蓄

从某种意义上讲,人寿保险与储蓄都是用现在剩余的资金为将来的经济需要做准备,即聚集一定的资金作为某种必要的后备。人寿保险与储蓄都减少了现实消费,将一部分货币使用权暂时转让出去,经过一段时间形成必要的后备资金,并用于应付各种危险的发生,保障家庭和个人正常的生活和工作。尽管人寿保险和储蓄具有某种形式上的相似和联系,但二者之间仍然存在本质上的区别。

1. 目的性不同

人寿保险具有极强的互助性,体现的是"人人为我,我为人人"的保险宗旨,目的在于分散风险、分摊损失。储蓄是纯粹的个体行为,它属于依靠自身力量应付风险的办法,目的是用减少现实支出来弥补未来增加的支出。

2. 保障性不同

在人寿保险中,如果保险期限内发生保险事故,保险人将依照合同履行保险金给付的义务,被保险人或受益人得到的保险金将远远超出投保人所交保费的本利和,有时甚至是保费的几十倍,因而将产生很好的保障作用。而储蓄者于储蓄期满时获得的只是本利和,这笔钱能否起到保障作用完全取决于存款人当初存入的本金大小。

3. 技术性不同

人寿保险的保险人必须运用概率论、大数法则等知识,以生命表为基础,考虑诸如预定利息和预定费用率等因素来确定保险费率，并因此产生了复杂的、专门的保险精算技术。而储蓄的关键是利率的确定以及单利、复利计息方法的使用，技术上相对简单。

4. 灵活性不同

被保险人一旦投保了人寿保险，就应当按期足额缴费，不能轻易中止保险合同，否则，将遭受较为严重的经济损失。而储蓄者可以根据需要随时提取存款，损失的只是少量利息，所以，储蓄灵活自由。

5. 利益性不同

人寿保险的被保险人或受益人享受的利益除利息之外，还包括生存利益或死亡利益。例如，定期寿险的被保险人死亡时，其受益人所获得的保险金由投保人缴纳的保险费的一部分、寿险责任准备金和利息以及在保险期满时被保险人仍生存保单的部分保费和利息组成；定期生存保险的被保险人期满生存时，其所获得的保险金由投保人缴纳的保险费的一部分、寿险责任准备金和利息以及在保险期间内被保险人已死亡保单的部分保费和利息组成。而储蓄者将钱存入银行，一定时期后，他获得的金额只是本金及本金产生的利息之和。

【课堂小讨论】
讨论一下人身保险和社会救济有哪些异同？

第二节　人身保险的分类

为人身保险进行科学的分类，可以更好地研究和掌握人身保险业务的特点，以及各业务险种之间的联系与区别，便于更好地宣传和推销人身保险产品，有针对性地加强对各类业务的风险防范、核保和理赔管理，同时，根据市场需求设计或开发更多适销对路的人身保险产品，为经济与社会的稳定发展提供保障服务。

一、按照人身保险的保障范围划分

（一）人寿保险

人寿保险是以被保险人生存或死亡为保险事故的一种人身保险业务。传统的人寿保险可分为生存保险、死亡保险和两全保险三类。

1. 生存保险

生存保险是以被保险人于保险期间届满仍然生存时，保险公司依照契约所约定的金额给付保险金；若被保险人在保险合同期限内死亡，保险人不再给付保险金的人身保险。生存保险是以到期生存得到生存给付金为主要目的的保险，这与向银行存入定期储蓄期满获取本利和的过程很相似，因此，生存保险是一种具有储蓄性质的保险。

2. 死亡保险

死亡保险是指以被保险人在保险期间内死亡为保险金给付条件的人身保险。当被保险人在保险期间内死亡，由保险人向保险受益人给付合同规定的死亡保险金。

死亡保险根据保障期限可以分为定期死亡保险和终身死亡保险，其主要目的是保障被保险人的死亡给其家属或依赖其收入生活的人能够继续生存。因此，死亡保险是一种以保障性为主的保险。

3. 两全保险

两全保险，又称生死合险，是指被保险人在保险合同约定的保险期间内死亡或在保险期间届满仍生存时，保险人按照保险合同约定均应承担给付保险金责任的人寿保险。两全保险兼具死亡保险的保障性与生存保险的储蓄性，是生存保险与死亡保险的混合，保险费以两种保险费的相加计算。两全保险十分灵活，如果希望保障性强一些，可以增加死亡保险部分的保费；如果希望储蓄性强一些，可以增加生存保险部分的保费。两全保险的期限可以是5年、10年、15年、20年、30年或者更长时间。因此，两全保险在各国的人寿保险业务中均占有较大的份额。

（二）人身意外伤害保险

人身意外伤害保险是指在保险合同有效期限内，被保险人因遭受意外伤害事故造成死亡或残疾等保险事故时，保险人按照保险合同约定向被保险人或者受益人给付残疾金或者身故金的一种人身保险。意外伤害保险产品可以分为普通意外伤害保险和特种意外伤害保险两类。

（三）健康保险

健康保险是以人的身体为保险标的，保险人对被保险人因疾病或意外事故或生育等所致伤害时的医疗费用支出或者因疾病、伤害丧失工作能力导致收入减少承担保险赔偿或保险金给付责任的一种人身保险业务。健康保险按照保障范围可以分为医疗费用保险、疾病保险、失能收入损失保险和护理保险。

二、按照人身保险的保险期限划分

（一）长期保险业务

长期保险业务是指保险期限超过一年的人身保险业务。人寿保险合同通常属于长期性业务，人寿保险期限最短为两年，长的有5年、10年、20年或者30年，甚至是终身，所以长期保险业务又可以分成终身保险业务和定期保险业务。健康保险中的重大疾病保险一般也是长期业务，既有终身型的，也有定期型的。

（二）短期保险业务

短期保险业务是指保险期限为一年或一年以内的人身保险业务。保险期限在一年以内的保险业务也被称为极短期保险业务。该类保险业务中以人身意外伤害保险和负责医疗费用的健康保险居多，航空意外险和旅游意外险属于极短期保险业务。

三、按照人身保险的实施方式划分

（一）强制保险

强制保险也称为法定保险，它是指根据国家法律规定强制实施、自行生效的保险，即无论被保险人是否愿意投保，也无论保险人是否愿意承保，基于国家有关法律或法令必须形成的保险关系。强制保险具有全面性、强制性、统一性和广泛性等特点。人们的印象里只有财产保险中的交强险是强制的保险，其实早在新中国成立初期的 1951 年 4 月 24 日就颁布过《铁路旅客意外伤害强制保险条例》，实施日期是 1951 年 6 月 24 日，直到 2013 年 1 月 1 日才废止。

（二）自愿保险

自愿保险是保险双方当事人在公平、自愿的基础上，通过订立契约关系而形成的保险关系。保险双方当事人在是否投保、何时、何地向谁投保等方面可以进行自由选择。人身保险业务中的绝大部分都是采取自愿方式实施的。

【阅读材料】

铁路旅客强制险明年取消

日前，中国政府网公布国务院第 628 号令，修改和废除了部分行政法规。其中，要求明年元旦起废除《铁路旅客意外伤害强制保险条例》，这意味着已经实施 61 年的铁路强制保险将被取消。

据了解，《铁路旅客意外伤害强制保险条例》制定于 1951 年，该条例第一条规定：铁路旅客均应投保意外伤害保险。与此同时出台的还有飞机和轮船的类似强制保险。1987 年和 1989 年，我国相继废除了轮船和飞机的《旅客意外伤害强制保险条例》，改为自愿保险。铁路意外伤害强制保险却一直延续下来。

1992 年，该条例进行了修订，规定所有铁路旅客不论坐席等次、全票、半票、免票，都是保额 2 万元的保险，保险费包含在火车票价内，金额为基本票价的 2%。

（资料来源：《证券时报》，2012 - 11 - 19。）

【课堂小讨论】

讨论一下国家为什么取消了公共交通工具意外强制保险？如果乘公共交通工具时出险将得到多少补偿？谁负责支付赔偿金？

四、按照人身保险的投保方式划分

（一）个人人身保险

个人保险是以个人为投保人，一张保险单只承保一个被保险人的人身保险。

（二）团体人身保险

团体人身保险是以一张总的保险合同承保某一个企业、事业或机关团体的全部或大部分成员（一般为总人数的 75%）的人身保险，投保人为法人或社团组织，被保险人是团体中的在职成员。团体人身保险可以分为团体人寿保险、团体意外伤害保险和团体健康保险等。

（三）联合保险

联合保险是以具有一定利害关系的两个以上的人视作被保险人，如以夫妻或者合伙人等多人作为联合被保险人同时投保的人身保险。它既不同于个人保险，也不同于团体保险。联合人寿保险又可以分为联合终身寿险和最后生存者保险。

五、按照保单是否参与分红划分

（一）分红保险

分红保险，指在获得人寿保险的同时，保险公司将实际经营生产的盈余，按一定比例向保险单持有人进行红利分配的人寿保险品种。分红保险的红利来源于寿险公司的"三差收益"，即死差益、利差益和费差益。当保险人经营业绩好时，就把一定的利润（"三差收益"为正时）以红利的形式发放给被保险人，反之则减少或停止发放红利。由此可见，红利是被保险人将一部分保费用于参与保险公司运营，红利的多少取决于保险人经营业绩的好坏，收益并不稳定。但对于投资来说，保险人要比被保险人有更好的资金运用能力，这也不失为一种理财的手段。

（二）不分红保险

不分红保险是指被保险人在保险费缴付后没有盈利分配的人身保险，被保险人所获得的保险利益是固定的，不分享公司经营成果。因此，不分红保险的保险费率低于分红保险的保险费率。

六、按照被保险人具有的风险程度划分

（一）标准体保险

标准体保险又称健体保险或强体保险，它是指被保险人的风险程度属于正常标准范围，或者是指被保险人的身体、职业和道德等方面没有明显缺陷，保险人可以按照所订立的标准费率来承保的人身保险。人身保险业务中的大部分都是标准体保险。

（二）次标准体保险

次标准体保险又称次健体保险或弱体保险，是指被保险人所含有的风险程度超过了标准体的风险程度，不能按标准或者正常费率来承保，但可以附加特别条件来承保的人身保险。

（三）优良体保险

优良体保险也称完美体保险，是指由于被保险人风险程度较低，不需要按照标准费率承保，可以按照更为优惠的费率承保的人身保险。目前我国人身保险业务中尚未执行完美体保险。

七、按照被保险人的年龄划分

（一）成年人保险

成年人保险是以按规定超过一定年龄，具有民事行为能力的人为被保险人的人身保险，成年人保险的被保险人可以独立行使保单赋予的权利和承担应尽的义务。

（二）未成年人保险

未成年人保险是以不具备行为能力的人为被保险人的人身保险。为了保护未成年人的身心健康和生命安全，消除道德风险因素，各国对开办未成年人的死亡保险都有严格的规定。我国《保险法》第三十三条规定："投保人不得为无民事行为能力人投保以死亡为给付保险金条件的人身保险，保险人也不得承保。父母为其未成

年子女投保的人身保险，不受前款规定限制。但是，因被保险人死亡给付的保险金总和不得超过国务院保险监督管理机构规定的限额。"该法第一百六十四条第二款规定：保险公司违反本法规定，为无民事行为能力人承保以死亡为给付保险金条件的保险的，由保险监督管理机构责令改正，处5万元以上30万元以下的罚款。

第三节　人身保险的功能与作用

一、人身保险的功能

保险的基本功能是通过分散风险、分摊损失，组织保险赔偿或保险金给付，向企业、家庭个人或社会提供经济保障，以保证社会持续稳定发展。人身保险业务作为保险业务十分重要的组成部分，也具有保险的一般功能和作用。

（一）风险分散功能

人身保险主要保障的是人身风险。人身风险指由于人的生、老、病、死的生理规律所引起的风险，以及在物质生产过程或日常生活中由于各种自然灾害、意外事故、人为灾害所引起的人身伤亡的风险。在人的一生中遇到生、老、病、死是必然的事，而何时发生却是偶然的。一般家庭会采用自留的方式规避较小的风险，比如感冒或是轻微外伤。但是对于一个家庭而言，一旦主要劳动者遭遇重大疾病或是意外事故导致的伤残对于这个家庭来说会是致命的打击，一方面面临医疗费用的支出，另一方面面临收入的中断。人们为了规避这种风险，会采用保险的方式建立专门防范重大疾病或是伤残的保险基金，当群体中有人遭受这样的风险时由保险基金支付，这样就在群体范围内分散可能毁灭一个家庭的风险。这个群体的范围越大保障也就越充分，风险分散能力也就越强。

（二）保险金给付功能

企业和事业单位的经营活动，人们的正常工作、学习和生活常常会因某些偶然发生意外事故而受到冲击，使正常的经济活动、工作生活计划遭到破坏，例如，因意外事故或疾病家庭的主要劳动力致残或者死亡，在一段时间内将使家庭生活陷入困境。购买人身保险被保险人可以领取养老金、伤残金、医疗金等获得生存方面的利益，或者受益人及其家属通过领取身故金获得被保险人身故利益的保障，从资金方面缓解遭受不幸的家庭或企、事业单位的资金困难，有利于维持劳动力的再生产，安定人们的生活，维持企业的经营活动，有助于经济的可持续发展。

（三）调节收入分配功能

保险是调节收入分配的手段之一。它通过保费收入与保险金的给付实现了对国民收入的再次分配，即把各个投保人的保费的一部分转移到那些发生了保险事故的投保人的名下。而风险事故发生的随机性实现了这种再分配的公平性。保险人通过建立人身保险的各种专项基金将投保人分散的短期资金集中起来，当发生特定的保险事故时由专项基金进行给付，而当专项基金有结余时由保险人积极运用保险基金从事投资，增加基金偿付能力和资金的利用率。

（四）金融融资功能

保险资金的融通是指保险资金的聚集、运用与分配等经营活动。保险基金指专门从事风险经营的保险机构根据法律或合同规定，以收取保险费的办法建立的、专门用于保险事故所致经济损失的补偿或人身伤亡的给付的一项专用基金，是保险人履行保险义务的条件。寿险多是长期保险，在收取保费和支出保险金的差额中长期下来积存的大量资金构成了保险基金的主要来源。保险基金由自有资本金、寿险责任准备金、保险保障基金等构成，除一些赔款准备金要应付日常赔付需要在账面留存，其他大部分资金可用来进行金融融资行为。《保险法》第一百零六条对保险资金融资有如下规定："保险公司的资金运用必须稳健，遵循安全性原则。保险公司的资金运用限于下列形式：（一）银行存款；（二）买卖债券、股票、证券投资基金份额等有价证券；（三）投资不动产；（四）国务院规定的其他资金运用形式。"保险资金金融融资功能，既是实现保险资金保值增值的重要渠道，又可以扩大社会再生产规模促进经济增长。

（五）社会管理功能

人力资源和社会保障部在进行社会保险的实施过程中，借鉴了很多人身保险管理的经验，尤其是在养老保险、大病保险方面考虑让商业的寿险公司介入，协助管理与推广。

人身保险的社会管理功能主要体现在：

（1）通过大力发展商业养老保险，积极参与企业年金市场，丰富企业年金的产品种类，逐步提高人身保险的覆盖面。

（2）通过大力发展商业健康保险，把目前仅提供费用补偿的医疗保险转变为提供全面健康管理和服务的商业健康保险，满足多元化的健康保障需求。

（3）通过建立人口和人群健康档案库为社会公共管理提供科学依据及信息服务，逐步提高全社会的风险与保险意识。

（4）保险企业通过加强对各类人身风险防范工作，在一系列预防疾病和意外事故活动中，维护人们的健康、安全，促进国民经济各部门协调稳定发展，保持社会的安定。

（5）充分发挥保险公司作为商业性机构在技术、管理、成本控制、服务等方面的专业优势，在一些领域参与政府管理，如目前我国保险公司广泛参与了新型农村合作医疗事业的发展，使其在精算技术、网络服务、风险管理等方面的优势得到有效发挥，不仅降低了成本，控制了风险，且在减轻政府压力的同时，提高了政府的管理效率。

【阅读材料】

商业保险公司介入大病保险

我国商业健康保险需求在十多年的发展过程中，总量已经从 1999 年的 36.54 亿元上升至 2011 年的 691.72 亿元，平均年增长率高达 32.54%。从理论上讲，近年来急剧增加的个人卫生费用支出都可以通过商业健康保险形式来筹集，而数据显示我国商业健康保险的赔款给付金额占个人卫生费用支出的比例也呈现了逐年稳步上升的良好态势。同时商业保险机构在控制赔付率方面取得了显著成效，利润空间有望进一步提升。随着我国老龄化程度的加剧，健康保险的刚性需求越来越大。

商业保险公司介入大病保险，政策支持为健康保险增长保驾护航

比照国外成熟健康保险市场的发展状况，中国商业健康保险机构针对现阶段"买单式"健康保险模式的缺陷，积极响应政策号召，主动介入医疗卫生体系的改革进程，探索出了"洛阳模式""湛江模式"和"太仓模式"等多种独具特色且深受社会各界广泛好评的"社商合作"形式，为商业健康保险的发展指明了方向。同时，2012 年 3 月 14 日国务院印发《"十二五"期间深化医药卫生体制改革规划暨实施方案》明确提出积极引导商业保险机构开发长期护理保险、特殊大病保险等险种，满足多样化健康需求；鼓励以政府购买服务的方式，委托具有资质的商业保险机构经办各类医疗保障经办管理服务；积极探索利用基本医保基金购买商业大病保险，有效提高重特大疾病保障水平。这种政策层面的明确支持以及"社商合作"创新出来的有效模式势必为商业健康保险的快速增长保驾护航。

介入大病保险，商业保险公司保费测算

按"太仓模式"，城镇居民每人每年 50 元、城乡居民每人每年 20 元大病保费的标准，预计总大病保险保费收入约为 276 亿元（城镇居民参保人数 2.2 亿人，城乡居民参保人数 8.3 亿人），约占三项居民医保基金收入的 10.3%。从基金中划出一定比例向商业保险机构购买大病保险的方式，可以快速提高商业健康险的保费收入，后续保险公司可以利用客户资源做二次销售，业务发展前景很好。

投资建议与风险提示

短期依然较为乐观：投资范围放开、健康险推广以及递延税收型养老保险取得实质性进展。中期趋于谨慎，随着利好政策推出，保险股有一个不错的涨幅，但递延税收型养老保险试点初期只在上海试点，短期内对保险公司影响有限。长期仍然看好，由于基数的原因，保费收入在明年的同比数据将不会难看，投资收益率也会有所提升。未来存在重大灾害风险以及资本市场大幅波动的风险。

（资料来源：向日葵保险网，2012 - 09 - 13。）

二、人身保险的作用

人身保险的主要目的在于确保经济生活的安定，我们从经济生活的主体个人和家庭、企业和社会三个方面分别看一下人身保险所起的作用。

（一）对个人和家庭的作用

每个人都会面临生、老、病、死的风险。人们会担心过早地离开亲人；会担心万一身患重病无力承担巨额的医疗费用还影响正常的收入；人的寿命越来越长怕老无所依；等等。人身保险正是解决这些后顾之忧的最好方式。人身保险除分散风险提供保障外，也是一种新型理财手段和合法获得税收减免的一种方法。

1. 分散人身风险、提供经济保障

人身危险时时伴随着人的左右。当然人们可以通过存款以自留的方式应对一些风险，然而当遇到重大疾病、意外事故导致的死亡或残疾时，自留的方式往往不能

消除所有的风险，这时候原有的经济生活、工作、学习的秩序就会遭到破坏。通过参与人身保险中的相关保险，缴纳少量的、确定金额的保险费，就可以将个人或家庭所面临的不确定的、较大的生命风险和健康风险转嫁给保险公司，在被保险人发生死亡、疾病、伤残等人身危险时，从保险公司领取一笔保险金可以保证家庭生活的稳定，避免因家庭主要劳动者发生保险事故造成家庭收入的减少或支出的增加，为被保险人及其家人分散人身风险提供经济保障。

2. 投资手段

人身保险合同大多是长期合同，保费多采用分期缴付的方式，因此保险公司要对缴纳的保费计算利息，满期给付的保险金要高于缴纳的保险费，所以购买人身保险也可以作为一种投资的手段。人身保险作为投资手段具有以下优势：首先，保险公司以经济保障为主，不具投机性，无风险，收益稳定。其次，寿险公司具有资金规模大、信息渠道广泛、专家理财、投资组合等方面的优势，较之个人在金融市场投资相比，寿险公司能够最大限度地保证其风险的分散和收益的取得。再次，投保人可以将寿险保单作为抵押向保险公司借款，也可以随时请求解除合同，领取退保金。最后，定期缴纳保费有强制储蓄的效果，有利于形成良好的理财习惯。

3. 享受税收优惠待遇

保险单所有人和受益人可以享受税收减免待遇。我国税法对居民个人购买保险实行税收优惠措施。财政部和国家税务总局颁发的财税字〔1997〕144 号文件规定，企业和个人按照国家或地方政府规定的比例提取并向指定金融机构实行缴付的住房公积金、医疗保险金、基本养老保险金，不计个人当期的工资、薪金收入、免予征收个人所得税。超过国家或地方政府的比例缴付的住房公积金。医疗保险金、基本养老保险金，应将其超过部分并入个人当期的工资、薪金收入，计征个人所得税。该规定从 1998 年 1 月 1 日起执行，原政策规定与其相抵触的，按该规定执行。个人所获保险赔款准予在计算应纳税所得额前扣除，即对保险赔款免征个人收入所得税。因为保险赔款是赔偿个人遭受意外不幸的损失，所以不应作为个人收入，而应予以免税。《中华人民共和国民法通则》（以下简称《民法通则》）和《保险法》规定，被保险人死亡保险金能否并入被保险人遗产，取决于被保险人是否指定了受益人。未指定受益人的，被保险人死亡保险金应作为遗产处理，可以用来清偿债务或赔偿；指定了受益人的，被保险人死亡保险金由指定受益人享有，不计入被保险人的遗产总额，不征收遗产税。

人身保险在一定程度上享受国家的税收优惠，可以合理避税，但不能逃税。许多寿险公司在培训中强调，在我国《遗产税》尚未开征的时候，不宜向客户大力宣传其可避遗产税的功能，否则有误导客户的嫌疑。

（二）对企业的作用

1. 分担企业对员工的人身风险责任

依据我国《劳动法》等法律条例规定，劳动者因退休、患病、负伤、因工致残或者患病、失业、生育等情况下，依法享受社会保险待遇；劳动者死亡后其家属依法享受遗属补贴。同时，企业还要从道义上承担一定的经济补偿。企业作为投保人，为员工投保人身保险缴纳保费，当员工发生死亡、伤残、疾病等事故时或年老退休后可以从保险公司领取一笔保险金，企业就将随时可能出现的意外支出转嫁给保险公司，有利于减轻企业的财务负担，加强企业对现金流的控制。

2. 提高员工福利，增强企业的竞争实力

企业竞争的关键在于技术和人才，尤其是拥有高新技术的人才状况是影响企业未来发展的重要因素。企业为员工购买人身保险相当于增加了员工的劳动报酬，而且这种方式要优于单一的增加工资或奖金，它是给予员工未来的风险保障，而且时间越久，人身保障和可取的保险金就越多。因此，可以留住既有人才同时还会吸引优秀人才增强企业的竞争实力。特别是对公司重要的员工一旦死亡或是丧失工作能力，会给企业带来经济损失，如果投保人寿保险，可以弥补企业的损失，同时提高企业的信用。

（三）对社会的作用

1. 有助于稳定社会生活

个人和家庭是社会生活中的最小单位。人身保险的保障可以使人们解决后顾之忧，能够稳定地生活，老有所养、伤残有所依，这样社会才会和谐稳定地发展。

如今，人身保险与社会保险相互补充已成为社会稳定的基础。美国学者将社会保险、企业保险和个人保险比喻为退休收入保障体系的"三条腿"。可见人身保险在维护社会稳定中起到的重要作用。

2. 有助于扩大社会就业

人身保险作为一种特殊的商品具有非渴求性、隐形性和无形性。保险商品的非渴求性体现为人们对于保险产品的需求不是必需的，有无保险商品都可以正常生活；保险商品的隐形性体现为只有发生保险事故得到保险补偿时保险商品的使用价值才得以体现；保险商品的无形性体现为保险产品不具有具体形态，消费这种商品不能直观体验到这种商品带来的价值。保险产品的这些属性决定了保险产品的销售不同于其他产品，它需要投入更多的人力去挖掘潜在保险客户，帮其分析可能面临的风险，定制专属的保险单。另外，大数法则也需要保险公司尽可能多地承揽保险标的以达到接近预定损失率的目的。由此可以看出，人身保险需要大量的从业人员进行保险展业活动。目前，我国已有超过100万的保险代理人从业人员。随着我国保险市场的进一步成熟以及就业压力的增大，会有更多的人以人寿保险营销为其职业，这又会扩大与其相关的核保、理赔、精算、客服、续保以及岗前培训等部门的服务量，为社会提供更多的就业机会。

3. 有助于解决社会老龄化问题

2011年12月，国务院办公厅印发的《社会养老服务体系建设规划（2011—2015年）》中指出，中国人口老龄化加速发展，老年人口基数大、增长快并日益呈现高龄化、空巢化趋势，目前，我国城乡失能和半失能老年人约3 300万人，占老年人口总数的19%。自1999年中国步入老龄化社会以来，人口老龄化加速发展，需要照料的失能、半失能老人数量剧增。第六次全国人口普查显示，中国60岁及以上老年人口已达1.78亿人，占总人口的13.26%，加强社会养老服务体系建设的任务十分繁重。

由此可见我国老龄化问题越来越严峻，而目前步入老龄化的群体大多数文化程度不高，再就业可能性不大，同时"421"家庭、"丁克"家庭等新型家庭结构使得养儿防老在思想上和行为上都已经渐行渐远了。这么庞大的老龄化群体如何防老？人身保险无疑是最好的选择，也是对社会保障体系的有力补充。

第四节 人身保险的发展历程

一、人身保险产生和发展的条件

（一）人身风险的客观存在是人身保险产生的自然条件

早期人类社会，由于生产力水平低下，几乎没有或者很少有剩余产品，很多情况下劳动产品不能满足劳动者生存的需要，更无法用于满足灾害损失补偿的需求，与这一时期生产力发展水平相适应，经济保障的主体主要是由血缘关系组成的共同生活和劳动的氏族部落，当某一成员遭遇不幸导致伤残、衰老、疾病甚至死亡时，由该组织其他成员向其家属提供帮助，通过互助共济减轻人身风险对人们正常生产、生活的影响。因此，没有人身风险的存在和发展，也就不会有各种形式的灾后补偿制度的存在。

（二）剩余产品的生产和增多是人身保险产生的经济基础

尽管人身风险的客观存在产生了原始的保险思想萌芽，但是，保险作为一种专门化、社会化、商业化的补偿制度，则是人类社会发展到一定阶段，在具备了一定的经济条件下才得以产生的。这个经济条件就是剩余产品。以剩余产品作为各种形式的灾后补偿的物质基础，才使得保险补偿成为可能。

伴随着剩余产品的出现，私有制、家庭产生了，生产规模的扩大、社会化程度的不断提高，建立在各家庭内部用于损失补偿的物资后备因风险的不确定和物资储备的局限性也日渐突出，其不可靠、不经济、效率低等缺陷在客观上要求在全社会范围内通过建立新的互助合作关系来分散、转嫁人身风险。

（三）商品经济的高度发展是人身保险产生发展的现实经济条件

随着商品经济的快速发展，生产规模和市场范围的日益扩大，专业化和社会化程度也越来越高，物质财富大量集中的同时，风险也在不断聚集，不幸事件和灾害所造成的巨大破坏力，使得简单的、原始的互助合作组织所积存的后备基金已经无法满足损失补偿的需要了，从而迫切要求在社会总资本中分离出来一种专门经营风险、赚取平均利润的保险资本，从事这一经营的特殊商人就是现在的保险商人。

（四）保险精算技术是人身保险发展的技术基础

精算科学是以数学、统计、会计、金融、人口学等学科为基础的一门交叉科学，它是通过运用大数法则和概率论这一数理根据预测危险现象。保险精算主要是解决保险业经营管理中的核心问题、关键问题，包括保险费率厘定、准备金的提取、再保险的安排、偿付能力的保证等，这些都需要通过精确的计算来完成，因此，保险精算是保险业经营的技术基础。

二、古代人身保险思想及其萌芽

人类社会早期由于生产力水平低下，人们以群居的方式共同生活、劳作、消费、抵御灾难，生存的需要造就了这种原始互助行为。剩余产品出现之后，导致私有制、家庭的产生，家庭成为社会消费的基本单位，但是，单个家庭建立人身危险后备的经济承受能力有限，不可靠且不经济，从而产生了在全社会范围内集合大多数人、以互助合作形式集中提取和建立人身危险后备的人身保险思想。

（一）关于人身保险起源的认识

一种观点认为，在封建社会出现的小手工业者、商人、工匠、宗教职业者，他们具有人身自由、经济上独立，遭遇风险主要靠自己或一些互助组织救助。保险产生的社会经济条件在这些阶层中已逐步具备，对人身保险的起源应从封建社会各种互助合作形式的行会制度中探寻。这一阶段为属于人身保险的互助型阶段。

另一种观点认为，人身保险的产生与海上保险的发展是分不开的。人身保险的萌芽应从 14 世纪的地中海沿岸海上贸易开始计算。15 世纪，欧洲殖民主义者大规模贩卖非洲黑奴，在海上运输过程中，为了防止奴隶中途死亡而蒙受损失，奴隶贩子将奴隶作为货物投保海上保险。后来，又发展到为航海旅客投保被海盗绑架而须支付的赎金和为船长、船员投保人身安全保险，这便是最初的人身意外伤害保险。这一阶段已经进入人身保险的经营型阶段。

（二）古代保险思想的产生

在国外，古代保险思想由来已久，尤其是有频繁贸易往来的地中海沿岸诸文明古国，历史上曾经是保险思想的发祥地。

据史料记载，早在公元前 4500 年的古埃及，在大规模修建金字塔的过程中，石匠们曾经自发地组织互助团体，该团体成员对该团体成员中的死者、伤者及其家属进行适当补偿。与此类似，在古罗马的历史上，出现过士兵丧葬互助团体，从对会员死亡支付丧葬费用发展到后来进一步扩展到对死亡会员的遗属给付救济金。在古希腊也曾盛行过一种团体，具有相同政治、哲学观点或宗教信仰的人或同一行业的工匠人组织起来，每月交付一定的会费形成相当数量的公共基金，当会员遭遇意外事故或自然灾害造成经济损失时，由该组织给予救济。

三、近代人身保险的形成

（一）人身保险发展的重要组织和制度

早期各类互助团体的产生、发展与人身保险制度的形成具有非常密切的关系。中世纪的欧洲有许多像工匠会、商人会、宗教行会等社团组织。

1. 基尔特（Guild）——中世纪西欧曾经盛行一时的行会制度。这是一种同业行会组织，基尔特的含义就是行会，它起源于欧洲日耳曼民族之间，后来遍及欧洲。它的作用除了保护职业上的共同利益外，还对会员的死亡、疾病、水灾等灾难，共同出资，给予救济。当时它救济的范围比较广，不仅是人身方面的事故，还包括自然灾害。它的形式和内容都与现代保险很相似。这种组织在欧洲非常普遍。后来，它的救济职能逐渐分化，其中有一部分发展成为专门办理人身事故的互助组织。

德国早期的死亡合作社和英国的友谊社（友爱社）都是从基尔特发展而来的专门办理人身事故的互助组织。

2. 蒙丹斯——一个公债储金会组织，它产生于 12 世纪的意大利。这个组织的最初目的不是互助合作分担困难，而是在发行公债后给付报酬息。当时，为了弥补因战事而招致的财政困难，这个组织发行强制性公债（在威尼斯共和国内）。这个方法在热那亚、罗马、那波利、那不勒斯等地被广泛采用。到13—14世纪，强制性公债的发行非常流行，引起了人民极大的不满。于是这个组织对购买公债的人每年给予一定量的金额作为报酬补偿损失，来缓和群众的不满情绪。由于当时教会禁止人们收取利息，并颁布有禁止利息法，因此对这种给付的金额不叫利息而称作报酬息或酬金。到16—17世纪这种公债的发行更加广泛，不仅教皇，就连宗教团体和个人也广泛经营这种业务。这时，给付报酬息的方法也发展了。在认购公债的人死亡后，本金退还，同时将应付给死者的报酬息分配给同一部族的生存者。这种做法与现代人身保险中终身年金的做法相似——投保人缴纳保费后，保险人每年给付年金，直到被保险人死亡。它对于后来年金保险的产生起了很大的示范作用。

3. 公典制度——15世纪后半期，意大利北部及中部城市流行的一种制度。最初它面向一般平民提供低利率贷款，属于慈善性质的金融机构，其资金来源于捐赠，后期因经营陷于困难开始吸收存款资金，该机构规定：存款者在最初一定期间内不计利息，只有经过一定时期后方可获得数倍于存入本金的本利。这种公典制度对人身保险的发展产生了不可忽视的影响。

4. 佟蒂法——一种联合养老保险法。16、17世纪的英国和荷兰，年金制度备受推崇，其创始人意大利银行家洛伦佐·佟蒂，在1656年设计完成了一个联合养老保险法（后称佟蒂法）。佟蒂法的最大特点是：把认购国债的人按照年龄分为14组，对于不同的组给付不同的利息，对于年龄高的组给付比较高的利息。具体办法是：每个认购国债的人向国库缴纳一定的本金，国库按照一定的利息率每年计算利息并向生存的认购人支付利息。在同一年龄组内，由于每年都有一些人死亡，生存的人数越来越少，因而每个生存的认购人得到的利息会逐年增多。当一个年龄组的人全部死亡后，国库就停止支付利息，本金则永不退换。佟蒂法没有得到及时实施，直到30多年后的1689年，法国国王路易十四为解决财政困难，采用了佟蒂法。佟蒂法的缺点是没有完全体现人寿保险中权利义务的对等关系，投保人负担偏重。

以上按照分散危险、互助共济基本保险思想建立起来的应付人身危险的各类互助团体，在当时不同程度地起到了分摊损失的作用，作为人身保险的初始形态直接体现了"人人为我，我为人人"的现代保险的宗旨。这些互助组织和制度的出险，引起人们对人寿保险发展的关注和对生命统计研究的重视。

（二）对人身保险技术发展起重要作用的学者

法国的派斯科尔（1623—1662年）把概率论运用到年金保险中，使人寿保险有了新的发展。

1661年，英国数学家约翰·格兰特根据教区公布的死亡记录，发表了关于生命表构想的论文。1671年，荷兰数学家约翰·德威特应用概率论原理，根据人的生存概率计算出年金的现值。

在生命表编制上作出突出贡献的当属英国数学家和天文学家埃德蒙·哈雷，他以德国布勒斯劳市1687—1691年按年龄分类的市民死亡统计资料为基础，于1693年编制了世界上第一张生命表，精确地计算了每个年龄段人口死亡的概率，为现代人寿保险的发展奠定了数理基础。

18世纪初，托马斯·辛普森提出按不同年龄分别计算人身保险费。

1725年，德·蒙乌尔出版了关于年金的巨著，并提出了简化年金计算的特殊方法。同时，辛普森不但取得了相同的发现，而且还创造了平均保费的计算方法。

1746年，德国的巴尔修以联合养老保险年金和寺院的记录为基础，出版了关于生命概率论的著作。

1756年，为使不同年龄的投保人缴纳的保险费不同，英国数学教师詹姆斯·道德森以托马斯·辛普森的理论为基础，根据哈雷编制的生命表计算出各年龄组的人投保定期寿险的保险费（自然保险费），并在此基础上提出了"均衡保险费"的理论。

1762年英国人辛普森和道德森两人发起组织的"伦敦公平保险公司"，首次根据道德森的设计方案，将死亡表运用于计算人寿保险费率上，使用均衡保险费法计算了终身寿险的保险费率。故该公司的创立被认为是现代人身保险形成的标志。它是世界上第一家真正科学经营的人寿保险公司。该公司以生命表为依据，采用均衡保费理论计算保险费；承保中区分标准体和非标准体，对非标准体实行加费承保；保单还有续期保费缴纳的宽限期和保单失效后复效的内容；经营上也日趋健全和完善。该公司被称为"老公平"。

四、现代人身保险的产生和发展

人身保险制度伴随着资本主义经济的发展而日渐成熟。1699年，英国出现了世界上第一家人寿保险组织——孤寡保险社。到1720年，类似的组织在英国有50多家。继1762年英国公平人寿保险公司创办成立后，1774年通过的《英国人寿保险法》为人身保险业的健康发展提供了法律依据和保障。1848年英国铁路旅客保险公司开始办理旅客意外伤害保险。1854年，为解决低薪阶层保险问题，伦敦谨慎保险公司首先创办了简易人寿保险，1864年又开办了邮政简易保险。19世纪后期英国还出现了承保雇员的团体人身保险计划。1870年英国政府通过了人寿保险公司法，对人寿保险业务经营进行规范与监督，它标志着英国人身保险制度逐步走向成熟。

美国人身保险虽然起步较晚，但是发展速度很快，现在已经成为世界保险头号大国。1840—1850年相互保险公司的快速发展，以及后来团体人寿保险和年金保险的出现推动了寿险业务的拓展。1911年美国公平人寿保险公司承保了第一笔雇员团体人寿保险业务。1925年大都会人寿保险公司签发了美国第一份团体养老保险单。1928年美国谨慎保险公司还首创了信用人寿保险业务。20世纪60—80年代美国健康保险获得了空前发展，同时，通过寿险创新推出了包括变额寿险保险单、万能寿险保险单等一批新险种，稳步地推动了人寿保险业的快速增长。

随着生产力的发展、人们收入水平的提高和人口的不断增长，人口老龄化和家庭结构的变化，个人对人身保险的需求也日益增长，在许多国家，已将团体人寿保险和企业养老金计划作为雇员福利计划的重要组成部分，以补充社会保险的不足。由于人身保险具有稳定社会、为经济建设聚集资金的作用，一些国家通过各项优惠政策积极鼓励发展人身保险业务，从而使得人身保险业呈现出持续、快速增长的局面。

五、中国人身保险的发展史

（一）新中国成立前的民族保险业

我国民间早就存在着类似保险组织互助会，它们的名称不一，有长寿会、福利会、葬亲会等。入会者用储蓄的方法预筹亲友或本人死后的丧葬费，或者几个人组织保险储蓄，相互约定彼此家中如有亲友死亡，大家各出一定的筹金作为丧葬费，以减轻举丧会员的经济负担。

清末民国初年，福州盛行一种组织叫"父母轩"。这种组织由商家团体集合主办，招人投保，每人每月缴纳小洋 3 角，以 100 个月为满期，期内死亡，领取小洋300 角，百月期满，仍然健在也可得小洋 300 角。后来又出现了人寿小保险。这种人寿小保险规定：每人每月缴纳保险费 1 元后，如在 10 个月内死亡可以还本，10个月后死亡可赔 50 元，满 40 个月可赔 100 元，80 个月可赔 150 元，150 个月可赔200 元。这就是后来简易人身保险的雏形。1917 年，福州福兴人寿小保险公司首先举办这种业务。由于这种业务付费少，又不体检，手续简便，很能适应一般人的需要，参加的人越多，于是一下子就有了 30 多家小人寿保险公司经营这种业务。这种组织由于经营不善，未能长期存在。

现代形式的人寿保险是随着帝国主义的入侵传入了中国的。鸦片战争后，我国上海成为外国资产阶级的冒险家乐园、海外贸易的中心，人寿保险也就随着外国资本一起进入上海。1846 年英国首先在上海开设了永福和大东方人寿保险公司。接着美国的友邦、联邦以及加拿大的永明、永康、宏利等人寿保险公司也纷纷在中国开办业务。

最早成立的经营有人身保险业务的华资保险公司是福安水火人寿保险公司（1894 年），也有人认为 1899 年成立的永宁人寿保险公司是我国自己经营的最早的人寿保险公司。后来陆续有华安人寿保险公司、允康人寿保险公司和延年人寿保险公司等华资寿险公司成立。1912 年设立的华安合群保险公司是早期的华资寿险公司之一，其资金力量较为雄厚，经营管理较好，业务量也较大，是当时国内规模最大的寿险公司。

我国在解放前一直处在半封建半殖民地的落后状态，保险业只限于少数大城市，参加的人数也非常有限。据抗战前的统计资料，当时的有效保额仅有 5 000 多万元，经营业务主要是储蓄保险、终身保险和少量的子女教育保险。1933 年 7 月和 1934年 4 月，中国保险公司和太平保险公司分别设立了寿险部，经营人身保险业务。后来这两个寿险部相继改组成为中国人寿保险公司和太平人寿保险公司。1935 年 12月邮政储金汇业局考察日本简易生命办法后举办简易人寿保险业务，保险金额从 50元发展到 500 元。同年，国民政府立法院通过了《简易人寿保险法》，由邮政局办理简易人寿保险业务。1935 年，国民政府中央信托局曾设立保险部，除经营政府机关、国营公用事业的财产保险外，还经营公务员和军人的人身保险。1937 年正式登记开业专营人寿保险业务的华商保险公司只有华安、永安、光施、东方、陆海通、宁绍、爱群7个，兼营人寿保险业务的只有中国、太平、泰山3户。抗日战争后期，日本侵略军在东北、华北地区强迫我国人民投保简易人寿保险。而当时的国民党统治地区物价飞涨、货币贬值，长期性的储蓄性保险无人问津。

新中国成立前的100多年里，近代人身保险制度虽然已经传入中国，并且已经产生了民族寿险公司，但是，由于经济不发达，政治不独立，战火连年，人民生活贫困、物价飞涨，大部分华商保险公司处境艰难，人身保险经营惨淡，我国人身保险业始终没有得到很好的发展，而且长期为国外资本所垄断。

（二）新中国的人寿保险事业

1. 创建阶段（1949—1979年）

新中国成立后经过多方面工作，我国人寿保险初具规模。1950年9月开始在几个大城市举办个人寿保险中的两全保险和终身寿险，限于当时条件，参加人数不多。1951年开始举办简易人身保险，由于这个险种收费少，投保手续比较简便，适应一般人民需要，曾在一些地区得到稳步发展。1953年第三次全国保险会议确定了简易人身险可视实际条件，在整顿巩固的基础上稳步发展的方针。1954年第四次全国保险会议决定，随着劳动人民生活水平的逐步提高，可以有计划地组织适合群众需要的财产保险和人身保险，这种业务对为劳动人民提供福利补充具有很大意义。根据这些决定，简易人身险又有了新的发展。1956年到1958年的三年间，上海有50多万人参加了这种保险。1958年业务停办，上海保留了国内业务，1964年仍有20多万人参加了简易人身险。在"左"的思想的干扰下，1966年国内保险业务全部停办。保险期限相对较长的人寿保险，还未获得一个周期性的发育便夭折了。1959年国务院决定除国外业务继续办理以外，国内业务立即停办。从1959年开始，铁路、轮船、飞机旅客意外伤害强制保险分别移交给铁路、交通、民航部门办理，其他人身保险业务则清理停办。

2. 改革开放初期的人身保险业（1980—2002年）

（1）保险业务逐步恢复。经国务院批准，自1980年全面恢复国内保险业务，海外保险机构和保险业务也从此逐步开始拓展。1981年4月13日，中国人民银行颁发《关于保险公司管理体制的通知》，保险公司是在各级人民银行领导下办理保险业务的专业公司。各级保险公司受同级人民银行和总公司双重领导，业务上以总公司领导为主，实行独立核算，按规定留存各级保险基金。从1982年开始，中国人民保险公司首先恢复办理的人身保险险种有：团体人身保险，保期1年；团体人身意外伤害保险，保期1年；简易人身保险，保期5年、10年、15年、20年、30年；公路旅客意外伤害保险。此后还陆续开办了学生平安保险以及子女教育婚嫁保险、独生子女父母养老金保险等与教育事业、计划生育政策相配合的险种。在此期间，人保公司还根据中央的决定小规模地试办了养老金保险。

（2）保险市场主体不断增加，保险业务快速增长。1986年，新疆生产建设兵团农牧业保险总公司成立，打破了中国只有一家保险公司垄断保险市场的局面。1988年5月，中国第一家股份制保险公司平安保险公司在深圳设立。同年，四川省人寿保险公司成立。1991年，中国太平洋保险公司在上海成立，自此，中国保险市场上基本形成中保、平安、太保三足鼎立的格局。到2002年6月底，我国开业的人寿保险公司已达 24 家。

1992 年，美国友邦保险有限公司获准在上海设立分公司，自此中国有了"洋保险"。到 1997 年底，共有 15 个国家和地区的 106 家保险机构在中国内地设立了 189 家代表处，准许营业的外资保险公司和中外合资保险公司已达 9 家。从此，中国内地保险市场逐渐向国际敞开。

1980 年全国保费收入仅为 4.6 亿元，1997 年全国保费收入第一次超过 1 000 亿元，人身保险业务第一次超过财产保险收入达到 600 亿元，到 2002 年已发展到 3 053 亿元，相较于 1980 年刚恢复保险业务时增长 600 多倍，年均增长 34.4%，特别是人身保险增长迅速在 1982—1987 年间，人身保险业务年平均增长率超过 300%，1987—2002 年中国的人身保险费收入年平均增长率为 36.8%，占总保费的比重逐渐增加，2002 年人身保险费收入占总保费收入的 74.5%，这一比例已达到了保险业发达国家产、寿险的收入比例，说明我国的险种结构日趋合理、完善，但从人均保费（寿险密度）的角度看，我国寿险业与发达国家还有相当大的差距。

3. 加入世界贸易组织后的人身保险（2002 年至今）

中国加入世界贸易组织十多年了，这十多年里中国保费收入世界排名平均每年上升 1 位，目前排名第六位，成为全球增长最快的保险市场。截至 2012 年底，全国共有寿险公司 73 家，其中中资寿险公司 42 家，外资 26 家，养老保险公司 5 家；2012 年全国原保费 154 879 298.09 万元，其中人身保险保费 101 570 024.62 万元，占总保费的 65.58%，同比增长 4.29%，人身险保费增速放缓的主要原因是受到银保新规影响；2012 年原保险赔付支出 47 163 184.60 万元，其中人身保险是 18 999 868.23 万元，占比为 40.29%。

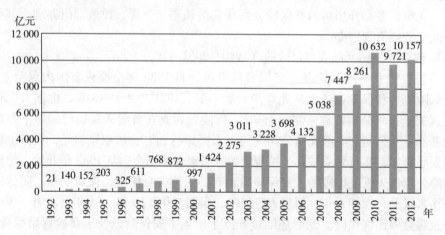

图 1-1 1992—2012 年人身保险保费收入

（1）当前人身保险市场发展中存在的主要问题

目前保险业发展遭遇瓶颈，关键在于保险业发展的基础和外部环境发生了巨大转变，但保险企业仍然停留在以人力和机构扩张为主导的时代，忽视了服务创新和效率提升，越来越不能满足消费者多样化的保险需求。主要表现为保险竞争力不强、产品同质化普遍、投资属性较强、保障功能未能充分发挥。具体说来，除受相关政策影响之外，主要问题如下：

一是寿险产品定位缺陷。许多产品重投资储蓄而轻保障，与银行储蓄投资产品区别不大，竞争乏力。二是寿险产品设计缺陷。很多应当纳入保障范围的责任被设计成为责任免除。三是寿险产品定价缺陷。有些产品赔付率过低，使产品的正义性和合理性受到质疑。四是寿险公司服务缺陷。最突出的是销售误导和理赔难，让消费者失去信心。

（2）人身保险事业前景展望

第一，人身保险市场规范发展。长期以来，销售误导、推销扰民等损害保险消费者利益的问题较为突出，导致一些消费者对人身险行业产生反感，缺乏信任。从2010年开始，保监会综合运用多项措施对寿险公司的产品和费率、销售管理、客户服务等多方面进行规范整顿，情况大有好转，行业形象得到改善，认可度和满意度提高，为人身险行业发展提供了有力支撑。

第二，业务结构进一步优化。近年来频繁发生的自然灾害和意外事故提高了人们对保险的需求，网络和电话销售渠道也为意外险的发展提供了有利条件。随着国家医疗改革和老龄化问题的加剧，人们对保险的需求在增加。随着机制改革不断深化，寿险公司的经营逐渐理性和稳健，发挥长期、期缴业务已经成为各寿险公司的共识。

第三，寿险公司治理结构进一步优化。随着各项法律法规的颁布实施，寿险公司的治理结构框架已经逐步建立，公司内部的各项制度规则渐趋完备。在监管的推动下，寿险公司通过境内外IPO上市、吸收民营资本参股、引入国际战略投资者等方式逐步实现了股权结构的多元化。治理结构的进一步优化将有助于规范寿险公司的运作，推动寿险公司服务、管理创新，提高经营管理水平。

第四，市场化改革推动寿险产品创新。寿险产品同质化一直是困扰我国寿险市场的大问题，原因是市场竞争不充分，寿险公司缺乏创新的动力。保监会不断推出政策规定推进保险费率市场化进程，鼓励差异化经营，甚至允许正常经营的保险公司间进行整体兼并收购、部分保险业务的剥离和转让，研究建立针对股东、业务、人员、分支机构和法人机构的多层次、多渠道退出机制。这些举措有助于改变寿险市场的竞争格局，推动寿险公司加快创新发展步伐，增强寿险市场发展活力。

【本章小结】

人身保险概述	人身保险的概念和特点	人身保险是指以人的生命或身体为保险标的，当被保险人发生死亡、伤残、疾病或年老等保险事故或保险期满时给付约定保险金的保险，具有不可估价性、定额给付型、保险利益特殊性、保险期限长、保险费率确定的特殊性、责任准备金的提取方式和缴费方式的特殊性和储蓄性等特点。
	人身保险的分类	人身保险的种类很多，根据不同的特征可划分为不同的类型。在实际操作中主要分为人寿保险、人身意外伤害保险和健康保险三大类。

续表

人身保险概述	人身保险的功能与作用	人身保险有分散风险、保险金给付、调节收入分配、金融融资等功能。人身保险对家庭、企业以及整个社会的发展都具有非常重要的作用。人身保险可以为个人及家庭提供经济保障并带来税收上的优惠，是家庭投资理财的理想手段之一；对企业而言，人身保险可以帮助企业分担雇员的人身风险责任、增加员工福利、增强企业的竞争实力；对社会来说，人身保险有助于稳定社会生活、有助于扩大社会就业、有助于解决社会老龄化问题，同时为资本市场提供大量资金。
	人身保险的发展历程	人身保险经过漫长的发展历程之后，逐渐演化成为近代较为完善的人身保险形式。我国人身保险经过漫长演化之后，进入高速发展时期，特别是加入世界贸易组织之后，我国人身保险与世界人身保险发展的融合进程加快。

【课后习题】

1. 人身保险的特点有哪些？
2. 人身保险是如何分类的？
3. 人身保险的功能和作用各有哪些？
4. 如何看待中国人身保险的发展前景？

第二章

人身保险合同

【教学目的】

通过本章的教学，使学生掌握人身保险合同的概念、特征、分类与形式，明确人身保险合同的标准条款，了解人身保险合同的订立、履行与终止程序与内容。

【教学内容】

本章从人身保险合同的特征与种类入手，按照人身保险合同的框架结构介绍了人身保险合同的要素；人身保险合同的订立与履行；人身保险合同的标准条款；人身保险合同的争议处理等内容。

【教学重点难点】

本章重点是人身保险合同的概念、特征、分类与形式；难点内容是人身保险合同的标准条款。

【关键术语】

受益人　年龄误告条款　宽限期条款　复效条款　红利任选条款　自杀条款
保费自动垫缴条款

【本章知识结构】

人身保险合同
├ 人身保险合同概述
│　├ 人身保险合同的概念
│　├ 人身保险合同的特征
│　├ 人身保险合同的分类
│　└ 人身保险合同的形式
├ 人身保险合同的要素
│　├ 人身保险合同的主体
│　├ 人身保险合同的客体
│　└ 人身保险合同的内容
└ 人身保险合同的订立与履行
　　├ 人身保险合同的订立
　　├ 人身保险合同的履行
　　├ 人身保险合同的变更
　　├ 人身保险合同的中止与复效
　　└ 人身保险合同的终止

人身保险合同
- 人身保险合同的标准条款
  - 不可抗辩条款、年龄误告条款、宽限期条款
  - 复效条款、保费自动垫缴条款、保险单贷款条款
  - 保险单转让条款、不丧失价值选择权条款、自杀条款
  - 受益人条款、共同灾难条款、红利及保险金任选条款
  - 意外事故死亡双倍给付条款、战争除外条款
- 人身保险合同的争议处理
  - 人身保险合同解释的原则
  - 人身保险合同争议的处理

第一节　人身保险合同概述

【案例引入】

离婚后保单还有效吗？

1998 年 7 月，孙女士为她的婆婆投保了一份 10 年期的两全保险，保额为 3 万元，指定自己的儿子为受益人，保费每年由孙女士缴纳。2000 年 1 月，孙女士离婚，儿子由父亲抚养。孙女士一如既往地给这张保单缴费。2002 年 12 月，被保险人因病去世。孙女士向保险公司申请给付保险金 3 万元，孙女士的前夫也向保险公司提出索赔。孙女士的理由是：自己是投保人，且一直坚持缴费，受益人是自己的孩子，自己也是合法的监护人，所以有权申请保险金。孙女士前夫的理由是：被保险人是自己的母亲，指定的受益人是自己的儿子，且由他抚养的，也是合法监护人，理应有权申领保险金。

保险公司内部有两种不同处理意见：一种是孙女士投保时是被保险人的儿媳，对被保险人具有可保利益，但是离异后，孙女士已不是被保险人的家庭成员，失去了保险利益，保单也随即失效，故不能给付保险金。另一种意见认为保单有效，只是不知道应该向谁支付保险金。

一、人身保险合同的概念

人身保险合同是保险合同的一种，它是指保险人与投保人双方经过要约和承诺，在自愿的基础上订立的一种具有法律约束力的协议。该协议中确定了当事人双方的权利义务关系，双方均应按照合同的约定，履行各自的义务，享有相应的权利。人身保险合同应当以书面形式签订。具体而言，人身保险合同是指以人的寿命和身体为保险标的，投保人与保险人约定，保险人依被保险人的年龄、健康状况按约定向投保人收取保险费，于被保险人死亡、伤残、疾病或者生存至约定年龄、期限时，向被保险人或受益人给付保险金的合同。

二、人身保险合同的特征

人身保险合同是保险合同中的一大类，兼具保险合同的一般属性和人身保险合

同的特殊性。人身保险合同的一般属性包括它是射幸合同、有偿合同、双务合同、最大诚信合同、附和合同、诺成合同、要式合同和有名合同。与财产保险合同相比，人身保险合同主要特征包括：

1. 人身保险合同具有定额给付性

在人身保险中，保险标的是人的生命和身体，其价值难以用货币衡量，因此，保险金额不以保险标的的价值来确定，而是依据被保险人对保险的需求程度、投保人的缴费能力和保险人的承保能力来确定的。所以人身保险合同不存在超额保险和重复保险之说。作为定额给付的人身保险，当发生保险事故或约定的保险事件时，保险人按照合同约定的保险金额承担保险金给付责任。但需要说明的是，在短期健康保险中涉及医疗费用的部分，保险人主要是弥补被保险人在医疗费用方面的支出，因而具有补偿性。所以人身保险合同多数是属于定额给付性质，而少数属于补偿性质。

2. 人身保险合同具有长期性

占人身保险合同大多数的人寿保险合同往往是长期的。保险期限可以是数年、数十年或到一个人的一生不等。人身保险交费期和保险金的领取期也可以长达几十年，具体与保险种类和被保险人的投保年龄和寿命有关。如终身寿险可以长达几十年甚至上百年。

3. 人身保险利益的确定具有特殊性

人身保险的保险利益以人与人之间的关系，即投保人与被保险人之间的关系来确定，而不是像财产保险合同那样以人与物或责任的关系来确定。具体而言，投保人对自己的生命或身体具有保险利益，也对具有亲属血缘关系、家庭成员关系的人具有保险利益，投保人对与其有经济利益关系的人，或经被保险人同意作为投保人的人具有保险利益。人身保险利益确定的时限也比较特殊，在订立人身保险合同时，要求投保人对被保险人一定要具有保险利益，否则合同无效，而索赔时，投保人对被保险人无可保利益，并不影响合同效力。

4. 人身合同具有储蓄性与投资性

人身保险在为被保险人提供经济保障的同时，兼有储蓄性和投资的功能。由于人寿保险采取均衡保险费制，投保人早期缴纳的保险费高于自然保险费，保险人要从高出的部分中提取责任准备金，这种准备金是保险人对被保险人的负债，可以用于储蓄或投资，取得收益。正是由于多数人寿保险单含有储蓄性，所以投保人或被保险人享有保单质押贷款、退保等保险金给付方式的选择权，投保人还可以选择带有分红性质的险种，享受保险公司的红利分配，这是人身保险所特有的。

【案例分析】

本节开始引入的案例，第一种意见是不正确的。人身保险的保险利益是比较特殊的，习惯上是以投保时的关系为准来判断的，投保时投保人对被保险人具有保险利益，保险合同就有效。即使保险事故发生时投保人对被保险人已不再具有保险利益，也不影响合同的有效性。至于保险金应该向谁给付，应该说孩子的父母都是受益人的合法监护人，都有权申领保险金。但是，为了避免纠纷，保险公司可以建议孙女士由其前夫代为领取保险金，由孙女士监督其前夫，保证这笔钱用在孩子身上。或者二人协商一致，共同保管这笔钱，直至孩子成年后交给他自行处理，保险公司依据他们提供的银行账号支付保险金。

本案启示：在人身保险中，保险公司对保险利益原则运用得较为灵活，只强调投保时投保人对被保险人要具有保险利益，也是为了方便客户，不至于因为人际关系变动而使保险合同失效。但是，作为业务员，在展业时就应该注意这点，为避免纠纷和可能出现的麻烦，对于被保险人是成年人的，尽量由其自己作为投保人。如果不是这样，要提示客户，保单所载的内容有变动（尤其是联系方式）、家庭人际关系有变动，都要通知保险公司，看看是否有必要变更保险合同某项内容，以保证今后索赔顺利。

三、人身保险合同的分类

（一）按照保障范围分类

1. 人寿保险合同

人寿保险合同是以人的寿命为保险标的，以人的生存和死亡为保险事件，当发生保险事件时，保险人履行给付保险金义务的一种保险合同。人寿保险为客户提供的保障涉及到死亡、生存、生死两全、重大疾病等诸方面。一些寿险合同除具有保障性以外，又兼具投资理财功能，形成新型人寿保险。年金保险合同是人寿保险合同的特殊形式。

2. 人身意外伤害保险合同

人身意外伤害保险合同是以被保险人的身体为保险标的，以人身意外伤害为保险事故，当被保险人遭受意外伤害事故造成死亡或残疾时由保险人给付保险金的保险合同。人身意外伤害保险的保障项目主要包括死亡给付和残疾给付。保险期限既有长期也有短期，可以作为主险单独成立，也可以作为附加险附加于人寿保险合同之上，补充主险责任的不足。

3. 健康保险合同

健康保险合同是以被保险人的身体为保险标的，以被保险人在保险期限内因意外伤害、疾病、生育所致死亡或残疾，或因上述原因造成医疗费用支出和劳动收入损失为保险事故的人身保险合同。依据保险责任的范围不同，又可分为疾病保险合同、医疗保险合同、失能保险合同、护理保险合同。健康保险合同的期限有长期和短期之分，长期的如重大疾病保险，既可以作为主险，也可以作为附加险。短期的一般作为附加险的居多。

（二）按照承保方式分类

按照承保方式分类，亦即按照投保人数的不同分类。

1. 个人保险合同

个人保险合同是以个人为投保人，合同所载的被保险人是一个人的人身保险合同。在人身保险合同中，这种保险合同居多。

2. 联合保险合同

将存在一定利害关系的两个或两个以上的人，例如家庭成员、合伙企业的合伙人等多人作为被保险人而签订的人身保险合同称作联合保险合同。联合保险合同中的一个被保险人死亡，保险金将给付其他生存的人。该种合同的被保险人数量介于个人保险合同和团体保险合同之间。如果保险期限内无一死亡，保险金给付给所有联合被保险人或其指定的受益人。目前我国很少提及联合保险的概念，但是保险实践中存在这样的保险产品。例如中国人寿保险公司的辉煌人生意外伤害保险、太平洋人寿保险公司的家庭成员意外伤害保险，前者按照团体保险操作，后者属于个人保险范畴。在台湾地区，合伙企业合伙人之间投保联合保险的较为普遍。

3. 团体保险合同

团体保险是以机关、社团、企事业单位为投保人，以单位名义投保并由保险人签发一份总的保险合同，保险人按合同规定向其单位中的成员提供保障的保险。它不是一个具体的险种，而是一种承保方式。团体保险一般有团体人寿保险、团体年金保险、团体意外伤害保险和团体健康保险四类。

（三）按照保险期限分类

1. 长期人身保险合同

长期人身保险合同是指保险期限在 1 年以上的人身保险合同，多为 5 年或 5 年以上。如终身寿险合同，保险期限持续到被保险人身故。

2. 短期人身保险合同

保险期限在 1 年或 1 年以下的人身保险合同，称为短期人身保险合同。短期人身保险合同按照保险期限的长短又可分为 1 年期人身保险合同和极短期人身保险合同。许多普通意外伤害保险、疾病保险采用一年期合同，而航空意外伤害保险、旅游意外伤害保险采用极短期人身保险合同。

（四）按照保险金给付方式分类

1. 一次性给付保险金合同

一次性给付保险金合同是指保险人在被保险人因意外事故、疾病、衰老以致丧失工作能力、退休等情况出现时，一次性向被保险人或其受益人给付保险金的合同。

2. 年金保险合同

年金保险合同是指在被保险人的生存期间，保险人承诺每年或每月向年金受领人给付一定金额年金的人身保险合同。年金保险是为了预防被保险人因年老而丧失收入来源或耗尽积蓄而进行的经济储备。年金保险合同一般分为个人养老金保险合同、定期年金保险合同和联合年金保险合同三种。

（五）按照保险合同的主从关系分类

1. 主险合同

主险合同又称基本险合同，是指不需要附加在其他险种之后，可以单独承保的保险合同，如普通人寿保险合同便是此类。

2. 附加险合同

附加险合同是相对于主险而言的，是附加在主险之后、不可以单独投保的合同，如住院医疗保险多数是附加险合同。

四、人身保险合同的形式

我国《保险法》规定，人身保险合同必须以书面形式订立。人身保合同书面形式有以下几种。

（一）保险单

保险单又称保单，是保险人和投保人之间订立人身保险合同的正式书面文件。保险单必须完整地记载投保人与保险人的权利义务及责任，它是保险合同成立的证明。

（二）暂保单

暂保单又称临时保单，是正式保单签发之前，由保险公司或代理人签发的暂时代替保单的临时性保险证明，其法律效力与正式保单的法律效力相同。暂保单的效力一般为 30 天，待保单签发后，暂保单自动失去效力。

（三）保险凭证

保险凭证又称保险证或者小保单，是一种简化了的保险单，优点是节省成本、便于携带，能体现保险人对客户尽到告知义务。它与一般保险单有同样的效力，记载的事项都以保险单的条款为准，只是保险凭证的内容比较简单，若二者有抵触时以保险单或该险种保险条款为准。

在人身保险实践中，一般在两种情况下使用保险凭证。一是在公众服务行业的保险中，如旅客运送、旅游观光等，保险期限短，业务量大，保险人为方便客户和缩短办理业务时间，一般是将保险的简要内容印在票证上，如飞机票、车船票及门票的背面上，在消费者买票时，一并缴纳保险费。此时的飞机票、车船票或门票即具有保险凭证的作用。另一种是团体人身保险凭证。团体人身保险合同一般由该团体的相关部门或工作人员代为保管，而团体的成员则可由保险人另行出具保险凭证作为保险证明文件，或详细或简略说明保险责任，如简易人身保险、机动车辆保险。

（四）保险批单

保险批单是批改原来保险合同的凭证。人身保险合同双方就保险单内容进行修改和变更时使用批单。通常用于对已经印制好的保险单的内容作部分修改，或对已经生效的保险单的某些项目进行变更。批单一经签发，就自动成为人身保险合同的组成部分。因为出具批单的时间都是在签发保险合同之后，所以批单的法律效力优于保险单，当批单内容与保险单不一致时，以批单内容为准。

（五）书面协议

当保险标的较为特殊或投保人的要求较为特殊，不能采用标准化的保险单或保险凭证时，可以采用保险协议书的形式。保险协议书是投保人与保险人经协商一致后共同拟定的书面协议，其中载明当事人双方的权利和义务，并签字盖章。

上述人身保险合同的书面形式，是保险合同的重要组成部分，但不是全部。在订立和履行人身保险合同的过程中，形成的所有文字和书面材料都是人身保险合同的组成部分。其中包括保险单、保险凭证、批单等正式证明文件，还包括投保单、保费收据、银行委托收款协议或银行卡折复印件、保险合同送达通知书等辅助性文件。非标准保单还包括体检报告、以往病历复印件、投保人声明或保证、生存调查表、以往赔付记录等材料。

第二节 人身保险合同的要素

人身保险合同的要素由合同的主体、客体和内容三部分组成。

一、人身保险合同的主体

人身保险合同的主体是指与人身保险合同发生直接、间接关系的人，包括当事人、关系人和辅助人。

（一）人身保险合同的当事人

人身保险合同的当事人是指直接参与建立人身保险合同关系、规定保险合同权利与义务的主体，包括投保人和保险人。

1. 投保人

投保人又称要保人，是向保险人申请订立人身保险合同，并负有缴付保险费义务的主体。人身保险合同的投保人必须符合以下条件：从法律资格方面讲，投保人必须是具有民事行为能力的法人或自然人；从经济条件方面讲，投保人必须有缴付保险费的能力；从投保条件上讲，投保人对保险标的必须具有保险利益。

从自然人角度讲，投保人必须具有完全民事行为能力，依照我国《民法通则》的规定，必须年满18周岁，或者16周岁，但以自己的劳动收入为主要生活来源，并且无精神疾病；从法人角度讲，投保人必须是依法成立，有必要的财产或经费、名称、组织机构和场所，并能承担民事责任。

投保人的权利包括：保险合同解除权、保险合同变更权、受益人的指定和变更权（此项权利须经被保险人同意）、保险费支付方式选择权、中止保险合同与效力恢复权、保单借款申请权、生存金及红利领取权、退保金领取权。投保人的义务包括：如实向保险人告知被保险人和自己的情况、按时足额支付保险费、保险事故通知和提供索赔材料。

2. 保险人

保险人是经营保险业务，与投保人订立保险合同的另一方当事人，享有收取保险费的权利，当保险事故发生或保险期限届满时，履行赔偿或给付保险金的义务。我国《保险法》第十条规定：保险人是指与投保人订立保险合同，并按照合同约定承担赔偿或者给付保险金责任的保险公司。

世界各国都实行保险专营制度，大多制定了有关保险机构设立的规定或法律制度。我国《保险法》第六条规定：保险业务由依照本法设立的保险公司以及法律、行政法规规定的其他保险组织经营，其他单位和个人不得经营保险业务。

（二）人身保险合同的关系人

人身保险合同的关系人是指与人身保险合同有经济利益关系，而不一定参与人身保险合同订立的人。保险关系人包括被保险人、受益人、保单所有人。

1. 被保险人

被保险人是指其人身受保险合同保障，享有保险金请求权的人。被保险人的生命和身体是人身保险合同的保险标的，是保险事故的主体对象，因此不受是否具有完全民事行为能力的限制，也不受是否具有经济能力的约束，任何人都可以成为人身保险合同的被保险人，只要保险人愿意接受承保即可。人身保险合同中的被保险人只能是自然人，而不能是法人。人身保险的被保险人与投保人可以是同一个人，也可以分属于两个人。如某人以自己为标的投保人身保险，这时，投保人即为被保险人；如某人以他人为标的投保人身保险，则投保人与被保险人分属于两个人，但是投保人对被保险人必须具有保险利益。

被保险人的权利包括：保险金的请求权、指定和变更受益人、向加害自己的责任方请求赔偿、确认以自己死亡为保险金给付条件的人身保险合同以及保险金额。被保险人的义务包括：配合保险人体检（如果需要体检）、保险事故通知及提供索赔材料。

【知识链接】

我国《保险法》和相关文件规定。

（1）被保险人的民事行为能力规定

我国《保险法》第三十三条规定：投保人不得为无民事行为能力人投保以死亡为给付保险金条件的人身保险，保险人也不得承保。父母为其未成年子女投保的人身保险，不受前款规定限制，但是保险金额总和不得超过保险监督管理部门规定的限额。

（2）以他人为被保险人订立死亡保险合同须经被保险人同意

我国《保险法》第三十四条规定：以死亡为给付保险金条件的合同，未经被保险人书面同意并认可保险金额的，合同无效。父母为其未成年子女投保的人身保险，不受规定限制。

这是因为，无民事行为能力的人，往往精神上不健全，自卫能力和自我保护意识都很弱，如以其为被保险人订立死亡保险合同，其生命将受到威胁。如果投保人通过不正当手段与保险人订立了这样的合同，合同不仅无效，投保人还将受到法律的追究，保险人也要负同样的责任。考虑到我国有着悠久历史和良好传统美德，对父母为未成年子女投保人身保险不予以绝对禁止，只是对保险金额进行了合理的限制。

（3）关于未成年人寿险保额限制的规范性文件

关于未成年人寿险保额的限制，中国保险监督管理委员会（简称保监会）在1999年第43号文件中规定："父母为其未成年子女投保的人身保险，死亡保险金额总额不得超过人民币5万元。自本通知发布之日起，新签发的保单均应按此规定执行；已签发的保单继续履行其保险责任，直到保险合同终止。"后来，在2010年保监会第95号文件又做出了规定："对于父母为其未成年子女投保的人身保险，在被保险人成年之前，各保险合同约定的被保险人死亡给付的保险金额总和、被保险人死亡时各保险公司实际给付的保险金总和均不得超过人民币10万元。"这个规定自2011年4月1日起执行。

2. 受益人

受益人是人身保险合同中，由被保险人或投保人指定，于保险事故发生时，享有保险金请求权的人。受益人是人身保险合同中所特有的关系人。受益人不承担缴付保险费的义务，只享受保险金请求权，是人身保险合同中的权利主体。发生保险金给付时，如果被保险人生存，则受益人自然是被保险人，保险公司不受理其他人领取保险金的事宜。如果此时被保险人不方便领取保险金，则需出具委托书，由其指定的代理人代为领取。例如医疗费的给付、养老金的给付等。只有当被保险人身故时，指定的受益人才可以行使保险金请求权。所以，狭义的受益人是指具有被保险人死亡保险金请求权的人，而广义的受益人还应包括被保险人自己。

（1）受益人的法律资格。受益人的资格在法律上没有限制，自然人、法人及胎儿均可被指定为受益人，但胎儿应以正常出生为条件。被指定的受益人在领取保险金前身故，其受益人资格也随之消失。在人身保险合同中，被保险人或投保人可以指定一人或者多人为受益人。当受益人为数人时，需要确定受益顺序和受益份额，未确定份额的，受益人按照相等份额享受受益权。

（2）受益人的产生方式。受益人的产生方式有两种，即指定与法定。

①指定受益人。受益人由被保险人或投保人指定，投保人指定受益人时须经被保险人同意方可产生法律效力。当被保险人是无民事行为能力人或者限制民事行为能力人时，可以由其监护人指定受益人。受益人可以是投保人，也可以是其他人。人身保险合同中如果已指定受益人，则保险金应归受益人所有，不属于被保险人的遗产，不是必须用于清偿被保险人生前所欠债务。被保险人生前的债权人或者受益人以外的任何人都无权申领或扣押给付的保险金，保险金也不能在被保险人的遗产继承人之间进行分配，但无指定受益人时除外。

②法定受益人。我国《保险法》第四十二条规定：被保险人死亡后，有下列情形之一的，保险金作为被保险人的遗产，由保险人依照《中华人民共和国继承法》（以下简称《继承法》）的规定履行给付保险金的义务：第一，没有指定受益人，或者受益人指定不明无法确定的；第二，受益人先于被保险人死亡，没有其他受益人的；第三，受益人依法丧失受益权或者放弃受益权，没有其他受益人的。

此时遗产继承人即为保险受益人，受益人的顺位是按照《继承法》中关于继承顺位的规定确定的，所以称为法定受益人。在保险实践中，团体保单由于被保险人众多，在指定受益人时不可能一个个让被保险人将家属名字写上并签字，所以大多数受益人一栏都空着，或者简单写为"法定"。

（3）受益人的变更。被保险人或投保人可以变更受益人，书面通知保险人。保险人收到书面变更通知后，出立批单作为变更的证明，投保人变更受益人须经被保险人同意方可以行使变更权利。

【知识链接】

我国《继承法》相关内容节选

第二章　法定继承

第九条　继承权男女平等。

第十条　遗产按照下列顺序继承：

第一顺序：配偶、子女、父母。

第二顺序：兄弟姐妹、祖父母、外祖父母。

继承开始后，由第一顺序继承人继承，第二顺序继承人不继承。没有第一顺序继承人继承的，由第二顺序继承人继承。

本法所说的子女，包括婚生子女、非婚生子女、养子女和有扶养关系的继子女。

本法所说的父母，包括生父母、养父母和有扶养关系的继父母。

本法所说的兄弟姐妹，包括同父母的兄弟姐妹、同父异母或者同母异父的兄弟姐妹、养兄弟姐妹、有扶养关系的继兄弟姐妹。

第十一条 被继承人的子女先于被继承人死亡的，由被继承人的子女的晚辈直系血亲代位继承。代位继承人一般只能继承他的父亲或者母亲有权继承的遗产份额。

第十二条 丧偶儿媳对公、婆，丧偶女婿对岳父、岳母，尽了主要赡养义务的，作为第一顺序继承人。

第十三条 同一顺序继承人继承遗产的份额，一般应当均等。

对生活有特殊困难的缺乏劳动能力的继承人，分配遗产时，应当予以照顾。

对被继承人尽了主要扶养义务或者与被继承人共同生活的继承人，分配遗产时，可以多分。

有扶养能力和有扶养条件的继承人，不尽扶养义务的，分配遗产时，应当不分或者少分。

继承人协商同意的，也可以不均等。

3. 保单所有人与保单持有人

这是国外保险法律和寿险保单用词，目前我国在法律上还没有明确这两个概念，导致在实务中常会出现各种争议和纠纷，且实践应用中还会出现无法可依的现象，不利于中国保险业的规范化和长远发展。有的学者认为这两个概念的含义是一样的，其实不然。

保单所有人（Policyowner）是拥有保单所有权的人，可以是自然人也可以是法人，主要适用于人寿保险。一般情况下，保单所有人是被保险人和投保人，但因寿险保单可以转让，则受让人也可以成为保单所有人。例如投保人将寿险保单作为抵押向银行申请贷款，并将保单权利全部转移给银行，此时银行就成为了保单所有人。保单所有人的权利与被保险人和投保人的权利基本一致。

保单持有人（Policyholder）不一定对保单拥有所有权，而仅仅是持有，有留置、保管之意。比较明显的是团体保单经常放在相关部门和具体办事的工作人员手中，例如工会、财务部门、劳资部门等。这些保单持有人并不能算是真正意义上的保单所有人，通常负责与保险人联络、增减被保险人、索赔等日常管理工作。在个人寿险保单中，保单持有人和保单所有人往往是同一个人，可以是被保险人、投保人或者受益人。

4. 投保人、被保险人和受益人的关系

这三者可以是同一人，也可以是三个不同的人，也可以是两两相同的交叉关系（见图2-1）。

（1）投保人、被保险人和受益人不为同一人。在一个家庭中，妻子作为投保人为丈夫投保人寿保险，指定孩子为受益人，或者企业为自己的员工投保人身保险，即使不指定受益人，受益人自然应该是被保险人的家属。

（2）投保人、被保险人和受益人为同一人。个人为自己投保带有生存时给付责任的保险，例如投保养老金保险，则自己是养老金的受益人，个人为自己投医疗保险、重大疾病保险，都有可能自己领取保险公司给付的保险金。

（3）投保人和被保险人为同一人，受益人是其他人。个人给自己投保人寿保险，指定家人为受益人，就属于这种情形。

（4）投保人和受益人为同一人，被保险人为其他人。父母给孩子、孩子给父母投保人身保险，指定自己为受益人。

（5）被保险人和受益人是同一人，投保人是其他人。丈夫给妻子投保养老保险，妻子既是被保险人，也是养老金的受益人，当然这时的受益人是广义的，这里还应包含一个狭义的受益人，即有权领取被保险人身故保险金的人。

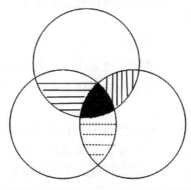

图2-1 投保人、被保险人与受益人的关系

【案例分析】

这笔保险金应给付给谁？

小学生李柱在学校投保了学生、幼儿平安保险（以下简称学平险），1998年6月25日放学回家后，其父叫他去买酒，横穿马路时不幸被汽车撞伤，后经抢救无效死亡。李父不堪家人指责，又悲又气，喝农药自尽。处于极度悲伤的李母见儿子夭折、丈夫身故，平时与公婆多有纠葛，觉得难以在李家再待下去，待丧事办完，便搬回娘家居住。按照学平险规定，保险公司应给付5 000元保险金，但保险合同中并未指定受益人，李母与李的祖父母都来领取保险金，请问这笔保险金应如何处理？依据是什么？

这是一个双重继承的案例。李柱的学平险保险合同因未指定受益人，所以保险公司应向李柱的继承人履行支付保险金的义务。李柱的第一顺位法定继承人是他的父母，5 000 元保险金成为李父李母的共同财产。后来李父去世，李父的财产也应进行分割、继承。按照《继承法》的规定，李父母的财产是夫妻共同财产，有一半属于李母，其余才属于李父名下，由其继承人继承。对于这笔保险金来说，5 000 元中有 2 500 元应属于李母，属于李父名下的 2 500 元由其遗产继承人继承。而李父的第一顺位法定继承人为配偶、父母三人，所以 2 500 元应分成三份，李母继承 833.33 元，李的祖父母继承 1 666.67 元。

则保险公司应向李母支付保险金 3 333.33 元，向李的祖父母支付保险金 1 666.67元。需要说明的是，这笔保险金的支付，并没有像一般遗产继承那样考虑李的祖父母年老无劳动能力等其他因素。

（三）人身保险合同的辅助人

人身保险合同的辅助人是协助人身保险合同当事人订立保险合同或帮助履行保险合同的人，包括保险代理人、保险经纪人和保险公估人。由于人身保险合同的辅助人介于保险人与投保人之间，所担任的角色具有中介性，因此又称为保险中介人。

1. 保险代理人

人身保险的保险代理人指根据保险人的委托，向保险人收取代理手续费，并在保险人授范围内代为办理保险业务的单位或者个人。我国将保险代理人分为专业代理、兼业代理和个人代理。人身保险业务主要靠个人代理和兼业代理渠道开展。

2. 保险经纪人

保险经纪人是指基于被保险人或投保人的利益，为投保人与保险人订立保险合同，提供中介服务，并依法收取佣金的单位。我国现阶段人身保险极少使用保险经纪人开展业务，保险经纪人多用于开展财产保险的大宗业务。

3. 保险公估人

保险公估人是指依照法律规定设立，受保险公司、投保人或被保险人委托办理保险标的的查勘、鉴定、估损以及赔款的理算，并向委托人收取酬金的公司。保险公估人多出现在财产保险理赔时金额较大的复杂案件中。

二、人身保险合同的客体

（一）人身保险合同客体的含义

人身保险合同的客体是合同双方当事人权利义务所共同指向的对象——保险利益，即投保人对保险标的具有的法律上承认的利益。

人身保险合同的保险标的是人的寿命和身体，当寿命和身体遭受生存、死亡、伤残、疾病等偶然事件时，必然给本人或他人带来经济生活上的影响，所以，保险利益是客观存在的。

根据我国《保险法》第三十一条的规定，投保人对下列人员具有保险利益：

（1）本人。投保人对自己的寿命或身体总是具有保险利益的，因此，每个人都可以以自己的寿命或身体为标的投保人身保险。

（2）配偶、子女、父母。投保人与这些人具有婚姻关系或血缘关系，所以，投保人可以以这些人的寿命或身体为保险标的而订立人身保险合同。

（3）前项以外与投保人有抚养、赡养或扶养关系的家庭其他成员、近亲属。显然，投保人与这些人有经济上的依存关系，因此，投保人对这些人的生命或身体有保险利益。

（4）与投保人有劳动关系的劳动者。除前款规定外，被保险人同意投保人为其订立合同的，视为投保人对被保险人具有保险利益。订立合同时，投保人对被保险人不具有保险利益，合同无效。

【案例分析】

王小姐对男朋友是否具有保险利益？

王小姐的男朋友小李在外企工作经常出差，王小姐很为他担心，想在他过生日时送一份保险作为礼物。王小姐在保险代理人小张的介绍下，选择了保障较高的重大疾病保险，并附加了长期意外伤害保险。小张从中了解到小王与男友关系很好，已经定下婚期，就指导王小姐认真填写了投保单，但是在被保险人签字处，小张建议她先空着，等她男友亲笔签字。王小姐为了给男友惊喜的效果欲代为签字，并称经常替男友收邮递快件或网购的东西，都是由她代为签字的。小张认真地向王小姐解释了《保险法》中第三十一条、第三十四条的有关规定，并和王小姐一起会见了她的男友小李。

保险代理人小张向王小姐及男友讲了很多保险知识，并就投保单上询问的有关被保险人健康状况等问题向小李了解情况，王小姐和男友对小张认真负责的工作态度钦佩有加，认真看了投保单上的内容，回答了相关问题，并就所附的保险条款看不懂的地方请教小张，最后在投保单被保险人处亲笔签字。虽然王小姐此次想给男友惊喜的心愿没有达成，但他们觉得获得了很多保险知识，也获得了终身保障，值了。他们还表示尽快考虑王小姐的保障问题。

保险代理人小张这样做是对的。王小姐和男友目前既无法律关系，也无血缘关系，但是二人已是未婚夫妻关系，且感情很好，只要被保险人同意，并认可保险金额，也可以订立保险合同。只是对这种特殊情况要特别慎重，深入调查了解，严格按照《保险法》和业务流程办理，避免道德风险或纠纷。

（二）人身保险标的与保险利益的关系

人身保险合同的保险标的是被保险人的身体和生命，保险利益是投保人对被保险人拥有的利益关系。

（1）保险标的是保险利益的载体，没有保险标的，保险利益就无从谈起。

（2）人身保险合同的客体不是保险标的，而是投保人对被保险人所具有的保险利益。这主要是因为人身保险合同保障的不是保险标的本身的安全，而是保险标的受损后投保人或被保险人、受益人的经济利益。

（3）保险利益是保险合同的客体，是保险合同生效的依据。只有当投保人对被保险人具有保险利益的时候，才能投保。否则将会引发不良的社会行为和后果。

三、人身保险合同的内容

人身保险合同内容是指合同当事人双方的权利与义务具体事项。在通常情况下，人身保险合同的内容以条款形式表现。

（一）人身保险合同条款的类型

人身保险合同条款分为两大类：

1. 基本条款

人身保险合同的基本条款又称为法定条款，它是根据法律规定由保险人制定的必须具备的条款。基本条款一般直接印在保险单证上，它不能随投保人的意愿而变更。

2. 特约条款

特约条款是指在基本条款以外，由投保人与保险人根据实际需要而协商约定的权利与义务。特约条款有保证条款、附加条款两种类型。

（1）保证条款。保证条款是指投保人、被保险人就特定事项担保某种行为或事实的真实性的条款。该类条款由于其内容具有保证性质而得名。保证条款一般由法律规定或合同约定，是投保人、被保险人必须遵守的条款，否则，保险人有权解除合同。

（2）附加条款。是当事人在合同的基本条款的基础上约定的补充条款。它增加或限制双方的权利与义务，是对基本条款的修改或变更，其效力优于基本条款。通常采取在保险单上加批注或批单的方式，使之成为合同的一部分。

（二）人身保险合同的主要内容

各类人身保险合同的内容，依险种的不同而不尽相同。但大都包括以下几个部分：主体、客体、权利、义务和其他声明事项。

《保险法》第十八条规定：保险合同应当包括下列事项："（一）保险人名称和住所；（二）投保人、被保险人名称和住所，以及人身保险的受益人的名称和住所；（三）保险标的；（四）保险责任和责任免除；（五）保险期间和保险责任开始时间；（六）保险金额；（七）保险费以及支付办法；（八）保险金赔偿或者给付办法；（九）订立合同的年、月、日。"

1. 主体部分

人身保险合同的主体部分主要包括保险人、投保人、被保险人、受益人的名称及其住所，对于有多个受益人的，需标出受益顺序及份额。投保人、被保险人、受益人为自然人的须使用真实姓名，其住所为户籍所在常居住地。

主体部分内容是人身保险合同的基本条款，其法律意义在于：合同的当事人、关系人，确定合同权利与义务的享有者和承担者；合同的履行地点，并确定合同纠纷的诉讼管辖。

2. 客体部分

人身保险合同中的客体部分即在合同中指明保险利益部分。

在人身保险合同中应详细记录被保险人的健康状况、性别、住址、投保人与被保险之间的亲属或利益关系。

3. 权利义务部分

通常包括保险责任、除外责任、保险金额、保险费及保险金赔偿或给付方式、保险期限和保险责任开始时间等。

目前我国各人寿保险公司推出的人寿保险条款中，违约责任的规定体现在保费缴纳、年龄申报、告知义务和保险事故通知义务履行等方面。

同时，因此而增加的额外费用应从给付的保险金中扣除。

第三节　人身保险合同的订立与履行

一、人身保险合同的订立

人身保险合同的订立是指合同双方在平等、自愿的基础上，就合同的主要条款达成一致意见。

（一）人身保险合同的订立程序

人身保险合同的成立，经过投保人提出保险要求和保险人同意承保两个阶段，也称为要约与承诺两个阶段，又称为投保和承保。保险营销员的展业过程一般称为"要约邀请"。

1. 要约

要约也称要保，是指要约人希望和他人订立合同的意思表示。发出要约的人称要约人，接受要约的人则称为受要约人。

在签订人身保险合同的中，投保人通常是要约人。一般来说，人身保险合同的要约由投保人提出。虽然在保险实务中，保险公司及其代理人进行展业时是主动开展业务，希望与潜在客户订立人身保险合同，但这些不是法律意义上的要约。在投保人填写投保单并签字，人身保险合同时并不成立，因此，保险人及其代理人的展业不能认为是要约，而称为要约邀请，尽管要约邀请的工作是重点也是难点。只有在投保人提出投保申请，即填写好投保单并交给保险公司或其代理人时，才构成要约。此后，只要保险人同意承保，人身保险合同就成立。

由于人身保险合同要约的专业性较强，因此，在保险实务中多由保险公司以投保单的形式印就后，向投保人提供，由投保人填写。投保人有特殊要求的，也可与保险公司协商，约定特约条款。所以，人身保险合同要约一般表现为投保单或其他书面形式。

2. 承诺

承诺又称接受订约提议，是承诺人向要约人表示同意与其缔结合同的意思表示。做出承诺的人称为承诺人或受约人。

人身保险合同的承诺也叫承保，通常由保险人做出。当投保人填好投保单后，经保险人或其代理人审查，认为符合要求的，一般都予以接受，即承保。人身保险合同也随之成立。人身保险合同成立后，保险人应及时签发保险单或其他保险凭证。

（二）人身保险合同的成立与生效

人身保险合同的成立和生效是两个不同的概念。人身保险合同的成立是指投保人与保险人就人身保险合同条款达成协议。人身保险合同的生效是指人身保险合同对当事人双方发生约束力，即合同条款产生法律效力。

在保险实践中，很多客户对人身保险合同成立与生效是这样认为的：只要保险代理人拿走了我填写的投保单，收取了保险费，人身保险合同就成立了，保单就生效了，保险公司就应该承担保险责任了。实际上这是错误的，此时只是投保人完成了要约，保险人尚未进行承诺，所以保险合同既未成立，更未生效。

当保险公司的核保人员检查确认投保单填写无误、费率适用准确、保费到账、被保险人和投保人都符合保险公司的承保要求，则相关人员在投保单上签字盖章，这个时候可以认为保险公司做出了同意承保的决定，表示今天就可以打印这张保单。除了极短期人身保险合同以外，多数人身保险合同都采用零时起保制，即合同生效时间为打印保单的次日零时。保单打印完毕，才是人身保险合同成立之时，也是保险人完成承诺之时。而合同生效时间应该是合同上所载明的保险责任起保时间。旅游意外伤害保险合同成立时间是在游客报名交费之后不久，而生效时间是在出发的时候，所以合同成立和生效时间相差好几天甚至更多。

对大多数寿险保单来说，保险代理人将投保资料和保险费送到保险公司窗口工作人员那里，或通过银行划转保费到保险公司账上，即使是无任何耽搁和其他麻烦的标准件，最短也得几个小时或者一两天，若遇节假日，还可以顺延。如果遇到投保单填写有误、被保险人需要体检或者做特别约定时，称为非标准件处理，在这种情况下不能马上打印保险单，还要经过一些流程才能做出是否予以承保的决定。这样处理起来可能需要几天时间，何况如果体检中发现被保险人患有不可承保的疾病，保险人就不会对要约进行承诺了。

《保险法》第十三条规定："投保人提出保险要求，经保险人同意承保，保险合同成立。保险人应当及时向投保人签发保险单或者其他保险凭证。保险单或者其他保险凭证应当载明当事人双方约定的合同内容。当事人也可以约定采用其他书面形式载明合同内容。依法成立的保险合同，自成立时生效。投保人和保险人可以对合同的效力约定附条件或者附期限。"在保险实践中，只有航空意外伤害保险才能做到保险合同自成立时生效。一般在飞机场购买此保险，办理完保险手续后即可生效。其他保险期限为一年或一年以上的人身保险合同，因为是次日零时起保，所以合同成立和生效时间最短也得相差几个小时。这样说来，保险合同大多是附条件或附期限的保险合同。《保险法》之所以做出这样的规定，是为避免保险费和投保资料在保险代理人手里或核保、打印等环节耽搁时间长了，一旦此时出险，容易发生纠纷。自2009年10月1日起施行第三版《保险法》后，保险公司都加强了管理工作，交单及时、核保迅速，只要是通过核保的业务，一般要求当天打印出保险单，加班也要完成。

二、人身保险合同的履行

合同履行是指合同的当事人按照约定全面履行自己的义务。

人身保险合同的履行是指双方当事人依法全面完成合同约定的义务。主要包括投保人义务的履行和保险人义务的履行。

（一）投保人义务的履行

投保人在合同的履行过程中，应履行如实告知义务、支付保险费义务、出险通知义务、提供单证义务等。

1. 投保人的如实告知义务

我国《保险法》第十六条规定，保险人可以就保险标的或被保险人的有关情况提出询问，投保人应当如实告知。投保人故意或者因重大过失未履行前款规定的如实告知义务，足以影响保险人决定是否同意承保或者提高保险费率的，保险人有权解除合同。投保人故意不履行如实告知义务的，保险人对于合同解除前发生的保险事故，不承担赔偿或者给付保险金的责任，并不退还保险费。

一般来说，投保人不负有无限告知的义务。告知事项以保险人在投保书中列明或者在订立人身保险合同询问的事项为限，且告知事项限于投保人或被保险人所知晓为限。

2. 支付保险费的义务

支付保险费是投保人的基本义务，是人身保险合同生效的条件，对于分期缴纳保险费的，定期按时缴纳需更加重视，否则会引起合同失效。

3. 出险通知义务

出险通知义务是指投保人、被保险人或者受益人在发现保险事故时及时通知保险人。出险通知义务目的在于使保险人得以及时勘察现场、迅速调查事实真相、确定责任、采取措施处理保险事故，履行该义务是被保险人或受益人获得保险赔付的必要程序。

4. 提供单证义务

提供单证是指向保险人索赔时应当提供与确认保险事故的性质、原因、损失程度等有关的证明和资料，这些证明和资料既是索赔的依据，也是保险人判断责任范围和赔付保险金的依据。

5. 危险程度增加通知义务

危险程度增加通知义务是指被保险人在保险合同有效期内或续保时，对于其风险发生变化的情况，尤其是危险程度加重，要及时通知保险人。如投保时该被保险人身份是学生，在后面的缴费期内开始从事刑警工作。

（二）保险人义务的履行

保险人在合同履行过程中的义务主要有承担保险责任；向投保人说明条款；及时签发保险单证；在合同解除或者合同无效时退还保险或者保险单的现金价值；为投保人等其他人身保险合同的主体保密等。

1. 承担保险金给付义务

保险人履行义务通常就是指承担保险赔偿责任。投保人投保的目的在于当遭受损失时获得赔偿，因此，保险人在保险事故发生后，履行赔偿义务也是投保人的基本要求。该义务的履行以保险事故的发生为前提。从投保人角度来讲，是一个索赔的过程。保险人主要通过理赔来承担相应的保险责任。

2. 向投保人说明保险条款义务

保险人的说明义务是法定义务，保险人不能够通过合同条款的方式予以限制或者免除说明义务。不论在何种情况下，保险人均有义务在订立人身保险合同的时刻主动、详细地说明人身保险合同的各项条款，并且对投保人提出的人身有关问题做出直接、真实的回答。对于免责条款，保险人不仅要履行说明义务，而且还要明确说明或者做出特别提示，否则该条款无效。

3. 退还保险金或者保单的现金价值义务

一般来说，发生下列的情况要求退还保险费用或者保险单的现金价值：

（1）投保人因过失不履行如实告知的义务，退还保险费。

（2）投保人申报的年龄不真实，并真实年龄不符合合同约定的年龄限制的，保险人可以解除合同。在扣除手续之后，退还保险费。但是自合同成立之日起超过两年以上的，保险人不能解除合同。

（3）发生保险事故或者故意制造保险事故的，并且投保人已经缴纳两年以上保费的，应该向其他享有权利的受益人退还保险费或者保单的现金价值。

（4）合同效力中止两年以上没有达成复效协议的，保险人有权解除合同，投保人缴纳保险费两年以上的，应该按照合同约定退还保险费或者保单现金价值，不足两年的，可以在扣除了手续费之后退还保险费。

（5）被保险人在合同成立两年内自杀的，保险人不承担给付保险金的义务，但是应该退还保单和保单现金价值。

（5）被保险人故意犯罪而导致其自身伤残或死亡的，保险人不承担给付责任，缴费超过两年的应该退还保费或者保单现金价值。

（6）投保人要求解除合同的，缴费超过两年的应该退还保费或保单现金价值，不到两年的可以扣除手续费之后退还保险费。

4. 及时签发保单

及时签发保单，为投保人的人身及时得到保险保障创造条件。

5. 为保险合同主体保密

为投保人、被保险人、再保险人等人身保险合同主体保密是对保险人的基本道德要求。

三、人身保险合同的变更

人身保险合同在履行过程中，由于某些情况的变化而需对其进行补充或修改称为人身保险合同的变更。人身保险合同变更有合同主体的变更、客体的变更、双方当事人权利和义务的变更即内容变更。人身保险合同的变更形式可以通过法定变更和合同约定变更。

人身保险合同的变更或修改，均须经保险人审批同意，并出立批单或进行批注。

（一）人身保险合同主体的变更

（1）保险人的变更。在人身保险合同中，作为保险人的一方是不允许变更的，投保人只能选择退保来变更保险人。

（2）被保险人的变更。普通个人人身保险中的被保险人在合同中确定之后是不存在变更的，因为人身保险合同的承保与否和保费的缴纳与被保险人的年龄、健康状态等紧密联系，若被保险人变更，相当于重新投保。因此，不存在被保险人的变更情况。只有团体人身保险合同允许变更被保险人人数。

（3）人身保险合同主体的变更一般是投保人、受益人、保单所有人等主体变更。变更主体都须征得保险人的同意，加注批单后有效。

（二）人身保险合同客体的变更

人身保险合同客体变更是指投保人与被保险人之间的保险利益关系发生变化。

（1）投保人与其配偶、子女、父母具有保险利益。如果投保人与这些人具有的婚姻关系或家庭关系发生变化，人身保险合同的客体随之变化。

（2）与投保人有抚养、赡养或扶养关系的其他成员具有保险利益。如果投保人与这些人有经济上的依存关系发生变化，人身保险合同的客体随之变化。

（3）被保险人同意投保人为其订立合同的，视为投保人对被保险人具有保险利益。如果投保人丧失这种权益，人身保险合同的客体随之变化。

（4）由于种种原因，保险利益的存在情形也是变化的：

投保人死亡，除非此保险利益为投保人专有，否则，可变更投保人（变更后的投保人须对被保险人具有保险利益）使合同继续有效。

投保人丧失交费能力时，如受益人或其他对被保险人具有保险利益的人愿意替代原投保人交付保险费而使合同继续有效，保险人不得拒绝，保险合同客体发生变化。

（三）人身保险合同内容的变更

保险合同内容的变更主要是指主体权利和义务的变更，即合同条款变更，如保险责任和责任免除、保险金额、保险费、保险期间和保险责任开始时间、保险金给付、违约责任和争议处理等内容变更。

人身保险合同内容变更的程序如下：通常是由投保人向保险人提出变更申请，告知有关人身保险合的情况。随后，保险人对变更申请进行审核，若需增加保险费，则投保人应按规定补交；若需减少保险费，则投保人可向保险人提出要求，均要求当事人取得一致意见。最后，若保险人同意变更，则签发批单或附加条款；若拒绝变更，保险人也需通知投保人。

【案例分析】

保险金的给付是否可遵照遗嘱实行

投保人王素珍（化名）于1997年为自己投保了终身寿险，保额3万元，受益人是她的儿子季强（化名）。2002年4月，被保险人因患胃癌去世。季强持保险单以受益人的身份向保险公司申请给付保险金。此时，王素珍的女儿季杰（化名）也来到了保险公司申请该笔保险金，并拿出其母亲的遗嘱。据她讲，在母亲患病期间，其兄季强以生活困难和工作忙为由，很少探望和照顾母亲，也不支付医药费，而自己悉心照料母亲，并支付了许多费用，因而母亲临终前立下遗嘱并经过公证，上面写有"本人身故后所有保险金归女儿季杰所有"的内容。

围绕本案的受益人是否已变更以及该笔保险金应付给谁，引发出两种观点：一种认为保险金应支付给儿子季强，理由是该合同的投保人和被保险人并没有亲自或委托代理人到保险公司变更保险合同的受益人，保险公司没有以批单形式对原保险合同进行修改，故应按照原保险合同将3万元保险金支付给原合同受益人季强。另一种认为应支付给女儿季杰，理由是虽然保险合同受益人未进行变更，但是遗嘱也是法律上生效的，也是投保人和被保险人真实意思表示，支付给季杰也算是依法办事，何况从道德角度来讲，孝顺的女儿应该得到支持，这也是保险公司尽了一份社会责任。

此案中，保险公司的理赔人员向季杰说明了保险合同中的有关规定，表示保险公司还是要将保险金支付给保险合同受益人，建议其与家人协商妥善解决此事，提示协商不成可以向律师咨询，并将领取保险金的时间通知了兄妹二人。

本案到此，保险公司的工作似乎做得很到位了，但是根据某寿险公司2010年最新修订的内部资料《理赔实务操作手册》上的相关内容，提示类似案件可以将保险金向被保险人的女儿直接给付。

【知识链接】

什么是遗嘱继承?

遗嘱是立遗嘱人生前对其遗产所作的处分，并在死亡时发生效力的行为。遗嘱形式主要有公证遗嘱、自书遗嘱、代书遗嘱、录音遗嘱、口头遗嘱五种。其中后三种遗嘱须有两个以上见证人在场见证。理赔时要重点审核：（1）被继承人必须生前立有遗嘱；（2）遗嘱必须符合法律规定的有效要件，因为只有合法的遗嘱才能发生法律效力；（3）遗嘱继承人没有丧失、放弃继承权，也未先于遗嘱人死亡。

被保险人以公证遗嘱和自书遗嘱方式变更受益人或指定受益人，若被保险人身故，申请人在给付保险金前将遗嘱提交保险人的，保险人在调查核实的基础上，可按遗嘱内容给付保险金，但申请人必须提交保险合同原件。

（资料来源：国内某寿险公司《理赔实务操作手册》。）

四、人身保险合同的中止与复效

（一）人身保险合同的中止

是指在人身保险合同存续期间内，由于某种原因发生而使人身保险合同的效力暂时归于停止。在合同中止期间，发生保险事故，保险人不承担赔付责任。人身保险合同的中止，在人寿保险中最为突出。

（二）人身保险合同的复效

在人寿保险合同中，对于分期缴纳保险费的，如果投保人在约定的保费缴付时间内没有按时缴付保险费，且在宽限期内仍未缴纳的，人身保险合同中止。根据有关规定，被中止的人身保险合同可以在合同中止后的2年时间内，申请复效，同时，补交保险费及其利息。复效后的合同与原人身保险合同具有同样的效力，可继续履行。

五、人身保险合同的终止

（一）终止的含义

人身保险合同的终止是指在保险期限内，由于某种法定或约定事由的出现，致使人身保险合同当事人双方的权利义务归于消灭。

（二）终止的原因

人身保险合同终止的原因可分为两类：自然终止与提前终止。

1. 自然终止是指发生下列情形时，无需当事人行使终止权的意思表示，人身保险合同的效力当然归于终止：

（1）保险期限届满；

（2）人身保险合同履行完毕；

（3）人身保险合同中被保险人死亡。

2. 提前终止是由于当事人的意思表示而使合同效力终止，即合同的解除。合同的解除分为法定解除和协议解除。

协议解除是指双方当事人通过协商达成一致，在不损害国家、公共利益时终止合同的行为。

法定解除是指按法律规定可以进行的合同解除。投保人依法享有解除合同的权利。对保险人来讲，人身保险合同成立生效后，不得任意解除合同。但在下列情形时，保险人可解除合同：

（1）投保人因未能如期缴纳保险费而被中止合同，在随后的两年内不申请复效的。

（2）危险增加时，投保人或被保险人未履行危险增加通知义务。

（3）投保人未履行维护标的安全的义务，此时，保险标的发生保险事故的可能性增加，保险人可要求投保人或被保险人加强防范措施，也可以投保人或被保险人未履行义务为由终止合同。

（4）未能履行如实告知义务，足以影响保险人决定是否承保或以何种价格承保的。导致保险人承担有不应承担的危险责任，则保险人可解除合同。但在人身保险中，如果投保时被保险人的真实年龄已超过可以承保的年龄限度，且自合同成立之日起逾两年的人身保险合同，保险人不能解除。

（5）保险人或被保险人、受益人谎称发生保险事故或故意制造保险事故。该行为属于投保人或被保险人、受益人的欺诈行为，保险人可以解除合同。

第四节　人身保险合同的标准条款

【案例引入】

投保人申报的年龄错误，保险公司可以解除合同吗？

1994 年 4 月，某单位为全体职工投保了简易人身保险，每个职工月缴费 20 元，五年期。1995 年 3 月，该单位职工王某因交通事故不幸身故，其家人带着保险证、死亡证明等材料到保险公司申领保险金。保险公司在审查索赔材料时，发现王某投保时的真实年龄是 66 岁，而不是投保单上填写的 64 岁。这样，根据该险种被保险人投保时最高年龄上限是 65 岁的规定，王某不符合投保条件，系单位年龄误报造成了误保，故不予给付保险金。保险公司这样处理正确吗？

人身保险合同条款是人身保险合同中的核心。下面将介绍一些在人身保险合同中比较常见的、通行的、对投保人和保险人都非常重要的条款。但它们并非人身保险合同中不可缺少的组成部分。在一份具体的人身保险合同中，使用、列入哪些条款，是由保险人在制定保险条款时决定的，也可以由投保人与保险人共同约定。

一、不可抗辩条款

不可抗辩条款又称为不可争辩条款，是有关保险人责任的常见条款。其内容是：在被保险人生存期间，从人身保险合同订立之日起满两年后，除非投保人停止缴纳续期保险费，否则保险人不得以投保人在投保时的误告、漏告和隐瞒事实等为由，主张人身保险合同无效或拒绝给付保险金。合同订立的头两年为可抗辩期，超过两年后就变成不可抗辩期。

在人身保险合同中列入不可抗辩条款，是保护被保险人的利益、限制保险人权利的一项措施。根据最大诚信原则的要求，投保人在投保人身保险时要如实向保险人告知被保险人的职业、年龄、健康状况情况等，以便由保险人决定是否承保，以什么条件承保。如果投保人隐瞒真实情况，保险人查实后可主张合同无效，从而可以不承担保险责任。但是人身保险合同的期限一般较长，投保许多年之后，被保险人情况会发生变化，如果保险人以上述理由主张合同无效，就会损害被保险人的权益，因而列入不可争辩条款，使保险合同在两年后成为无可争辩的文件，避免了保险人方面发生道德危险，即虽然早已查明被保险人的年龄申报不真实却仍收取保费，只是到应承担给付责任时才声明保险合同无效。

我国《保险法》第三十二条规定："投保人申报的被保险人年龄不真实，并且其真实年龄不符合合同约定的年龄限制的，保险人可以解除合同，并按照合同约定退还保险单的现金价值。"这是我国人身保险经营中的不可抗辩原则的法律体现。

不可抗辩条款也适用于失效后重新复效的保单，即复效后的保单经过两年也成为不可抗辩的。人寿保险合同和长期健康保险合同大都列入此条款。

二、年龄误告条款

如果投保人在投保时错误地申报了被保险人的年龄，保险金额将根据真实年龄予以调整。如果实际年龄已超过可以承保的年龄限度，保险合同无效，保险人将已收取的保险费无息退还，但需要在可争辩期间之内（保险合同生效两年内）完成。调整的方法一般是按应缴保费与实缴保费的比例给付保险金，也有补收保险费或退还保险费的做法。这种可以在保险有效期内及时发现调整，也可以在保险事故发生时对给付的保险金进行调整。

【案例分析】

被保险人年龄误告的调整

某人投保 20 年期的定期寿险，保险金额为 10 万元，保险费的缴纳方式是 10 年限缴，投保年龄为 40 岁，年交保费 2 540 元。若干年后，此被保险人死亡。保险人在理赔时发现被保险人投保时的真实年龄为 42 岁，而 42 岁的被保险人年交保费为 2 760 元。所以，实际保险金额应调整为：

$$100\ 000.00 \times (2\ 540/2\ 760) = 92\ 028.00(元)$$

即保险人给付受益人保险金 92 028.00 元，不是 100 000.00 元。

如果理赔时发现被保险人投保时的真实年龄为 37 岁，37 岁的被保险人年交保费为 2 220 元。则实际保险金额应调整为：

$$(2\ 540/2\ 220) \times 100\ 000 = 114\ 414.00(元)$$

即保险人给付受益人保险金应为 114 414.00 元。

《保险法》规定，投保人申报的被保险人年龄不真实，并且其真实年龄不符合合同约定的限制的，保险人可以解除合同。

投保人申报的被保险人年龄不真实，致使投保人支付的保险费少于应付保险费的，保险人有权更正并要求投保人补交保险费；投保人申报的被保险人年龄不真实，致使投保人实付保险费多于应付保险费的，保险人应当将多收的保险费退还投保人。

【案例分析】

本节开始引入的案例，涉及年龄误告条款和不可抗辩条款，还涉及最大诚信原则。《保险法》第三十二条也有相应的规定："投保人申报的被保险人年龄不真实，并且其真实年龄不符合合同约定的年龄限制的，保险人可以解除合同，并按照合同约定退还保险单的现金价值。"《保险法》第十六条规定："前款规定的合同解除权，自保险人知道有解除事由之日起，超过三十日不行使而消灭。自合同成立之日起超过二年的，保险人不得解除合同；发生保险事故的，保险人应当承担赔偿或者给付保险金的责任。……投保人因重大过失未履行如实告知义务，对保险事故的发生有严重影响的，保险人对于合同解除前发生的保险事故，不承担赔偿或者给付保险金的责任，但应当退还保险费。"

结合年龄误告条款和不可抗辩条款的规定，当时投保人申报的被保险人的年龄如果真实，则保险公司不会予以承保，所以年龄是很重要的事实，涉及保险公司是否予以承保，同时保险公司核保不认真，没有核查出被保险人年龄不符合要求就出具了保险合同，属于放弃了以符合规定年龄承保的权利，要承担相应责任。但是被保险人在投保后没超过两年的时间就出险了，使得保险公司在没有超过两年可抗辩期时发现了这个错误，所以具有解除保险合同的权利。换言之，如果被保险人是在保险合同生效两年后出险，保险公司必须承担给付保险金的责任。

三、宽限期条款

这一条款规定，投保人在缴纳续期保费时保险人给予一定的宽限期（2 个月）。在宽限期内发生保险事故的，保险人承担给付保险金的责任，但要从保险金中扣除当期应交的保险费和利息。如宽限期满投保人仍未补交保险费，保险合同自宽限期满翌日起效力中止。

人身保险合同是长期性合同，规定一个宽限期，不仅方便了投保人交费，也避免了轻易导致保险单失效的情况发生，同时，也有利于维持较高的保单续保率。

我国人身保险合同一般规定：分期支付保险费的人寿保险合同，投保人缴纳第一期保险费后，除合同另有约定外，投保人超过规定的宽限期限仍未支付当期保险费的，合同效力终止，或者由保险人按照合同约定的条件减少保险金额。

在我国人身保险中，自应缴纳保险费之日起计算宽限期一般为 60 天。

四、复效条款

这一条款允许投保人在寿险合同因逾期缴费失效后两年内向保险人申请复效，经保险人审查同意，投保人补缴失效期间的保险费及利息，保险合同即恢复效力。保险合同复效后，对失效期间发生的保险事故保险人不予负责。

这就是说分期缴费的投保人即使在宽限期内仍未能及时缴费而导致合同失效，仍然可以比较方便地使合同复效而无须重复投保手续。恢复原有合同效力的，不变更原合同的各项权利与义务，这往往使之比建立新合同对投保人更为有利。

但是申请复效往往存在逆选择因素，因此保险人要慎重对待，一般提出各种限制，如要求失效不超过两年，被保险人的身体健康状况符合投保条件以及补缴保险费本息等。

一般来讲，复效优于重新投保。这是因为被保险人的年龄增长了，重新投保一般比开始投保时保险费率高。

宽限期条款实际上是保险人给予被保险人的一种优惠，允许延迟缴费 60 天，不加利息，不增收手续费。当然这一条款只适用于第二期及其后各期的付费，与首期缴费无关。引入宽限期条款之后如果投保人停缴保费，保险合同自宽限期结束的次日起失效，而此时保险人不能再要求投保人补交保险费。

【案例分析】

2004 年陈女士为丈夫投保 10 万元人寿保险。交费方式是人工收取保费。2005 年，交费期届满时，保险公司按保险合同规定的地址向陈女士发出了催交保险费通知书。由于陈女士搬家，也没有将新地址及时通知保险公司，没有收到保险公司发出的催交保险费的通知书。最后，超过了宽限期还没有交付续期保险费。之后，陈女士丈夫遭抢劫，人被杀害，财物被抢。陈女士向保险公司提出索赔申请。保险公司审查后发现，陈女士超过了宽限期还没有交付续期保险费，保险单已经失效，保险公司不承担赔偿责任。陈女士认为，保险单失效责任在保险公司，起诉于法院。

对此，有两种看法。

一种意见认为，缴纳保险费是投保人的义务，保险公司每年给投保人寄送交费通知书，是保险公司给客户提供的一种附加服务。保险公司并没有义务通知投保人按期缴纳保险费。陈女士的保险单，因为没有按期缴纳费用而失效，责任在陈女士自己，保险公司不能承担责任。

另一种意见认为，保险公司一直以书面催告形式通知投保人缴纳保险费，因此投保人认为通知是保险公司的一贯义务，而保险公司违反一贯义务，致使被保险人没有按期缴纳费用，保险公司应该承担合同失效的责任。

问题：

合同失效的责任应当由陈女士承担还是保险公司承担？

结论：

陈女士疏于缴纳保险费，责任在自己，不能得到保险金。

第一种说法虽然正确，但对于投保人来说，投保只是众多事务中的一项，投保人不是保险专业人员，发生疏忽情况是有可能的。保险公司的工作人员是专业人员，对此，会比投保人更注意。我国《保险法》规定交费的注意义务全部由投保人承担，过于严格。我国台湾地区保险方面的相关规定是，保险人应该承担一定的注意义务。

新观点：

保险公司在承保时，投保单上不止填写了投保人住址，还应该有移动电话、固定电话、电子信箱等与投保人、被保险人联系的信息，有的公司还要填写"业务员报告单"，上面要求填写一个投保人家庭以外的近亲属的电话，这个电话变动的可能性较小，方便联系投保人，例如投保人父母家的电话。

保险公司现在收取续期保费多采取用银行代收的方式，保险公司留有投保人名下的存折或银行卡资料，在保单对应日前一周内以手机信息方式通知投保人，如果到期未能顺利划款（金额不足），就会在宽限期内通过电话与投保人、被保险人联系，并保留通话记录单，或者由当时经办的业务员（原业务员离职的，专有部门负责孤儿保单）到投保人住所查找，并保留工作记录，也有到投保人工作单位查找的情况。在尽所有可能查找无着的情况下，保单才有可能失效。其实不论保险公司是否实行银行代收，一般都会派员与客户直接见面催收，这样可以进一步完善客户的家庭保障计划。

业务员应该定期回访客户，并叮嘱其联系方式、通信地址有变化应及时通知保险公司。

五、保费自动垫缴条款

此条款规定，投保人在合同有效期内已缴足 2 年以上保险费的，若以后的续期保险费超过宽限期仍未交付，而保险单当时的保单现金价值足以垫缴应缴保险费及利息时，除投保人事先另以书面作反对声明外，保险人将自动垫缴其应缴保险费及利息，使保险单继续有效。如果垫缴后，投保人续期保费仍未交付，垫缴应继续进行，直到累计的贷款本息达到保单上的现金价值时，保险合同的效力中止，此中止适用复效条款。如果被保险人在垫缴期间发生保险事故，保险人给付保险金时应从中扣除已垫付的保险费的本金和利息。

此条款的目的是为了减少保单失效，维持较高的续保率。有的保险合同用此条款时还同时规定垫缴次数限制。此条款在不少国家都不是法定条款，保险人可以自由选择使用。如我国《保险法》中无此条款，但许多寿险公司的寿险保单中都规定了此条款。

六、保险单贷款条款

此条款规定，人寿保险单经过两年时间后，允许投保人以保单为抵押向保险人申请贷款，贷款金额以低于该保单项下积累的责任准备金或退保金（也称做保单的现金价值）为限，投保人应按期归还贷款本息。如果此前发生了保险事故或退保，保险人从保险金或退保金中扣还贷款本息。当贷款本息达到责任准备金或退保金数额时，保险合同即告终止。贷款条款多见于生死合险或终身寿险合同中。

当贷款本利和达到保单的现金价值时，投保人应按保险人的通知日期还清款项，否则保单失效。此种失效一般不得申请复效，因为它相当于投保人已经领取了退保金。如果被保险人或受益人领取保险金时，保险单上的借款本息尚未还清，保险人将在保险金内扣除贷款本息。

保单贷款的期限多以 6 个月为限，贷款利率略高于或等于金融机构的贷款利率，通常到期可以自动更新。实行保单贷款方便了投保人，降低了保单解约率，增加了保险人的资金运用渠道。但由于贷款金额较小，笔数较多，保单贷款的净收益率远小于保险人将此笔资金运用于其他投资所能得到的净收益。所以，此条款实际上是保险人给予投保人的优惠条款。

七、保险单转让条款

一般认为，只要不是出于不道德或非法的考虑，在不侵犯受益人的权利的情况下，保单可以转让。对于不可变更的受益人，未经受益人同意保单不能转让。保险单的转让分为绝对转让和抵押转让两种。

1. 绝对转让

在通常情况下，将保单所有权完全转让给一个新的所有人的转让方式称为绝对转让。绝对转让时要求被保险人必须生存健在。在绝对转让状态下，被保险人死亡，全部保险金将给付受让人而不是原受益人。

2. 抵押转让

这是把一份具有现金价值的保单作为被保险人的信用担保，在抵押转让状态下，如果被保险人死亡，受让人接受已转让权益的那一部分保险金，其余的仍然归受益人所有。抵押转让要求是不能使保单失效。大多数寿险保单转让为抵押转让。在保单转让时，所有人应书面通知保险人，由保险人加注或出立批单生效。

八、不丧失价值选择权条款

不丧失价值选择权条款又称不没收条款，是指当投保人无力或不愿意继续缴纳保费维持合同效力时，由其选择如何处理保单项下积存的责任准备金。可以作为退保金以现金返还，也可以作为趸缴保险费将原保险单改为缴清保险单或展期保险单等。显然这一条款也只适用于分期缴费的保单。

对保险人而言，保持一个较高的保险合同持续比率是非常重要的，因为订约第一年较高的费用会因为投保人的提前解约而无法在以后各年摊回，所以寿险经营要尽量防止解约。

九、自杀条款

在保险合同生效后的一定时期内（一般为两年），被保险人因自杀死亡属于除外责任，保险人不给付保险金，仅退还被保险人缴纳的现金价值。而保险合同生效后的一定时期之后被保险人因自杀死亡，保险人要承担保险责任，按约定的保险金额给付保险金。其目的在于防止被保险人为给受益人留下遗产，在高额投保后立即自杀，这也是保险双方利益妥协的结果。

在人寿保险产生之初的很长一段时期内，自杀一直被作为合同的除外责任，保险人一味地认为如果自杀也是保险责任的话，就会助长道德危险的发生，并直接影响保险人的经营稳定。后来，随着人寿保险经营技术的逐步提高，保险人发现将自杀作为完全免除责任是很不合理的。因为投保人寿保险目的是保障受益人的利益，如果对自杀一概不负责给付保险金的责任，必将损害许多受益人的利益；另外编制生命表时已经考虑了自杀这个因素，并根据生命表计算保险费。把自杀者以除外责任限制在两年之内，主要是为了减少逆选择，避免怀有自杀意图的人购买人寿保险。由于人类具有强烈的保护自我的天性和生存的欲望，所以一般人认为死亡是一种非故意行为，一时因挫折产生自杀的念头是有的，但是要将此念头保持到两年后去实施的可能性很小，随着环境的变化、时间的流逝、新的机会的出现，被保险人可能改变当时的不理智决定。所以，规定在两年内自杀不赔，两年后自杀给付保险金是合理的。我国《保险法》规定，以死亡为给付保险金条件的合同，保险人自杀的，如果自杀发生在两年内，保险人不承担给付保险金的责任，但投保人已支付的保险费应按照保险单退还其现金价值；如果自杀发生两年之后，保险人可以按照合同给付保险金。

【案例分析】

张国荣的保险赔偿案

香港巨星张国荣跳楼自杀身亡后，关于高额保险金的赔付，成为众人关注的焦点。据悉，张国荣早在10多年前便投保了200万美元的人寿保险，5年前曾投保200万美元的意外伤害险，2002年又加保100万美元的人寿保险，共计500万美元保额的保单。

张国荣坠楼身亡后，人们可能会问，他是自杀丢命，并不是一般的生老病死或意外身亡，他生前投的保险，保险人还负责吗？

根据保险规定，对于人寿保险，被保险人在投保两年之内自杀身亡，为除外责任，保险公司不赔偿，而投保两年之后自杀，则属于保险责任，保险公司要给付保险金。对于意外伤害保险，保险人对于自杀属于除外责任。针对张国荣的高额保险，因张国荣是自杀，并非意外造成的，故得不到5年前的200万美元意外伤害保险，2002年加保的100万美元人寿保险，从生效到自杀不足两年，保险公司也不赔偿，只赔偿他10年前投保的人寿保险200万美元部分。

十、受益人条款

受益人条款一般包括两方面的内容：一是明确规定受益人，二是规定受益人可以更换。

人身保险合同中的受益人由投保人或被保险人在订立合同时指定为，当被保险人死亡时，受益人有权领取保险金。当受益人先于被保险人死亡，被保险人可以再次确定受益人。若投保人或被保险人没有指定受益人，或者受益人先于被保险人死亡而无其他受益人的，或者受益人依法丧失受益权而无其他受益人的，那么，当被保险人死亡后，保险金一般由被保险人的继承人领取保险金。

虽然指定了受益人，但是被保险人有变更受益人的权利，投保人变更受益人需征得被保险人的同意。《保险法》第四十条规定，被保险人可以指定一人或者数人为受益人，受益人为数人的，被保险人或者投保人可以确定受益顺序和收益份额；未确定收益份额的，受益人按照相等份额享有收益权。第四十一条规定，被保险人或者投保人可以变更受益人并书面通知保险人。保险人收到变更受益人的书面通知后，应当在保险单或者其他保险凭证上批注或者附贴批单。

十一、共同灾难条款

在社会生活实践中，突发事件不可避免，如果被保险人与受益人同时遇难，保险人将保险金支付给谁？为了解决这样的问题，人身保险合同中规定了共同灾难条款。该条款规定，只要第一受益人与被保险人同死于一次事故中，如果不能证明谁先死，则推定第一受益人先死。由此，若合同中有第二受益人，则保险金由第二受益人领取；若无其他受益人，保险金作为被保险人的遗产处理。

【案例分析】

被保险人的法定继承人和被保险人同难如何处理？

被保险人的法定继承人和被保险人在同一事件中共同死亡，若不能确定死亡先后时间的，推定没有（其他）继承人的人先死亡。死亡人各自都有继承人的，如几个死亡人辈分不同，推定长辈先死亡；几个死亡人辈分相同，推定同时死亡，彼此不发生继承，由他们各自的继承人分别继承。

举例：A、B一对老夫妻，和儿子C、儿媳妇D、孙子E一起出去，在同一事件中死亡。现在D的哥哥F和C的妹妹H都要主张分遗产。则推定：E先身故，然后是A、B，最后是C、D。那么此案H是继承人。

十二、红利及保险金任选条款

(一) 红利任选条款

寿险保单包括分红保单和不分红保单。如果投保人投保的是分红保险，享受红利分配的权利。此条款规定了取得红利的任选方式。

1. 领取现金，即保险单持有人直接领取现金红利。

2. 抵交续期保费。通常保险人会通知保单持有人红利金额及扣除红利应交保费金额。

3. 积累生息，即将红利留在保险公司，并由保险公司支付相应的利息，常有最低利率保证，并可获得保险人所取得的超额利益。

4. 增加保额，即以红利作为趸缴保费，购买日期与原保单相同的缴清保险，或购买定期寿险，通常是用每年的红利来购买附加的 1 年定期保险。

保险单持有人可以根据自己的情况选择红利取得的方式。分红寿险保单现在有不少保险公司开办，但规定的红利取得方式仍比较少，常见的取得红利方式是给付和积累生息。

（二）保险金任选条款

此条款规定，被保险人或受益人在领取保险金时可以选择的方式有：

1. 利息收入，即将保险金存放于保险公司，保险公司按约定的利率支付利息。支付周期可以由双方商定，约定的利率比一般存款利率高。

2. 定期收入，即将保险金存入保险公司，并根据保险金数额、保证给付期限或次数，计算出每次受益人可领取的金额。

3. 定额收入，即将保险金存放于保险公司，双方约定每月领取，直到将全部本息领完为止。

4. 终身收入，即受益人将保险金作为趸缴保险费投保一份终身年金保险，这样就可以从约定的年金领取日开始终身得到年金收入了。

十三、意外事故死亡双倍给付条款

此条款规定，如果被保险人由于意外事故死亡，保险人就给付双倍保险金，这项规定一般作为附加险，附加特约的费用较低。因为意外死亡的风险比疾病死亡的风险小。执行该条款时，有下列规定：

1. 死亡的近因必须是意外伤害。

2. 必须在意外伤害发生 90 天内死亡。

3. 必须在规定的年龄前死亡，如 65 岁死亡。

十四、战争除外条款

战争除外条款规定将战争和军事行动作为人身保险的除外责任。该条款是保险人的免责条款。在战争中往往有大量的人员死亡，远远超过正常的死亡率。对于按照正常死亡率计算的保险费而言，保险人若对此也承担给付责任，将会对保险人的正常经营造成很大影响。所以，各保险公司一般都将战争或军事行为作为除外责任。确定战争是否属于除外责任时，有两种标准：一是造成死亡的近因是战争的情况；二是被保险人在服兵役期间的死亡，无论是否因为战争。我国一般按照前一种标准判断。

第五节　人身保险合同的争议处理

一、人身保险合同解释的原则

人身保险合同的解释是对人身保险合同条款的理解和说明。人身保险合同的条款内容一般来讲是明确和具体的，但合同双方当事人经济利益冲突、业务习惯差异以及情势变更、不可预见因素的发生等原因，常会导致保险当事人对合同条款内容的解释不一致，从而影响人身保险合同的履行。因此，正确解释合同具有十分重要的现实意义。

人身保险合同的解释首先应遵循合同解释的一般原则，即在坚持合法、公平、诚信、互利的基础上根据合同的整体内容和当事人订立合同的目的，对人身保险合同条款进行全面、公正的解释。

人身保险合同的解释还应坚持保险的基本原则。我国《保险法》规定，对于保险条款，保险人与投保人、被保险人、受益人有争议时，人民法院或者仲裁机关应当作有利于被保险人或受益人的解释。这也是与我国《合同法》中关于在格式合同当中存在争议时处理或解释的原则一致的。这主要是由于保险合同采用的是格式化合同的形式，保险合同是由保险人制定的，极少反映投保人、被保险人的意思。另外，保险合同当中存在大量的专业术语，不利于投保人的理解，客观上有利于保险人的利益。为了保护投保人、被保险人和受益人的利益，各国在解释保险合同时，一般都采用的是不利于保险人的原则。

一般说来，对人身保险合同的解释遵循文义解释、意图解释、专业解释、有利于被保险人和受益人的解释等原则。

（一）文义解释的原则

文义解释即按照人身保险合同条款所使用文句的通常含义和保险法律法规、保险习惯，并结合合同的整体内容对人身保险合同条款所作的解释。人身保险合同的双方当事人意思表示一致时，用合同书面形式记载双方的权利义务。文义解释是对人身保险合同解释的最一般的原则。我国人身保险合同的文义解释主要有两种情形，一是按照人身保险合同一般文句的解释，对人身保险合同条款使用的一般文句，按文句公认的表面含义和其语法意义去解释；另一种是按照保险专业术语和法律专业术语的解释，对于保险专业术语或其他法律术语有立法解释的，以立法解释为准，没有立法解释的，以司法解释、行政解释为准，也可以按行业习惯或保险业公认的含义解释。

（二）意图解释的原则

意图解释即按人身保险合同当事人订立人身保险合同的真实意思，对合同条款所作的解释。人身保险合同是最大诚信合同，在对合同条款进行解释时还必须充分考虑当事人订立合同时的真实意思。但是，当事人的真实意思只是对当事人订立合同时心理状态的一种推定。因此，在进行意图解释时，应注意下列几方面问题：

（1）双方既有书面约定又有口头约定的，当书面约定与口头约定不同，应当推定书面约定更能体现人身保险合同当事人的真实意图，即以书面为准。

（2）保险单及其他保险凭证与投保单及其他合同文件不一致时，以其他保险凭证中载明的合同内容为准。

（3）合同的特约条款与基本条款不一致时，以特约条款为准。

（4）人身保险合同的条款内容与批单不一致的，按照批单优于正文，后批注优于先批注、手写优于打印的规则解释。

（三）专业解释的原则

专业解释原则是指对人身保险合同中使用的专业术语按照其所属专业含义进行解释的原则。在人身保险合同中除了保险术语、法律术语之外，还有某些其他专业术语。因此，对于这些具有特定含义的专业术语，应按其行业或学科的技术标准或公认的定义来解释。如寿险合同中，对疾病的解释，用医学界公认的标准来解释。

（四）有利于被保险人和受益人的解释原则

对保险条款作有利于非起草方的解释，也就是作有利于被保险人和受益人的解释。因此，根据各国的保险立法惯例，在处理人身保险合同争议时，应做出有利于被保险人和受益人的解释和判定。使人身保险合同起到保障被保险人的目的，维护被保险人或受益人的合法权益。

二、人身保险合同争议的处理

人身保险合同争议是指人身保险合同在履行过程中，合同当事人等有关主体之间常常会因为对合同的条款理解有分歧，对索赔、拒赔等处理不一致而发生纠纷。能否及时、合理地处理人身保险合同争议，对规范保险活动，保护保险双方当事人的合法权益，促进保险事业的健康发展，具有十分重要的意义。

人身保险合同的争议处理通常采用如下四种方式：协商解决、调解、仲裁解决、诉讼。

（一）协商解决

这是在争议发生后，双方当事人在平等、互相谅解基础上对争议事项进行协商，取得共识、解决纠纷的方法。该方法是解决争议最常用、最基本的方法。该方法具有较大的灵活性，且双方关系友好，有利于合同的继续履行。

（二）调解

这是在协商无效的情况下，由双方接受的第三者出面进行的、促使双方达成一致、使合同继续履行的方法。根据第三者的身份不同，调解可分为行政调解、仲裁调解和法院调解。除行政调解外，后二者均具有法律强制执行效力。

（三）仲裁解决

这是指当事人双方约定发生争议时，由双方认可的第三方来裁决，并在裁决后双方有义务执行的一种处理争议的方式。该方式与法院裁决效力等同。

仲裁必须遵循双方自愿的原则。当事人如果想采用仲裁的方式解决纠纷，应当取得对方的同意，并且双方达成仲裁协议，递交仲裁委员会。在双方自愿的基础上才能采用仲裁的方式。如果没有仲裁协议，仲裁委员会将不予受理。仲裁应当独立进行，不受行政机关、社会团体和个人的干涉，仲裁委员会之间也没有隶属的关系。

仲裁委员会的裁决书下达之后，实行的是一裁终局的制度。如果裁决书下达之后，当事人就同一纠纷再申请仲裁或者向人民法院提起诉讼，仲裁委员会或者人民法院将不予受理。

（四）诉讼

这是指人身保险合同的一方当事人按有关法律程序，通过法院对另一方提出权益主张，并要求法院予以解决和保护的请求处理争议的方法。在我国，法律诉讼实行二审终审制度。

【本章小结】

人身保险合同	人身保险合同的概念和特征	人身保险合同是保险合同的一种，它是指保险人与投保人双方经过要约和承诺，在自愿的基础上订立的一种具有法律约束力的协议。 人身保险合同主要特征包括：定额给付性；长期性；人身保险利益的确定具有特殊性；人身保险合同具有储蓄性与投资性。
	人身保险合同的分类	按照保障范围分类；按照承保方式分类；按照保险期限分类；按照保险金给付方式分类；按照保险合同的主从关系分类。
	人身保险合同的形式	保险单、暂保单、保险凭证、保险批单、书面协议。
	人身保险合同的要素	人身保险合同的要素由合同的主体、客体和内容三部分组成。人身保险合同的主体包括当事人、关系人和辅助人。 人身保险合同的客体是保险利益。 人身保险合同条款分为三大类，包括基本条款、特约条款和其他条款。
	人身保险合同的订立与履行	人身保险合同的订立程序分为要约与承诺两个阶段。 人身保险合同在履行过程中，由于某些情况的变化而需对其进行补充或修改称为人身保险合同的变更。人身保险合同的中止，是指在人身保险合同存续期间内，由于某种原因发生而使人身保险合同的效力暂时归于停止。在合同中止后的两年时间内，申请复效。人身保险合同的终止是指在保险期限内，由于某种法定或约定事由的出现，致使人身保险合同当事人双方的权利义务归于消灭。
	人身保险合同标准条款	人身保险合同条款是人身保险合同的核心内容。主要有关于保险人责任的常见条款如不可抗辩条款、年龄误告条款、自杀条款、自动垫缴保险费条款、战争除外条款；保单持有人权益条款如宽限期条款、复效条款、保单贷款条款、保单转让条款、受益人条款、共同灾难条款；保单选择权的条款有红利选择权条款、不丧失价值选择权条款等。

【课后习题】

1. 人身保险投保人的资格条件有哪些？

2. 人身保险合同的概念和特点是什么?

3. 人身保险合同的种类有哪些?

4. 简述人身保险合同受益人条款的内容。

5. 比较人身保险合同的解除和中止。

【案例讨论1】

谁可以成为受益人

一笔抚慰家人的保险金,却引来一场激烈的家庭纷争,这恐怕是李小姐生前始料未及的。几年前,李小姐为自己投保了保额为2万元的人寿保险,在填写投保书时,李小姐未过多考虑,顺手在身故受益人栏填写了"法定"。去年年底,李小姐因车祸不幸身故。保险公司经过调查,决定向受益人全额给付保险金。由于李小姐未婚,法定受益人是其父母,但其母不愿将女儿的一半保险金分给其父,因其父母20年前就已离婚,且李小姐一直与母亲共同生活,与生父素无往来。但李小姐填写身故受益人为"法定",其父就有权作为法定受益人申请获得保险金。由此,其父母发生激烈争执直至对簿公堂。

试问此案应如何处理?

【案例讨论2】

刘女士(40岁)于2009年3月2日投保重大疾病保险,保险金额为1万元,交保费560元。2010年3月,刘女士因故未交保费,2011年1月8日,刘女士补交了所欠保费和利息,保单复效。2012年5月18日,刘女士因生活挫折自杀身亡。

问题:

(1) 保险公司是否应给付刘女士身故保险金?为什么?

(2) 我国《保险法》规定的宽限期为 (　　)。

A. 30天　　　　B. 60天　　　　C. 90天　　　　D. 180天

(3) 人寿保险合同在宽限期内仍未缴费的即为失效合同,自失效之日起(　　)内可以申请复效。

A. 180天　　　B. 一年　　　　C. 两年　　　　D. 五年

(4) 办理人寿保险合同复效的程序有 (　　)。

A. 投保人提出复效申请　　　　　B. 投保人对被保险人的健康状况进行告知

C. 补缴保费和利息　　　　　　　D. 保险人出具同意复效批单

第三章
人身保险费率厘定

【教学目的】

通过本章的教学，使学生掌握人身保险费率厘定的基本方法，了解生命表的构成，掌握利息理论、年金理论的相关计算，明确责任准备金的计提以及现金价值的计算方法。

【教学内容】

本章主要介绍人身保险保险费的厘定及相关内容，包括利息理论、年金利率、生命表、人寿保险保费和非人寿保险保费的计算原理以及责任准备金和现金价值的计提方法。

【教学重点难点】

利率、贴现率的概念与利息的计算，生命表的概念及计算，人寿保险保险费的精算原理，健康和意外伤害保险保险费的精算原理，责任准备金的计提原理和现金价值的计算。

【关键术语】

现值　终值　年金　生命表　平衡原理　趸缴纯保费　均衡纯保费　责任准备金
保单现金价值

【本章知识结构】

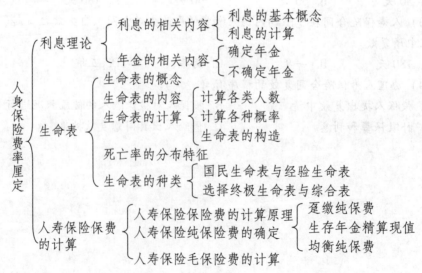

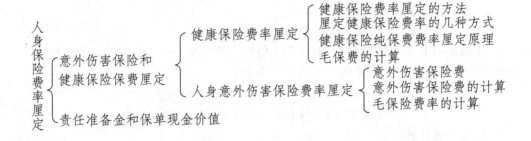

第一节 利息理论

在人寿保险实务中，保险费的收取和保险金额的给付往往不是同时发生，为了在今后某一个保险事故发生的时刻得到某一个保险金额的赔付在当前应该支付多少保费就是一个和资金的现值有着重要关系的因素即利息率。如果为了在今后某一个保险事故发生的时刻得到某一个保险金额的赔付并不是在当前一次性支付保费而是分期支付比如养老保险，那么就需要另一个基础理论即年金理论。

一、利息的相关内容

(一) 利息的基本概念

1. 利息的概念

利息是指在一定时期内，资金拥有人将其使用资金的自由权转让给借款人后所得到的报酬，本书用 I 表示利息额。如果我们用 P 表示期初借得的本金，用 S 表示一定时期后归还的总金额，我们通常称为积累值（或终值、本利和），则积累值与本金的差额即为利息。

$$I = S - P$$

2. 利率的概念

利率是指单位时间、单位本金所获得的利息，是对利息的一种度量，有年利率、季利率、月利率、日利率之分，常用百分数表示。一般情况下，如无特别说明均指年利率，用 i 表示。

$$i = \frac{I}{P} \times 100\%$$

例如，某人从银行借得 10 万元，期限为一年，一年期满后，该人归还银行 11 万元，则这笔借款的利率为：

$$i = \frac{S - P}{P} \times 100\% = \frac{11 - 10}{10} \times 100\% = \frac{1}{10} \times 100\% = 10\%$$

(二) 利息的计算

1. 单利的计算

单利是一种只给本金计算利息，而对前期利息在后期不再计算利息的度量方式。如期初投入本金 P，期末积累值为 S，每期利率 i，投资期数为 n 的单利计算公式为：

$$I = Pni$$
$$S = P + I = P(1 + ni)$$

【例3-1】某人将现金1 000元存入银行，期限为5年，单利的年利率为5%，则到期时的单利利息和积累值（本利和）为多少。

$$I = Pni = 1\ 000 \times 5\% \times 3 = 150(元)$$
$$S = P + I = 1\ 000 + 150 = 1\ 150(元)$$

2. 复利的计算

复利的计算方法是本金及所生的利息一并计息，即利滚利。复利的计算公式：

$$S = P(1 + i)^n$$
$$I = S - P = P(1 + i)^n - P = P[(1 + i)^n - 1]$$

【例3-2】某人将现金1 000元存入银行，期限为3年，单利的年利率为5%，则到期时的复利利息和积累值（本利和）为多少。

$$S = 1\ 000 \times (1 + 5\%)^3 = 1\ 157.625(元)$$
$$I = S - P = 1\ 157.625 - 1\ 000 = 157.625(元)$$

3. 终值与现值的计算

（1）终值的计算。终值即积累值是一笔资金在一定利率下存放一定时期后所得的本利和。如一笔资金 P，在以单利 i 计息 n 期后的终值是：

$$S = P + I = P(1 + ni)$$

一笔资金 P，在以复利 i 计息 n 期后的终值是：

$$S = P[(1 + i)^n]$$

（2）现值的计算。现值相当于本金。现值可以表述为：在一定利率条件下，将来某一时刻要得到一笔固定金额的资金，现在应存放的金额称为现值。特别地，将1年后得到1元积累值在年初时刻的现值记为 v，即 $v = \dfrac{1}{1 + i}$，称为贴现因子，v^n 则表示以复利计息 n 年后得到1元积累值在年初时刻的现值。

如以单利 i 为利率条件，为了在 n 期后得到终值 S，现在应存放的金额即现值 P 为

$$P = \frac{S}{1 + ni}$$

【例3-3】若计划在5年后得到10 000元，投资收益率为10%（以单利累积），现在应投资多少？

$$P = \frac{S}{1 + ni} = \frac{10\ 000}{1 + 5 \times 10\%} \approx 6\ 666.667(元)$$

如以复利 i 为利率条件，为了在 n 期后得到终值 S，现在应存放的金额即现值 P 为

$$P = \frac{S}{(1 + i)^n} = Sv^n$$

【例3-4】若计划在5年后得到10 000元，投资收益率为10%（以复利累积），现在应投资多少？

$$P = \frac{S}{(1 + i)^n} = Sv^n = 10\ 000 \times 1.1^5 \approx 6\ 209.21(元)$$

二、年金的相关内容

年金是指按相等的时间间隔支付一系列款项的过程。在保险实务中，年金通常分为确定年金和不确定年金。

（一）确定年金

确定年金是指在一定时期内，在相同间隔的时间上，按确定数额进行一系列的支付。如定期偿还的住房贷款、寿险中定期期缴保费。

1. 期初付确定年金的现值与终值

期初付确定年金是指年金支付发生在每一给付周期的期初。如在 n 个时期中，每个时期期初付款金额为 1 的期初付年金。

设每个时期的利率为 i，则年金在 0 时刻的现值记为 $\ddot{a}_{\overline{n}|}$，在 n 时刻的终值（积累值）记为 $\ddot{S}_{\overline{n}|}$，则有：

$$\ddot{a}_{\overline{n}|} = 1 + v + v^2 + v^3 + \cdots + v^{n-1} = \frac{1 - v^n}{iv}，\text{其中} v = \frac{1}{1 + i}$$

【例 3-5】某人得到一笔 10 000 元生存给付金，他要求分 4 年领取，每次付款在期初。假设年利率为 5%，试计算每年可领取的金额。

假设每年可领取 p 元，则有

$$10\ 000 = p + p(1 + 5\%)^{-1} + p(1 + 5\%)^{-2} + p(1 + 5\%)^{-3} = p\frac{1 - (1 + 5\%)^{-4}}{5\% \times (1 + 5\%)^{-1}}$$

$$p = 10\ 000 \times \frac{5\% \times (1 + 5\%)^{-1}}{1 - (1 + 5\%)^{-4}} = 10\ 000 \div 3.723 \approx 2\ 686(元)$$

同样可以得出：

$$\ddot{S}_{\overline{n}|} = (1 + i) + (1 + i)^2 + \cdots + (1 + i)^n = (1 + i) \cdot \frac{(1 + i)^n - 1}{i} = \frac{(1 + i)^n - 1}{iv}$$

【例 3-6】某人连续 10 年年初向银行存款 2 000 元，若按复利 5% 计息，求此人在第 10 年年末可从银行取出的资金金额。

$$\ddot{S}_{\overline{n}|} = 2\ 000 \times (1 + 5\%) + 2\ 000 \times (1 + 5\%)^2 + \cdots + 2\ 000 \times (1 + 5\%)^{10}$$

$$= 2\ 000 \times (1 + 5\%) \times \frac{(1 + 5\%)^{10} - 1}{5\%}$$

$$\approx 26\ 413.57(元)$$

2. 期末付确定年金的现值和终值

期末付确定年金是指年金支付发生在每一给付周期的期末。如在 n 个时期中，每个时期期末付款金额为 1 的期末付年金。

设每个时期的利率为 i，则年金在 0 时刻的现值记为 $a_{\overline{n}|}$，在 n 时刻的终值（积累值）记为 $S_{\overline{n}|}$，则有：

$$a_{\overline{n}|} = v + v^2 + v^3 + \cdots + v^n = \frac{1 - v^n}{i}$$

【例 3 – 7】 某人每年领取年金 1 000 元，共领 10 年，年利率 10%，问此年金的现值为多少？

$$a_{\overline{n}|} = 1\,000 \times (1 + 10\%)^{-1} + \cdots + 1\,000 \times (1 + 10\%)^{-10}$$

$$= 1\,000 \times \frac{1 - (1 + 10\%)^{-10}}{10\%} \approx 6\,144.57(元)$$

同样可以得出：

$$S_{\overline{n}|} = 1 + (1 + i) + (1 + i)^2 + \cdots + (1 + i)^{n-1} = \frac{(1 + i)^n - 1}{i}$$

【例 3 – 8】 某人连续 10 年年末向银行存款 2 000 元，若按复利 5% 计息，求此人在第 10 年年末可从银行取出的资金金额。

$$S_{\overline{n}|} = 2\,000 + 2\,000 \times (1 + 5\%)^2 + \cdots + 2\,000 \times (1 + 5\%)^9$$

$$= 2\,000 \times \frac{(1 + 5\%)^{10} - 1}{5\%}$$

$$\approx 25\,155.79(元)$$

（二）不确定年金

不确定年金是指在未来相应的时间点上支付是否发生是不确定的，有时也称为或有年金。如人寿保险中的生命年金。生命年金主要包括期初付定期生命年金、期初付终身生命年金、期初付延期生命年金、期初付延期终身生命年金、期末付定期生命年金、期末付终身生命年金、期末付延期生命年金、期末付延期终身生命年金等。在寿险实务中，往往不关心年金的终值，而希望知道为了在未来得到这样的给付在期初应该支付多少保费。因此，生命年金的现值（即生命年金的趸缴纯保费）是学习的重点，在第三节人寿保险保险费的计算中详细介绍。

第二节 生命表

1662 年，约翰·格朗特（Jone Graunt）根据伦敦瘟疫时期的洗礼和死亡名单，写过《生命表的自然和政治观察》，这是生命表的最早起源。1693 年，埃德蒙·哈雷在《根据布勒斯劳市（Breslau）出生与下葬统计表对人类死亡程度的估计》一文中第一次使用了生命表的形式给出了人类死亡年龄的分布。人们因而把哈雷称为生命表的创始人。该表精确表示了每个年龄的死亡率，提供了寿险计算的依据，这一年被认为是精算学的开始。18 世纪 40—50 年代，辛普森根据哈雷的生命表，做成依死亡率增加而递增的费率表。之后，道德森依照年龄差等计算保费，并提出了均衡保险费的理论，从而促进了人身保险的发展。1762 年辛普森和道德森两人发起组织的伦敦公平保险公司，首次根据道德森的设计方案，将死亡表运用于计算人寿保险费率上，使用均衡保险费法计算了终身寿险的保险费率。故该公司的创立被认为是现代人身保险形成的标志。由此可见生命表在精算和人身保险中的重要性，它不仅是精算学的开端，而且也是人身保险能够得以开展的基石。

一、生命表的概念

生命表是根据以往一定时期内各种年龄的死亡统计资料编制的，由每个年龄死亡率所组成的汇总表。生命表是过去经验的记录，并且通常用于预测那些将来和过去情况完全相同的未来事件。生命表中最重要的就是设计产生每个年龄的死亡率。影响死亡率的因素很多，主要有年龄、性别、职业、习性、既往病史、种族等。一般情况下，在设计生命表时，只注重考虑年龄和性别。我国 2005 年 12 月 23 日颁布的中国第二张寿险业生命表就分为非养老金业务男表、非养老金业务女表和养老金男表、养老金女表。

二、生命表的内容

表 3-1 是中国人寿保险业经验生命表（2000—2003）非养老金业务男表的一部分。

表 3-1　　中国人寿保险业经验生命表（2000—2003）非养老金业务表（男）

年龄 x	死亡率 q_x	生存人数 l_x	死亡人数 d_x	生存人年数 L_x	T_x	期望寿命 $\overset{\circ}{e}_x$
0	0.000722	1 000 000	722	999 639	76 709 925	76.71
1	0.000603	999 278	603	998 977	75 710 286	75.76
2	0.000499	998 675	498	998 426	74 711 309	74.81
3	0.000416	998 177	415	997 969	73 712 883	73.85
4	0.000358	997 762	357	997 583	72 714 913	72.88
5	0.000323	997 405	322	997 244	71 717 330	71.90
6	0.000309	997 082	308	996 928	70 720 086	70.93
7	0.000302	996 774	301	996 624	69 723 158	69.95
8	0.000301	996 473	300	996 323	68 726 534	68.97
9	0.000303	996 173	302	996 023	67 730 211	67.99
10	0.000305	995 872	304	995 720	66 734 188	67.01
11	0.000308	995 568	307	995 415	65 738 468	66.03
12	0.000313	995 261	312	995 105	64 743 054	65.05
13	0.000324	994 950	322	994 789	63 747 948	64.07
14	0.000343	994 627	341	994 457	62 753 160	63.09
15	0.000372	994 286	370	994 101	61 758 703	62.11
16	0.000412	993 916	409	993 712	60 764 602	61.14
17	0.000459	993 507	456	993 279	59 770 890	60.16
18	0.000512	993 051	509	992 797	58 777 611	59.19
19	0.000564	992 542	560	992 262	57 784 815	58.22
20	0.000612	991 983	607	991 679	56 792 552	57.25

由表 3-1 可见，生命表一共有七列：第一列表示以 1 年为周期计的各年龄，0 岁表示刚出生；第二列在生命表中反映基本的死亡率；第三列的数据是根据第二列所反映的规律计算得出的每 100 万名初生儿在各周岁年龄仍生存的人数，用整数表示；第四列的各数据则是各个年龄的死亡人数，是根据第二列、第三列的数据预计出来的；第五列表示 100 万个新生生命在年龄 x 至 $x+1$ 区间共存活年数；第六列表

示 100 万个新生生命中能活到年龄 x 的个体的剩余寿命总数；第七列表示某年龄人的余命的平均值，即某年龄开始到死亡为止的平均存活年限，简称平均余命或生命期望值。我们具体分析如下：

1. x：表示年龄。完整的生命表 x 一般从 0 岁开始到 105 岁结束，这里把 105 岁看成是人的极限年龄。

2. q_x：死亡率，表示 x 岁的人在一年内死亡的概率。显然

$$q_x = \frac{d_x}{l_x} = \frac{l_x - l_{x+1}}{l_x}$$

3. l_x：生存人数，是指从初始年龄至满 x 岁尚生存的人数。例如，0 岁的人数可用 l_0 来表示，l_{20} 表示在初始年龄定义的基数中有 l_{20} 人活到 20 岁。

在生命表中还规定最高年龄，用 ω 表示，满足 $l_{\omega+1} = 0$，即在 $\omega + 1$ 岁时原基数人群中没有任何人存活。

4. d_x：死亡人数，是指 x 岁的人在一年内死亡的人数，即指 x 岁的生存数 l_x 人中，经过一年所死去的人数。已知在 $x + 1$ 岁时生存数为 l_{x+1}，于是有 $d_x = l_x - l_{x+1}$。例如，$d_{18} = l_{18} - l_{19} = 993\ 051 - 992\ 542 = 509$。

l_0 个新生生命中在年龄 x 与 $x + n$ 之间死亡的期望个数为 $_nd_x$。

$$_nd_x = l_x - l_{x+n} = l_x \cdot {}_nq_x$$

$$d_x = l_x - l_{x+1} = l_x \cdot q_x$$

p_x：生存率。表示 x 岁的人在一年后仍生存的概率，即到 $x + 1$ 岁时仍生存的概率。

$$p_x = \frac{l_{x+1}}{l_x}，\text{所以 } p_x + q_x = 1$$

在人寿保险数理的计算中，还常常会遇到下列符号：

$_tp_x$：表示 x 岁的人在 t 年末仍生存的概率。

$$_tp_x = \frac{l_{x+t}}{l_x}$$

$_tq_x$：表示 x 岁的人在 t 年内死亡的概率。

$$_tq_x = \frac{l_x - l_{x+t}}{l_x} = 1 - {}_tp_x$$

$_{t|u}q_x$：表示 x 岁的人在生存 t 年后 u 年内死亡的概率。

$$_{t|u}q_x = \frac{l_{x+t} - l_{x+t+u}}{l_x}$$

当 $u = 1$ 时，用 $_{t|}q_x$ 表示 x 岁的人在生存 t 年后的那一年（$t + 1$ 年）中死亡的概率。

$$_{t|}q_x = \frac{d_{x+t}}{l_x} = \frac{l_{x+t} - l_{x+t+1}}{l_x} = {}_tp_x - {}_{t+1}p_x = {}_tp_x \cdot q_{x+t}$$

5. L_x：表示 l_0 个新生生命在年龄 x 至 $x + 1$ 这一年的生存人年数。

$$L_x = \int_x^{x+1} l_y \mathrm{d}y = \int_0^1 l_{x+t} \mathrm{d}t$$

例如，假设有 1 000 个 40 岁的人，在 40 岁到 41 岁这一年中，有 900 个人活到了 41 岁，共有 12 人死亡，其中有 4 人活了 0.25 年，有 4 个人活了 0.5 年，有 4 个活了 0.75 年死亡。则这 1 000 人在 40 岁到 41 岁这一年活过的总的人年数为

$$L_x = 988 + 4 \times 0.25 + 4 \times 0.5 + 4 \times 0.75 = 994$$

6. T_x：表示 l_0 个新生生命中能活到年龄 x 的个体的剩余寿命总数。

$$T_x = L_x + L_{x+1} + L_{x+2} + \cdots$$

或

$$T_x = \int_0^\infty l_{x+t} \mathrm{d}t$$

7. $\dot{e}_x$：表示完全平均余命即期望剩余寿命，指 (x) 剩余寿命的期望值（均值）。

$$\dot{e}_x = E(T_x) = \int_0^\infty t \cdot {}_t p_x \cdot \mu_{x+t} \mathrm{d}t = -\int_0^\infty t \cdot ({}_t p_x)' \mathrm{d}t = \int_0^\infty {}_t p_x \mathrm{d}t$$

$$= \frac{\int_0^\infty l_{x+t} \mathrm{d}t}{l_x} = \frac{T_x}{l_x}$$

例如，$\dot{e}_{20} = \dfrac{T_{20}}{l_{20}} = \dfrac{56\,792\,552}{991\,983} = 57.25$。

三、生命表的计算

（一）计算各类人数

如表 3 - 1 所示，初始人数 $l_0 = 1\,000\,000$，1 岁以内死亡的概率是 $q_0 = 0.000722$，则 1 岁以内的死亡人数预计为

$$d_0 = l_0 q_0 = 1\,000\,000 \times 0.000722 = 722$$

到 1 岁时的预计的生存人数为

$$l_1 = l_0 - d_0 = 1\,000\,000 - 722 = 999\,278$$

1 岁的人在 2 岁以前死亡的概率是 $q_1 = 0.000603$，则在 1~2 岁之间死亡的人数预计为

$$d_1 = l_1 q_1 = 999\,278 \times 0.000603 = 603$$

到 2 岁时预计的生存人数为

$$l_2 = l_1 - d_1 = 999\,278 - 603 = 998\,675$$

依此类推，可以推算出表中 l_x 和 d_x 各值。

例如，已知 40 岁的死亡率为 0.04，41 岁的死亡率为 0.06，而则 42 岁的人生存至 43 岁的概率为 0.92。如果 40 岁生存人数为 100 人，43 岁时的生存人数为

$$l_{41} = 100 \times (1 - 0.04) = 96$$
$$l_{42} = 96 \times (1 - 0.06) \approx 90$$
$$l_{43} = 90 \times 0.92 \approx 83$$

（二）计算各种概率

从表 3 - 1 中可以观察到最高年龄 $\omega = 105$，以及各年龄 x 对应的生存人数 l_x、死亡人数 d_x 和死亡概率 q_x。有了这些基本数据，就可以进行更复杂的生命函数的

计算。

例如，要计算 15 岁的人在今后 3 年内仍存活的概率 $_3p_{15}$，根据公式，只需在表中查出 15 岁的存活人数 $l_{15} = 994\,286$ 和 18 岁的存活人数 $l_{18} = 993\,051$，则

$$_3p_{15} = \frac{l_{18}}{l_{15}} = \frac{993\,051}{994\,286} \approx 0.99876$$

要计算 18 岁的人在今后 2 年内死亡的概率 $_2q_{18}$，只需在表 3 - 1 中查出 18 岁的存活人数 $l_{18} = 993\,051$ 和 20 岁的存活人数 $l_{20} = 991\,983$，则

$$_2q_{18} = \frac{l_{92} - l_{94}}{l_{92}} = \frac{993\,051 - 991\,983}{993\,051} \approx 0.00108$$

例如，已知 20 岁的生存人数为 1 000，21 岁的生存人数为 998，22 岁的生存人数为 992。则 20 岁的人在 21 岁那年死亡的概率为

$$_1{}_|q_{20} = (998 - 992)/1\,000 = 0.006$$

要计算 20 岁的人在生存 70 年后的 5 年内死亡的概率 $_{70}{}_|_5q_{20}$，即现年 20 岁的人在 90 岁至 95 岁之间死亡的概率，需在表 3 - 1 中查出 20 岁的存活人数 $l_{20} = 9\,664\,994$、90 岁的存活人数 $l_{90} = 468\,174$ 和 95 岁的存活人数 $l_{95} = 97\,165$，则

$$_{70}{}_|_5q_{20} = \frac{l_{90} - l_{95}}{l_{20}} = \frac{222\,177 - 81\,354}{993\,019} \approx 0.14181$$

（三）生命表的构造

已知人群基数 l_0 和死亡率 q_x，则生命表的编制过程如下：

（1）选定人群基数 l_0；

（2）算出 x 岁的人在一年内的死亡人数 d_x，$d_x = l_x \cdot q_x$；

（3）求出 $l_{x+1} = l_x - d_x$；

（4）重复执行（2）和（3）。

经验死亡率的确定：由大量被保险人的死亡统计资料分别按年龄、性别计算出死亡率。生命表的其他内容如生存人年数 L_x、T_x、平均余命 $\dot{e}_x$ 均可由前三列数据计算得出。

例如，试运用所学知识将表 3-2 补全。

表 3 - 2 　　　　　　　　　　　　　　生命表

年龄 x	死亡率 q_x	生存人数 l_x	死亡人数 d_x
0	0.000722	1 000 000	
1	0.000603		
2	0.000499		
3	0.000416		

$$d_0 = l_0 \cdot q_0 = 1\,000\,000 \times 0.000722 = 722$$

$$l_1 = l_0 - d_0 = 1\,000\,000 - 722 = 999\,278$$

$$d_1 = l_1 \cdot q_1 = 999\,278 \times 0.000603 = 603$$

$$l_2 = l_1 - d_1 = 999\ 278 - 603 = 998\ 675$$
$$d_2 = l_2 \cdot q_2 = 998\ 675 \times 0.000499 = 498$$
$$l_3 = l_2 - d_2 = 998\ 675 - 498 = 998\ 177$$
$$d_3 = l_3 \cdot q_3 = 998\ 177 \times 0.000416 = 415$$

四、死亡率的分布特征

下面根据生命表描绘出死亡率 q_x 对于年龄 x 的图像。通过图像可以得到对寿命分布更直观的认识。

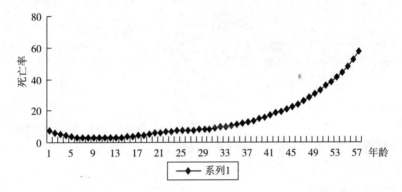

图 3-1　死亡率图像（以万分之一为单位）

通过死亡率图像我们可以看到：0 岁附近的死亡率很大，然后骤然下降，从 3 岁开始缓慢下降到 8 岁时出现最低点；往后缓慢上升，从 50 岁以后上升速度加快。虽然 0~8 岁期间死亡率是随年龄增大而递减，但在 8 岁以后总体趋势是死亡概率随着年龄的增长而增长，而且增长的幅度随年龄段的增大而增大，特别是在 50 岁以后更为明显。

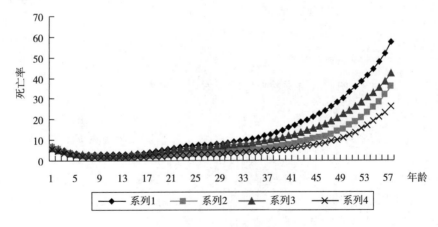

图 3-2　死亡率图像

图 3-2 表示不同险种和不同性别生命表的死亡率的趋势，其中系列 1 表示非养老金业务（男）、系列 2 表示非养老金业务（女）、系列 3 表示养老金业务（男）、系列 4 表示养老金业务（女）。由图 3-2 可以看出，不同险种和不同性别的生命表

死亡概率的趋势是一致的，即都是在 0 岁时死亡率较高，从 3 岁开始缓慢下降到 9 岁左右出现最低点；然后缓慢上升，在 21 岁到 40 岁之间相对平稳，但 50 岁以后上升速度明显加快。但由于险种和性别不同这四种死亡率也呈现出较大的差异，即非养老金业务的死亡率明显高于养老金业务的死亡率，而且不论险种如何，男性的死亡率明显高于女性的死亡率。

五、生命表的种类

生命表可根据不同的统计范围、对象、用途和是否有选择划分为许多种类，从整体划分上考虑两种不同的划分，即国民生命表与经验生命表、选择生命表与终极生命表。

（一）国民生命表与经验生命表

根据计算死亡率的资料来源，生命表可以分为两大类，即国民生命表和经验生命表。

1. 国民生命表

国民生命表是根据全体国民或者以特定地区的人口的死亡统计数据编制的生命表。它主要来源于人口普查的统计资料，反映的是一个特定时期内全国人口的寿命分布情况。

2. 经验生命表

经验生命表是根据人寿保险、社会保险以往的死亡记录（经验）所编制的生命表。一般情况下保险公司使用的是经验生命表，这主要是由于国民生命表是全体国民生命表，没有经过保险公司的风险选择，与保险公司所使用的经验生命表的死亡率不同。

在实务中，根据使用的要求不同，又可将经验生命表分成多种类型。例如，按照应用范围不同可分为寿险（我国称为非养老金）生命表和年金（我国称为养老金）生命表、按性别不同可分为男性及女性生命表。

【知识链接】

中国人寿保险业经验生命表（2000—2003）

2005 年 12 月 23 日，中国保监会发布了"中国人寿保险业经验生命表（2000—2003）"（以下简称新生命表）。这次生命表发文采取了生命表颁布和使用分别发文的形式，即《关于颁布〈中国人寿保险业经验生命表（2000—2003）〉的通知》（保监发〔2005〕117 号）和相配套的《关于修订精算规定中生命表使用有关事项的通知》（保监发〔2005〕118 号）。前者正式发布新的生命表，后者规定了有关新生命表使用的一些政策问题，主要内容为：

1. 保险公司自行决定定价用生命表；

2. 保单现金价值计算用生命表采用定价生命表；

3. 保险公司进行法定准备金评估，必须采用新生命表；

4. 新生命表使用政策将于 2006 年 1 月 1 日起生效。

新生命表包括非养老金业务男女表和养老金业务男女表共两套四张表，简称"CL（2000—2003）"。其结构与原生命表相同，但取消了混合表。之所以非养老金业务与养老金业务用表不同，是因为整体而言，投保养老金的人群死亡的概率比投保非养老金的人群要小。

本次非养老金业务表男性平均寿命为76.7岁，较原生命表提高了3.1岁，女性平均寿命为80.9岁，较原生命表提高了3.1岁。养老金业务表男性平均寿命为79.7岁，较原生命表提高了4.8岁，女性平均寿命为83.7岁，较原生命表提高了4.7岁。

新生命表将只用作责任准备金评估，寿险公司定价可以以新生命表为基础，也可以以其他生命表为基础。这意味着寿险定价的利率、死亡率、费用率三要素中，死亡率要素将完全由公司决定。定价生命表放开后，公司可以根据产品的不同、地域的不同、受保人群的不同、公司核保技术的不同或者市场策略的需要，采用不同的生命表。同样，消费者购买保险，也可以在不同公司得到不同的报价。因此，新生命表的发布是我国寿险产品费率市场化的重要一步。

（资料来源：中国保监会网站。）

（二）选择终极生命表和综合表

在保险精算中，死亡率 q_x 是一个条件概率，即一个人活到了 x 岁，这个人在 $x+1$ 岁前死亡的概率。然而寿险公司为避免逆选择，它不只是要知道被保险人还活着，还有很多情况它要弄清楚，其中最重要的就是被保险人的健康状况。这些在投保时被寿险公司认为健康状况良好的人，其死亡率自然会低于那些没有考察过其健康状况的人。因此，我们把保险人对被保险人依一定的健康标准加以选择后，编制的一组不仅随年龄而变动，而且随已投保年限长短变动的死亡率，根据这个死亡率编制的生命表称为选择生命表。按照承保选择的影响消失后的死亡率数据编制而成的生命表称为终极表。习惯上将终极表并列在选择表的右边，这样的生命表就是选择终极表。

如果生命表中的死亡率仅由到达年龄决定，这样的生命表就叫做综合表。国民生命表和终极表都属于综合表。综合表是一维表，较简单，便于构造和查阅，但反映的情况较笼统。选择表是一个二维表，其中的死亡率由两个变量决定，一个是选择年龄，另一个是选择经过的年数或到达年龄，因此更为具体，能较真实地反映被保险人面临的风险损失概率。我们把 x 岁经过选择的人往后各年的死亡率记为：

$$q_{[x]+j}, \qquad j = 0,1,2,\cdots$$

其中，下标方括号中的 x 称为选择年龄。因此，$q_{[x]}$ 表示刚经过选择之后 x 岁人的死亡率；$q_{[x]+1}$ 表示在 1 年前经过选择的 $x+1$ 岁人的死亡率；$q_{[x]+2}$ 表示在 2 年前经过选择的 $x+2$ 岁人的死亡率；依此类推。

经验表明，相同年龄的死亡率会随着选择时间的推移而增大，即对于 $0 < u < x$，有：

$$q_{[x-u]+u+j} > q_{[x]+j} \quad j = 0,1,2,\cdots$$

即同样是 $x+j$ 岁的人，选择年龄在 $x-u$ 岁的比选择年龄在 x 岁的经过的时间越长，其死亡率便越高。同时，随着选择时间的推移，这个差别却会越来越小，即：

$q_{[x-u]+j+u} - q_{[x]+j}$ 会随着 j 的增大而逐渐缩小。在实务中通常确定一个年限 r，当选择经过 r 年以后，我们便忽略这个差别，而取：

$$q_{[x-u]+r+u} = q_{[x]+r}$$

这个 r 便称为选择期。由选择期内的死亡率构成的生命表即称选择表。在选择期之后，死亡率只与到达年龄有关，而与选择年龄无关，写成

$$q_{[x-u]+r+u} = q_{[x]+r} = q_{x+r}$$

即选择效果消失之后的死亡率构成的生命表称为终极表。

表 3 – 3　　　　　　　　　　选择终极表例表

[x]	选择表					终极表	
	$q_{[x]}$	$q_{[x]+1}$	$q_{[x]+2}$	$q_{[x]+3}$	$q_{[x]+4}$	q_{x+5}	$x+5$
70	.0175	.0249	.0313	.0388	.0474	.0545	75
71	.0191	.0272	.0342	.0424	.0518	.0596	76
72	.0209	.0297	.0374	.0463	.0566	.0652	77
73	.0228	.0324	.0409	.0507	.0620	.0714	78
74	.0249	.0354	.0447	.0554	.0678	.0781	79
75	.0273	.0387	.0489	.0607	.0742	.0855	80
76	.0298	.0424	.0535	.0664	.0812	.0936	81
77	.0326	.0464	.0586	.0727	.0889	.1024	82

从表 3 – 3 中容易看出，两个同是 72 岁的人，一个在两年前（70 岁时）通过健康体检，死亡的概率是

$$q_{[70]+2} = 0.0313$$

另一个刚通过健康体检，死亡的概率是

$$q_{[72]} = 0.0209$$

即前一个的死亡概率要大于后一个。

这张表规定的选择期为 5 年，即 5 年过后，这种差别就可以忽略了。例如，四个同为 78 岁的人，他们分别在 8 年前、7 年前、6 年前和 5 年前通过了健康体检，他们死亡的概率分别是：

$$q_{[70]+8} = 0.0714$$
$$q_{[71]+7} = 0.0714$$
$$q_{[72]+6} = 0.0714$$
$$q_{[73]+5} = 0.0714$$

第三节　人寿保险保险费的计算

一、人寿保险保险费的计算原理

人寿保险的保费是由纯保费和附加保费两部分构成的。纯保费是根据人的死亡率以及预定利率的因素计算得出的，是保险赔付基金的主要来源，理论上纯保费的

总额与保险金给付总额应达到平衡。附加费率的计算是根据人寿保险公司的各项费用支出、税款和预期利润为基础，可以采用比例法、固定法、混合法等方法。这些方法都是采用纯费率或者保险金额的一定比例计算，因此，本节重点是掌握人寿保险中纯保费的计算方法。

人寿保险费制定的基本原则是收支相等。"收"是指保险公司收取的保险费总额；"支"是指保险公司的保险金给付和支出的各项经营费用。这里所说的收支相等，并不是数学意义上的简单相等，它要考虑货币的时间价值等一系列重要因素。因此，收支相等原则就是使在保单有效期内的任一时点上，所有保险费收入的现金价值与所有支出的现金价值相等。

$$保费收入的现金价值 = 所有支出的现金价值$$

当未来给付保险金额现值的期望值等于缴纳纯保费的精算现值时，这一条件也称作平衡原理。我们将保险给付金额现值与被保险人缴付纯保费现值之差称为保险人的损失，并用字母 L 表示，则平衡原理可表述为

$$E(L) = 0$$

二、人寿保险纯保险费的确定

人寿保险的纯保费按其支付方式可以分为趸缴纯保费和均衡纯保费。趸缴纯保费即期初一次性缴纳所有保险费。均衡纯保费是指以生存年金的方式支付保费。

（一）趸缴纯保费

$E(Z)$ 称为未来保险金给付在签单时的精算现值（Actuarial Present Value），也称为趸缴纯保费。其中现值函数 $z_t = b_t v^t$ 表示未来保险金给付在签单时的现值，b_t 表示保险金给付函数，$z_t = b_t v^t$，v^t 代表折现函数，t 为保险金给付发生时刻。

由于保险金给付是在 $T(x)$ 这一时刻，$T(x)$ 是连续随机变量表示年龄为 x 岁的人从签单时刻到死亡的时间长度。T 是连续随机变量，因此，得到的趸缴纯保费 $E(Z_T)$ 是死亡即付（连续）型寿险的趸缴纯保费。取 $K = [T]$ 即取整余命的随机变量。

如已知生日为 1 月 1 日的年龄为 30 岁的人，如果在 30 年后的 7 月 1 日死亡，则他的余命 $T = 30.5$，而取整余命 $K = [T] = [30.5] = 30$

那么现值函数 $z_{K+1} = b_{K+1} v^{K+1}$ 表示在 $K \sim K+1$ 发生保险事故但在 $K+1$ 时刻支付，即死亡年度末支付，趸缴纯保费 $E(Z)$ 是死亡年度末支付（离散型寿险）的趸缴纯保费。

这里讨论的均为保险赔付在死亡年度末支付的情形，实务中采用的死亡即付的方式需要对人在一年内死亡的分布做出一定的假设，然后由死亡年度末支付数据经适当调整得到。

用符号 (x) 表示年龄为 x 岁的人，保险金额为 1 元，保险金在死亡年度末给付那么给付函数可表示为：

$$b_{K+1} = \begin{cases} 1, K = 0,1,2,\cdots \\ 0, 其他 \end{cases}$$

保险金给付在签单时的随机变量 $z_{K+1} = b_{K+1} v_{K+1}$，通常用 Z 代表 z_{K+1}：

$$Z = b_{K+1}v_{K+1} = \begin{cases} v^{K+1}, K = 0,1,2,\cdots \\ 0,\text{其他} \end{cases}$$

趸缴纯保费用 $A^1_{x:\overline{n}|}$ 表示，那么：

$$A^1_{x:\overline{n}|} = E[Z] = \sum_{k=0}^{n-1} v^{k+1} \cdot {}_{k}|q_x = \sum_{k=0}^{n-1} v^{k+1} \cdot \frac{d_{x+k}}{l_x}$$

其中，$v = \dfrac{1}{1+i}$ 为折现率。如果定义一组替换函数：

$$C_x = v^{x+1}d_x \qquad D_x = v^x l_x$$
$$M_x = C_x + C_{x+1} + \cdots + C_{\omega}$$

则上式可简化为：

$$A^1_{x:\overline{n}|} = \frac{C_x + C_{x+1} + \cdots + C_{x+n-1}}{D_x} = \frac{M_x - M_{x+n}}{D_x}$$

当 $n = 1$ 时，$A^1_{x:\overline{1}|} = \dfrac{C_x}{D_x}$，此即为自然费率公式，记为 c_x。

同理有如下结论：

1. 保险赔付在死亡年度末支付的趸缴纯保费

（1）n 年定期死亡保险趸缴纯保费

$$A^1_{x:\overline{n}|} = \frac{M_x - M_{x+n}}{D_x}$$

（2）终身死亡保险趸缴纯保费

$$A_x = \frac{M_x}{D_x}$$

（3）生存保险趸缴纯保费

$$A_{x:\overline{n}|}^{\ 1} = \frac{l_{x+n}v^n}{l_x} = \frac{D_{x+n}}{D_x}$$

（4）两全保险趸缴纯保费

$$A_{x:\overline{n}|} = A^1_{x:\overline{n}|} + A_{x:\overline{n}|}^{\ 1} = \frac{M_x - M_{x+n} + D_{x+n}}{D_x}$$

（5）延期 m 年定期寿险趸缴纯保费

$$_{m}|A^1_{x:\overline{n}|} = \frac{M_{x+m} - M_{x+m+n}}{D_x}$$

（6）延期 m 年终身寿险趸缴纯保费

$$_{m}|A_x = \frac{M_{x+m}}{D_x}$$

（7）延期 m 年定期生存保险趸缴纯保费

$$_{m}|A_{x:\overline{n}|}^{\ 1} = \frac{D_{x+m+n}}{D_x}$$

（8）延期 m 年定期两全保险趸缴净保费

$$_{m}|A_{x:\overline{n}|} = \frac{M_{x+m} - M_{x+m+n} + D_{x+m+n}}{D_x}$$

【例3-9】计算保险金额为10 000元的下列保单，在30岁签发时的趸缴纯保费。（1）终身寿险；（2）30年定期寿险；（3）30年期储蓄保险。以上均设死亡给付发生在保单年度末，依据中国人寿保险业经验生命表（1990—1993）换算表（男女混合），利率为6%。

解：

（1）$10\,000A_{30} = 10\,000 \times \dfrac{M_{30}}{D_{30}} = 10\,000 \times \dfrac{14\,730.19}{170\,037.78} = 866.29(元)$

（2）$10\,000A_{30:\overline{30}|}^{1} = 10\,000 \times \dfrac{M_{30} - M_{30+30}}{D_{30}} = 10\,000 \times \dfrac{14\,730.19 - 9\,301.66}{170\,037.78} = 319.25(元)$

（3）$10\,000A_{30:\overline{30}|} = 10\,000 \times (A_{30:\overline{30}|}^{1} + A_{30:\overline{30}|}^{\ 1}) = 10\,000 \times \dfrac{M_{30} - M_{30+30} + D_{30+30}}{D_{30}}$

$$= 10\,000 \times \dfrac{14\,730.19 - 9\,301.66 + 26\,606.02}{170\,037.78}$$

$$= 1\,883.97(元)$$

【例3-10】现年36岁的人，购买了一张终身寿险保单。该保单规定，被保险人在10年内死亡，则给付数额为15 000元；10年以后死亡，则给付数额为20 000元，设该死亡给付发生在保单年度末。试求其趸缴纯保费，依据中国人寿保险业经验生命表（1990—1993）换算表（男女混合），利率为6%。

解：这份保单的趸缴纯保费可以看作是一份保额为15 000元的10年定期终身寿险趸缴纯保费和一份保额为20 000元的延期10年的终身寿险的趸缴纯保费之和。即：

$$15\,000A_{36:\overline{10}|}^{1} + 20\,000_{10}A_{36} = 15\,000\dfrac{M_{36} - M_{36+10}}{D_{36}} + 20\,000\dfrac{M_{36+10}}{D_{36}}$$

$$= 15\,000 \times \dfrac{13\,989.97 - 12\,492.91}{119\,226.5} + 20\,000 \times \dfrac{12\,492.91}{119\,226.5}$$

$$= 2\,284.01(元)$$

这份保单还可以看作是一份20 000元的终身寿险趸缴纯保费与一份5 000元10年定期寿险的趸缴纯保费之差。即：

$$20\,000_{10}A_{36} - 5\,000A_{36:\overline{10}|}^{1} = 20\,000 \times \dfrac{M_{36+10}}{D_{36}} - 5\,000 \times \dfrac{M_{36} - M_{36+10}}{D_{36}}$$

$$= 20\,000 \times \dfrac{12\,492.91}{119\,226.5} - 5\,000 \times \dfrac{13\,989.97 - 12\,492.91}{119\,226.5}$$

$$= 2\,284.01(元)$$

2. 保险赔付死亡即付的趸缴纯保费

（1）n年定期死亡保险趸缴纯保费

$$\overline{A}_{x:\overline{n}|}^{1} = \dfrac{\overline{M}_x - \overline{M}_{x+n}}{D_x}$$

（2）终身死亡保险趸缴纯保费

$$\overline{A}_x = \frac{\overline{M}_x}{D_x}$$

（3）生存保险趸缴纯保费

$$A_{x:\overline{n}|}^{\ 1} = \frac{l_{x+n}v^n}{l_x} = \frac{D_{x+n}}{D_x}$$

（4）两全保险趸缴纯保费

$$\overline{A}_{x:\overline{n}|} = \overline{A}_{x:\overline{n}|}^{1} + A_{x:\overline{n}|}^{\ 1} = \frac{\overline{M}_x - \overline{M}_{x+n} + D_{x+n}}{D_x}$$

（5）延期 m 年定期寿险趸缴纯保费

$$_{m|}\overline{A}_{x:\overline{n}|}^{1} = \frac{\overline{M}_{x+m} - \overline{M}_{x+m+n}}{D_x}$$

（6）延期 m 年终身寿险趸缴纯保费

$$_{m|}\overline{A}_x = \frac{\overline{M}_{x+m}}{D_x}$$

（7）延期 m 年定期生存保险趸缴纯保费

$$_{m|}A_{x:\overline{n}|}^{\ 1} = \frac{D_{x+m+n}}{D_x}$$

（8）延期 m 年定期两全保险趸缴净保费

$$_{m|}\overline{A}_{x:\overline{n}|} = \frac{\overline{M}_{x+m} - \overline{M}_{x+m+n} + D_{x+m+n}}{D_x}$$

（二）生存年金趸缴纯保费（生存年金精算现值）

1. 生存年金

年金最初是指每年收取或支付一次款项的一系列现金。但实际上现在将在约定期内按一定的间隔时期，如每半年、每季或每月收付一次的现金流也都称为年金。

保险公司对生存年金的承保责任是被保险人在一定时期或者终身内，被保险人生存时每隔一定时期（一般为一年），由保险公司按期支付一次年金直至被保险人死亡或保险期限届满为止。

生存年金的过程，可分为两段：从趸缴年金现价时起或分期缴费的第一次缴费时起，直至给付周期开始以前，为第一段，称为"积累期"。从给付周期开始至满期停付或死亡停付时止，为第二段，称为"给付期"。

年金有即期年金与延期年金之分。在保险合同成立后，立即开始支付年金者，称为即期年金。而延期年金则是在保险合同成立后，需要等待一定时期或要到某个约定年龄才开始支付。无论是即期年金还是延期年金，都有期初付与期末付两种情形，保险金在年末同时支付的假定在此不再适用。

2. 生存年金精算现值

生存年金精算现值的计算主要有两种方法：一种是现时支付法，另一种是总额支付法。现时支付法是将时刻 t 时的年金给付额折现至签单时的现值，再将所有的现值相加或积分。而总额支付法是先求出在未来寿命期限内所有可能年金给付额的现值，再求现值的数学期望。事实证明，这两种方法是等价的。我们以离散型年金为例计算一下。

（1）期初付年金及其精算价值

设（x）购买了期初付终身生存年金，即每个保单年度初给付 1 元直到年金受领人死亡的年金，此终身年金在 x 岁的精算现值用 $\ddot{a}_x$ 表示，它是取整余命 K 的函数。

终身生存年金的未来给付现值随机变量用 Y 表示，即 $Y = \ddot{a}_{\overline{K}|}$，用现时支付法有：

$$\ddot{a}_x = E[Y] = E[\ddot{a}_{\overline{K}|}] = \sum_{k=0}^{\infty} v^k \,_k|p_x = \sum_{k=0}^{\infty} v^k \frac{l_{x+k}}{l_x}$$

因此

$$\ddot{a}_x = \frac{l_x + l_{x+1} \cdot v + \cdots}{l_x} = \frac{D_x + D_{x+1} + \cdots}{D_x}$$

定义替换函数 $N_x = D_x + D_{x+1} + \cdots + D_\omega$，则上式可变为

$$\ddot{a}_x = \frac{N_x}{D_x}$$

同理有：

n 年定期生存年金：

$$\ddot{a}_{x:\overline{n}|} = \sum_{k=0}^{n-1} v^k \,_k|p_x = \frac{N_x - N_{x+n}}{D_x}$$

延期 m 年终身生存年金：

$$_m|\ddot{a}_x = \sum_{k=m}^{\infty} v^k \,_k|p_x = \frac{N_{x+m}}{D_x}$$

延期 m 年 n 年定期生存年金：

$$_m|\ddot{a}_{x:\overline{n}|} = \sum_{k=m}^{m+n-1} v^k \,_k|p_x = \frac{N_{x+m} - N_{x+m+n}}{D_x}$$

【例 3 - 11】某人现年 25 岁，欲购买一份 10 年期每年年初给付 10 000 元的生存年金，求该年金的精算现值。依据中国人寿保险业经验生命表（1990—1993）换算表（男女混合），利率为 6%。

$$10\ 000\ddot{a}_{25:\overline{10}|} = \frac{N_{25} - N_{25+10}}{D_{25}} = 10\ 000 \times \frac{3\ 762\ 125 - 1\ 985\ 692}{228\ 385} = 77\ 782.39（元）$$

（2）期初付年金及其精算价值

设（x）购买了期末付终身生存年金，即每个保单年度末给付 1 元直到年金受领人死亡的年金，此终身年金在 x 岁的精算现值用 a_x 表示，它是取整余命 K 的函数。

终身生存年金的未来给付现值随机变量用 Y 表示，即 $Y = a_{\overline{K}|}$，用现时支付法有：

$$a_x = E[Y] = E[a_{\overline{K}|}] = \sum_{k=1}^{\infty} v^k \,_k|p_x = \sum_{k=1}^{\infty} v^k \frac{l_{x+k}}{l_x}$$

用与上面同样的方法可以得到：

$$a_x = \frac{N_{x+1}}{D_x}$$

同理有：

n 年定期生存年金：

$$a_{x:\overline{n}|} = \sum_{k=1}^{n} v_k^k {}_k p_x = \frac{N_{x+1} - N_{x+n+1}}{D_x}$$

延期 m 年终身生存年金：

$$_m|a_x = \sum_{k=m+1}^{\infty} v_k^k {}_k p_x = \frac{N_{x+m+1}}{D_x}$$

延期 m 年 n 年定期生存年金：

$$_m|a_{x:\overline{n}|} = \sum_{k=m+1}^{m+n} v_k^k {}_k p_x = \frac{N_{x+m+1} - N_{x+m+n+1}}{D_x}$$

【例 3-12】 设对 60 岁的人每年年末给付养老金 1 000 元，直到死亡，求该年金的精算现值。依据中国人寿保险业经验生命表（1990—1993）换算表（男女混合），利率为 6%。

$$10\ 000 a_{60} = 10\ 000 \times \frac{N_{60+1}}{D_{60}} = 10\ 000 \times \frac{279\ 104.\ 35}{26\ 606.\ 02} = 10\ 000 \times 10.\ 490271 = 104\ 902.\ 71(元)$$

（三）年缴纯保险费（均衡纯保费）

前面所讨论的是被保险人在投保时一次趸缴纯保险费的情形。但趸缴纯保险费的金额往往较大，可能成为投保人的经济负担。为了解决这个问题，保险公司一般允许投保人在购买保险时，将保险费分期按年、按季、按月或每半年交付一次，即采取本章开头提到的均衡保险费的方式。按年交付的保险费称为年缴保险费，按其他期限的均称为期缴保险费。

年缴纯保险费的计算关键在于对缴费方式的理解上，必须认识到投保人缴纳保险费的过程其实质是投保人向保险公司发放生存年金的过程，并且这笔生存年金的精算现值应与所投保的险种的精算现值相等。即

$$E[保险金给付现值] = E[纯保费现值]$$

通常均衡纯保费的模型有以下几种情况：

（1）假设保险金在保单有效期内的死亡年末支付，保费则从保单生效起按年在期初支付，即年缴保费形成期初付生存年金，通常称为全离散年缴纯保费。

（2）假设保险金在保单有效期内死亡即付，保费则从保单生效起连续支付保费，即年缴保费形成连续生存年金，通常称为全连续年缴纯保费。

（3）假设保险金在保单有效期内死亡即付，保费则从保单生效起按年在期初支付，即年缴保费形成期初付生存年金，通常称为半连续年缴纯保费。

在实务中，第一种模型和第二种模型往往不被采用，常用的是第三种模型，但第一种模型对于保险精算大发展有着重要意义，我们以第一种模型为精算模型看看年缴纯保费的精算原理。

对 x 岁投保的保额为 1 个单位的终身寿险的年缴均衡纯保费记为 P_x，这种保险的保险人在保单签发时的亏损随机变量为

$$L = v^{K+1} - P_x \cdot \ddot{a}_{\overline{K+1}}, \qquad K = 0,1,2,\cdots$$

其中，K 是（x）的取整余命。由精算原理有：$E[L] = 0$，或 $E[v^{K+1}] - E[P_x \cdot \ddot{a}_{\overline{K+1}}] = 0$，于是有

$$P_x = \frac{A_x}{\ddot{a}_x}$$

因此有如下结论：

1. 全离散型寿险年缴均衡纯保费

（1）终身寿险年缴纯保费

$$P_x = \frac{A_x}{\ddot{a}_x} = \frac{M_x}{N_x}$$

（2）n 年定期死亡保险年缴纯保费

$$P^1_{x:\overline{n}|} = \frac{A^1_{x:\overline{n}|}}{\ddot{a}_{x:\overline{n}|}} = \frac{M_x - M_{x+n}}{N_x - N_{x+n}}$$

（3）n 年期生存保险的年缴纯保费

$$P_{x:\overline{n}|}^{\ 1} = \frac{A_{x:\overline{n}|}^{\ 1}}{\ddot{a}_{x:\overline{n}|}} = \frac{D_{x+n}}{N_x - N_{x+n}}$$

（4）n 年两全保险的年缴纯保费

$$P_{x:\overline{n}|} = \frac{A_{x:\overline{n}|}}{\ddot{a}_{x:\overline{n}|}} = \frac{M_x - M_{x+n} + D_{x+n}}{N_x - N_{x+n}}$$

（5）h 年限期缴费终身寿险

$$_h|P_x = \frac{A_x}{\ddot{a}_{x:\overline{h}|}} = \frac{M_x}{N_x - N_{x+h}}$$

（6）h 年限期缴费 n 年期定期寿险

$$_h|P^1_{x:\overline{n}|} = \frac{A^1_{x:\overline{n}|}}{\ddot{a}_{x:\overline{h}|}} = \frac{M_x - M_{x+n}}{N_x - N_{x+h}}$$

（7）h 年限期缴费 n 年期两全保险

$$_h|P_{x:\overline{n}|} = \frac{A_{x:\overline{n}|}}{\ddot{a}_{x:\overline{h}|}} = \frac{M_x - M_{x+n} + D_{x+n}}{N_x - N_{x+h}}$$

【例 3 - 13】年龄为 30 岁的保额为 10 000 元的终身寿险，期初缴纳保费，死亡年度末给付保险金（设利率为 6%），则其应缴纳的均衡纯保费为多少？依据中国人寿保险业经验生命表（1990—1993）换算表（男女混合）。

$$10\ 000P_{30} = 10\ 000 \times \frac{M_{30}}{N_{30}} = 10\ 000 \times \frac{14\ 730.1919}{2\ 743\ 767.50} = 53.69(元)$$

2. 全连续型寿险均衡纯保费

（1）终身寿险年缴纯保费

$$P(\overline{A}_x) = \frac{\overline{A}_x}{a_x} = \frac{\overline{M}_x}{N_x}$$

（2）n 年定期死亡保险年缴纯保费

$$\overline{P}(\overline{A}^1_{x:\overline{n}|}) = \frac{\overline{A}^1_{x:\overline{n}|}}{a_{x:\overline{n}|}} = \frac{\overline{M}_x - \overline{M}_{x+n}}{N_x - N_{x+n}}$$

（3）n 年期生存保险的年缴纯保费

$$\bar{p}(A_{x:\overline{n}|}) = \frac{A_{x:\overline{n}|}^{\ 1}}{a_{x:\overline{n}|}} = \frac{D_{x+n}}{N_x - N_{x+n}}$$

（4）n 年两全保险的年缴纯保费

$$\overline{P}(\overline{A}_{x:\overline{n}|}) = \frac{\overline{A}_{x:\overline{n}|}}{a_{x:\overline{n}|}} = \frac{\overline{M}_x - \overline{M}_{x+n} + D_{x+n}}{N_x - N_{x+n}}$$

（5）h 年限期缴费终身寿险

$$_{h}|\overline{P}(\overline{A}_x) = \frac{\overline{A}_x}{a_{x:\overline{h}|}} = \frac{\overline{M}_x}{N_x - N_{x+h}}$$

（6）h 年限期缴费 n 年期定期寿险

$$_{h}|\overline{P}(\overline{A}_{x:\overline{n}|}^{1}) = \frac{\overline{A}_{x:\overline{n}|}^{\ 1}}{a_{x:\overline{h}|}} = \frac{\overline{M}_x - \overline{M}_{x+n}}{N_x - N_{x+h}}$$

（7）h 年限期缴费 n 年期两全保险

$$_{h}|\overline{P}(\overline{A}_{x:\overline{n}|}) = \frac{\overline{A}_{x:\overline{n}|}}{a_{x:\overline{h}|}} = \frac{\overline{M}_x - \overline{M}_{x+n} + D_{x+n}}{N_x - N_{x+h}}$$

3. 半连续型寿险均衡纯保费

（1）终身寿险年缴纯保费

$$P(\overline{A}_x) = \frac{\overline{A}_x}{\ddot{a}_x} = \frac{\overline{M}_x}{N_x}$$

（2）n 年定期死亡保险的年缴纯保费

$$P(\overline{A}_{x:\overline{n}|}^{1}) = \frac{\overline{A}_{x:\overline{n}|}^{\ 1}}{\ddot{a}_{x:\overline{n}|}} = \frac{\overline{M}_x - \overline{M}_{x+n}}{N_x - N_{x+n}}$$

（3）n 年期生存保险的年缴纯保费

$$p(\overline{A}_{x:\overline{n}|}) = \frac{A_{x:\overline{n}|}^{\ 1}}{a_{x:\overline{n}|}} = \frac{D_{x+n}}{N_x - N_{x+n}}$$

（4）n 年两全保险的年缴纯保费

$$P(\overline{A}_{x:\overline{n}|}) = \frac{\overline{A}_{x:\overline{n}|}}{\ddot{a}_{x:\overline{n}|}} = \frac{\overline{M}_x - \overline{M}_{x+n} + D_{x+n}}{N_x - N_{x+n}}$$

（5）h 年限期缴费终身寿险

$$_{h}|P(\overline{A}_x) = \frac{\overline{A}_x}{\ddot{a}_{x:\overline{h}|}} = \frac{\overline{M}_x}{N_x - N_{x+h}}$$

（6）h 年限期缴费 n 年期定期寿险

$$_{h}|P(\overline{A}_{x:\overline{n}|}^{1}) = \frac{\overline{A}_{x:\overline{n}|}^{\ 1}}{\ddot{a}_{x:\overline{h}|}} = \frac{\overline{M}_x - \overline{M}_{x+n}}{N_x - N_{x+h}}$$

（7）h 年限期缴费 n 年期两全保险

$$_{h}|P(\overline{A}_{x:\overline{n}|}) = \frac{\overline{A}_{x:\overline{n}|}}{\ddot{a}_{x:\overline{h}|}} = \frac{\overline{M}_x - \overline{M}_{x+n} + D_{x+n}}{N_x - N_{x+h}}$$

三、人寿保险毛保险费的计算

前面我们已经了解到毛保险费是由纯保险费和附加保险费构成的。计算毛保险费一般可使用以下三种方法。

（一）比例法

按毛保险费的一定比例来提取附加保险费的方法称为比例法。设 P' 是年缴总保险费，P 为年缴纯保险费、L 为年缴附加保险费，k 为比例常数。按照定义，$L = kP'$，即 $P' - P = kP'$。所以，$P' = \dfrac{P}{1-k}$。

比例法的优点是计算简便，不合理之处是低保险费的保单收取的附加费可能少于实际需要，而对于期限长、保险费高的险种，附加保险费又可能多于实际需要。

（二）比例常数法

在按总保险费的一定比例确定附加费的基础上，还要考虑固有费用的特殊性，一般用一固定常数作为这一部分的费用。这一固定常数可以通过将保单按保险金额分类，然后算出每一类保单的单位保险金额的费用，最后作平均而得到，可用小写 e 来表示，则 $P' = \dfrac{1}{1-k}P + e$。

这种方法虽然较前面一种方法有所改进，但是对于短期的低保险费的险种，提取的附加费仍可能少于实际的需要。

（三）三元素法

按每张保单在保险期限内的不同阶段、不同用途，把附加费用分为三种，常称为三元素法。

三种费用分别为：

新契约费：它是人寿保险公司销售新保单时，第一年必须支付的费用。包括验体费用、签单费用等，一般按保险金额的一定比例提取，用 α 表示。

维持费：它是保单自生效起到保单失效为止，全部保险期间维持契约必须支付的费用等。如催缴保险费的费用、契约变更的费用、办理贷款等所需的费用，一般可用固定金额 β 表示。

收费费用：包括收费员的工资等。一般按总保险费的一定比例提取，该比例系数用 γ 表示。

下面以 x 岁投保保险金额为 1 元的 m 年限期缴费的 n 年两全保险为例，用三元素法来计算年缴毛保险费。设年缴毛保险费为 $P'_{x:\overline{n}|}$，附加费用在整个保险期限内用三元素法分配如表 3-4 所示。

表3-4　　　　　　　　　　用三元素法计算的附加保险费

年龄	保险费缴付期间（m 年）				保险费缴清期间（$n-m$ 年）		
	x	$x+1$	$\cdots$	$x+m-1$	$x+m$	$\cdots$	$x+n$
新契约费	α						
维持费用	β	β	$\cdots$	β	β'	$\cdots$	β'
收费费用	$\gamma P'_{x:\overline{n}|}$	$\gamma P'_{x:\overline{n}|}$	$\cdots$	$\gamma P'_{x:\overline{n}|}$	$\gamma' P'_{x:\overline{n}|}$	$\cdots$	$\gamma' P'_{x:\overline{n}|}$

按照毛保险费的计算原则，有

$$P'_{x:\overline{n}|}\ddot{a}_{x:\overline{m}|} = P_{x:\overline{n}|}\ddot{a}_{x:\overline{m}|} + \alpha + (\beta + \gamma P'_{x:\overline{n}|})\ddot{a}_{x:\overline{m}|} + (\beta' + \gamma' P'_{x:\overline{n}|})_{m}|\ddot{a}_{x:\overline{n-m}|}$$

$$P'_{x:\overline{n}|} = \frac{P_{x:\overline{n}|}\,\ddot{a}_{x:\overline{m}|} + \alpha + \beta\ddot{a}_{x:\overline{m}|} + \beta'_m|\ \ddot{a}_{x:\overline{n-m}|}}{\ddot{a}_{x:\overline{m}|} - \gamma\ddot{a}_{x:\overline{m}|} - \gamma'_m|\ \ddot{a}_{x:\overline{n-m}|}}$$

当 $m = n$ 时, $P'_{x:\overline{n}|} = \dfrac{1}{1-\gamma}\left(P_{x:\overline{n}|} + \dfrac{\alpha}{\ddot{a}_{x:\overline{n}|}} + \beta \right)$

第四节 健康保险和意外伤害保险的费率厘定

一、健康保险费率厘定

（一）健康保险费率厘定的方法

健康保险的费率厘定与人寿保险一样，也应该遵循充足、公平和合理等原则。适用于个人健康保险费率厘定的方法主要有以下四种。

1. 统一费率法

在被保险人的年龄对赔付没有多大影响的情况下，可以使用统一费率法。根据这种保险费率厘定方法，对某一种类保险单在一个广泛的年龄组的基础上确定其平均保险金成本，如 20 岁至 49 岁为一个年龄组，根据这一年龄组的平均保险金成本确定适当的统一费率。按照这种方法，当被保险人的年龄达到 50 岁时，应增加保险费率。

2. 阶梯费率法

与统一费率法相比较，阶梯费率法对年龄组的划分要细一些，如以 5 年或 10 年为一个年龄组。对同一个年龄组的被保险人使用统一费率，当进入一个更高的年龄组时，应增加保险费率。

3. 一年定期法

在赔付随着被保险人的年龄增加而增加的情况下，可以使用一年定期法，如医疗费用保险。这种费率厘定方法按被保险人的年龄区分费率，每隔一年要提高保险费率。

4. 均衡保险费法

这种方法类似于人寿保险费中使用的均衡保险费法，需要提存准备金，把保险前期多缴付的保险费累积用来抵消保险后期增加的平均年净赔付成本，即

平均年净赔付成本 = 年赔付次数 × 平均赔付金额

（二）厘定健康保险费率的几种方式

1. 期首固定保险费率方式

在订立保险合同时，即确定投保人向保险人缴纳固定保险费，以后无论保险人所收保险费是否足够支付赔款和营业费用开支，投保人均不再承担任何保险费。不足部分由保险人动用准备金抵偿。

2. 期终分摊保险费率方式

在投保时，投保人不缴纳保险费，待到保险期限终了，根据全部赔偿支出和其他支出，以及保险金额，计算出每个被保险人应分摊的保险费和保险费率。

3. 期初预缴保险费期终结算方式

订立保险合同时，先按暂定保险费率标准缴纳保险费，待保险期限终了，保险业务盈亏决算时，再按实收保险费数额结算，多退少补。

以上三种方式，第一种较为常见，投保人可以把医疗费不稳定的支出变为固定的保险费支出，由保险人承担费用损失补偿，不过这种方式对历史统计数据和精算能力要求较高。我国由于历史的原因，商业保险起步较晚，很难找到条件较好的历史统计资料，计算出误差较小的保险费率难度很大。因此，在开办医疗保险的初期，可采用"期初预缴保险费期终结算方式"来收取保险费，即期初按预定保险费率的1.5 倍至 2 倍收取保险费，期终结算返还多交保险费部分及其产生的利息。当然，在制定预定保险费率时应尽量减少误差。

（三）健康保险纯保险费率厘定的原理

健康保险保险费受许多因素的影响，如发病率、利率、费用率、保单失效率以及职业、性别、工作环境、试保期间、免责期、自负额等。此外，诸如保险公司的营销方法、核保理念、理赔方针、整体理念与目标、国家的社会保障制度、医院的管理和医务水平以及法律、经济状况的变动等因素也影响保险费率的厘定。在确定保险费时要综合考虑多方面的影响，制定出合理的保险费率来。计算健康保险保险费时，还需要考虑发病率、利率与费用率三个因素。健康保险的利率与费用率和人寿保险的利率与费用率厘定方法类似，较易确定，关键是确定发病率。影响发病率高低的因素主要包括人们的职业、性别和环境等。

假定：l_x^a ——初始 x 岁的健康体人数；

　　　d_x^a —— x 岁与 $x+1$ 岁间健康体的死亡人数；

　　　i_x —— x 岁与 $x+1$ 岁间健康体的发病人数；

　　　l_x^i —— x 岁的患病人数；

　　　d_x^i —— x 岁与 $x+1$ 岁间患病者的死亡人数。

于是有：

$$l_x^a - d_x^a - i_x = l_{x+1}^a$$
$$l_x^i + i_x - d_x^i = l_{x+1}^i$$

由此可以求出发病率：

1. 健康体一年内的发病率为 r_x ，则：

$$r_x = \frac{i_x}{l_x^a}$$

2. x 岁的患病者在一年内的死亡率为 q_x^i ，则：

$$q_x^i = \frac{d_x^i}{l_x^i + \frac{1}{2}i_x}$$

3. x 岁的健康体变成患病体但在 $x+1$ 岁间的生存率为 p_x^a ，则：

$$p_x^a = \frac{i_x\left(1 - \frac{1}{2}q_x^i\right)}{l_x^a}$$

与人寿保险计算保险费的原理一样，健康保险纯保险费的确定也一定要遵循收支相等的原则：投保人应缴的纯保险费＝保险人应给付的保险金。只不过现在要以残疾表为依据计算保险费，而不是以死亡表为依据。

（四）毛保险费的计算

健康保险的毛保险费与人寿保险一样，也是由纯保险费、费用、意外准备金等组成。毛保险费一般按年计算，但可以按月、季度或半年缴付。各种费用项目可以分别用保险费的一定比例、每份保单一定金额和每笔赔付的一定金额表示。意外准备金是作为赔付和费用开支高于预计情况下的备抵，它可以用保险费的一定比例表示。

对一定金额的某保险，要根据被保险人的年龄、性别、职业、地区发病率、费用、保单失效率和利率做出假设，然后估计毛保险费。对这一估计的毛保险费要使用现实的经验数据加以测试并作适当的调整，最终确定毛保险费水平。对毛保险费可以不必计算每一年龄的毛保险费，而是计算每隔一定年数的年龄的毛保险费，如20岁、30岁、40岁、50岁、60岁，对中间年龄的毛保险费可以通过对上述年龄的保险费运用插值法得出。

二、人身意外伤害保险费率厘定

（一）意外伤害保险费

意外伤害保险费与人寿保险保险费一样，由纯保险费和附加保险费两部分构成。保险公司收取的附加保险费用于保险公司的营业费用开支和形成保险公司的利润。

计算意外伤害保险费的一般方法有以下三种：

1. 按保险金额的一定比率计算

保险费与保险金额的比率称为保险费率。如保险费率为3‰，表示每千元保险金额收取保险费3元。按照这种计算方式，保险费随保险金额的增长正比例增长。

2. 按有关收费金额的一定比率计算

保险费与有关收费金额的比率亦称保险费率。例如，公路旅客意外伤害保险，保险费按票价的2%计算，亦称保险费率为2%。

3. 按约定的金额计算

如中国人寿保险公司国内旅游意外伤害保险，规定10日内（含10日）保险费为7元，超过10日的，每增加一天加收保险费1元。

（二）意外伤害保险纯保险费率的计算

1. 意外伤害保险纯保险费的计算原理

意外伤害保险是一种保险产品，也应满足保险产品的基本要求，即收支相等原则。这种相等并不在于每一被保险人缴纳的保险费与其获得的保险金给付相等，而是每一被保险人缴纳的保险费与其获得的保障程度相当，主要是每一被保险人缴纳的纯保险费与其所能获得的保险金额的数学期望值相等。

设某被保险人投保意外伤害保险，保险金额为 S ，其所获保险金给付为 X ，显然，X 是一个随机变量，其取值范围为 $0 \leq X \leq S$ ，以 EX 表示 X 的数学期望值，以 P 表示该被保险人应缴纳的纯保险费，则根据收支相等原则，应该有：

$$P = EX$$

从理论上讲，X 是一个连续型随机变量，求其数学期望值的公式为：

$$EX = \int_0^s xp(x)\mathrm{d}x \quad （其中 p(x) 是 X 的概率密度函数）$$

但在实际业务中，X 已被分散化成为一个离散型随机变量，即 X 只可能在 0 和 S 间取有限个值，可以用下面的公式求其数学期望值：

$$EX = \sum x_i p_i$$

其中，x_i 表示随机变量 X 可能的取值为 $x_1, x_2, x_3, \cdots, x_n$；$p_i$ 表示随机变量 X 取值为 x_i 的概率，即 $p_i = P(X = x_i)$。

2. 意外伤害保险纯保险费率的计算方法

某一险种中某一类被保险人的保险金额损失率各年度并不相等，因此不能简单地用上一年度或某一年度的保险金额损失率作为纯保险费率，而是要根据以前若干年度的保险金额损失率计算纯保险费率，一般是根据最近 3~5 年的保险金额损失率计算纯保险费率。

根据最近若干年的保险金额损失率计算纯保险费率的方法一般有以下几种：

（1）最小二乘法。如果近年来的保险金额损失率呈逐年上升或逐年下降的趋势，那么应该采用最小二乘法计算纯保险费率。其方法为：以年度为自变量 X，以保险金额损失率为因变量 Y，设 X 与 Y 之间的关系为 $Y = a + bX$，根据最小二乘法可求出 a 和 b，然后把所求年度代入 $Y = a + bX$，即可求得保险金额损失率。

（2）加权移动平均法。如果某一险种的承保人数已相当大，而且最近几年的保险金额损失率相差不多，不是逐年上升或逐年下降的趋势，那么，可以采用加权移动平均法计算该险种的纯保险费率。这种方法的实质是根据以前若干年的保险金额损失率预测下一年度的保险金额损失率，其假定前提是，越近的年份的保险金额损失率对下一年度的保险金额损失率影响越大，因而其权数也就越大。如果根据最近 n 年的保险金额损失率计算纯保险费率，则权数分别取 1，2，3，$\cdots$，n，以权数与各年保险金额损失率相乘，然后相加再除以 1，2，3，$\cdots$，n 的和 $\dfrac{n(n+1)}{2}$。

（3）正态分布法。正态分布法是把各年度保险金额损失率看作是一个随机变量，而且，这一随机变量服从正态分布，根据以往若干年度实际发生的保险金额损失率，估计下一年度的保险金额损失率小于某一数值的概率。

正态分布法适用于保险金额损失率各年度间变化没什么规律可循，且承保人数又不多的情况。为使计算准确，要求保险金额损失率资料的时间跨度应尽量长一些。

（三）意外伤害保险毛保险费率的计算

毛保险费率，即保险公司收取保险费时实际采用的保险费率。毛保险费率是纯保险费率与附加保险费率之和。毛保险费率的计算步骤如下：

1. 计算附加保险费占保险费收入的比率

附加保险费率是以业务费用、预期经营利润和税收为基础计算的，换言之，保险公司按附加保险费率收取的保险费主要由这三部分构成。

（1）业务费用。业务费用包括保险从业人员工资、代理手续费、宣传费等。衡量方式有两种：一是业务费用占承保金额的比重；二是业务费用占保险费收入的比重。

（2）预期经营利润。保险企业利润收入包括经营利润和投资利润两项，在保险费率中所反映的是经营利润。其衡量方式有两种：一是经营利润占承保金额的比重；二是经营利润占保险费收入的比重。

（3）税收。保险企业的赋税包括营业税、城市维护建设税、所得税、房产税、车船使用税、土地使用税等。衡量方法同上。

附加保险费率的计算公式如下：

$$附加保险费率 = \frac{附加保费总额}{保险金额总额} \times 1\,000‰$$

2. 计算纯保险费占保险费收入的比率

保险费收入 = 纯保险费 + 附加保险费，所以有：

$$1 = \frac{纯保费}{保费收入} + \frac{附加保费}{保费收入}$$

则：$\dfrac{纯保费}{保费收入} = 1 - \dfrac{附加保费}{保费收入}$

3. 计算毛保险费率

公式如下：

$$
\begin{aligned}
毛保险费率 &= \frac{保费收入}{保险金额} \\
&= \frac{纯保费 \times 保费收入}{保险金额 \times 纯保费} \\
&= \frac{保险金额 \times 纯费率 \times 保费收入}{保险金额 \times 纯保费} \\
&= \frac{纯费率 \times 保费收入}{纯保费} \\
&= \frac{纯费率}{纯保费 / 保费收入} \\
&= \frac{纯费率}{纯保费占保费收入的比率}
\end{aligned}
$$

【阅读资料】

中国保监会关于普通型人身保险费率政策改革有关事项的通知

保监发〔2013〕62号

各人身保险公司、各保监局：

为建立符合社会主义市场经济规律的保险费率形成机制，推动保险公司经营管理和保险监管的创新，切实保护保险消费者合法权益，促进人身保险业持续稳定健康发展，我会决定实施普通型人身保险费率政策改革。现将有关事项通知如下：

一、人身保险费率政策调整

（一）普通型人身保险，是指保单签发时保险费和保单利益确定的人身保险。

（二）普通型人身保险预定利率由保险公司按照审慎原则自行决定。

分红型人身保险的预定利率、万能型人身保险的最低保证利率不得高于2.5%。

（三）保险公司对人身保险产品进行定价，应当符合有关精算规定。

（四）保险公司采用的法定责任准备金评估利率不得高于保单预定利率和中国保监会公布的法定评估利率的小者。

二、人身保险费率政策改革配套措施

（一）普通型人身保险保单的法定评估利率。

1. 2013年8月5日以前签发的普通型人身保险保单法定评估利率继续执行原规定。

2. 2013年8月5日及以后签发的普通型人身保险保单法定评估利率为3.5%。

3. 中国保监会支持保险公司参与多层次养老保障体系建设，对国家政策鼓励发展的养老保险业务实施差别化的准备金评估利率。2013年8月5日及以后签发的普通型养老年金或保险期间为10年及以上的其他普通型年金保单，保险公司采用的法定责任准备金评估利率可适当上浮，上限为法定评估利率的1.15倍和预定利率的小者。

（二）分红型人身保险保单法定评估利率为2.5%。

（三）中国保监会鼓励保险公司发展风险保障业务，发挥经济补偿功能，服务经济社会发展。计算长期人身保险业务的最低资本时，与风险保额相关的最低资本等于风险保额与相应计算因子的乘积。各保险责任计算因子如下：

责任类别	计算因子
健康保险责任	0.24%
死亡保险责任	0.15%
意外伤害保险责任	0.06%

（四）保险公司根据代理协议向代理销售保险的个人支付佣金的，佣金占年度保费的比例以所售产品定价时的附加费用率为上限。

（五）前述配套措施第（三）款、第（四）款适用于所有长期人身保险业务。

三、人身保险条款和保险费率的审批与备案

（一）保险公司报送中国保监会审批或者备案的人身保险条款和保险费率，应由董事长或总经理签发。

（二）保险公司开发普通型人身保险，预定利率不高于中国保监会规定的评估利率上限的，应按照《人身保险公司保险条款和保险费率管理办法》的有关规定报送中国保监会备案。

（三）保险公司开发普通型人身保险，预定利率高于中国保监会规定的评估利率上限的，应按照一事一报的原则在使用前报送中国保监会审批。在中国保监会作出批准或者不予批准的决定之前，保险公司不得再次报送新的保险条款和保险费率审批。

（四）保险公司报送普通型长期人身保险条款和保险费率审批或者备案的，除按照《人身保险公司保险条款和保险费率管理办法》提交有关材料外，还应提交《费率改革产品信息表》。

（五）保险公司报送人身保险条款和保险费率审批的，最近季度末偿付能力充足率不得低于150%；保险公司报送人身保险条款和保险费率备案的，最近季度末偿付能力充足率不得低于100%。

（六）保险公司报送的人身保险条款和保险费率违反法律法规的，自中国保监会认定之日起1年内，该保险公司不得报送新的保险条款和保险费率审批或者备案。

四、其他

（一）本通知中"2.5%"、"3.5%"等利率，指年化复利。

（二）本通知自2013年8月5日起施行。

（三）中国保监会1999年6月10日发布的《关于调整寿险保单预定利率的紧急通知》（保监发〔1999〕93号）自本通知施行之日起废止。

（四）中国保监会此前下发的有关规定与本通知内容不符的，以本通知为准。

中国保监会

2013年8月1日

（资料来源：中国保监会网站，2013-08-02。）

第五节　责任准备金与保单现金价值

各种寿险和生存年金的纯保费依据精算等价原理应满足投保人缴纳的纯保费与保险人未来应付的保险金在保单生效时的精算现值相等。保险契约开始生效以后精算等价原理依然适用。但整个保险期限内保费的收支是相等的，对每一个保险年度来说收支往往是不相等的。在年轻时每年缴纳的保费大于每年的实际死亡支出（自然保费），而在年老时每年缴纳的均衡纯保费往往不足以应付当年的死亡支出（自然保费）。保险公司为了保证有能力随时支付，就必须将前期的差额适当加以提存，以备填补后期的数额不足，防止保险公司的破产并避免妨碍保户的权益实现。同时人身保险合同一般是长期合同，在合同生效一段时间后被保险人可能会提出退保，或变更保单内容，保险人应将投保人缴纳的超出自然保费的累积部分扣除一定的退保费用返还给投保人，即保单现金价值。

一、责任准备金

（一）责任准备金的含义

寿险责任准备金是指保险公司为将来要发生的保险责任而提存的资金，或者说是保险人还未履行保险责任的已收保费。人寿保险的纯保费是根据死亡率和利率计算而得的。死亡率随着年龄的增长而递增，如果采用自然保费的话，则保费将逐年增加而且每年的纯保费正好等于用于死亡给付的金额，没有积累。但在实践中人寿保险采取均衡保费的缴费方式，因而在投保的某一时点之前，投保人缴付的均衡纯保费大于自然保费，此后所缴付的均衡纯保费又小于自然保费。对于投保人早期缴付的均衡纯保费中多于自然保费的部分，不能作为公司业务盈余来处理，只能视为保险人对被保险人的负债，需逐年提存并妥善运用，以保证履行将来的保险金给付义务。这种逐年提存的负债就是寿险责任准备金。寿险公司80%～90%的负债都为寿险责任准备金负债。

（二）理论责任准备金的计算

对于各种类型的寿险，计算责任准备金的方法有两种：过去法和未来法。

1. 过去法

过去法即以过去已收保费与过去已付死亡保险金的差额为基础计算当时的责任准备金。

第 t 年末的责任准备金 = 以往 t 年的纯保费的积累值 - 以往 t 年保险金给付的积累值

2. 未来法

未来法即以未来应付保险金与未来应收保费的差额为基础计算当时的责任准备金。在实践中常用未来法。1999 年保监会颁布的《关于下发有关精算规定的通知》规定，会计年度末保单法定未到期责任准备金应采用未来法逐单计算，对确实不能用未来法计算的，经保监会同意可以采用过去法。

我们以死亡年度末给付型终身寿险为例来介绍一下未来法责任准备金的计算原理。考虑 x 岁投保的均衡纯保费为 P_x 的死亡年度末给付 1 单位终身寿险，其 k 年末的责任准备金记为 $_kV$，定义 J 为（$x+k$）取整余命随机变量，则 k 时保险人的未来亏损随机变量定义为

$$_kL = v^{J+1} - P_x \ddot{a}_{\overline{J+1}}$$

保单有效期内的任一时点 k 上，所有未来保险费收入在 k 年年度末的现金价值与所有支出在 k 年年度末的现金价值之差为 $_kL$。未来给付保险金额现值的期望值与缴纳纯保费的精算现值之差即为年末的责任准备金 $_kV$，则：

$$_kV = E[_kL] = A_{x+k} - P_x \ddot{a}_{x+k}$$

（三）实际责任准备金的计算

纯保费责任准备金是以年缴均衡纯保费为依据计算的，它不考虑保险公司在实际业务中所支出的各项费用在时间上如何摊提，而仅以每年的均衡纯保费与实际支出的保险金额为基础，计提责任准备金。但在实际业务中，保险公司要在新合同订立的第一年年初垫支大量的初始费用，如宣传广告费用、代理人佣金、体检费等，这些费用远远大于第一年收取的均衡纯保费中的附加费用。如果按照纯保费责任准备金计提方法提存，再扣除相应的费用开支，则第一年的纯保费收入将不能满足死亡给付，这样就会给保险经营带来困难。所以，一般要对纯保费进行修正，这种不以纯保费为责任准备金计算基础，而已修正后的纯保费作为责任准备金计算基础而求得的责任准备金叫做实际责任准备金，或称为修正责任准备金。

实际责任准备金是在修正纯保费的基础上计算而得的，修正纯保费的目的是使第一年的纯保费小于均衡纯保费，以便有足够的费用满足第一年的业务开支，即一般修正法。另一种特殊的计算方法为一年定期修正法，即设第一年修正后的纯保费等于自然保费，在这种前提下，以后各年的纯保费为从 $x+1$ 岁开始的同一类保险的年缴纯保费。

二、保单现金价值

(一) 保单现金价值的含义

保单现金价值是指投保人退保或保险公司解除保险合同时，由保险公式向投保人退还的那部分金额。保单的责任准备金来源于投保人过去缴纳保费的积累值与过去保险成本积累值之间的差额，是属于保单持有人的，它不会因保单效力的改变而丧失，因此，当保单持有人提出退保时，按照保险合同中的"不丧失价值条款"，保险公司应支付保单持有人一定的金额，即为"保单的现金价值"。

虽然不丧失保单利益来源于责任准备金，但退保会对保险人财务上造成风险，而且初始费用尚未从附加保费中收回，因此，现金价值的数额是责任准备金的一个调整值。一般而言，现金价值不大于责任准备金，是责任准备金扣除相应的解约费用得到的。现金价值的一种近似计算公式为

$$_kCV = _kV - _kSC$$

其中，$_kCV$ 表示保单发行后时间 k 时不丧失保单利益的现金价值，也可称为退保金或解约金；$_kV$ 表示第 k 期期末责任准备金，$_kSC$ 是解约费。在实践中 $_kCV$ 有如下性质：

1. $_kCV \geq 0$，因为保险人不可能向退保人收取任何费用。

2. $_kCV \leq _kV$，因为退保一定会给保险人带来一定的损失，即 $_kSC \geq 0$。

影响解约费用的因素主要有：

(1) 财务风险。过多的退保会造成保险人财务稳定性下降，则需要保险人留存过多的流动资金用于保单持有人随时可能提出的退保或贷款的要求。而过多的流动资金会使投保人总体收益率有所下降。

(2) 死亡率风险。一般投保人认为，如果退保金很高，以致达到责任准备金的数额，就会促使大量身体较好、风险较低的人解约，而将高风险人群留给保险人，从而增加死亡率风险。

(3) 效益风险。对保险人而言，每一个保单都能为公司带来利润，而退保会使保险公司丧失部分利润，应予以扣除一定数额。

(4) 退保成本。投保人提出退保后，保险公司必将有一定费用支出。

(二) 现金价值的计算方法

上面是传统现金价值的决定法，有一定的人为性，易引起保单持有人的误解，所以，在实际中常采用调整保费法计算保单现金价值，它不再考虑退保费，而是对均衡纯保费进行一定程度的调整，在调整后的纯保费基础上计算出的退保时的准备金就是现金价值。调整保险费是指初年度经费的超过额可均摊到整个缴费期间的每年的附加保险费中，依年缴方式获得摊还的假定下计算出来的保险费。这种保险费是纯保险费与每年摊还额之和。即：

$$\begin{aligned}
_kCV &= A(k) - P^\alpha \ddot{a}(k) \\
&= A(k) - P^\alpha \ddot{a}(k) + P\ddot{a}(k) - P\ddot{a}(k) \\
&= A(k) - P\ddot{a}(k) - (P^\alpha - P)\ddot{a}(k)
\end{aligned}$$

$$= {}_kV - (P^\alpha - P)\ddot{a}(k)$$

其中，$A(k)$ 为时刻 k 时的一般趸缴纯保费；$\ddot{a}(k)$ 为时刻 k 时的年金精算现值；${}_kV$ 为时刻 k 时的期末责任准备金；P 为年缴纯保费；P^α 为调整保费。

如何计算调整保费 P^α 是保单现金价值的关键。因为费用在各年内的发生不均匀，初年的费用往往较高，记 E_1 表示初年的额外费用，记 E 表示各年的均衡费用，则第一年的费用为 $E_1 + E$，此时，年毛保费被看作年调整保费与年均衡费用之和，即毛保费（G）为

$$G = P^\alpha + E$$
$$G\ddot{a} = (P^\alpha + E)\ddot{a} = A + E_1 + E\ddot{a}$$

从而，有：

$$P^\alpha = \frac{A + E_1}{\ddot{a}}$$

E_1 的确定方法有两种：

1. 美国保险监督官协会（NAIC）1941 年规则中对每单位保险的第 1 年费用补偿 E_1 做了明确的规定：

$$E_1 = 0.4\min(P^\alpha, 0.04) + 0.25\min(P^\alpha, P_x^\alpha 0.04) + 0.02$$

相应得出了调整保费，如表 3-5 所示。

表 3-5　　　　　　　　　调整保费

险种	终身	调整保费范围	每单位保险的调整保费公式
终身	<0.04	<0.04	$(A_x + 0.02)/(\ddot{a}_x - 0.65)$
	≥0.04	≥0.04	$(A_x + 0.046)/\ddot{a}_x$
其他	<0.04	<0.04 且 $\le P_x^\alpha$	$(A + 0.02)/(\ddot{a} - 0.65)$
	<0.04	<0.04 且 $> P_x^\alpha$	$(A + 0.02 + 0.25P_x^\alpha)/(\ddot{a} - 0.4)$
	≥0.04	<0.04	$(A + 0.02)/(\ddot{a} - 0.65)$
	<0.04	≥0.04	$(A + 0.036 + 0.25P_x^\alpha)/\ddot{a}$
	≥0.04	≥0.04	$(A + 0.046)/\ddot{a}$

2. 美国保险监督官协会（NAIC）1980 年规则规定：

$$E_1 = 1.25\min(P, 0.04) + 0.01$$

险种	纯保费范围	调整保费公式
任何险种	<0.04	$(A + 1.25P + 0.01)/\ddot{a}$
	≥0.04	$(A + 0.06)/\ddot{a}$

【例 3-14】年龄为 30 岁的人购买 20 年期两全保险，假设 $P_{30:\overline{20|}} \ge 0.04$，利用 1941 年规则和 1980 年规则分别计算调整保费的公式。

解：

（1）若 $P_{30}^a < 0.04$，$P_{30:\overline{20|}} \ge 0.04$

1941 年规则：$P_{30:\overline{20|}}^\alpha = \dfrac{A_{30:\overline{20|}} + 0.036 + 0.25P_{30}^a}{\ddot{a}_{30:\overline{20|}}}$

1980 年规则：$P_{30:\overline{20}|}^a = \dfrac{A_{30:\overline{20}|} + 0.06}{\ddot{a}_{30:\overline{20}|}}$

（2）若 $P_{30}^a \geqslant 0.04, P_{30:\overline{20}|} \geqslant 0.04$

1941 年规则：$P_{30:\overline{20}|}^{\alpha} = \dfrac{A_{30:\overline{20}|} + 0.046}{\ddot{a}_{30:\overline{20}|}}$

1980 年规则：$P_{30:\overline{20}|}^a = \dfrac{A_{30:\overline{20}|} + 0.06}{\ddot{a}_{30:\overline{20}|}}$

【本章小结】

人身保险费率厘定	利息理论	利息理论主要包括利息和年金。利息是指在一定时期内，资金拥有人将其使用资金的自由权转让给借款人后所得到的报酬，可用利率或贴现率来进行度量。利息计算的核心是有关现值和终值的计算。年金是指按相等的时间间隔支付一系列款项。费率厘定中均衡纯保费的计算和以年金的形式支付保额的人身保险的计算都离不开年金的计算。年金根据支付期和计息期的不同又可以分为一般年金和特殊年金。
	生命表	死亡率是从保险费率厘定、责任准备金的提取、保单现金价值的计算到保单红利的分配都必须考虑的一个重要因素，对于死亡率在实务中通常用生命表来加以研究。生命表的实质是一组统计数据，是根据以往一定时期内各种年龄的生存死亡人数统计资料编制的，在这些资料的基础上计算出各个年龄死亡率，组成一张汇总表。通常生命表还作了进一步扩展，提供了在寿险精算中常用的一些生存函数的数据，如生存人年数、平均余命等，另外还有一些生命表直接提供了在一定利率水平下寿险精算中常用的替换函数的数据，极大地便利了寿险的基本计算问题。
	人寿保险费的计算	寿险费率制定的基本原则是收支相等原则。收支相等原则就是使在保单有效期内的任一时点上，所有保费收入的现金价值与所有支出的现金价值相等。在实际的计算中，毛保费主要由纯保费和附加费用构成，因此附加费用费用率的多少成为值得研究的问题。这个部分我们着重介绍了三元素法，通过对各种费用的分析，在收支相等原则的基础上计算毛保费。
	健康保险和意外伤害保险的费率厘定	健康保险和人身意外伤害保险保费的计算过程同样是先算出纯保费，然后在此基础上加入必要的风险、费用、利润等因素，从而得出毛保费，只是决定纯保费的因素不同。对健康保险来说，发病率是影响其年净赔付成本的主要因素，也就是决定其纯保费的主要因素。在人身意外伤害保险保费的确定中，被保险人的职业因素具有重要的意义。人身保险是指以人的生命或身体为保险标的，当被保险人发生死亡、伤残、疾病或年老等保险事故或保险期满时给付约定保险金的保险，具有不可估价性、定额给付型、保险利益特殊性、保险期限长、保险费率确定的特殊性、责任准备金的提取方式和缴费方式的特殊性和储蓄性等特点。
	责任准备金与保单现金价值	责任准备金和保单现金价值是对收支平衡在保险契约开始生效以后的应用。整个保险期限内保费的收支是相等的，对每一个保险年度来说收支往往是不相等的。在年轻时每年缴纳的保费大于每年的实际死亡支出（自然保费），而在年老时每年缴纳的均衡纯保费往往不足以应付当年的死亡支出（自然保费）。保险公司为了保证有能力随时支付，就必须将前期的差额适当地加以提存，即责任准备金。同时人身保险合同一般是长期合同，在合同生效一段时间后被保险人可能会提出退保，或变更保单内容，保险人应将投保人缴纳的超出自然保费的累积部分扣除一定的退保费用返还给投保人，即保单现金价值。

【课后习题】

1. 简述寿险的分类及其各自纯保费计算的方法。

2. 简述寿险毛保费的三元素计算方法。

3. 比较人寿保险和健康保险中各影响因素对它们费率厘定的不同影响。

4. 简述意外伤害保险毛费率的计算方法与步骤。

5. 什么是责任准备金？责任准备金和现金价值的区别是什么？

6. 某人 2011 年 1 月 1 日借款 1 000 元，假设借款年利率为 5%，试分别以单利和复利计算：

（1）如果 2013 年 1 月 1 日还款，需要的还款总额为多少？

（2）如果 2011 年 5 月 20 日还款，需要的还款总额为多少？

（3）借款多长时间后需要还款 1 200 元？

7. 某人在 30 岁时建立个人账户计划每年初存入 300 元，假设他 60 岁退休，存款年利率假设恒定为 3%。

（1）求退休时个人账户的累积额。

（2）如果个人账户累积额在退休后以固定年金的方式在 20 年内每年领取一次，求每年可以领取的数额。

8. 某人在 40 岁时投保了 3 年期 10 000 元定期寿险，保险金在死亡年年末赔付。依据中国人寿保险业经验生命表（1990—1993）换算表（男女混合），利率为 6%，计算趸缴纯保费。

9. 某人在 40 岁时投保了一份寿险保单，死亡年年末赔付。如果在 40 岁到 65 岁之间死亡，保险公司赔付 50 000 元；在 65 岁到 75 岁之间死亡，受益人可领取 100 000 元的保险金；在 75 岁之后死亡，保险金为 30 000 元。利用转换函数写出保单精算的表达式。

10. 某人今年 45 岁，花费 10 000 元购买了一份年金产品，保单承诺从下一年开始，每年可以领到等额的给付，已知利率为 6%，依据中国人寿保险业经验生命表（1990—1993）换算表（男女混合），试计算每年可以领取的金额。

第四章

人寿保险

【教学目的】

通过本章的教学，使学生掌握人寿保险的种类，明确人寿保险的概念和特征，了解传统人寿保险、现代人寿保险、创新人寿保险产品的内容。

【教学内容】

人寿保险种类繁多、形式多样，是人身保险中最基本、最重要的组成部分，在人身保险中人寿保险体系最完善、历史最悠久，是学习人身保险的基础。本章从人寿保险的概念特点和种类入手，介绍了普通人寿保险、特种人寿保险和现代人寿保险等内容。

【教学重点难点】

人寿保险的概念、特点和业务种类是本章的重点内容，现代人寿保险的内容是本章的难点内容。

【关键术语】

人寿保险　死亡保险　两全保险　分红保险　变额寿险　万能寿险　银行保险
重大疾病保险

【本章知识结构】

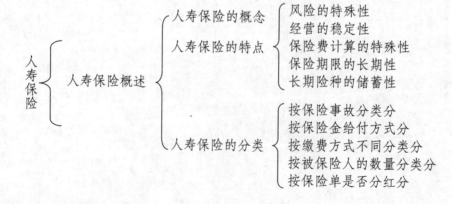

人寿保险　⟨　人寿保险概述　⟨　人寿保险的概念
　　　　　　　　　　　　　人寿保险的特点　⟨　风险的特殊性
　　　　　　　　　　　　　　　　　　　　　　经营的稳定性
　　　　　　　　　　　　　　　　　　　　　　保险费计算的特殊性
　　　　　　　　　　　　　　　　　　　　　　保险期限的长期性
　　　　　　　　　　　　　　　　　　　　　　长期险种的储蓄性

　　　　　　　　　　　　　人寿保险的分类　⟨　按保险事故分类分
　　　　　　　　　　　　　　　　　　　　　　按保险金给付方式分
　　　　　　　　　　　　　　　　　　　　　　按缴费方式不同分类分
　　　　　　　　　　　　　　　　　　　　　　按被保险人的数量分类分
　　　　　　　　　　　　　　　　　　　　　　按保险单是否分红分

94

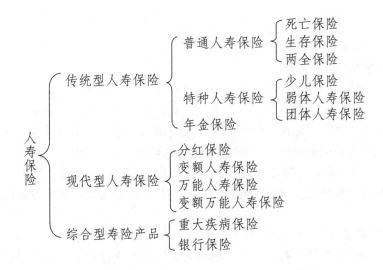

第一节　人寿保险概述

【案例引入】

某保险专业同学的亲属，听说该同学学习保险专业，就向他咨询："保险有多少种呢？像我这样的情况应该买什么保险呢？听说保险还可以分红，是真的吗？能分多少啊？"该同学先问了该亲属的经济情况和身体情况，又拿出书本对照着，简单介绍了人身保险的种类，重点介绍了人寿保险。

一、人寿保险的概念

人寿保险简称寿险，是以被保险人的生命为保险标的，以被保险人死亡或生存为保险事故的一种人身保险。其基本内容是：投保人向保险人缴纳一定量的保险费，当被保险人在保险期限内死亡或生存到一定年龄时，保险人依照保险合同向被保险人或其受益人给付约定的保险金。人寿保险是人身保险中最基本、最主要的险种，无论在我国还是其他国家，人寿保险的业务量都占人身保险的绝大部分。

生、老、病、死是客观存在的，是一个自然的生理过程。人们曾认为，死亡是最大的人身风险，因为死亡意味着劳动力的灭失、价值创造的减少，尤其是给家属造成生存困难和精神痛苦，因而早期的人寿保险主要是为死亡提供保障。然而，人们都希望生存，希望长寿，希望提高生活品质，所以人生中不确定的费用支出实际上也是一种风险，为此后来又出现了生存保险以及把死亡保险与生存保险相结合的两全保险。由于一个人不能预知自己寿命的长短，满期时一次性给付保险金的生存保险不能为养老的需要提供充分保障，所以以后来又出现了年金保险。

二、人寿保险的特点

人寿保险是人身保险的主要种类，既具有人身保险的一般特征，还具有以下特点。

（一）风险的特殊性

1. 风险的稳定性

人寿保险承保的风险是人的死亡或生存事件。人寿保险的纯保险费率根据被保险人在一定时期内死亡率或生存率计算。在实际业务中，保险人依据生命表提供的死亡概率或生存概率计算纯保险费。保险人使用的生命表，是根据多年业务经营实践积累的被保险人的生命资料编制的。由于观察的时间长、样本资料多（被保险人的数量多），因而能够排除各种偶然因素，符合大数法则的要求，呈现出相当大的稳定性。从而可以保证生命表中的死亡率、生存率与被保险人实际发生的死亡率相差很小。

2. 风险的变动呈现规律性

在人寿保险中，每个人一生中，在不同的年龄阶段死亡概率、生存概率是趋同的。统计资料表明，人的死亡概率随着年龄的增长而逐年增大，这种规律非常明显。

（二）经营的稳定性

人寿保险所承保的风险的稳定性，决定了人寿保险业务经营的稳定性。保险人选用生命表和预定利息率适当，则业务经营不会发生亏损，也不会有盈余。这与财产保险、意外伤害保险所承保的风险即自然灾害或意外事故发生的概率不同，虽然也可以观测，但不像人的生存或死亡的概率那样稳定。所以财产保险、意外伤害保险经营不如人寿保险那样稳定，有可能因发生巨灾风险出现亏损，也可能出现大量盈余。

（三）保险费计算的特殊性

人寿保险费的计算基础是各年龄的死亡率或生存率。人的死亡率随年龄的增加而逐年升高，死亡率是逐年变化的，且变化幅度在各年龄段不同，特别是到了老年以后，死亡率上升幅度更大。因此，人寿保险的保险费逐年递增，生存率逐年降低。这种按照各年龄死亡率计算而逐年更新的保费称为自然保费。

自然保费刚好用于当年的死亡给付，没有积累，使寿险经营每年达到平衡。由于死亡率是逐年递增的，因此自然保费也是逐年递增的，且增加速度越快给寿险经营带来困难越大，表现为：（1）如果按照自然保费收取保险费的话，老年时的保险费高于年轻时的数倍，使得被保险人在年老最需要保险保障时，将因缺乏保费支付能力无法继续保险，削弱了人寿保险的社会效益。（2）容易出现逆选择。由于保险费年年增加，往往身体好的人因保费负担逐年加重而退出保险，而身体不好的人却坚持保险，从而使正常情况下计算出的费率难以维持。

为了解决这一矛盾，人寿保险多采用均衡保费代替年年更新的自然保费。均衡保费是指投保人在保险年度内的每一年所缴保费相等。均衡保费与自然保险费在数值上有很大差异。随之而来的是许多1年期、2年期的人寿保险自然而然地转变为5年、10年，甚至更长的期限。

（四）保险期限的长期性

人寿保险期限较长，一般都长达十几年、几十年，五年期以下的人寿保险都很少见。人寿保险的保险期限长，其原因在于：如果保险期限定为一年，每年合同期满都需要续保，那么由于被保险人的年龄逐渐增大，死亡的概率也不断增大，因而死亡保险、两全保险的保险费也要逐年增加。当被保险人年老时，一方面由于劳动能力降低而减少劳动收入，另一方面保险费增高，被保险人往往无力负担保险费。为解决这一矛盾，人寿保险的保险期限一般都定得比较长，而且采用均衡保险费。保险前期，均衡保险费多于当年的应缴自然保险费，多出部分由保险人投资增值，用于补充保险期限后一阶段均衡保险费低于当年应缴保险费的不足，均衡保费要求较长的保险期限。至于生存保险，主要是年金保险，用于被保险人的养老年金，期限一般是终身。如果保险期限短，就达不到养老保险的目的。另外，如果保险期限定为一年，被保险人就需要每年续保，一旦被保险人患病，被保险人就会被拒绝续保，丧失保险保障。

（五）长期险种的储蓄性

人寿保险的储蓄性是指人寿保险与储蓄有相似之处，具有返还性和收益性。

1. 返还性

人寿保险的返还性在于，投保人缴纳保险费之后，保险人几乎必然要给付保险金。因为现在的人寿保险，单纯的死亡业务很少，往往将死亡、生存结合一起，使保险金给付成为必然，只是给付的时间和金额不同而已。投保人寿保险总是能领取保险金，类似于储蓄总能领取存款的本金和利息一样。

2. 收益性

由于人寿保险采用均衡保险费，投保人每年缴纳的纯保险费可以分为两部分，一部分用于当年发生的死亡给付，称为危险保费。另一部分储存起来，用于以后年度发生的死亡给付或满期生存给付，称为储蓄保险费。储蓄保险费的部分，存放于保险公司的时间一般较长，保险人可以加以运用，进行投资，使其保值增值，所以应该给投保人支付利息。历年收取的储蓄保费及其所生利息就形成责任准备金，如果投保人采取趸缴保险费的方式，那么储蓄保费在纯保费中占的比重更大，这部分储蓄保险费保险人不仅要计算利息，而且应提存责任准备金。人寿保险的责任准备金归投保人所有，如果投保人在中途申请退保，保险人应把责任准中包括储蓄保费及其所生利息退还给投保人。

三、人寿保险的分类

（一）按保险事故分类分为死亡保险、生存保险、两全保险

1. 死亡保险

死亡保险是以被保险人死亡为保险事故，当被保险人死亡，保险人向受益人给付保险金。它是人寿保险中最基本的、最早产生的一种保险。

2. 生存保险

生存保险是以被保险人生存到一定年限（一定年龄）为保险金给付责任条件的人寿保险。

3. 两全保险

两全保险又称生死合险，两全保险是把定期死亡保险和定期生存保险相结合的一种人寿保险。

（二）按保险金给付方式分类分为一次性给付的人寿保险和分期给付的人寿保险

1. 一次性给付的人寿保险，其特点是保险人一次性将保险金给付被保险人或其受益人，如单纯的死亡保险和生存保险。

2. 分期给付的人寿保险，其特点是其保险金按照保险合同的约定分期给付，如年金保险。

（三）按缴费方式不同分类分为趸缴保费的人寿保险和分期缴费的人寿保险

1. 趸缴保费的人寿保险，其特点是在投保时一次缴清全部保险费。

2. 分期缴费的人寿保险，即在投保时缴纳第一次保险费，以后每隔一定时间间隔缴纳一次保险费，依据缴费时间不同又可以分为年缴、半年缴、季缴、月缴等。

（四）按被保险人的数量分类分为个人人寿保险、团体人寿保险和联合人寿保险

1. 个人人寿保险，即在一张保险单所承保的保险标的是单个人的生命。

2. 团体人寿保险，即以团体的方式投保的定期或终身死亡保险，它是团体人身保险的一种重要类型，一张保单可以承保几十人甚至几百人。

3. 联合人寿保险，联合人寿保险用一张保险单承保几个被保险人的人寿保险。

（五）按保险单是否分红分为分红保险和不分红保险

1. 分红保险，是保险人约定将盈利的一部分分配给被保险人的保险。

2. 不分红保险。对于保险期限较短、保险金额较低的人寿保险，只提供保险保障，一般不予分红。

此外，保险业务还可以分为传统人寿保险和创新型人寿保险；按被保险人的危险程度不同可以分为标准体保险和次标准体保险；按被保险人年龄不同可划分为儿童保险、成人保险和老年人保险等。

第二节　传统型人寿保险

传统型人寿保险包括普通人寿保险和特种人寿保险两大类，是出现最早的人寿保险类型，与新型人寿保险相比，保障功能较好。因为不对投保人分红，所以在保费方面比新型寿险低一些。

一、普通人寿保险

普通人寿保险一般适合个人或家庭成员投保，这类业务保险保障程度高、保险费也高；对于超过某一保险金额的限额时通常要求被保险人进行体检，保险双方对于合同有关内容进行协商确定，如投保人缴纳保险费可以采取趸缴、半年缴、季缴或月缴等方式。

普通人寿保险的基本形态通常包括以下三大类。

（一）死亡保险

死亡保险是以被保险人的死亡为保险事故，当被保险人死亡时，保险人向受益人给付保险金的险种。死亡保险是人寿保险中最基本的保险。在保险营销过程中，为避免犯忌讳，一般称死亡为"身故"。

在法律上，公民的死亡分为生理死亡和宣告死亡两类。生理死亡是指公民心跳、

呼吸、大脑均告停止时被确定为死亡。宣告死亡是指人民法院对下落不明满一定时期的公民，经利害关系人的申请而对其做出的宣告死亡的行为。

生理死亡按照原因分为两种情况：一种是自然人因罹患某种疾病而死亡，就是通常所说的"因病身故"；另一种是自然人因为遇到意外伤害事故而死亡，例如车祸等，通常称为"意外身故"。宣告死亡也分为两种情况：因意外事故下落不明，从事故发生之日起满两年的，法院可宣告死亡。例如遇到地震、海啸、洪水和滑坡等严重自然灾害而失踪的人，两年下落不明，即可应家属要求宣告死亡。另一种情况是因其他原因下落不明满四年的，法院可宣告死亡。上述宣告死亡的第一种情形，一般比照意外身故负责；第二种情形比照因病身故负责。死亡保险负责哪种死亡责任，要看具体的保险条款是如何规定的，有些保险条款对意外身故的赔付多于因病身故，因为意外身故对家属的精神打击更严重。

死亡保险依据保险期限的不同可以分为定期死亡保险和终身死亡保险。

1. 定期寿险

定期寿险是产生最早的寿险。

（1）定期寿险的概念。

定期死亡保险习惯上被称为定期保险或定期寿险，是有确定的起止日期的人寿保险。被保险人投保定期死亡保险后，如果在约定的期限内死亡，保险人给付死亡保险金，如果保险期限结束时被保险人仍然生存，保险人既不给付保险金，也不退还保险费。也有的定期寿险进行责任扩展，还负责全残。

一般是把定期死亡保险与其他保险责任相结合组成综合险种，例如与定期生存保险、年金保险相结合等。

（2）定期寿险的特点。

定期寿险保障性非常好，虽然不具备储蓄因素，也没有现金价值，但是保费低廉，很容易发生逆选择，所以一般核保时标准比较严格，有些保险公司该险种保额达到10万元就需要体检。保险公司也因此会规定一些投保规则，如年缴保费和趸缴保费必须分别达到一定金额才予以承保，这样做能节约保险公司的成本。定期寿险的保险期限有限，有5年期、10年期、15年期和20年期，或者保到被保险人生存到一定年龄，如50岁、55岁、60岁和65岁。定期寿险既可以作为主险单独承保，也可以作为附加险承保，作为附加险时价格更低一些。比较适合低收入家庭或刚参加工作的年轻人投保。除此之外，偏重死亡保障的人也适宜于投保定期寿险。

（3）定期寿险的作用。

定期寿险较高的保障性使客户能够减少忧虑，提高工作效率，进而提高生活品质。定期寿险也可以用来作为其他主险的附加险，提高保险计划的性价比，也可以作为借贷的担保手段。在保单的服务功能方面，定期寿险可保证被保险人将来的可保资格，也可以更新或展期。

（4）定期寿险的主要形态。

①平准式定期寿险。平准式定期寿险又称为固定保额定期寿险，是指保险金额在整个保险期间保持不变。目前我国大多数寿险公司销售的都是这种定期寿险，可

以附加在其他传统型寿险、新型寿险之上。

②递减式定期寿险。递减式定期寿险是保单的保险金额随着保单年度的增加而递减，比较适合与银行合作，作为借款人必备的一个要件。在消费信贷较发达的今天，人们贷款买车买房，在将车和房作为抵押物购买财产保险的同时，也对借款人进行人身保险，保险期限与还款期限相等，保险金额与债务金额相等，随着贷款的逐年归还，保险金额在逐年缩小，直至还完贷款时，保险金额也降为零，保险责任终止。这种保险也称为信用人寿保险。

2. 终身寿险

（1）终身寿险的定义。

终身寿险又称终身死亡保险，是指从保险合同生效之日起，被保险人在任何时间内死亡，保险人向受益人给付保险金的一种人寿保险。现在保险责任单一的终身寿险很少，一般都会结合一定的生存金返还责任，或者加入分红的责任，变成一种新型寿险。

（2）终身寿险的特点。

由于每个人都不可能长生不老，所以终身寿险具有给付的必然性。与定期寿险相比，终身寿险具有储蓄性，退保时有现金价值，保险期限较长，直到被保险人身故，所以保费也高一些。终身寿险的保单本身即可作为抵押物在保险公司办理贷款业务。终身寿险的缴费方式多样，可以趸缴也可以年缴，比较适合中等收入家庭。终身寿险的保险金是被保险人留给受益人的最后一笔最安全的资金，不是必须用于偿还被保险人的债务，也不必缴纳遗产税。

（3）终身寿险的形态。

终身寿险按其保费缴纳的方法可分为：

①连续缴费的终身寿险（又称普通终身寿险），这是投保人一直缴费至被保险人死亡为止的终身寿险，只要被保险人活着，就得继续缴费。不过习惯上，若被保险人已届生命表的最终年龄，保险人将自动放弃此后的保险费，并给付全额的保险金。

②限缴保费的终身寿险。该险种与普通终身寿险类似，只是保险费限定在特定期间内缴付。特定期间可以是特定的年数，也可以是特定的年龄。特定期间的表示方法以及缴费期的长短可视投保人的需求及具体情况而定。它适宜于收入期间有限而又需要长期死亡保障的人投保。

③趸缴保费的终身寿险。这是指投保人在投保时一次将全部保险费交付完毕的终身寿险。趸缴保费的终身寿险具有较高的储蓄性，因此，对于偏重储蓄的人较有吸引力。在国外，它还常被用来抵消遗产税的税负。

比较以上三种终身寿险，就储蓄成分而言，趸缴保费终身寿险 > 限缴保费终身寿险 > 连续缴费终身寿险；就保障成分而言，连续缴费终身寿险 > 限缴保费终身寿险 > 趸缴保费终身寿险。

【资料信息】

保障型险种——中国人寿保险公司祥和定期寿险条款（节选）

一、投保范围

凡16周岁至65周岁、身体健康者均可作为被保险人，由本人或对其具有保险利益的人作为投保人。

二、保险责任

在本合同有效期间内被保险人身故，按保险单载明的保险金额付保险金，本合同终止。

三、保险期间

保险期间分5年、10年、15年、20年四种，投保人可选择其中一种作为本险种保险期间，但保险期满时被保险人的年龄不得超过70周岁。

四、保险金额与保险费

每一份保单的单位保险金额为10 000元，可以投保多份。保险费的缴付方式分趸缴和年缴，年缴保险费的缴费期间为本保单的保险期间。

祥和定期保险费率表节选（年缴）

保险金额：10 000元　　　　　　　　　　　　　　　货币单位：人民币元

投保规则：

投保年龄	趸缴	五年缴	十年缴	十五年缴	二十年缴
16 岁	2 930	11.5	11.8	12.1	12.5
21 岁	3 270	11.5	11.8	12.1	13.5
22 岁	3 340	11.5	11.8	12.1	14.1
30 岁	4 000	12.8	15.5	19.4	25.1
40 岁	5 000	29.7	38.1	49.3	64.4
50 岁	6 170	78.2	100.5	128.9	165.8

【资料信息】

保障型险种——中国人寿保险公司祥瑞终身保险条款（节选）

一、投保范围

凡16周岁至65周岁，身体健康者均可作为被保险人，由本人或对其具有保险利益的人作为投保人，向本公司投保本保险。

二、保险费

保险费的缴付方式分为趸缴和期缴，分期缴付保险费的交费期间又分为5年、10年、15年和20年，由投保人在投保时选择。

三、保险责任

在本合同有效期内被保险人身故，本公司按保险单载明的保险金额给付身故保险金，本合同终止。

祥瑞终身保险费率表节选

保险金额：10 000 元 货币单位：人民币元

投保年龄	趸缴	五年缴	十年缴	十五年缴	二十年缴
16 岁	2 930	670	360	260	210
21 岁	3 270	750	400	290	230
22 岁	3 340	770	410	290	230
30 岁	4 000	920	490	350	280
40 岁	5 000	1 150	620	440	360
50 岁	6 170	1 430	780	560	470
60 岁	7 460	1 760	980		

（二）生存保险

生存保险是指被保险人生存至保险期满，保险人给付保险金的一种人寿保险。生存保险与死亡保险恰好相反，保险金的给付是以被保险人在期满时生存为条件，如果被保险人中途死亡，则保险人既不给付保险金，也不退还已缴的保费。这种纯粹的生存保险在现实业务中一般不作为单独的保险推行，而是附加在死亡保险或其他人身保险合同上组合投保。

随着保险产品的不断丰富，生存金的给付形式也不一定只在被保险人生存至期满时一并给付，有些保险每年或每隔几年给付一定比例的生存金。例如养老保险和少儿保险，就是偏重于生存给付的综合性寿险。

（三）两全保险

1. 两全保险的概念

两全保险是被保险人无论在保险期内死亡还是生存期满，保险人都给付保险金的一种人寿保险。两全保险通常都规定有期间，仍以特定的年数或特定的年龄来表示。由于人非生即死，被保险人不是在保险期内死亡，就是生存至期满，因此，与终身寿险相似，受益人始终会得到一笔保险金。

2. 两全保险的特点

（1）两全保险是寿险业务中承保责任最全面的一个险种。它不仅可以保障被保险人由于生存而引起的收支失衡的需要，而且可以排除由于本人死亡给家庭经济生活带来的困难或与其有经济利益关系者的经济影响的后顾之忧，它是生存保险和死亡保险结合的产物，因而从精算角度讲，两全保险的保费等于定期寿险与生存保险的保费之和。

（2）费率最高。在定期死亡保险和生存保险中，保险人承担的责任要么是死亡，要么是生存，保险金的给付也存在两种可能：给付或不给付。两全保险则既保生存又保死亡，一旦投保，给付就必然要发生。因此，除了长期的两全保险同终身寿险的费率差不多外，短期两全保险比其他寿险的费率高得多，不适宜于经济负担能力差的人投保。

（3）两全保险的保费当中，既有保障的因素，又有储蓄的因素，并且储蓄因素是主要因素。保费中储蓄因素的多少与保险期限的长短密切相关，保险期限长的，保费中储蓄所占的比重小，保险期限短的，保费中储蓄所占的比重大。

（4）两全保险的保额分为保障保额和储蓄保额。保障保额随保单年度的增加而减少，直至期满消失；储蓄保额则随保单年度的增加而增加，期满时全部为储蓄，即保额的变化规律为"保障递减，储蓄递增"。因此，只有需要低度保障、高度储蓄的人才适宜投保两全保险。

3. 两全保险的形态

（1）普通两全保险。这是一种单一保额的两全保险，即不论被保险人在期内死亡还是期满生存，保险人给付的保险金均相同。例如，某人投保保额为5万元，保期为10年的普通两全保险，则无论被保险人在10年内死亡，还是生存至第10年底，本人或其受益人均可领到5万元的保险金。一旦保险人履行了给付义务，保险合同即告终止。

（2）期满双倍两全保险。这种保险的被保险人如果生存至期满，保险人给付保险金额的两倍，如果在期内死亡，则只给付保险金额。因此，这种保险适宜于侧重生存保障的人投保。

（3）两全保险附加定期寿险。在这种保险中，如果被保险人生存到期满，保险人按保险金额进行给付；如果被保险人在期内死亡，保险人则按保险金额的多倍进行给付。因此，这种保险侧重于对被保险人家属经济生活的保障，较适宜家庭生计的主要负担者投保。

（4）联合两全保险。同联合终身寿险一样，这种保险承保两人或两人以上的生命，在约定的期限内，任何一人最先死亡，保险人给付全部保险金，保险合同终止。若满期时联合投保人全部健在，也给付全部保险金，并由全体投保人分享。这种保险适用于家庭投保。

【资料信息】

简易人身保险（团体险）

投保范围：18~65岁，满期时被保险人年龄不超过70岁。

保险期限：5年、10年、15年、20年、30年。

保险费：一元为一份，最低4份。采用月缴费方式。

保险责任：

1. 满期按保额给付；

2. 意外伤害身故，按保额给付；

3. 因病于保单生效两年后身故，按保额给付；

4. 因意外伤害残疾，按照伤残给付比例表乘以保额给付，伤残给付比例达到50%以上的，免缴以后各期保费。

【案例引入】

1985年4月，王先生32岁时通过单位向保险公司投保简易人身保险10份，保险期限 10 年, 月缴费, 保险金额 1 430 元。1989 年, 王先生在路过一个建筑工地时不幸被落下的一块砖头砸中头部, 造成颅脑损伤。该单位代办员向保险公司报案, 保险公司派员勘查了现场, 并到医院看望了伤者。经过半年治疗, 王先生半身不遂。单位保险代办员和王先生家人持市级医院主任医师开具的伤残诊断书和保险证前来索赔。保险公司经调查了解, 按照 50% 给付了王先生 715 元伤残金, 并为其办理了以后免缴保费的手续。1995 年 4 月, 对仍然生存的王先生给付了 1 430 元满期保险金。

二、特种人寿保险

特种人寿保险从普通人寿保险发展而来, 在寿险保单条款的某一方面或某几方面做出特殊规定。其主要形式有子女保险、老人保险、弱体保险、简易人寿保险等。

（一）少儿保险

少儿保险是以子女为被保险人, 由其父母或扶养人作为投保人的人寿保险。少儿保险在开展之初是两全保险形式, 但是, 现在多数是终身寿险形式。少儿保险有下列特征：

1. 保险责任以生存给付为主

投保少儿保险的目的是使子女将来能有一笔可观的经济收入, 以提供他们的教育费用、创业基金或结婚费用。以生存作为给付保险金条件是此险种的设计宗旨。因此, 为防范道德风险, 保障未成年人的安全、健康, 在经营少儿保险业务时采取许多具体措施, 如有条款规定, 被保险人在 21 岁前死亡的, 给付保险金额的 50%; 22 岁以后至 25 岁死亡的, 给付保险金额的 100%; 还有保险条款规定, 被保险人死亡时只退还已交保险费等。

2. 控制保险金额

几乎所有的国家都对少儿保险的保险金额加以限制。有的是直接规定投保的最高限额; 有的则是采取递增式, 即在保险期内保险金额逐年上升, 而保险费保持不变。

我国《保险法》第三十三条规定, 投保人不得为无民事行为能力的人投保以死亡为给付保险金条件的人身保险, 保险人也不得承保。父母为其未成年的子女投保的人身保险, 不受前款规定限制, 但是死亡给付保险金额总和不得超过保险监督管理机构规定的限额。

【信息资料】

关于父母为其未成年子女投保以死亡为给付保险金条件人身保险有关问题的通知

发布时间：2010 - 11 - 18　保监发〔2010〕95 号

各保险公司：

为保护未成年人的合法权益, 根据《中华人民共和国保险法》第三十三条规定, 现就父母为其未成年子女投保以死亡为给付保险金条件人身保险的有关情况规定如下：

一、对于父母为其未成年子女投保的人身保险，在被保险人成年之前，各保险合同约定的被保险人死亡给付的保险金额总和、被保险人死亡时各保险公司实际给付的保险金总和均不得超过人民币 10 万元。

对于投保人为其未成年子女投保以死亡为给付保险金条件的每一份保险合同，以下两项可以不计算在上述限额之中：

（一）投保人已交保险费或被保险人死亡时合同的现金价值；对于投资连结保险合同、万能保险合同，该项为投保人已交保险费或被保险人死亡时合同的账户价值。

（二）合同约定的航空意外死亡保险金额。此处航空意外死亡保险金额是指航空意外伤害保险合同约定的死亡保险金额，或其他人身保险合同约定的航空意外身故责任对应的死亡保险金额。

二、在订立保险合同前，保险公司应向投保人说明父母为其未成年子女投保以死亡为给付保险金条件人身保险的有关政策规定，并询问其未成年子女在本公司及其他保险公司已经参保的以死亡为给付保险金条件人身保险的有关情况。各保险合同约定的被保险人死亡给付的保险金额总和已经达到限额的，保险公司不得超过限额继续承保；尚未达到限额的，保险公司可以就差额部分进行承保，保险公司应在保险合同中载明差额部分的计算过程。

三、保险公司应在保险合同中明确约定因未成年人死亡给付的保险金额，不得以批单、批注（包括特别约定）等方式改变保险责任或超过本通知规定的限额进行承保。

四、保险公司应加大宣传力度，积极引导投保人树立正确的保险理念，在注重自身保险保障的基础上，为未成年人购买切合实际的人身保险产品。

五、保险公司应进一步完善未成年人人身保险的有关业务流程，加强核保和风险管控，保护未成年人合法权益。

六、本通知自 2011 年 4 月 1 日起执行，中国保监会《关于父母为其未成年子女投保死亡人身保险限额的通知》（保监发〔1999〕43 号）、《关于在北京等试点城市放宽未成年人死亡保险金额的通知》（保监发〔2002〕34 号）同时废止。

中国保险监督管理委员会

二〇一〇年十一月十五日

3. 保费豁免条款

此条款规定，在投保人是儿童父母的情况下，如果在缴费期内投保人死亡或全残，未交保费可以免缴，保险单继续有效。这个条款充分体现了对儿童利益的保障。

4. 保险期限有两种规定

一种是少儿保险的保险期限从投保到被保险人成年（21 岁或 22 岁）终止；另一种则是从投保到被保险人死亡为止。前者是两全保险性质的，后者是终身寿险性质的。

目前我国各人寿保险公司推出的少儿保险大都是为子女提供教育金、婚嫁金、养老金和意外伤害保障等多种保障。

【资料信息】

国寿英才少儿保险详细条款

（1999 年 8 月经中国保险监督管理委员会核准备案）

第二条　投保范围

凡年满 20 周岁至 50 周岁、身体健康者均可作为投保人，为其出生满 60 天至 14 周岁、身体健康的子女或有抚养关系的少儿（以下称被保险人）向中国人寿保险公司（以下简称本公司）投保本保险。

第四条　保险期间

保险期间为本合同生效之日起至被保险人生存至 25 周岁的生效对应日止。

第五条　保险责任

在本合同有效期内，本公司负下列保险责任：

一、被保险人生存至 18 周岁的生效对应日，本公司按基本保额的 30% 给付成才保险金。

二、被保险人生存至 22 周岁的生效对应日，本公司按基本保额的 30% 给付立业保险金。

三、被保险人生存至 25 周岁的生效对应日，本公司按基本保额的 40% 给付安家保险金，本合同终止。

四、被保险人于 18 周岁的生效对应日前身故，本公司无息返还所交保险费的 1.5 倍，本合同终止；被保险人于 18 周岁的生效对应日后身故，本公司一次性给付其尚未领取的生存保险金，本合同终止。

五、投保人在被保险人年满 18 周岁的生效对应日以前身故而被保险人生存，免交以后各期保险费，本合同继续有效。

费率表（每万元保额）

投保年龄	趸缴（元）	年缴（元）	投保年龄	趸缴（元）	年缴（元）
0	6 515	447	8	7 902	891
1	6 668	479	9	8 098	1 003
2	6 828	515	10	8 300	1 144
3	6 994	557	11	8 507	1 326
4	7 166	604	12	8 718	1 570
5	7 342	659	13	8 935	1 914
6	7 524	723	14	9 157	2 436
7	7 710	799			

（二）弱体人寿保险

弱体人寿保险又称次标准体保险，即以身体有缺陷或从事危险职业的人作为被保险人的人寿保险。

寿险产生之初，保险人对非标准体一概不予承保。后来随着医学的发展，人们发现非标准体的寿命未必就短。于是，保险人就设计了对次标准体附加特别条件承保的险种。它最早产生于英国。

弱体保险的承保方式：

1. 增龄法，即按高出被保险人实际年龄若干岁的年龄计算保险费。

2. 减额法。对被保险人按正常费率承保，但是，在一定时期内按比例减少保险金的给付，然后逐渐趋于正常。

3. 增收额外保险费法，即加收额外的保险费。

（三）团体人寿保险

团体人寿保险是以团体为投保人，将其在职人员作为被保险人，由单位统一组织向保险公司投保的保险。在团体人身保险中，其"团体"是指机关、社会团体、企事业单位等独立核算的组织。其"在职人员"不包括已退休、离休、退职的人员，是用一张总的保险单对一个单位的全体成员提供人身保险保障。

三、年金保险

（一）年金保险的概念

1. 年金

年金是有规则地定期收付一定款项的方法，即每隔一定的时间（如一年、一个季度、一个月等）间隔，有规则地收付款项。

在日常经济生活中，年金随处可见。如银行的零存整取业务就是一种年金，对于存款者而言是支出年金，对于银行而言是收入年金。又如单位每月对职工发放工资，若月工资固定不变，对单位而言就是支出年金，对职工而言就是收入年金。年金并非一定以年为周期收付款项，实际上年、月、半年、季等都可以成为年金的周期，不过一般以年为周期。

2. 年金保险

年金保险是按年金的方法支付保险金的一种生存保险，即按合同的规定，在被保险人生存期间，每隔一定的周期支付一定的保险金给被保险人。在年金保险中，领取年金额的人称年金受领人，保险人定期给付的金额称年金领取额（或称年金收入），投保人缴付的保费称年金购进额（或称年金现价）。

3. 年金与年金保险的区别

人们在习惯上往往将年金保险称为年金，但是，从严格意义上讲，二者是有区别的：年金是大概念，而年金保险只是年金的一种。年金的收付有确定的期间，与收付款者的生命无关，而年金保险的给付期取决于被保险人的生命，人的生死事先又是不能预料的，因而其给付期是不确定的。为区别二者，也有称前者为确定年金，称后者为不确定年金。

（二）年金保险的特点和作用

1. 年金保险的特点

（1）年金保险是生存保险的特殊形态，表现在保险金的给付采取年金方式，而非一次性给付。

（2）年金保险保单上有现金价值，其现金价值随保险单年度的增加而增加，至缴费期结束时，现金价值为最高。

（3）年金保险有积累期（或缴费期）和清偿期（或给付期）的规定，有的年金保险还有等待期规定。积累期是指年金保险资金积累时期或投保人分期缴纳保险费的期间。清偿期是指保险人向年金受领人给付年金的期间。等待期是指交费结束后至开始给付保险金的期间。

2. 年金保险的作用

年金保险单具有现金价值，年金收入中不仅包括投保人缴付的本金和利息，还包括期内死亡者的利益，同时，年金保险的保险费采取按月缴费的方式积存养老资金，为子女积存教育、婚嫁等所需资金，可以降低保险费，缓解支付压力，保证生活需要，避免浪费。基于上述优势，参加年金保险的主要作用就是为老年生活提供保障，为未成年人成长、学习、创业、婚嫁积累资金，年金保险也可以作为一种安全的投资方式，获得税收上的优惠。

（三）年金保险的分类

1. 根据年金给付的期限可分为定期年金保险和终身年金保险

（1）定期年金保险是指保险人在合同规定的期限内，被保险人如果生存，保险人按期给付约定的年金额；若期限届满或被保险人在约定的期限内死亡，则保险人停止给付（以两者先发生的日期为准）。

（2）终身年金保险。终身年金的给付没有期限的规定，保险人给付年金额至被保险人死亡时为止。

2. 根据年金给付是否有保证可分为有保证年金保险和无保证年金保险

（1）有保证年金保险是为防止被保险人在领取年金的早期死亡所带来的损失而设计的年金品种，具体分为两种：一种是期间保证年金，是指无论被保险人寿命长短，年金的给付都有一个保证期，若被保险人在保证期内死亡，保险人继续给付年金于其受益人，直到保证期届满时为止。另一种是金额保证年金，是指如果被保险人死亡时，其所领的年金数额不足所缴的年金现价，余下的由其受益人领取。

（2）无保证年金保险。是指年金给付以被保险人生存为条件，死亡则停止给付。

3. 根据给付开始期的不同可分为即期年金保险和延期年金保险

（1）即期年金保险是指投保后立即开始领取年金，其年金现价采取趸缴的形式。一次缴清年金现价需要的数额较大，一般投保人难以负担，因而即期年金通常采用较少。

（2）延期年金保险是指合同订立后，经过一段时间后才开始进入年金的领取期。延期年金通常有两种，一种情况是立即进入领取期，另一种情况是先经历等待期再进入领取期。

4. 根据被保险人的人数可分为个人年金保险、联合生存者年金保险、联合最后生存者年金保险

（1）个人年金保险，是指被保险人只有一人的年金，通常这种年金的被保险人就是年金受领人。

（2）联合生存者年金保险，是指两人或两人以上的被保险人联合投保的年金保

险。即当联合被保险人全部活着时，年金全数给付；如果其中任何一个被保险人死亡，保险人即停止年金给付。

（3）联合最后生存者年金保险，是指两人或两人以上的被保险人联合投保的年金保险。在约定的给付开始日，只要有一个被保险人生存，保险人就全数给付保险金，直至被保险人全部死亡，保险人才终止给付保险金。

5. 根据年金金额是否变动可分为定额年金保险和变额年金保险

（1）定额年金保险是指在年金给付周期中，年金受领人领取的年金额都相等。

（2）变额年金保险是指在年金给付周期中，年金受领人领取的年金额随投资收益而变动。变额年金保险是为了克服通货膨胀对长期年金保险的影响设计的产品。

【资料信息】

中国人寿保险公司国寿松鹤养老年金保险（节选）

1. 投保范围

凡65周岁以下、身体健康者均可作为被保险人，由本人或对其具有保险利益的人为投保人向中国人寿保险公司投保本保险。

2. 保险责任

条款有效期内，本公司负下列保险责任：

在本条款约定的养老金开始领取日前被保险人身故，本公司按所交保险费与现金价值数额较高的给付身故保险金，本条款的效力终止。

在本条款约定的养老金开始领取日后被保险人身故，本公司按所交保险费（不计利息）给付身故保险，本条款的效力终止。

在本条款约定的养老金开始领取日及以后被保险人生存，本公司依约定于每周年日按保险金额的10%给付养老金，直至被保险人身故。

在本条款约定的养老金开始领取日起，被保险人生存每届满10年，本公司另给付敬老祝寿保险金，首次给付标准为保险金额的50%，以后每次的给付标准在前次给付敬老祝寿保险金基础上按保险金额的50%增加。

3. 保险费

保险费的缴付方式为趸缴、年缴、半年缴和月缴，分期缴付保险费的期间分为5年、10年、15年、20年和自本条款生效之日起至约定养老金开始领取日止5种。

4. 养老金开始领取日

开始领取养老金的年龄分为45周岁、50周岁、55周岁、60周岁和65周岁，养老金开始领取日为约定养老金领取年龄的生效周年日。

第三节　现代型人寿保险

现代人寿保险是在传统寿险产品基础上的创新，又称为创新型人寿保险或理财型人寿保险，是保险公司为了适应新的保险需求，增加保险产品的竞争力而开发的一系列新兴的保险产品，较为常见的有分红保险、变额寿险、万能寿险和变额万能寿险等。

现代人寿保险的产生和发展具有深刻的社会背景。传统人寿保险由于利率固定、保险金额固定、保险费固定等，不能满足被保险人的需要，也不利于保险公司的经营。在通货膨胀时期，随着利率不断上升，当保单所有人发现在其他金融机构的存款、购买股票或直接投资的收益率要高于寿险公司保证的利率时，就会以保险单为质押来借取保单的现金价值，或者直接退保再把钱存入到其他金融机构或进行直接投资；另外，在高利率时期推出的寿险产品，如果市场的利率呈现逐渐降低的走势，将使寿险公司承担巨额的利差损。自 20 世纪 70 年代以来，西方许多面临财务困难的人寿保险公司开始重新研究其已出售的人寿保险产品，结合电子信息技术的进步，开发出一系列新型的寿险品种，以克服通货膨胀和利差损的影响。

一、分红保险

（一）分红保险的含义

分红保险又称利益分配保险，是指签订保险合同的双方事先在合同中约定当投保人所购险种的经营出现盈利时，保单所有人享有红利的分配权。这是一种保险人约定将每期盈利的一部分分配给被保险人的人身保险产品。

分红保险既能为被保险人提供风险保障，又能使被保险人分享保险公司的经营成果，既有传统险种的保障功能，又有储蓄、分红功能。

分红保险最初起源于 1776 年的英国，在国外已经有了 200 多年的发展历史，在美国，大约 80% 的寿险保单具有分红性质；在德国分红保险占该国人寿保险市场的 85%。在中国香港，这一数字更是高达 90%。但是，在我国这一险种发展时间不长，因此客观上讲，分红保险是我国人身保险的新型产品之一。

分红保险克服了传统保险固定利率保单的不足，保险人对分红产品采用预定利率相对较低，有利于克服利差损，保证自身的偿付能力，有利于保险经营的稳定性；由于能够分红，在通货膨胀的情况下，有利于促进长期性人寿保险产品的销售；保险双方共享经营成果，也有利于维护保险的公平经营。

（二）分红保险的特点

1. 承担的风险程度不同

传统的人寿保险由保险公司承担各类风险，并且独享其收益；而分红保险，保险公司与客户之间利益共享，即投资风险由保险公司承担。如果保险公司无资金盈余，客户仅仅是得不到分红，而其享受的基本保障和一定水平的保底预定利率不受影响。

2. 保险金额不同

传统的人寿保险其保险金额一般固定不变；相比之下分红保险除了有预定的保险金额，还可能根据保险公司分红险账户的投资情况分到红利。分红保险的分红责任是在传统的保险基础上的锦上添花，客户不会因为购买分红保险而多缴保险费。

3. 投资运作的透明度不同

传统人寿保险的投资运作、费用分摊以及保单结构情况都是保险公司内部的事，与客户无关，传统人寿保险的运作不透明；而分红保险的保险费要分别在两个独立的账户内投资运作，一个负责传统的保障功能，另一个则追求增值，每个会计年度末保险公司都要计算其账户投资情况，并决定分红方案，运作有一定的透明度。

4. 灵活性不同

分红保险较之传统寿险具有更多的灵活性，分配的红利和红利的多种选择方式是其弹性的主要原因。

（三）分红保险的红利来源

1. 利差益：实际投资回报率大于预定利率所产生的盈余。其计算公式为

$$利差益 ＝（实际资金运用收益 － 预定利率）× 责任准备金$$

2. 死差益：实际死亡率小于预定死亡率所产生的盈余。其计算公式为

$$死差益 ＝（预定死亡率 － 实际死亡率）× 风险保额$$

3. 费差益：实际费用率小于预定费用率所产生的盈余。其计算公式为

$$费差益 ＝（预定费用率 － 实际费用率）× 保险金额$$

寿险公司分红保险的红利除了上述盈余来源之外，其他还有解约益、投资收益及资产增值、残疾给付、意外加倍给付及年金预计给付额与实际给付额之间的差额等。

（四）分红保险红利的分配方式

每一会计年度末，分红保险业务的盈余计算结果由公司董事会讨论决定当年的可分配盈余，并在分红保单持有人和公司股东之间进行分配。按照中国保险监督管理委员会的规定，保险公司每一会计年度向保单持有人实际分配盈余的比例不低于当年可分配盈余的70%。

保单的所有人领取红利的方式主要有以下几种：

1. 现金领取。

2. 累积生息，即受益人将红利存留在保险人处，以复利计息获取收益。

3. 抵交保险费。红利可用来抵交到期应缴纳的保险费。若红利的金额不足以抵交到期保险费，不足部分由投保人补齐。若红利的金额超过到期保险费的，剩余部分累计生息，也可以现金方式支取。

4. 缴清增值保险。根据被保险人当时的年龄将红利作为趸交保险费购买非分红保险（此方式不适用于次标准体）。

从2000年3月我国寿险市场上推出第一份分红保险开始，各家寿险公司也纷纷紧随其后推出分红保险。目前，市场上的分红保险险种有终身型、两全型、年金型、养老型等。

二、变额人寿保险

（一）变额人寿保险含义

变额人寿保险是保险费固定、保险金额可以变动的长期性人寿保险，即死亡保险金额随着投资账户中投资结果变动不断调整的保险产品。

具体内容是：人寿保险公司将客户交付的保险费分成保障和投资两个部分，多数为投资部分。设立单独的账户，其中投资资金，通过投资专家投资运作，获取较高的投资回报，使客户受益，但是，投资部分的回报率是不固定的，保险金额随投

资收益的变化而变化。

变额人寿保险的保险金额由基本保险金额和额外保险金额两部分组成，基本保险金额是被保险人无论何时都能得到的最低保障金额；额外保险金额部分则另设立账户，由投保人选择投资方向委托保险人进行投资，其具体数额根据资金运用实际情况变动。

（二）变额人寿保险的特点

变额人寿保险与传统人寿保险的主要区别如下：

1. 保险的功能不同

传统保险只具有保障或储蓄的功能。变额人寿保险具有保障和投资双重功能。

2. 保险金额的确定不同

传统保险的保险金额一般是在投保时就已经确定，保障程度是固定的。变额人寿保险的保险金额由两部分构成：一部分为合同规定的最低死亡给付金额，是固定的；另一部分随资金运用情况的好坏而变动，是可变动的。

3. 保险单的现金价值不同

传统保险的保单现金价值是在出售时就已确定了的；变额人寿保险保单现金价值是保单拥有的所有"投资账户单位"的价值总和。

4. 透明度不同

传统保险的客户不知道所支付的保险费是如何运作的；变额人寿保险的投资资金单独设立账户，拥有自己的投资顾问，保险公司将定期向客户公布有关信息，包括投资账户的设置及资金投向、投资收益率、投资单位价格、各项费用的收取比例等信息。

5. 账户设置及管理不同

传统寿险只设一个综合性账户，所有的保费收入、保险金给付以及其他的资金往来都通过综合性账户进行。变额人寿保险除了设置综合性账户之外，还要设置投资账户用于投资运作。

6. 风险责任的承担不同

传统寿险的保险人承担包括利率变化、死亡率提高和费用增加等方面的风险。变额寿险的保险人只承担死亡率和费用率变动的风险，保单的投资部分风险则完全由保单所有人承担。

【资料信息】

某寿险公司投资连结保险（节选）

一、设立三个投资账户

1. 投资收益账户，其特点是保证投资收益率，资金主要存入银行和进行同业拆借，风险较小。

2. 发展投资账户，其特点是不承诺投资收益，资金主要存于银行、购买证券基金，风险适中。

3. 基金投资账户，其特点是投资侧重于证券基金，预期收益高，但风险也大。

投资账户的资产以投资单位来计量，每月转入投资账户部分按照每投资单位的买入价计算相应的投资单位数。投资单位数只是在变额寿险的存续期间用来评估投资账户的资产价值，在发生保险事故或保险合同到期时，投资单位数再换算成投资资产价值总和。

二、基本保险责任

1. 身故保险金和全残保险金：给付的金额为保单项下保险金额与投资账户资产总值的较大者。

2. 满期保险金：自保险期满后的 5 年内，受益人可申请给付保险金，按保单项下投资单位价值总额给付。

3. 特别保险金：保险期满后被保险人仍生存，受益人可在 30 日内申请特别给付，每份保险给付额为 1 880 元。

三、豁免保险费利益

被保险人在保险期内且 60 岁之前因病或意外伤害失能，免缴保险费。

四、保险费分配

保险费一般限期以均衡保费的方式缴纳，每期保费除了满足保险公司承担死亡保险保障和营业费用外，余者进入投资账户。

三、万能人寿保险

（一）万能人寿保险的概念

万能人寿保险是一种缴费灵活、保险金额可调整、非约束性的寿险。

1979 年在美国寿险市场上最早出现。当时是为了满足那些要求保费支出较低，且方式灵活的消费者的需求而设计的。

（二）万能寿险的特点

1. 缴费方式灵活

保单持有人可以在保险公司规定的幅度内选择任何一个数额，在任何时候缴纳保费。实际业务中保险公司一般规定首期保险费的交费限额，投保人在支付了首期保险费之后，只要保险单的现金价值能够支付其应负担的成本与保障费用，保险合同就可以继续有效，续期保险费的交付时间、数额可以由保单持有人自己决定。

2. 保险金额可以按约定调整

投保人决定一个初期的保额，然后每年可调整，并在适当范围内无需体检就可增加保险金额，保单所有人可以自行确定保险金额，而且可以提高和降低保险金额，在提高保险金额时通常要提供可保证明，目的是为了防止逆选择。降低保险金额时不需要提供可保证明。

一些保险单还允许保单所有人选择带有生活成本调整附加条约和可保选择权的万能寿险保单，生活成本调整附加条约的死亡给付金可以随着物价指数的上升而提高；可保选择权是允许保单所有人在未来某一年龄或某一事件发生时，不必出示可保证明就可以增加保险金额。

3. 保险单运作透明

保险人定期向保险单持有人公开组成账户价格的各种因素。保单持有人每年都可以得到一份保险单信息状况表，用以说明保险费、保险金额、利息、保险成本、各项费用以及保险单现金价值的数额与变动状况，便于客户进行不同产品的比较，并监督保险人的经营状况。

4. 设立独立投资账户、有固定的保证利率

万能寿险设立独立的投资账户，并且个人投资账户的价值（即保险单的现金价值）有固定的保证利率。但是，当个人账户的实际资产投资回报率高于保证利率时，寿险公司就要与客户分享高于保证利率部分的收益。

5. 有两种死亡给付方式

第一种方式是均衡式给付，该方式与传统的具有现金价值的终身寿险类似，死亡给付金额在若干年内固定不变，净风险保额每期都进行调整，以使得净风险保额与个人账户上的现金价值之和成为均衡的死亡给付额。这样，如果个人账户现金价值增加，则风险保额就会等额减少。反之，若现金价值减少了，则风险保额就会等额增加。

$$死亡保险金 = 保险金额$$
$$净风险保额 = 死亡保险金 - 现金价值$$

第二种方式是递增式给付，该方式规定了死亡给付额为均衡的净风险保额与现金价值之和。现金价值的变化直接影响死亡给付额，即死亡给付额与现金价值成正比，如果现金价值增加了，死亡给付额会等额增加，但是，不会改变净风险保额，净风险保额是不随时间变化的。

$$死亡保险金 = 保险金额 + 现金价值$$
$$净风险保额 = 保险金额$$

（三）万能寿险的经营

首先，保单持有人缴纳一笔首期保险费，首期保险费有一个最低限额，首期的各种费用支出要从保险费中扣除。其次，再扣除根据被保险人的年龄、死亡给付分摊额以及一些附加优惠条件费用后，剩余部分就是保单最初的现金价值。这部分价值通常是按新投资利率计息累积到期末，成为期末现金价值。由于对保险费缴纳没有严格限制，许多万能寿险收取较高的首期保险费，是用于避免保险单过早终止。

此外，万能寿险保险费扣除各种分摊额后的累积价值为现金价值。保险单通常都规定了一个最低的现金价值累积利率。

【资料信息】

某寿险公司两全万能型保险（节选）

一、保险责任

1. 满期给付

被保险人生存至保险期满，保险人给付满期保险金，全额为满期日被保险人个人账户余额的全数，本合同终止。

2. 身故或全残保障

被保险人在本合同生效180天内因疾病身故或全残，保险人给付身故或全残保

险金，给付金额为即时保险金额的 10% 与保险事故发生日个人账户余额之和，本合同终止。

被保险人因意外伤害身故或全残，或者于合同生效 180 天后因疾病身故或全残，保险人给付身故或全残保险金，给付金额为即时保险金额与保险事故发生日个人账户余额之和，本合同终止。

本合同生效满 2 年，投保人可向保险人申请提取部分个人账户余额（每年仅限 1 次），每次最低以人民币 100 元为限，最高以不超过上个结算日个人账户余额的 50% 为限，被保险人一次领取账户余额在 10 000 元以上的，需有 2~7 天的预约期。若个人账户余额不足以支付其一年的保障费用，保险人不允许提取部分个人账户余额。

二、保险金额与保险费

1. 保险人与投保人在投保时约定保险金额，最低为人民币 10 000 元。

2. 在保险期满日之前，投保人可约定定期或不定期、定额或不定额地缴纳保险费，每次缴费最少为人民币 1 000 元。

3. 经保险人审核同意，投保人可申请增加保险金额，但必须经被保险人书面同意；投保人可申请减少保险金额，但减少后的保险金额最低以人民币 10 000 元为限；保险金额的调整必须以人民币 1 000 元为最小调整单位，每年仅限一次。

4. 本保险的保障费用标准视被保险人的性别、年龄而定（详见保障费用表）。

三、被保险人账户

1. 个人账户，本合同生效后的须缴保费在扣除手续费、管理费费用后计入个人账户。本合同承诺最低保证利率为两年期居民定期储蓄存款利率。

2. 账户余额，为其上一结算日的账户余额按上一结算日的结算利率累积到该日的本利和及本季所缴保险费扣除手续费后按上一结算日累积到该日的本利和之和。

四、其他规定

1. 若被保险人的账户余额不足以支付下季的管理费用及保障费用时，应续缴保险费。

2. 保险人在每年 1 月向投保人或被保险人寄送上一年度个人账户余额对账单，以通报其账户余额和过去一年的保险金额、手续费、管理费用、保障费用、续缴保险费和提取金额等情况。

【课堂小讨论】

讨论一下本章开头的引入案例。

四、变额万能人寿保险

（一）变额万能寿险的概念、特点

变额万能寿险是融合了变额寿险的投资灵活性和万能寿险的保费缴纳灵活性而形成的新险种，其特点表现为：

1. 变额万能寿险遵循万能寿险保费缴纳灵活性原则，而且，保单持有人在合同约定范围内可以根据自己的意愿决定保险费交付的时间、金额；在符合保险合同最低保险金额和可保性的条件下，自行决定降低保险金额或者调高保险金额。

2. 变额万能寿险与变额寿险相同，其资产保存在一个或几个分立账户中；其现金价值的变化与变额寿险的现金价值的变化相同；而且，变额万能寿险也没有最低投资收益率和现金价值的承诺保证，即保险单的现金价值可能降至零。

3. 变额万能寿险的投资是多种投资基金的组合。保单所有人可以在一定时期将其现金价值从一个账户转至另一个账户。

4. 变额万能寿险的死亡给付与万能寿险的方法相同。变额万能寿险的死亡给付随资产份额价值的改变而变化，除非保单持有人改变死亡给付额。因此，投资收益的变化反映在保单的现金价值中，而不改变保单的净风险保额。

（二）变额万能寿险的分析

变额万能寿险保单适合于那些将寿险保单现金价值视为投资，而非储蓄的人，保单持有人承担了投资风险。其可能的不利结果是，如果分立账户的投资结果不理想，保单的现金价值可能减至零，这时，如果没有另外的保费注入，保单就会失效。这一风险应该得到重视。

从发展上看，寿险业的优势之一是能够为消费者提供保障与投资功能俱全的产品，满足投资者的投资需求，并为其带来投资收益。另一方面，这种保单的分立账户与保险公司的一般账户的资产是分开的，保险公司其他业务面临财务困难时，分立账户的变额万能寿险可以增加保单持有人的安全性。

变额万能寿险与传统的保险产品完全不同，由于它具有很强的投资功能，加上其在保费缴纳上的灵活性、死亡保险金的可选择性，各国对其经营和管理都有较高要求，我国目前尚未普及。

【资料信息】

表 4 - 1   分红保险与部分创新型寿险产品比较一览表

项目	分红保险	变额保险	万能寿险
预定利率	有保证	无保证	可有较低的预定利率
身故给付	约定保险金额 + 红利	不保证的投资账户累积值	不固定
退保给付	最低保证现金价值 + 红利	不保证的投资账户累积值	现金价值
被保险人的风险	现金价值是保证的，退保可以领取约定的现金价值	现金价值不保证，因为使用现金价值购买基金，若投资失败退保金为零	现金价值虽无保证，但其累积利率不会低于最低现金价值累积利率
投资风险	保险公司承担风险	投保人承担风险与盈利	保险公司和客户分担风险
核算要求	所有分红类产品统一核算	单只基金、单张保单核算	专门账户核算
费用	不向投保人收取额外费用	收取额外费用，如基金转换费（按次收取）和基金管理费	附加费用多少不一，公司可通过退保费或利差益等其他形式对费用进行弥补

项目	分红保险	变额保险	万能寿险
对销售要求	销售人员要通过代理人资格考试	销售人员还要取得证券从业人员资格	销售人员还要取得证券从业人员资格
保险费	基本上固定不变	有最低保费限制,在分期缴费的情况下,保户可以增加或降低保费	首次保费有最低限制,之后缴费时间和缴费数额都不固定
保险金额	按投保时约定的保险金额	以满期后第一个基金评估日的基金单位价值作为基础,死亡保额为投资累积值与合同约定金额中的大者	不固定,可以根据投保人的意愿调整
结论	客户将投资风险转嫁给保险公司	保险公司将投资风险转嫁给客户	客户与保险公司共担风险

表4-2 传统寿险与部分创新寿险产品比较一览表

险种	保单利率	风险	业务管理	投资收益	保险保障	客户偏好
传统寿险	预定利率固定不变	保险方存在利率风险	精算、实务管理,客户服务相对简单,对电子化水平要求相对较低,透明度很低	按固定的预定利率计算保单利益,收益归保险人	只提供保险保障,合同缺乏弹性,不能克服通货膨胀的影响	追求保险稳健的客户
分红保险	较低的固定、预定利率	保险方存在利率风险	红利计算较为复杂,需要精算,计算机系统的大力支持,每年公布一次红利	按公司产生的盈余进行红利分配,实际分配的红利可能没有保证	合同缺乏弹性但是可以获得红利收益	红利分配可以提高客户的购买兴趣
变额寿险	无保证预定利率	保险公司不承担利率风险,投保人承担投资风险	精算、实务管理,客户服务相对复杂,需要计算机系统的大力支持,定期公布基金单位价值,透明度高,管理费较传统险种高	无最低保障,具有较大的波动性	融保险保障与投资理财为一体,合同具有弹性	客户完全承担投资风险,也可能享受高额回报,风险偏好者较喜欢
万能寿险	较低的保证利率	投保人与保险公司共担风险	同上	有最低保证的回报率,收益与保险公司的专门账户相关联	合同具有比较大的弹性,投资保底,双重保障	既保证最低利率,也有高利率带来高回报的可能,对客户产生较大的吸引力

第四节　综合型寿险产品

普通寿险和新型寿险虽然出现在市场的时间有先后，但是由于各自鲜明的特点仍然被众多客户同时喜爱，这两大类保险产品能够满足客户不同的需求。近年来，各家寿险公司不断推出新产品，保险产品的综合性越来越强，在众多的人寿保险中，最受欢迎并且市场份额巨大的是重大疾病保险和银行保险。

一、重大疾病保险

（一）重大疾病保险的概念

重大疾病保险，俗称重疾险，是指当被保险人在保险合同有效期间内罹患合同所指定的重大疾病（如心脏病、癌症等）时由保险人按合同的约定给付保险金。重大疾病保险属于健康保险中疾病保险的一种，也有死亡保险的责任。重大疾病保险由国外引进，原名叫做 Critical Illness Coverage，直接翻译过来是危急病症保险，因此它规定赔付的疾病指的是严重的、可能造成死亡的、显著加速生存者提前死亡的、直接影响生存者工作能力和生活能力的疾病，这些疾病可能导致死亡，或在死亡之前的某个生理过程中体现。

现代重大疾病保险的理念起源于 20 世纪 60 年代的南非。20 世纪 80 年代，重疾险被引入东南亚，在马来西亚、新加坡等社保体系不太完善的国家中，重疾险一经推出就受到了广泛的欢迎，特别是 1996 年后，每年都会有超过 100 万份重疾险新单售出。而在我国，重疾险目前在中国是消费者对于自身的健康与医疗支出的一种极其重要的保障。统计数据显示，近 8 年来，中国门诊就医费用增长了 1.3 倍，住院费用增长了 1.5 倍，平均每年门诊费用增长 13%，住院费用增长 11%，这些增长幅度都大大超过了居民收入增长的幅度。因此，重疾险可以说是所有人都需要的一种健康险。

（二）重大疾病的特点

1. 重大疾病保险所保障的"重大疾病"通常具有以下两个基本特征：一是"病情严重"，会在较长一段时间内严重影响到患者及其家庭的正常工作与生活；二是"治疗花费巨大"，此类疾病需要进行较为复杂的药物或手术治疗，需要支付昂贵的医疗费用。

2. 一般重大疾病保险也负责高残和死亡，属于典型的定额给付。有的赔付重疾保险金后可享受免缴保费的待遇。

3. 重疾保险发展快、种类多，既有适合个人的，也有适合团体的；既有主险，又有可作为附加险的；负责重大疾病的数量不同。

4. 受益人往往是被保险人。在被保险人罹患保险合同指定的重大疾病后，经过一段时间的治疗（通常规定 180 天），病情不可逆转，保险公司依据保险合同、医学诊断书和住院病历进行给付。此时如果被保险人生存，则受益人为被保险人，保险公司不受理其他受益人领取保险金的事宜。在办理索赔手续时，应提供被保险人的银行卡折账号。

5. 投保必要性重大，市场覆盖率高。人的一生中罹患重大疾病的可能性在 70%以上，加上该险种包含死亡保险的责任，所以具有给付必然性的特点。重大疾病保险因其病种有多有少，期限有长有短，价格有高有低，所以受到不同客户青睐，成为众多寿险产品中的首选，市场覆盖率较高。

6. 重大疾病保险专业术语多，与临床医学密切相关。在重大疾病保险合同中，有较大篇幅是对专业术语的释义，尤其是医学术语。由于对专业术语的理解不同，所以重大疾病保险较容易造成保险公司和客户之间的纠纷，所以要求销售人员要经过专业的良好的培训，避免误导客户。

重大疾病保险的专业名词术语有必要标准化和尽量与临床医学一致，免生歧义。2007 年 4 月 18 日，中国保险行业协会与中国医师协会共同制定了《重大疾病保险的疾病定义使用规范》，对常见的 25 种重大疾病进行了规范性解释，避免了不同寿险公司和不同销售人员对重大疾病的理解不同。

【课堂小讨论】

共同讨论《重大疾病保险的疾病定义使用规范》中的常见病，加深对多种重疾的理解。

（三）重大疾病保险的意义

1. 为被保险人支付因疾病、疾病状态或手术治疗所花费的高额医疗费用。

2. 为被保险人患病后提供经济保障，尽可能避免被保险人的家庭在经济上陷入困境。

3. 重大疾病保险做医保的必要补充。

（四）重大疾病保险的产品形态

1. 提前给付型

提前给付型重大疾病保险产品是将死亡一并考虑进去的重大疾病险，其保险责任包含有重大疾病、死亡和高残，其保险总金额为死亡保额，但其中包含有重大疾病保额和死亡保额两部分。如果被保险人罹患重大疾病，根据条款的规定，被保险人可以将一定死亡保额比例的重大疾病保险金提前领取，用于医疗或手术费用等开支，而在身故时，由其身故受益人领取剩余比例的死亡保险金。如果被保险人是因意外伤害身故，或者是因为罹患保险合同之外的重大疾病身故，则全部保险金作为死亡保障，在被保险人身故后，由受益人领取身故保险金。如中国人寿的康宁终身保险（1999 年版）就是较早的此类形态的产品。

2. 附加给付型

附加给付型重大疾病保险产品是将死亡和重大疾病分别考虑的，通常情况下，投保人先购买寿险，重大疾病作为附约来购买，但有时主险和附约也是合并在一起购买的。

3. 独立主险型

独立主险型重大疾病保险产品是将死亡和重大疾病完全独立分开考虑的。保险责任包括死亡和重疾两类，保险金额单一，死亡保额和重疾保额为单一保额，且数额一致。保险人为被保险人提供的要么为重大疾病保险金，要么为身故保险金，发生重大疾病给付，保险责任终止。

4. 按比例给付型

按比例给付型重大疾病保险产品是针对该产品类型中的重大疾病的疾病种类而专门设计的。可以同时应用于提前给付型、附加给付型或独立主险型之中。

5. 回购式选择型

回购式选择的含义是，当被保险人罹患重大疾病后，保险人给付被保险人一定比例或数额的重大疾病保险金，死亡保险金同时降低与重大疾病保险金同样的比例或数额；在该种形态的产品中约定：当被保险人在某一特定时间后仍生存，可以按照一固定费率买回原保险总额的一定比例，使死亡保额有所增加。经过几次购买后，被保险人的死亡保额可以达到购买保险之初的保额。

【资料信息】

表 4 - 3　　　　　　　　中国人寿重大疾病保险比较一览表

	康宁终身（1999年版）	康恒终身（2007年版）	康宁终身（2010年版）	康宁终身（2012年版）
保险责任	10 种重疾 重疾：保一赔二，合同继续有效 身故：保一赔三（扣除重疾赔付）	29 种重疾 重疾：保一赔一，合同终止 身故：保一赔一	重疾 20 种 重疾：保一赔三，合同终止 身故：保一赔三	重疾 40 种，30 种重疾：保一赔一，合同终止 特定重疾 10 种，按保额 20% 给付 身故：保一赔一
案例	20 岁女性 风险保额 6 万元	20 岁女性 风险保额 6 万元	20 岁女性 风险保额 6 万元	20 岁女性 风险保额 6 万元
保费	530 × 2 = 1 060 元	290 × 6 = 1 740 元	610 × 2 = 1 220 元	227 × 6 = 1 362 元

【课堂小讨论】

从一家保险公司不同时期的重大疾病保险的保险责任和商品价格，可以发现重大疾病保险的发展轨迹。在搜集资料的前提下，比较不同保险公司同时期的重大疾病保险的保险责任和价格，从中选择性价比稍好的保险产品。

二、银行保险

（一）银行保险的概念

1. 银行保险的定义

银行保险是通过银行柜面或理财中心销售保险，以各类银行卡业务或银行消费信贷业务等作为载体销售保险。由于具体运作的相似性，通过邮政渠道开展的保险业务通常也称为银行保险。

对银行来说，该业务属于银行的中间业务，是银行借助自身良好的信用形象和接触潜在客户的便利，代替保险公司办理保险业务，从中获取手续费的一种服务。

对保险公司来说，这种业务是保险营销业务，银行和邮政机构是其重要的销售渠道。

2. 银行保险的含义

（1）狭义的银行保险：是指保险公司通过银行和邮政网点、基金组织以及其他金融机构，依靠传统销售渠道和现有客户资源销售保单、代收代付保险费和保险金等，属于保险兼业代理。

（2）广义的银行保险：包含狭义的银行保险，还包括银行、邮政等金融机构通过其保险分公司向自己的客户出售保险产品、向不属于自己的客户出售保险产品；保险公司向自己的客户出售其下属银行、邮政等金融机构的银行产品、邮政产品等，向不属于自己的客户出售银行产品等。

银行保险是在不断发展中的，具有动态性，合作范围越来越广，越来越紧密。

（二）银行保险的起源

在20世纪80年代，西方国家金融领域出现一个新单词"bancassurance"，即银行保险。通过银行网点销售保险产品是荷兰人首创的，但在法国得到了发展。1973年法国已有两家保险机构在保险销售的方式上进行了重大改革，开始运用自己的银行（母公司）的网点销售保险产品。一家是法国农业信贷银行和农业保险互助会合资成立的保险公司Soravie，另一家是法国巴黎巴银行（Paribas）下属的一家银行保险公司。所以一般认为银行保险真正出现在20世纪80年代的欧洲，后来迅速发展起来。

【资料信息】

新华人寿保险公司红双喜盈宝顺两全保险（分红型）案例演示

一位40岁女士，为自己挑选了红双喜盈宝顺，每年交费5万元，共交5年，保障期间10年，基本保险金额为253 650元。

保险责任如下：

（1）最高公共交通工具意外身故或身体全残保障：

$$3 \times (253\,650\,元 + 累积红利保险金额) + 终了红利$$

（2）最高意外身故或身体全残保障：

$$2 \times (253\,650\,元 + 累积红利保险金额) + 终了红利$$

（3）最高疾病身故或身体全残保障：

$$1.05 \times (253\,650\,元 + 累积红利保险金额) + 终了红利$$

（4）生存保险金：从45岁开始，她每年可以领取3 000元（首年保费的6%），如不领取，还可在专设累积生息账户中复利累积，获得更好的收益。

（5）满期保险金：她将获得基本保险金额253 650元 + 累积红利保险金额的满期保险金，同时还有终了红利给付，作为养老健康基金。

（6）累积生息账户：生存保险金自动进入累积生息账户，按累积利率以月复利形式进行积累。若有急需，每年可免费领取一次（剩余金额不低于100元），未领取部分仍可继续复利累积。

【课堂小讨论】

在银行、邮政网点，搜集银行保险宣传资料的前提下，比较不同保险公司的银行保险产品，从中选择性价比稍好的银行保险产品。

（三）银行保险的特征

1. 银行保险设计上比较简单。其产品构成基本是由定期两全保险加上分红的因素而成，具有储蓄性和理财功能，通常还包含普通意外伤害和交通意外伤害责任。有些寿险公司在前述主险上附加重大疾病保险，大大提高了产品的保障功能。

2. 银行保险一般不体检，操作简便，成本低，服务人性化。银行保险产品一般对核保要求不高，购买手续也很简便，客户只要到银行柜台填好投保单、提供银行存折（储蓄卡）账号或转账号码就可以完成投保过程。国外的银行保险可以结合多项金融产品（信用卡、汽车贷款、住房贷款等）组合销售，且保费又可以通过信用卡或账户定期扣款。明确的扣款机制缩短了收款时间，操作起来十分简便。

3. 银行保险创造了多赢的局面。对银行来说，增加了手续费的收入，为客户提供了一站式金融服务，防止资金流失，稳定了客户群；对客户来说，丰富了理财方式，拥有了多重保障，服务人性化；对保险公司来讲，利用了银行众多的服务网点和丰富的客户资源，拓宽了销售渠道，增加了业务量。

4. 银行保险发展较快，2009 年银行保险业务占整体寿险业务的 50% 左右，但是也容易发生误导客户的现象，应加强对银行和保险公司相关工作人员的培训，加强监管，杜绝误导。

【延伸阅读】

保监会、银监会联合发布《商业银行代理保险业务监管指引》

本报北京 3 月 13 日讯　记者张兰报道　中国保监会和中国银监会今天联合发布《商业银行代理保险业务监管指引》（以下简称《监管指引》），要求保险公司和商业银行建立重大事件联合应急处理机制，应对商业银行代理保险业务中出现的群访群诉、群体性退保等事件，同时在客户投诉、退保等事件发生的第一时间积极处理，实行首问负责制，不得相互推诿，避免产生负面影响，使事态扩大。

近年来，我国商业银行代理保险业务发展迅速，银行代理渠道逐渐成为人身保险销售的重要支柱。据统计，通过银行渠道获得的保费收入已占人身保险保费总量的近 50%。但由于部分保险公司和银行盲目追求规模，对销售人员培训不到位，对销售过程和业务品质管理粗放，致使有些销售人员受利益驱动而屡屡误导消费者，"存单变保单"的事件时有发生，消费者权益受到了严重损害。

"诸如销售误导类的问题客户投诉比较集中，社会反映强烈，如不妥善整治，不仅会对银保市场的可持续发展造成负面影响，还会影响保险业和银行业的声誉。"保监会有关部门负责人称，出台《监管指引》的目标就是为了保护保险消费者合法权益，从规范银保市场秩序、加快银保发展方式转变入手，促进银保业务健康可持续发展。

《监管指引》规定，保险公司和商业银行应当结合自身及对方的资本状况、资产规模、管控能力等因素审慎选择合作对象，合理确定合作对象的范围和数量。单一商业银行代理网点与每家保险公司的连续合作期限不得少于一年。对保险公司与商业银行网点已经中止合作的情况，商业银行应配合保险公司做好满期给付、退保、投诉处理等保单后续服务。

此外，保险公司委托商业银行销售的保险产品，应当是按照中国保监会保险产品审批备案管理的有关规定，经过中国保监会审批或备案的保险产品。保单封面主体部分必须以显著的字体印有"保险单"或"保险合同"字样、保险公司名称等内容。

针对销售人员的误导销售和错误销售行为，《监管指引》明确规定，销售人员不得将保险产品与储蓄存款、银行理财产品等混淆，不得使用"银行和保险公司联合推出"、"银行推出"、"银行理财新业务"等不当用语，不得套用"本金"、"利息"、"存入"等概念，不得将保险产品的利益与银行存款收益、国债收益等进行片面类比，不得夸大或变相夸大保险合同的收益，不得承诺固定分红收益。商业银行网点及其销售人员不得以中奖、抽奖、送实物、送保险、产品停售等方式进行误导或诱导销售。

值得关注的是，《监管指引》要求商业银行根据保险产品的复杂程度区分不同的销售区域。

其中，投资连结保险产品将不得通过商业银行储蓄柜台销售，也不得销售给未经过风险测评或风险测评结果显示不适合的客户。

对于保单期限和缴费期限较长、保障程度高、产品设计相对复杂以及需较长时间解释说明的保险产品，《监管指引》规定，商业银行须积极开拓理财服务区、理财专柜、财富中心、私人银行等专门销售区域，通过对销售区域和销售队伍的控制，提高销售品质，将合适的产品通过合适的人员销售给合适的客户。

（资料来源：《金融时报》，2011 - 03 - 14。）

（四）银行保险的运营模式

1. 合作一方的销售渠道获准进入另一方的客户群

银行和保险公司签订销售协议，银行将全部或部分客户信息提供给关系良好的保险公司，由保险专业销售团队为这些客户提供保险服务。但是这种方法很少被采用，因为银行涉嫌泄露客户资料的法律责任，又不太容易分享经营成果。

2. 银行柜台代销保险产品

银行作为保险公司的指定兼业代理人，双方签订销售协议，由银行柜台在办理自己业务时，顺便推荐理财型保险产品。如果客户需要进一步了解，可到理财柜台由银行理财经理或保险公司的银行渠道专管员具体讲解和办理业务。这种方式为我国现阶段普遍采用。

3. 战略联盟

战略联盟是指银行和保险公司实现战略合作，业务范围由"协议合作"阶段的网点销售扩展到联合开发产品，融资合作，并建立统一的操作平台等，实现双方业务渗透、优势互补、互惠互利、共同发展的新格局。这种方式需要一个成熟的金融市场做基础、复合型人才作保证。

4. 银行和保险公司互相参股

一个公司的成员可以成为另一个公司的董事，这种在董事会和高级管理层上的利益渗透对银行保险的成功可以产生巨大的影响。当前银行只能和三家保险公司有代理寿险产品协议，选择合作对象时，会优先考虑其参股的保险公司。

5. 收购或合并

银行可以通过收购保险公司而进入保险领域，实力雄厚的保险公司也可以收购银行。收购与合并方式类似，合并方式下银行与保险公司均具有发展银行保险、推行多元化的战略意图。

6. 一家集团公司同时拥有银行和保险公司

一个金融集团既拥有银行，又拥有保险公司，对今后银保的深度合作很有好处，关键在于管理水平。

不论是以银行为主的营销模式，还是以保险公司为主的营销模式，银保合作的方式会越来越多，共同利益是基础，为客户提供便捷的全方位金融服务是宗旨，专业人才是关键，行业监管与内部管理是保证。

【本章小结】

人寿保险	人寿保险的概念和分类	人寿保险是人身保险中最基本、最主要的种类，它是以被保险人的身体和寿命为保险标的，以被保险人死亡或生存为保险事故的人身保险业务。人寿保险按保险事故分类分为死亡保险、生存保险、两全保险；按缴费方式分类分为趸缴保费保险、分期缴费保险；按被保险人的数量分类分为个人人寿保险、团体人寿保险、联合人寿保险；按是否分红分类分为分红保险、不分红保险；按保险单是否有创新分类分为传统的人寿保险、创新人寿保险。
	普通人寿保险	普通人寿保险的基本形态包括三大类：死亡保险、生存保险和两全保险。死亡保险是以被保险人死亡为保险金给付条件的保险。生存保险是指被保险人生存至保险期满，保险人给付保险金的一种人寿保险。两全保险是指被保险人无论在保险期内死亡还是生存至保险期满，保险人都给付保险金的一种人寿保险。
	特种人寿保险	特种人寿保险的形式主要有年金保险、子女保险、老年人寿保险、弱体人寿保险、简易人寿保险等。年金保险是一种特殊的生存保险，是指在被保险人生存期间，按合同的规定，每隔一定的周期支付一定的保险金给被保险人的一种保险。子女保险是以子女作为被保险人，由其父母或扶养人作为投保人的人寿保险。弱体人寿保险是以身体有缺陷或从事危险职业的人作为被保险人的人寿保险。简易人寿保险是为低收入阶层获得保险保障而开办的险种。它是一种小额的、免验体的、具有两全性质的保险。
	现代人寿保险	现代人寿保险是在传统寿险产品基础上创新而产生的新型人寿保险，较为常见的有：分红保险、变额寿险、万能寿险和变额万能寿险。分红保险是被保险人可以参与保险公司盈余分配的一种保险产品。变额寿险是死亡保险金和现金价值随投资账户资金的投资业绩波动的保险产品。万能寿险是一种缴费灵活、保额可调整、非约束性的寿险。变额万能寿险是融合了变额寿险的保险金额及投资灵活性和万能寿险的保费缴纳灵活性而形成的新险种。

续表

人寿保险	综合型寿险产品	综合型人寿保险是指由几种单一责任组成的保险责任宽泛的人寿保险，像一个套餐，能满足人们的多种需求。重大疾病保险和银行代理的保险产品都是这类人身保险产品。 重大疾病保险，俗称重疾险，是指当被保险人在保险合同有效期间内罹患合同所指定的重大疾病（如心脏病、癌症等）时由保险人按合同的约定给付保险金。重大疾病保险属于健康保险中疾病保险的一种，也有死亡保险的责任。 银行保险：就是由银行、邮政、基金组织和其他金融机构与保险公司合作，通过共同的销售渠道向它们的客户提供其他产品和服务。现阶段我国称其为银保合作。银行保险主要是由两全保险加上分红保险的元素组成，一般还有意外伤害双倍和交通意外三倍赔付的规定。

【课后习题】

1. 简述人寿保险的概念和特点。

2. 人寿保险的业务种类有哪些？

3. 简述普通人寿保险主要产品的承保范围。

4. 对比现代人寿保险与传统人寿保险的责任范围，说明它们有哪些主要区别？

5. 试述变额人寿保险、万能人寿保险与变额万能人寿保险的区别。

6. 银行保险有哪些合作方式？

第五章

人身意外伤害保险

【教学目的】

通过本章的教学，使学生在人寿保险的基础上进一步学习意外伤害保险，明确人身意外伤害保险的概念、特点和种类；深刻理解和把握人身意外伤害保险的保险责任判定、保险金给付及其具体规定；了解我国目前意外伤害保险常见品种的基本内容。从而进一步明确意外伤害保险是我国人身保险的三大险种之一，加深对意外伤害保险在整个社会生活中重要作用的理解。

【教学内容】

意外伤害保险是人身保险业务的重要组成部分。由于意外伤害保险在保险期限、费率计算和责任准备金提存等方面与财产保险有相似之处，有些国家把意外伤害保险归类于非寿险。目前，我国保险法规已明确产险公司可以经营短期意外伤害保险，这为我国意外伤害保险的发展创造了更好的条件。本章介绍了意外伤害保险的基本原理和基本业务内容以及我国目前意外伤害保险的常见品种。

【教学重点难点】

意外伤害的含义和构成条件；意外伤害保险的概念、特点和分类；人身意外伤害保险与人寿保险的区别；人身意外伤害保险与人身伤害责任保险的区别；意外伤害保险的承保项目、保险责任和给付方式。

【关键术语】

意外伤害　人身意外伤害保险　责任期限　死亡　残疾

【本章知识结构】

人身意外伤害保险 {

人身意外伤害保险概述 {

意外伤害保险的含义 {
意外伤害的构成
意外伤害保险的概念
}

意外伤害保险的特点 {
与人寿保险的区别
与人身伤害责任保险的区别
}

意外伤害保险的分类 {
按照保险对象分
按保险承保风险分
按照实施方式分
按照保险期限分
按照保险承保的责任分
}

}

}

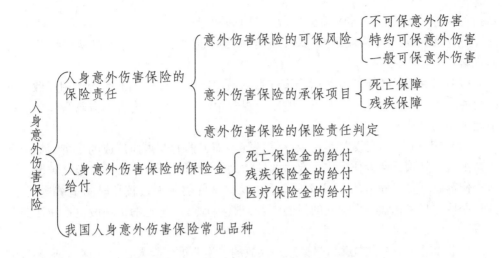

第一节　人身意外伤害保险概述

【案例引入】

被保险人邢某投保了福寿安康保险,其中,疾病死亡保险金额 10 万元,意外伤害保险事故死亡保险金额 30 万元。在保险期限内的某日,被保险人突然晕倒,经医院抢救无效死亡,医院诊断为突发性脑血管破裂出血。被保险人家属要求保险公司按照意外事故死亡给付 30 万元。经调查,被保险人生前有高血压等既往病史,且事发当时被保险人坐在办公桌前打电话,突然头部侧落,脸色苍白,由同事送往医院进行抢救。在整个事件过程中,没有任何外来的因素导致事故的发生。本案明显不符合构成意外伤害事故中"外来"的条件,这说明事故发生的直接原因来自被保险人身体方面,属于疾病的范畴。所以,保险公司应按照疾病死亡给付保险金额 10万元。

一、意外伤害保险的含义

(一) 意外伤害的构成

意外伤害是指在被保险人没有预见到或违背被保险人意愿的情况下,突然发生的外来致害物对被保险人的身体明显、剧烈地侵害的客观事实。意外伤害包含"意外"和"伤害"两个必要条件。

目前,我国寿险公司条款中通常对"意外伤害"的界定是:"意外伤害"是指遭受外来的、突发的、非本意的、非疾病的使被保险人身体受到剧烈伤害的客观事件。

1. 意外

"意外"是针对被保险人的主观状态而言,它是指伤害事件的发生是被保险人事先没有预见到的,或伤害事件的发生违背了被保险人的主观意愿。意外事故,既是伤害的直接原因,也是被保险人或受益人主张保险给付的根据。"意外事故"

是指外来的、突然的、非本意的事故。只有同时具备"外来"、"突然"、"非本意"三个条件，才能构成意外伤害保险合同的保险事故。具体可以从以下几个方面理解：

（1）外来性。"外来"是指伤害纯系由被保险人身体外部的因素作用所致，如因交通事故、不慎落水、遭雷击、蛇咬、煤气中毒等。如果伤害由自己身体的疾病引起则不属意外事故。

（2）突发性。"突发"是指人体受到强烈而突然的袭击而形成的伤害。如果伤亡系由被保险人长期劳作损伤所致，如地质勘探工作者、运动员长年运动致腰及关节损伤等就不是意外事故；或者伤害系由某些事件的原因在较长时间里缓慢发生，如长期接触某类化学物质引起的慢性中毒，这些是可以预见的，一般也不属于意外伤害。

（3）非本意。"非本意"是指意外事故的发生非被保险人事先能够预见得到的，或者意外事故的发生违背了被保险人的主观意愿，即伤害事件的发生是被保险人事先所不能预见或无法预见的，或者虽然被保险人能够事先预见到，但由于被保险人的疏忽而没有预见到，如飞机失控、海轮遇难等，或者伤害事件的发生即便被保险人能够预见到，但在技术上已不能采取措施避免，或者虽然可以采取措施避免，但由于法律或职责上的规定，不能躲避的情形，如公安干警执行公务。

2. 伤害

"伤害"是指被保险人的身体受到外来致害物侵害的客观事实。"伤害"由致害物、侵害对象、侵害事实三个要素构成，三者缺一不可。

（1）致害物，是指直接造成伤害的物体或物质。没有致害物，就不可能构成意外伤害。按照致害物进行分类，"伤害"一般分为：器械伤害、自然伤害、化学伤害和生物伤害等。与健康保险中的疾病保险承保被保险人身体内部形成的疾病不同，在意外伤害保险中，只有致害物是外来的时，才被认为是伤害，凡是在体内形成的疾病对被保险人身体的侵害不能构成意外伤害。

（2）侵害对象，是指致害物侵害的客体。在意外伤害保险中，只有致害物侵害的对象是被保险人的身体时，才能构成伤害，即这里的"伤害"必须是身体或生理上的伤害。这里的"身体"是指一个人的生理组织的整体，有时专指躯干和四肢。人工装置以代替人体功能的假肢、假眼、假牙等不是人身躯体的组成部分，不能作为意外伤害保险的保险对象。目前，保险公司对精神伤害还不能归结到意外伤害当中。

（3）侵害事实，是指致害物以一定的方式破坏性地接触、作用于被保险人身体的客观事实。如果致害物没有接触或作用于被保险人的身体，就不能构成伤害。伤害分为物理、化学和生物等方面的原因，法医学中侵害的方式有：碰撞、撞击、坠落、跌倒、坍塌、淹溺、灼烫、火灾、辐射、爆炸、中毒、触电、掩埋、倾覆等多种。

致害物、侵害对象、侵害事实三者之间必须存在因果关系，即须存在致害物以一定的方式破坏性地作用于被保险人身体的客观事实，意外事故的发生与伤害结果之间存在因果关系。

（二）意外伤害保险的概念

意外伤害保险是在保险合同有效期内以意外伤害而致被保险人身故或残疾为给付保险金条件的人身保险。具体包括三个要点：

1. 客观上必须有意外事故发生，事故原因为意外的、偶然的、不可预见的；

2. 被保险人必须有因客观事故造成人身死亡或残疾的结果；

3. 意外事故的发生和被保险人遭受人身伤亡的结果之间存在着内在的、必然的联系，即意外事故的发生是被保险人遭受伤害的原因，而被保险人遭受伤害是意外事故的必然后果。

被保险人突然死亡且原因不明，或未经医学鉴定，证实其死因为意外伤害所致的，不能构成意外伤害保险的保险金给付责任。

【案例分析】

某公司采购员刘某于 1999 年 11 月 25 日至江西一旅馆住宿，室内标有"请勿吸烟"的标志，但刘某仍在床上抽烟。疲劳至极的刘某很快入睡，手中的烟头掉落在棉絮上引起火灾。刘某的皮肤被大面积灼伤，花去医药费 2 000 余元。事后刘某持 3 个月前购买的意外伤害附加医疗保险单和其他有关单据向保险公司索赔。

围绕此案的赔付问题，保险公司展开了激烈的争论。一种意见认为，旅馆明确禁止室内抽烟，但刘某违反规定抽烟，构成过失责任。由此造成的一切后果，保险公司概不负责，否则就有纵容违规违纪现象的倾向。另一种意见认为，刘某事先应该能预见到吸烟将会导致严重后果，因而事故的发生不属"意外"，不构成保险责任。第三种意见认为，虽然刘某不顾规定抽烟，但他并没有故意造成火灾将自己烧伤的主观愿望。而且火灾是在其熟睡后发生的，当时他处于无意识状态，客观上已无法预见或采取措施避免火灾的发生。退一步讲，即使刘某知悉抽烟可能导致的严重后果，其行为也肯定是建立在自己能控制事态的自信基础之上的。如果抽烟必会带来火灾，刘某是肯定不会抽烟的。至于很快入睡以致烟头掉落则是始料未及的，最多也只能是"疏忽"，但由于疏忽而没预见到仍属意外范畴，保险公司应予赔付。

［解析］

此案争议的焦点在于这起火灾事故是否属于意外事故。"意外"指伤害的发生是被保险人事先没有预见到的或伤害的发生违背被保险人的主观意愿。被保险人事先没有预见到伤害的发生，指不能预见或无法预见，也包括事先应该能够预见，但由于疏忽而没有预见到。由此看来，第三种意见的立足点是正确的。前两种意见站在第三者的角度进行分析，乍一看似乎非常有理。而且对于类似的事故，我们的第一反应往往是集中在当事人的违规行为上，从而得出保险公司不应赔付的结论。事实上，意外伤害保险中的"意外"是相对于被保险人的主观状态而言的。刘某虽然违反规定抽烟，负有一定责任，但他并没有造成火灾的主观意愿，事故的发生在我们看来是偶然中的必然，但对刘某来说则是始料不及的意外事故。

［启示］

同一事故从不同角度出发往往有不同的结论。分析意外伤害保险事故，要从被保险人的主观状态出发。凡是违背被保险人意愿或是被保险人事先没有预见到的事故，属于外来的、突然发生的、非本意的、非疾病的使身体受到伤害的客观事件，均属意外事故，保险公司负有赔偿责任。在分析每一起复杂的保险案例中，保险公司应运用法理逻辑结构理论分析隐藏于纷繁复杂的表象下的各种法律关系，把握保险纠纷的真正焦点和所适用的相关法律。

二、意外伤害保险的特点

（一）人身意外伤害保险与人寿保险的区别

1. 承保条件不同

相对于其他人身保险业务而言，人身意外伤害保险的承保条件一般较宽，高龄者可以投保，而且对被保险人不必进行体格检查。人身意外伤害保险承保被保险人因外来、突发性意外事故导致的身体残疾或死亡的保险金给付，其可保风险与职业、工种有关。人寿保险则是以被保险人在一定时期的生存或死亡为保险金的给付条件，与被保险人的年龄关系密切。

2. 保险期限不同

人身意外伤害保险大多属短期保险，一般不超过一年。但是，人身意外伤害造成的后果有时却需要经过一定时间以后才能确定，因此，人身意外伤害保险一般有一个关于责任期限的规定，即只要被保险人遭受意外伤害的事件发生在保险期限内，自遭受意外伤害之日起的一定时期内即责任期限内（通常为 90 天、180 天）造成死亡或残疾的后果，保险人要承担给付保险金的责任。人寿保险则是承保期限较长，少则一年，长则终身。

3. 保险金给付方式不同

人身意外伤害保险和人寿保险都是采取定额给付方式，保险合同都是给付性质的。但人身意外伤害保险的保险金给付主要分为死亡给付和伤残给付两种方式。当被保险人死亡时，保险人依照保险合同条款中的约定如数给付死亡保险金；残疾保险金给付较为复杂，残疾保险金数额须依据被保险人的残疾程度、保险金额的一定百分比计算给付（参见"人身保险残疾程度与保险金给付比例表"），当残疾保险金给付未达到给付的最高限额时，保险合同继续有效。而人寿保险合同的定额给付不存在比例给付规定，只要是被保险人在合同约定的时间生存或死亡，保险人按合同约定履行给付保险金义务后，合同即告终止。

4. 保险费计算和责任准备金计算不同

人身意外伤害保险的纯保险费率根据保险金额损失率计算，其保险费率的厘定一般不需要考虑被保险人的年龄、性别等因素。因为遭受意外伤害的概率主要取决于被保险人的职业、工种或所从事的活动，与被保险人的年龄、性别、健康状况无必然的、内在联系。在其他条件相同的情况下，被保险人的职业、工种、所从事活动的危险程度越高，应交的保险费就越多。同时，人身意外伤害保险的保险费为一次缴清，而人寿保险的保险费多为分期缴纳。

由于人身意外伤害保险的纯保险费率计算原理与非寿险相同，责任准备金的计算也采用非寿险的计提原理，即按当年保险费收入的一定百分比（如50%）计算。

5. 业务性质不同

人身意外伤害保险是短期性业务，属于保障性业务，与人寿保险业务的长期性不同。人寿保险具有储蓄性、分红性或投资性，保险单具有现金价值，保险单通常可以办理抵押贷款。

（二）人身意外伤害保险与人身伤害责任保险的区别

在明确意外伤害保险与人寿保险的区别之外，还应注意人身意外伤害保险与人身伤害责任保险的界定。虽然二者都是在发生人身伤害事故时由保险人给付保险金的业务，但是人身意外伤害保险是人身保险业务中的一种，而人身伤害责任保险是财产保险中责任保险的一种。根据《关于界定责任保险和人身意外伤害保险的通知》（保监发〔1999〕245 号）中的界定原则，二者的区别可从以下几方面界定：

1. 保险标的不同

人身意外伤害保险的保险标的是被保险人的身体或生命；人身伤害责任保险的保险标的是被保险人对他人依法应承担的民事赔偿责任。

2. 保障范围不同

人身意外伤害保险不论事故的起因，凡属于保险责任范围内的事故造成被保险人死亡、伤残，保险人均负责赔偿；人身伤害责任保险则只有当被保险人依据法律对第三者负有法律赔偿责任时，保险人才履行赔偿责任。

3. 适用的赔偿原则和赔偿金额的确定方式不同

人身意外伤害保险适用定额给付原则，赔偿金额是根据保险合同中规定的死亡或伤残程度给付标准来给付保险金；人身伤害责任保险适用补偿原则，保险赔偿是以被保险人依照法律或合同对第三者的人身伤害承担民事赔偿责任为依据，赔偿金额以保险单规定的被保险人应对第三者负责的赔偿限额为最高限额。

4. 合同主体不同

人身意外伤害保险的投保人既可以为自己投保，也可以为与其有保险利益的其他自然人投保，投保人与被保险人可以为同一人（此时被保险人为缴费义务人），也可不为同一人（此时被保险人不是缴费义务人）；人身伤害责任保险的投保人与被保险人一般为同一人，同时也是缴费义务人。

人身意外伤害保险的被保险人只能是自然人，是可能遭受意外伤害的人；人身伤害责任保险的被保险人可以是自然人，也可以是法人，是可以承担民事赔偿责任的人。

三、意外伤害保险的分类

（一）按照保险对象不同可以分为个人意外伤害保险和团体意外伤害保险

1. 个人意外伤害保险

个人意外伤害保险是以个人作为保险对象的各种意外伤害保险，如"中小学生平安保险"、"投宿旅客意外伤害保险"、"人身意外伤害综合保险"等。这类险种的主要特点是保险费率低，而保障程度较高，投保人只要缴纳少量的保险费，即可获得较大程度的保障。

2. 团体意外伤害保险

团体意外伤害保险是以团体为保险对象的各种意外伤害保险。团体意外伤害保险是我国意外伤害保险中最主要和最基本的险种。中国人寿保险公司开办的普通团体意外伤害保险险种很多，如"国寿团体人身意外伤害保险"、"建筑工程团体人身意外伤害保险"等。团体意外伤害保险的基本特点为：以投保人单位为投保人；用对团体的选择取代了对个别被保险人的选择；规定最低保险金额；保险费率低，工作性质不同可采用不同的费率标准。

（二）按保险承保风险不同可以分为普通意外伤害保险和特种意外伤害保险

1. 普通意外伤害保险

普通意外伤害保险又称一般意外伤害保险。该保险是以意外事故造成被保险人死亡或伤残为保险责任，但不具体规定事故发生的原因和地点。这类意外伤害保险是为被保险人在日常生活中因一般风险导致的意外伤害而提供保障的一种保险。在实际业务中，大多意外伤害保险均属普通意外伤害保险，如我国现开办的"团体人身意外伤害保险"、"个人人身意外伤害保险"、"学生团体意外伤害保险"等。这类险种属于意外伤害保险的主要险种，其主要特点是：保险费率低，承保一般可保的意外伤害。

2. 特种意外伤害保险

特种意外伤害保险是指以特定时间、特定地点或特定原因而导致的意外伤害事件的保险，该保险与普通意外伤害保险相比较特殊，故称为特种意外伤害保险，其种类主要有旅行意外伤害保险、交通事故意外伤害保险、电梯乘客意外伤害保险及特种行业意外伤害保险等。这类险种的主要特点是：承保危险较广泛；保险期限短；意外伤害的概率较大。在实际业务中，大多采取由投保方和保险方协商一致后临时签订协议的方式办理。

（三）按照实施方式不同可以分为法定意外伤害保险和自愿意外伤害保险

1. 法定意外伤害保险

又称强制意外伤害保险，是政府通过颁布法律、行政法规、地方性法规强制施行的人身意外伤害保险。强制保险是基于国家保险法令的效力构成的被保险人与保险人的权利和义务关系。我国从 2013 年 1 月 1 日起废止了铁路旅客人身意外伤害保险，改为自愿投保。一些地方政府为了提高广大群众的保障水平，由财政出资结合单位部分自筹保险费，通过招标方式向商业保险公司购买服务，出现了"老年人乘坐公交车船意外伤害保险"、"环卫工人意外伤害保险"等团体意外伤害保险。

2. 自愿意外伤害保险

自愿意外伤害保险是投保人和保险人在自愿基础上通过平等协商订立保险合同的人身意外伤害保险，即由投保人根据自己的意愿和需求投保的意外伤害保险。我国目前开办的意外伤害保险的险种绝大多数都属于自愿形式，如"个人人身意外伤害保险"、"航空旅客意外伤害保险"等，均采取自愿形式投保。

（四）按照保险期限不同可以分为长期意外伤害保险和短期意外伤害保险

1. 长期意外伤害保险

长期意外伤害保险是指保险期限超过一年的意外伤害保险。

2. 短期意外伤害保险

短期意外伤害保险一般是指保险期限为一年的人身意外伤害保险业务，可以分为一年期和极短期两种保险。在人身意外伤害保险中，一年期意外伤害保险占大部分。保险公司目前开办的个人人身意外伤害保险、附加意外伤害保险等均属一年期意外伤害保险。短期意外伤害保险大多是普通意外伤害保险。

极短期意外伤害保险是指保险期限不足一年，只有几天、几小时甚至更短时间的意外伤害保险。我国目前开办的公路旅客意外伤害保险、旅游保险、索道游客意外伤害保险、游泳池人身意外伤害保险、大型电动玩具游客意外伤害保险等，均属极短期意外伤害保险。极短期意外伤害保险大多是特种意外伤害保险。

（五）按照保险承保的责任不同可以分为意外伤害死亡残疾保险、意外伤害医疗保险、综合性意外伤害保险和意外伤害收入损失保险

1. 意外伤害死亡残疾保险

意外伤害死亡残疾保险是指保险人仅以被保险人遭受意外伤害而致死亡或残疾为保险金给付条件一种保险。

2. 意外伤害医疗保险

意外伤害医疗保险是指当被保险人由于遭受意外伤害需要治疗时，保险人给付医疗保险金的一种保险。

3. 综合性意外伤害保险

综合性意外伤害保险是指保险人除了承担被保险人因意外伤害的身故保障、残疾保障之外，还提供意外医疗保险金，即在普通意外伤害保险的基础上扩大了保障范围的一种保险。如太平洋人寿的"世纪行差旅出行保障卡"、平安人寿"航空平安卡"，以及中国人寿的"综合交通意外险"等，这类都是综合性的出行意外伤害保险，涵盖了被保险人出行的方方面面，可以全面取代出外旅游的旅游保险和航空意外险，也可以作为保户平时工作和生活中的交通意外保险。具有投保范围广、保障全面的特点，既保障意外死亡，又保障意外伤残和医疗。

4. 意外伤害失能收入损失保险

意外伤害收入损失保险是指当被保险人由于遭受意外伤害暂时丧失劳动能力不能工作时，保险人给付误工损失保险金的一种保险。由于薪金标准不好掌握，故目前我国这类险种并不多见。

第二节　人身意外伤害保险的保险责任

一、意外伤害保险的可保风险

人身意外伤害保险承保的风险是意外伤害，但是，并非一切意外伤害都是意外伤害保险所能承保的。意外伤害按照是否承保一般可以分为不可保意外伤害、特约可保意外伤害和一般可保意外伤害三类。

（一）不可保意外伤害

不可保意外伤害可以理解为意外伤害保险的除外责任，即从保险原理上讲，保险人不应该承保的意外伤害。不可保意外伤害一般是指被保险人因违反法律规定和社会公共道德规范而引发的道德风险，保险人一般不承担这类风险的给付责任。

1. 被保险人在犯罪活动中所遭受的意外伤害。意外伤害保险不承保被保险人在犯罪活动中受意外伤害的原因是：第一，保险只能为合法的行为提供经济保障，只有这样保险合同才是合法的，才具有法律效力。一切犯罪行为都是违法行为，所以，对被保险人在犯罪活动中所受的意外伤害不予承保。第二，犯罪活动具有社会危害性，如果承保被保险人在犯罪活动中所受的意外伤害，即使该意外伤害不是由犯罪行为直接造成的，也违反社会公共利益。因此，一旦承保则违反法律的规定或违反社会公共利益。

2. 被保险人在寻衅殴斗中所受的意外伤害。寻衅殴斗是指被保险人故意制造事端挑起的殴斗。寻衅殴斗不一定构成犯罪，但具有社会危害性，也属于违法行为，因而不能承保，其道理与不承保被保险人在犯罪活动中所受意外伤害相同。

3. 被保险人在酒醉、吸食（或注射）毒品（如海洛因、鸦片、大麻、吗啡等麻醉剂，兴奋剂，致幻剂）后发生的意外伤害。酒醉或吸食毒品对被保险人身体的损害，是被保险人的故意行为所致，故不属意外伤害。

4. 被保险人的自加伤害和自杀行为造成的意外伤害。保险人仅承担外来的、偶然的、突发性事件导致被保险人的意外伤害，被保险人的自加伤害和自杀行为属于故意行为，其所导致的结果保险人也不予负责。

对于不可保的意外伤害，在意外伤害保险条款的除外责任中通常应明确列明。

（二）特约可保意外伤害

特约可保意外伤害是指从保险原理上讲可以承保的，但是，保险人往往考虑到意外伤害的概率大且保险责任不易区分或限于承保能力，将特约可保意外伤害列为普通意外伤害保险的除外责任，不予承保。被保险人确实需要投保的，可选择特种意外伤害保险或在办理普通意外伤害保险的基础上经与保险人特别约定，在保险单上以特别批注的方式，并另外加收保险费后予以承保。特约可保意外伤害一般包括：

1. 战争造成的意外伤害。由于战争使被保险人遭受意外伤害的风险过大，保险公司一般没有能力承保。战争是否爆发、何时爆发、会造成多大范围的人身伤害，往往难以预计，保险公司一般难以拟定保险费率。

2. 被保险人从事登山、跳伞、滑雪、江河漂流、赛车、拳击、摔跤等剧烈的体育活动或比赛中造成的意外伤害。被保险人从事上述活动或比赛时，会使其遭受意外伤害的概率大大增加，因而保险公司一般不予承保。

3. 核辐射造成的意外伤害。核辐射造成人身意外伤害的后果，一般在短期内不能确定，而且如果发生大的核爆炸时，会造成较大范围内的人身伤害。从技术上和承保能力上考虑，保险公司一般也不承保。

4. 医疗事故造成的意外伤害。如医生误诊、药剂师发错药品、检查时造成的损伤、手术切错部位等，这类意外伤害可归属健康类保险，所以，保险公司在普通意外伤害保险中不承保医疗事故造成的意外伤害，但有的保险产品将医疗事故作为附加险承保。

有许多特约可保意外伤害都属于可保风险，包括在我国的特种意外伤害保险中，如"游泳者意外伤害保险"、"执法人员团体人身意外伤害保险"、"索道游客意外伤害保险"、"电梯乘客意外伤害保险"以及体育赛事或特殊活动等保险。此外，保险公司在承保特种行业人员从事高危险职业中发生意外事故也属于特约可保意外伤害，所以，这些特殊活动、特殊行业办理意外伤害保险要与保险公司单独协商订立保险合同或协议。

（三）一般可保意外伤害

一般可保意外伤害是指在一般情况下，对普通风险都给予承保的意外伤害，即剔除不可保意外伤害、特约可保意外伤害外，均属一般可保意外伤害。

其实，特约可保意外伤害与一般可保意外伤害之间并无绝对界限。随着科学技术的发展和保险承保能力的提高，某些危险程度较高、曾被列为特约可保意外伤害的活动，现在也成为一般可保意外伤害。例如，乘坐飞机危险较大，被保险人因飞机失事造成的意外伤害曾被列为意外伤害保险的除外责任，只有经过特别约定才能承保，但是现在，由于乘坐飞机较安全，被保险人因飞机失事造成的意外伤害不再列为除外责任，成为一般可保意外伤害。由此可见，意外伤害的三种划分具有相对性。

二、意外伤害保险的承保项目

人身意外伤害保险的承保项目通常有两个方面：

（一）死亡保障

被保险人因遭受意外伤害造成死亡时，保险人给付死亡保险金。

（二）残疾保障

被保险人因遭受意外伤害造成残疾时，按照不同伤残程度对应的给付标准，保险人给付残疾保险金。

在保险实务操作中，经常将意外险与健康保险组合销售，即将医疗费用保险以附加险方式与意外伤害保险一同承保，当被保险人因遭受意外伤害所支出的、符合有关规定可报销的医疗费用，保险人在扣除免赔额后，按一定比例给付医疗保险金。对于意外伤害保险来说，负责医疗费用是一种责任扩展，也是符合市场需求的产品组合方式。

三、意外伤害保险的保险责任判定

【课堂小讨论】

下列情况是否属于意外伤害？

1. 中暑、冻伤。

2. 小孩吃果冻被噎，窒息死亡。

3. 某人醉酒后被自己的呕吐物呛噎致死。

4. 消防队员在救火时牺牲。

（一）意外伤害保险的基本责任和派生责任

人身意外伤害保险的保险责任仅限于被保险人因意外伤害所致死亡或残疾，而不负责疾病所致的死亡。一般情况下，人身意外伤害保险以意外死亡和意外残疾为承保的主要内容。

意外死亡给付和意外伤残给付是人身意外伤害保险的基本责任，其派生责任包括医疗费用给付、误工给付、丧葬费给付和遗属生活费给付等责任。

需要注意的是，特种意外伤害保险的保险责任仅限于特定时间、特定地点或特定原因而造成的意外伤害。例如，"环卫工人意外伤害保险"的保险责任仅限于环卫工人在工作时间和地点发生的意外伤害事故。

（二）人身意外伤害保险的保险责任构成条件

1. 被保险人在保险期限内遭受了意外伤害

被保险人在保险期限内遭受意外伤害是构成人身意外伤害保险保险责任的首要条件。这一条件包括以下两方面的要求：

（1）被保险人遭受意外伤害必须是客观发生的事实，而不是臆想的或推测的。

（2）被保险人遭受意外伤害的客观事实必须发生在保险期限之内。

如果被保险人在保险期限开始以前曾遭受意外伤害，而在保险期限内死亡或残疾，不构成保险责任。

2. 被保险人在责任期限内死亡或残疾或支付了医疗费用

被保险人在责任期限内死亡或残疾，是构成人身意外伤害保险保险责任的必要条件之一。这一必要条件包括以下两方面的要求：

（1）被保险人死亡或残疾。被保险人遭受意外伤害后发生死亡或残障，例如肢体缺失、主要脏器失去功能或肢体遗存明显运动障碍等符合保险条款中约定残疾程度。

（2）被保险人的死亡或残疾发生在责任期限之内。责任期限是意外伤害保险和健康保险的特有概念，是指自被保险人遭受意外伤害之日起的一定期限（如90天、180天、360天等），如果被保险人发生死亡或残疾等保险事故的，保险人仍然应承担保险责任。在人寿保险和财产保险中，没有责任期限的概念。

如果被保险人在保险期限内遭受意外伤害，在责任期限内死亡，则显然已构成保险责任。但是，如果被保险人在保险期限内因意外事故下落不明，自事故发生之日起满二年、法院宣告被保险人死亡后，责任期限已经超过。为了解决这一问题，可以在意外伤害保险条款中订有失踪条款或在保险单上签注关于失踪的特别约定，规定被保险人确因意外伤害事故下落不明超过一定期限（如3个月、6个月等）时，视同被保险人死亡，保险人给付死亡保险金；如果被保险人以后生还，受领保险金的人应将保险金返还给保险人。

对于意外伤害造成的残疾来说，责任期限实际上是确定残疾程度的期限。如果被保险人在保险期限内遭受意外伤害，治疗结束后被确定为残疾，且责任期限尚未结束，当然可以根据确定的残疾程度给付残疾保险金。但是，如果被保险人在保险期限内遭受意外伤害，责任期限结束时治疗仍未结束，尚不能确定最终是否造成残疾以及造成何种程度的残疾，那么就应该以这一时点的身体状况酌情确定残疾程度，并按照这一残疾程度给付残疾保险金。以后，即使被保险人经过治疗痊愈或残疾程度减轻，保险人也不追回全部或部分残疾保险金。反之，即使被保险人加重了残疾程度或死亡，保险人也不追加给付保险金。

同理，对于持续性治疗所产生的医疗费用也应在责任期限范围内，并且以保险金额为最高限额，即医疗保险金累积给付已经达到保险金额时，保险合同责任终止。

3. 意外伤害是死亡或残疾或支付医疗费用的直接原因或近因

在人身意外伤害保险中，被保险人在保险期限内遭受了意外伤害，并且在责任期限内死亡或残疾，并不意味着必然构成保险责任。只有当意外伤害与死亡、残疾之间存在因果关系，即意外伤害是死亡或残疾的直接原因或近因时，才构成保险责任。意外伤害与死亡、残疾之间的因果关系包括以下三种情况：

（1）意外伤害是死亡或残疾的直接原因，即意外伤害事故直接造成了保险人死亡或残疾，成为被保险人死亡或残疾的直接原因时构成保险责任，保险人应该按照保险金额给付死亡保险金，或按照保险金额和残疾程度给付残疾保险金。

（2）意外伤害是死亡或残疾的近因，即意外伤害是造成被保险人死亡或残疾事件或一连串事件的最初原因，根据近因原则规定，意外伤害保险人必须对承保责任范围内的近因导致被保险人死亡或残疾的结果承担保险责任。这也是人身意外伤害保险与其他人身保险业务理赔方面的重要区别。

（3）意外伤害是死亡或残疾的诱因，即意外伤害使被保险人原有的疾病发作，从而加重后果，造成被保险人死亡或残疾。当意外伤害是被保险人死亡或残疾的诱因时，保险人不是按照保险金额和被保险人的最终后果给付保险金，而是比照身体健康者在遭受这种意外伤害后可能造成的后果给付保险金。

【案例分析】

1999 年 4 月 11 日，被保险人郭某（男）因患心肌梗塞住院接受治疗。在此之前，郭某所在单位为全体职工投保了"团体人身意外伤害保险"，每人保额 5 万元，保单中载明郭某之子为受益人。5 月 25 日，郭某病情稳定准备出院，却因琐事与同室患者发生争执而生气，突然死亡。被保险人之子即向保险人提出给付保险金，保险公司是否应该给付保险金？

（三）人身意外伤害保险责任的判定

在保险业务实践中，判定保险人是否承担意外伤害保险责任的实际操作，主要是依据意外伤害保险的构成要件是否齐全，三个要件缺一不可。另外应该注意到，被保险人预见到伤害即将发生时，在技术上已不能采取措施避免；或者被保险人已预见到伤害即将发生，在技术上也可以采取措施避免，但由于法律上或职责上的规定，不能躲避，这种情况也应该属于意外伤害保险的保险责任。例如消防队员和刑警在执行任务中受伤，如果按照其职业类别已投保了意外伤害保险，应该属于保险责任范围。

保险条款在描述保险责任时，采取的是概括式方法，即简单描述，并非一一列举，其实外延很宽泛。而对于除外责任，则采用列举式描述，虽然显得很多，其实可以理解为除了列出的不负责，其他情况都负责。

【阅读材料】

美国"9·11"恐怖风险与保险分析

（一）案件简介

2001年9月11日9时左右，一架客机径直朝着纽约最高建筑物和作为纽约市象征的世界贸易中心大楼冲去，撞击南塔后发生剧烈爆炸。十几分钟后，另一架飞机又撞上了贸易中心的北塔。几十分钟后，冒着浓烟和大火的南北双塔先后倒塌。当时该中心内大约5万人正在工作。美国美洲航空公司事后称，撞毁的飞机都属于该公司。据悉，一架飞机上有92人，另一架飞机上有64人。一个小时后，又有一架飞机撞在五角大楼并引发大火和爆炸，五角大楼一角被撞塌。这一系列事件发生后，美国政府下令全国进入高度戒备状态。美国总统布什发表讲话，称这是战争行为，并下令"对造成这些事件的凶手追查到底"。

（二）损失数额

据纽约州和纽约市共同聘请的顾问公司DRI－WEFA的估算，"9·11"造成的物质损失为600亿~700亿美元。"9·11"造成死亡人数约3 000人（纽约市推测为2 936人，瑞士再保险公司推测为约3 122人）；受伤约2 300人（瑞士再保险公司推测）。值得强调的是，世贸中心是群英荟萃之地，死伤的绝大多数都是美国和世界各国的金融和技术方面的精英，因此"9·11"恐怖袭击造成的人身损失已无法用简单的数字加以估量。

（三）保险业的对策分析——建立新恐怖风险的理念

按照常规，在美国的保险条款中恐怖风险是可保的。但"9·11"袭击以其空前的极端表现已超过了历史上发生过的恐怖风险，按照风险可保性的考核标准，它已明显突破了。因此，对"9·11"恐怖袭击是否属于保险责任产生了分歧。

第一种观点以美国总统布什为代表，他们从政治角度宣布了"9·11"袭击事件是"战争"。如果照此推论，保险公司将根据保险公司中列明的免除责任条款对有些索赔可以拒赔。美国综合险代理主管协会的执行董事伯尼·海因斯说：把"9·11"事件定义为战争行为还是恐怖行为，对于某些赔案的处理至关重要。

第二种观点认为："9·11"袭击从法律角度看仍属恐怖主义概念的范畴。达拉斯律师事务所认为："布什总统和其他联邦官员关于战争的提法对最终断定其行为性质的法庭没有法律约束力。"财产损失调查所（Property Loss Research Bureau）认为，这次袭击事件与字典或案件法对战争的释义不符，"严格根据法律意义来说战争是一个主权政府对另一个主权政府的行为"，"如果没有政府介入其中，就不能把它说成是一场战争"，"即使国会宣战了，9月11日的袭击行为算不算其中一部分的问题也要搞清楚。"

综上所述，我们认为，由于"9·11"国际恐怖袭击是前所未有的案例，大多数国家都没有在战争除外责任条款中提到恐怖（如美国典型的人寿保险单就不包括"恐怖除外"条款，只对那些常到恐怖活动频繁地区旅行的人，才在保险合同中写入除外责任），因此对"9·11"国际恐怖袭击个案性质的界定，必须站在历史的角度从为维护被保险人利益和树立保险业公众形象的长远战略需要出发，定为保险责任。美国人寿保险协会指出：战争除外不适用这次劫难。"9·11"劫难所引起的所有索赔都将按普通方式处理，保险公司将从速对持有人寿保险单的遇难者受益人履行死亡保险金的给付。

随着"9·11"事发，应该得出结论：人为灾害中又添加了新的一类——恐怖袭击。有的保险公司将"恐怖袭击"作为特殊的附加险加以承保，有的将其明确列在除外责任当中。客观世界的发展，必然会促使风险管理与保险界从理念到制度建设出现新的变革。"9·11"袭击将推动风险管理与保险经营在科学化的道路上向前推进一步。

（资料来源：黄华明：《中外保险案例分析》，北京，对外经济贸易大学出版社，2004。）

第三节　人身意外伤害保险的保险金给付

人身意外伤害保险属于定额给付性保险。由于意外伤害事故可能造成损害结果不同，保险人给付保险金的方式也就不同。

一、死亡保险金的给付

（一）死亡保险金的给付方式

在人身意外伤害保险合同中，死亡保险金的数额是保险合同中规定的，被保险人在保险有效期内因发生保险单规定的意外事故而死亡时，保险人按照保险合同规定如数给付保险金。按照我国人身意外伤害保险条款规定，死亡保险金为保险金额的100%。另外，一些人寿保险包含意外伤害保险的责任，并约定出险时按照基本保险金额的一定倍数承担保险责任。此时的保险金额不是给付的上限，而是一种计算基数。

（二）死亡保险金给付的前提

死亡保险金的给付要具备两个前提：

1. 被保险人因约定的意外事故而死亡；

2. 死亡的时间必须在保险期限或责任期限内。

（三）死亡保险金给付的注意事项

1. 当保险人承担身故保险金给付责任后，保险责任即告终止；

2. 如果在死亡给付保险金之前，已经给付过伤残保险金，则应当从死亡保险金中扣除已支付的伤残保险金；

3. 如果被保险人因意外事故而被依法宣告失踪或死亡，保险人给付死亡保险金后，被保险人如生还，则被保险人应当向保险人退还死亡保险金；

4. 如果意外伤害保险中附加了医疗保险，则保险人在给付保险金时，应当分别计算医疗保险金与死亡或伤残保险金。

二、残疾保险金的给付

（一）残疾保险金的给付方式

残疾保险金的给付比较复杂。保险公司要将残疾分为暂时性残疾和永久性残疾，并只对永久性残疾负给付责任，所以，在给付前要对被保险人的残疾状况进行认定，然后再确定残疾程度，残疾程度一般以百分率表示。残疾保险金的数额由保险金额和残疾程度两个因素确定，其计算公式是：

残疾保险金＝保险金额×残疾程度百分率

在人身意外伤害保险合同中，应列举残疾程度百分率，列举得越详尽，给付残疾保险金时，保险人和被保险人就越不易发生争执。但是，残疾程度百分率列举得无论如何详尽，也不可能包括所有的情况。对于残疾程度百分比率中未列举的情况，只能由当事人之间按照公平合理的原则，参照列举的残疾程度百分率协商确定。协商不一致时可提请有关机关仲裁或由人民法院审判。

（二）残疾保险金给付的最高限额

人身意外伤害保险的保险金额不仅是确定死亡保险金、残疾保险金数额的依据，而且是保险人给付保险金的最高限额，即保险人给付每一被保险人的死亡保险金和残疾保险金，累计以不超过该被保险人的保险金额为限。当一次意外伤害造成被保险人身体若干部位残疾时，保险人按保险金额与被保险人身体各部位残疾程度百分率之和的乘积计算残疾保险金；如果各部位残疾程度百分率之和超过100%，则按保险金额给付残疾保险金。被保险人在保险期限内多次遭受意外伤害时，保险人对每次意外伤害造成的残疾或死亡均按保险合同中的规定给付保险金，但是给付的保险金以累计不超过保险金额为限。

（三）残疾保险金给付的注意事项

1. 残疾保险金的受益人是被保险人本人，应由被保险人或其委托代理人作为保险金的申请人。如为代理人，应提供授权委托书、身份证明等相关文件。

2. 被保险人的身体残疾程度鉴定，应提供由保险公司指定或认可的医疗机构出具的残疾程度鉴定书。

3. 被保险人的身体损伤在医疗终结时间内彻底治愈的不予以伤残给付。在医疗终结时间结束后仍不能治愈的，留有不同程度后遗症的，可按180天时的有效鉴定，对照给付标准给付伤残保险金。这里的180天是残疾鉴定的等待期，等待期的设置可以减少理赔纠纷，保障了客户的利益，也为保险公司的实务操作提供了便利。

4. "人身保险残疾程度与保险金给付比例表"（以下简称"残疾给付表"）的残疾程度分为七级三十四项因意外伤害导致残疾的保险金给付，也适用于作为疾病引起的残疾保险金的给付标准。但是，这个标准是1998年中国人民银行（当时保险公司监管机构）发布的，1999年保监会成立后转发了这个给付标准，让各个保险公司使用。

近年来，随着我国经济的快速发展和保险业服务覆盖面的不断扩大，特别是《道路交通事故受伤人员伤残评定》和《劳动能力鉴定——职工工伤与职业病致残等级分级》先后发布，"残疾给付表"已不能适应行业发展和消费者的现实需求，迫切需要根据实际情况修改完善相关制度，对保险条款约定伤残程度的定义及对应保险金给付比例进行规范。所以各个保险公司根据自己设计的保险条款的需要，对"残疾给付表"进行了部分改动，并且作为保险条款内容的一部分。这就有了意外伤害保险多种版本的"残疾给付表"，为了统一伤残给付标准，保监会于2014年1月公布了新的《人身保险伤残评定标准及代码》。

【热点新闻】

保监会发布《人身保险伤残评定标准及代码》标准

为全面、系统、规范、详细地评定由于意外伤害因素引起的伤残程度，确定意外险产品或包括意外责任的保险产品中伤残程度的评定等级以及保险金给付比例，改善保险公司理赔实务的可操作性和准确性，提高行业理赔管理的规范化水平，全国金融标准化技术委员会保险分技术委员会制定了《人身保险伤残评定标准及代码》（标准编号为 JR/T 0083—2013），并通过了审查。按照《全国金融标准化技术委员会保险分技术委员会章程》，现予以发布，请遵照执行。

（资料来源：证券时报网，2014 - 02 - 13。）

三、医疗保险金的给付

（一）医疗保险金的给付方式

在人身意外伤害保险中，被保险人因遭受意外伤害事故支出医疗费用时，由保险人按合同约定予以补偿。

意外伤害医疗保险金的给付应同时具备遭受意外伤害和由此而发生医疗费用两个条件。由于同时具备这两个条件，因此，意外伤害险医疗费用的给付较健康险医疗费用给付的比例要高一些。但是，往往也设立了绝对免赔额来控制医疗费用，一般为100元。损失在免赔额内保险人不负赔偿责任，对免赔额以上部分通常进行比例给付，比例为50%～80%。所以，大多数人身意外伤害保险条款都有这方面的规定：被保险人因遭受意外伤害在县级以上（含县级）医院或本公司认可的医疗机构诊疗所支出的、符合当地社会医疗保险主管部门规定可报销的医疗费用，在扣除人民币100元免赔额后，在意外医疗保险金额范围内，按其实际支出的医疗费用的80%给付保险金。

（二）医疗保险金的给付范围

医疗费用给付的范围包括治疗费、药费、抢救费、住院费等。医疗费用的发生必须从意外伤害发生后的若干日内开始，以避免无法认定医疗费用发生的直接原因。严格来说，意外伤害医疗金的给付一般不属于人身意外伤害保险的责任范围，大多数情况下须经当事人同意，以特约条款方式附加于人身意外伤害保险合同中。

（三）医疗费用给付的注意事项

意外伤害医疗费用给付的注意事项主要包括：

1. 发生意外事故的证明材料，如由医疗事故鉴定部门出具的医疗事故鉴定书、由劳动部门出具的工伤事故鉴定书、由公安部门出具的交通事故认定书或处理意见、由公安行政部门出具的刑事案件证明书、由医疗单位出具的中毒事故证明材料等；

2. 确认被保险人所遭遇的意外伤害为保险事故；

3. 因意外事故在外地或非指定医院诊治的需出具就诊医院的急诊证明；

4. 所承担意外医疗保险金的给付责任以意外医疗保险金额为限，一次或累计给付保险金达到意外医疗保险金额时，该项保险责任终止。

【案例分析】

意外伤害医疗费用给付

某女投保了意外伤害保险，因夜间骑车不慎撞在水泥桩上跌伤，在当地公立医院诊断为右胫骨骨折，支出医疗费共560元，次日不放心又在一家私人诊所重新摄片，买药支出460元，要求保险公司理赔。保险公司根据保险合同约定，对其在私立医院所支付的费用460元按除外责任处理，不予赔付。意外伤害保险合同条款规定了绝对免赔金额100元，给付比例为80%。那么，保险公司赔付金额应为（560－100）×80%，即给付意外医疗保险金额368元。

第四节　我国人身意外伤害保险常见品种

人身意外伤害保险种类繁多，价格低廉，是保障性最好的险种之一。针对不同风险程度的人群，各保险公司设计了不同费率的团体意外伤害保险，主要是按照职业类别厘定保险费率。针对寿险客户有可以长期附加的意外险，也有一年期保险证式保单。某些公司为吸引客户还设计了赠送的卡式保单，需要上网激活，从而引导客户参观保险公司网站。意外伤害保险的责任简单明了，保费较低，核保宽松，特别适合网上销售。本节主要介绍我国目前开办的几种比较有代表性的人身意外伤害保险。

一、学生平安保险

（一）保险的功能与特点

学生平安险是以在校的学生为保险对象，既可以采用团体方式也可以采用个人方式投保的一年期意外伤害险附加医疗费保险的险种。其特点是费率低、保障广，成为人身意外伤害保险的主要险种之一。

（二）保险条件

被保险人必须具备两个条件：

1. 投保时被保险人必须是学校的在校学生；

2. 投保时被保险人必须身体健康，能正常学习和生活。

（三）保险责任

学生平安险的保险责任有三项：

1. 死亡保险金给付

被保险人在保险期限内遭受意外伤害而死亡，由保险公司给付死亡保险金。

2. 残疾保险金给付

被保险人在保险期限内因意外伤害以致残疾，由保险公司给付残疾保险金。

3. 医疗费给付

被保险人在保险期限内因意外伤害需要治疗时，由保险公司给付医疗保险金。医疗保险金的给付采用补偿方式，即按实际支出的医疗费用给付。

（四）除外责任

学生平安险的除外责任主要包括以下几项：

1. 战争、军事行为及核爆炸、核辐射；

2. 被保险人自杀或犯罪行为；

3. 投保人、受益人对被保险人的故意杀害、伤害；

4. 被保险人因打架斗殴致死或致残；

5. 被保险人从事高风险运动的伤害、死亡；

6. 被保险人因疾病死亡或残疾等。

（五）保险金额与保险费

学生平安险的保险金额一般为每名学生 10 000 ~ 20 000 元，或者由投保人与保险公司在合同中约定，或由学校与保险公司另行约定，同一学校的学生保险金额应相同，保险费率为 1‰ ~ 3‰，由保险公司根据保障范围和当地实际情况而定。

（六）保险期限

保险期限为一年，期满时办理续保。

（七）注意问题

1. 目前，各保险公司出台的学生平安险种类很多，但是没有制定统一的保险条款，在承保对象、保险责任等方面不尽相同。例如，有的公司以在校的大、中、小学生为承保对象，有的还包括幼儿园儿童。有的公司除了负责上述三项保险责任外，对被保险人在保险期限内因疾病死亡也负责（一般有 90 天的观察期）。

2. 被保险人在保险有效期内，不论发生一次或多次意外事故，保险公司均按规定给付保险金，但是累计给付金额不得超过保险金额。

二、个人人身意外伤害保险

（一）保险的功能与特点

个人人身意外伤害保险是意外伤害险的基本险种，大多数特种意外伤害保险是由此演变而来的，它是我国意外伤害保险中的最主要的险种。其特点是：保险费相当低廉、保障高。保险费率分档次，可以按职业或工种变化转嫁风险。形式上多为卡式，展业方式一般作为个人寿险的补充或采取兼业代理方式。

（二）保险条件

年龄在 65 周岁以下的身体健康，能正常学习、工作或正常劳动的自然人均可投保。

（三）保险责任

个人人身意外伤害保险的保险责任主要有：

1. 意外身故保险金给付

被保险人因遭受意外伤害事故，并自事故发生之日起180日内身故的，保险人按保险合同中列明的保险金额给付身故保险金。

2. 意外伤残保险金给付

被保险人因意外伤害所致残疾，保险人按保险单所载保险金额及该项身体残疾所对应的给付比例给付残疾保险金。如治疗仍未结束，按意外伤害发生之日起第180日时的身体情况进行鉴定，并据此给付保险金。被保险人因同一意外伤害造成两项及以上身体残疾时，保险人给付对应项残疾保险金之和。但不同残疾项目属于同一手或同一足时，保险人仅给付其中一项残疾保险金；如残疾项目所对应的比例不同时，仅给付其中比例较高一项的残疾保险金。

（四）除外责任

个人人身意外伤害保险的除外责任主要包括以下几项：

1. 投保人、受益人故意杀害或伤害被保险人；

2. 被保险人犯罪或拒捕、自杀或故意自伤；

3. 被保险人殴斗、醉酒，服用、吸食或注射毒品；

4. 被保险人从事潜水、跳伞、攀岩、探险活动、武术比赛、摔跤比赛、特技表演、赛马、赛车等高风险运动或活动；

5. 被保险人因身患疾病导致的身故或残疾；

6. 战争、军事行动、恐怖活动、暴乱或武装叛乱；

7. 核爆炸、核辐射或核污染等。

（五）保险金额和保险费

保险金额一般由投保人和保险人约定并于保险单或保险凭证上载明。意外伤害保险作为主险与健康保险中附加意外伤害医疗费用保险组合时，主险保额要高于附加险，并对保额上限有相应规定。

一般零售的卡折式意外伤害保险的保险费是根据职业类别和生活习惯的平均危险程度设定的。对于个人寿险附加意外伤害保险，一般按照职业危险程度采用相应保险费率，详见各公司的《个人人身意外伤害保险条款》和"职业分类表"。

（六）保险期限

人身意外伤害险的保险期限一般为一年，期满时办理续保。作为个人寿险的附加险，也有保险期限超过一年的长期意外伤害保险。

（七）注意问题

1. 目前，各保险公司的个人人身意外伤害保险没有统一的保险条款，由各公司根据实际情况自行掌握，因此，在投保条件、保险责任、保险费等方面有所不同。

2. 条款中一般会列明被保险人在从事某些职业的工作期间造成的意外属于除外责任。

三、旅客意外伤害保险

（一）保险的功能与特点

旅客意外伤害保险属于意外伤害保险和意外伤害医疗保险的综合险种，其特点是：此类险种目前部分属于强制保险，旅客在购买车票、船票时就已经投保了该险；

投保条件宽松，不分职业、年龄；保障范围大，费率低，只要是乘坐约定的客运交通工具遭受的意外事故导致的死亡或者残疾，或产生医疗费用等均负赔偿责任；分别确定保险金额，分别给付。

（二）保险条件

凡持有效客票乘坐约定的从事合法客运的机动车辆、船舶、轮渡、火车等客运交通工具的旅客。

（三）保险责任

旅客意外伤害保险提供下列保障：

1. 死亡保险金给付

被保险人乘坐约定的客运交通工具过程中，因该交通工具发生交通事故而遭受意外伤害而致死亡，由保险公司给付死亡保险金。

2. 残疾保险金给付

被保险人在乘坐约定的客运交通工具过程中，因该交通工具发生交通事故而遭受意外伤害，自意外伤害发生之日起 180 日内因该意外伤害导致身体残疾的，依"人身保险残疾程度与保险金给付比例表"的规定，按意外伤害保险金额及该项残疾所对应的给付比例给付残疾保险金。

3. 医疗费用给付

被保险人在乘坐约定的客运交通工具过程中，因该交通工具发生交通事故遭受意外伤害而发生医疗费用支出的，在意外伤害医疗保险金额范围内给付医疗保险金。

（四）除外责任

1. 投保人、受益人对被保险人的故意杀害、伤害；

2. 被保险人故意犯罪或者拒捕；

3. 被保险人殴斗、醉酒、自杀、故意自伤及服用、注射毒品；

4. 被保险人受酒精、毒品、管制药物的影响而导致的意外；

5. 被保险人疾病、流产、分娩；

6. 核爆炸、核辐射或者核污染；

7. 战争、军事行动、暴乱或者武装叛乱；

8. 爬、跳交通工具等违反客运规章的行为；

9. 当地社会医疗保险主管部门规定不可报销的费用。

（五）保险金额和保险费

1. 意外伤害保险金额和意外伤害医疗保险金额相等，最低各为人民币10 000元。

2. 保险费按公路、铁路、轮船、轮渡不同种类的费率标准计算。

（六）保险期限

被保险人购票踏入约定的客运交通工具时起至离开约定的客运交通工具时止。

（七）注意问题

1. 在保险有效期间内，被保险人在乘坐约定的客运交通工具过程中，因该交通工具发生交通事故遭受意外伤害而导致死亡、残疾或者发生医疗费用支出的，保险人也可参照国务院《道路交通事故处理条例》的规定范围执行，在意外伤害保险金额范围内承担死亡保险金、残疾保险金（含残疾用具费、抚养费）。在意外伤害医疗保险金额范围内承担医疗保险金（含伙食补助费、误工补助费、护理费）。

2. 当约定的机动车辆乘坐人数超过投保人数时，发生意外伤害事故致使被保险人死亡、残疾或者发生医疗费用支出的，保险人按投保人数与实际乘坐人数的比例给付各项保险金。

3. 保险金额分为两项：意外伤害保险金额和意外伤害医疗保险金额，保险人给付的各项保险金以相应保险金额为限。

4. 属于交强险保险责任范围的，应该按照 2006 年颁布的《机动车交通事故责任强制保险条例》执行。

四、运动员团体人身意外伤害保险

（一）保险的功能与特点

运动员团体人身意外伤害保险属于死亡残疾保险。其特点是：采用团体投保方式、保障高、保险费率按运动类别分档次计算；是运动意外伤害和一般意外伤害二者合一的特种意外伤害险种。

（二）保险条件

凡国家级运动队或省级运动队现役运动员均可作为被保险人。运动员所在单位作为投保人。

（三）保险责任

运动员团体意外伤害保险提供下列保障：

1. 死亡保险金给付

（1）在保险有效期内被保险人在运动训练和比赛期间发生运动意外伤害事故以致死亡，由保险公司给付死亡保险金；

（2）被保险人在运动训练和比赛期间的日常生活中发生意外伤害事故造成死亡的，保险人按保险单所载保险金额给付身故保险金。

2. 残疾保险金给付

（1）在保险有效期内被保险人在运动训练和比赛期间发生运动意外伤害事故所致残疾，保险人按保险单所载运动意外伤害保险金额及《运动创伤程度分级标准》中该项身体残疾所对应的给付比例给付残疾保险金。

（2）被保险人在运动训练和比赛期间的日常生活中发生意外伤害事故造成残疾，保险人按保险单所载保险金额及"人身保险残疾程度与保险金给付比例表"中该项身体残疾所对应的给付比例给付残疾保险金。

（四）除外责任

因下列情形之一，造成被保险人身故、残疾，保险人不负给付保险金责任：

1. 投保人、受益人对被保险人的故意杀害、伤害；

2. 被保险人违法、故意犯罪或拒捕；

3. 被保险人殴斗、醉酒、自杀、故意自伤及服用、吸食、注射毒品；

4. 被保险人受酒精、毒品、管制药品的影响而发生的意外；

5. 被保险人酒后驾驶、无照驾驶及驾驶无有效行驶证的机动交通工具；

6. 被保险人流产、分娩；

7. 被保险人因检查、麻醉、手术治疗、药物治疗而导致的医疗意外；

8. 被保险人未遵医嘱，私自服用、涂用、注射药物；

9. 被保险人患有艾滋病或感染艾滋病病毒（HIV 呈阳性）期间；

10. 因意外伤害、自然灾害事故以外的原因失踪而被法院宣告死亡的；

11. 战争、军事行动、暴乱或武装叛乱；

12. 核爆炸、核辐射或核污染；

13. 在发生伤残事故的当场训练和比赛中，有直接或间接使用兴奋剂的行为；

14. 在训练和比赛中违反法律、违反社会主义体育道德及损害国家、国家队或省级集训队声誉的行为；

15. 被保险人未经批准以个人名义或变相以个人名义参加的国内外的训练和比赛；

16. 在本保险投保之前已有疾病和残疾，投保时未如实告知而对保险事故的发生及鉴定有重大影响者；

17. 被保险人从事非训练、比赛要求的潜水、跳伞、攀岩、探险、武术、摔跤、特技、赛马、赛车等高风险运动和活动。

（五）保险金额和保险费

保险金额按份计算，每份运动意外伤害保险金额和意外伤害保险金额各为人民币 1 万~1.5 万元。

保险费按照保险公司所附的运动分类表对应的费率标准计收，未列明的运动项目比照相关运动项目计收。

（六）保险期限

保险期限为一年。

（七）注意问题

1. 运动意外伤害事故是指被保险人在国内外的训练和比赛中发生的以训练和比赛为直接原因的伤残事故，并符合本保险所附的《运动创伤程度分级标准》中所列明的伤残情事；

2. 多数保险公司对曾在世界三大赛事（奥运会、世锦赛、世界杯）中获得金牌的运动员，在比赛期间发生运动意外伤害事故，保险人按保险单所载运动意外伤害保险金额及运动标准给付双倍保险金；

3. 被保险人因意外伤害事故所致的伤害如治疗仍未结束，按意外伤害发生之日起第 180 日时的身体情况进行鉴定，并据此给付保险金。

【本章小结】

人身意外伤害保险	人身意外伤害保险概述	意外伤害是指遭受外来的、突发的、非本意的、非疾病的使被保险人身体受到剧烈伤害的客观事件。 意外伤害保险是在保险合同有效期内以意外伤害而致被保险人身故或残疾为给付保险金条件的人身保险。

续表

人身意外伤害保险	意外伤害保险的特点	承保条件不同；保险期限不同；保险金给付方式不同；保险费计算和责任准备金计算不同；业务性质不同。
	意外伤害保险承保的范围	意外伤害造成的死亡、残疾。 与健康保险组合后的扩展责任：意外伤害医疗费用。
	意外伤害保险的保险责任判定	被保险人在保险期限内遭受了意外伤害；被保险人在责任期限内死亡或残疾或支付了医疗费用；意外伤害是死亡或残疾或支付医疗费用的直接原因或近因。 意外伤害是死亡或残疾的诱因，比照身体健康遭受这种意外伤害会造成何种后果给付保险金。

【课后习题】

1. 简述意外伤害的构成条件。

2. 简述意外伤害保险的特点。

3. 简述普通意外伤害保险及特种意外伤害保险的含义和特点。

4. 人身意外伤害保险和人身伤害责任保险的区别是什么？

5. 简述对人身意外伤害保险可保风险的理解。

6. 简述人身意外伤害保险的承保项目、保险责任和给付方式。

7. 简述意外伤害保险的判定方法。

第六章

健康保险

【教学目的】

通过本章的教学，使学生掌握健康保险的概念、特点、业务分类，熟悉健康保险的主要险种及其责任范围，明确健康保险合同的特殊条款规定。

【教学内容】

本章在阐述了健康保险概念、特点和健康保险合同特殊条款的基础上，主要介绍了医疗保险、疾病保险、收入损失保险主要险种的条款及其业务处理方法。

【教学重点难点】

健康保险的主要特点；健康保险合同的特殊条款；健康保险主要险种的责任范围；对医疗保险承保标准的理解和掌握；厘定健康保险的保险费率主要应考虑的因素。

【关键术语】

健康保险　疾病保险　医疗保险　失能收入损失保险　护理保险　观察期　等待期

【本章知识结构】

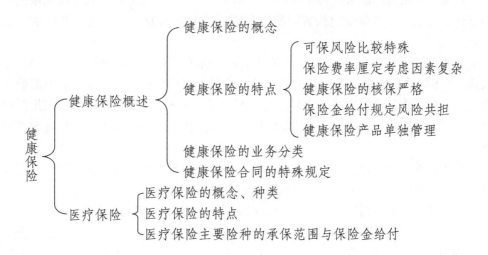

疾病保险 { 疾病保险的概念、特点
疾病保险的主要险种的责任范围及给付规定
疾病保险的不保危险

失能收入损失保险 { 失能收入损失保险的概念、特点
失能收入损失保险业务分类
失能收入损失保险的责任范围
失能收入损失保险的保险金给付

健康保险 {

护理保险 { 护理保险的概念
护理保险的承保范围
保险金给付
护理保险的除外责任

我国健康保险常见品种

第一节　健康保险概述

【案例引入】

意外伤害医疗费用给付案

某女投保了意外伤害保险，因夜间骑车不慎撞在水泥桩上跌伤，在当地公立医院诊断为右胫骨骨折，支出医疗费共 560 元，次日不放心又在一家私人诊所重新摄片，买药支出 460 元，要求保险公司理赔。保险公司如何处理？

一、健康保险的概念

健康保险是指以被保险人身体为保险标的，保险人对被保险人在保险期限内因患疾病或发生意外事故受到伤害时所导致的医疗费用或收入损失进行补偿的一种保险。

2006 年 8 月中国保监会颁布、9 月 1 日起实施的《健康保险管理办法》第二条规定："本办法所称健康保险，是指保险公司通过疾病保险、医疗保险、失能收入损失保险和护理保险等方式对因健康原因导致的损失给付保险金的保险。"按照该办法规定，健康保险保障内容包括疾病保险、医疗保险、失能收入损失保险和护理保险。

健康保险多为短期保险，即保险期限在一年或一年以内，有些国家把健康保险和意外伤害保险归为一类，与财产保险一起并称为非寿险，属于财产保险公司经营范围。我国保险业根据国际惯例，也允许财产保险公司经营短期意外伤害保险和健康保险。重大疾病保险因为包含死亡责任，刚开始经营时多被当成传统型死亡保险，但是因为疾病种类富于变化，且现在规定其死亡保额不得超过重大疾病保额，所以也被归为健康保险，属于长期健康保险。

二、健康保险的特点

健康保险与人寿保险、意外伤害险均属人身保险业务的范畴，因而在保险合同主体、客体及内容规定，以及在保险业务经营管理方面也存在一定共性：其一，均以被保险人的生命或身体为保险标的；其二，都明确有受益人的规定；其三，对保险利益原则的运用基本一致，保险利益确定没有客观衡量标准，均属于定额给付性合同；其四，健康保险中的长期性健康保险合同也适用人寿保险合同中的宽限期条款、复效条款等条款规定。与此同时，健康保险与其他人身保险业务也存在诸多不同。

（一）可保风险比较特殊

人寿保险是以被保险人生存或死亡为保险金给付条件；意外伤害保险是以被保险人发生意外伤害事故所致死亡或残疾为保险金给付条件；而健康保险则是以疾病或生育或意外伤害为保险风险，以被保险人因疾病或生育所致的死亡或者残疾或产生医疗费用或造成收入损失，或者因意外伤害所产生的医疗费用或收入损失为保险金给付条件。同时，健康保险所承保的"疾病"应符合内部原因、非先天性、偶然性三个基本条件。

按照《健康保险管理办法》第十四条规定："长期健康保险中的疾病保险产品，可以包含死亡保险责任，但死亡给付金额不得高于疾病最高给付金额。前款规定以外的健康保险产品不得包含死亡保险责任，但因疾病引发的死亡保险责任除外。医疗保险产品和疾病保险产品不得包含生存给付责任。"

（二）保险费率厘定考虑因素复杂

健康保险承保的风险——疾病，具有出险频率高、损失机会大、损失频率变化极不规则的特点。健康保险费率厘定除考虑疾病的发生率、疾病持续时间、残疾发生率、死亡率、续保率、附加费用、利率等因素外，保险公司展业方式、承保理赔管理，以及公司主要目标也会对健康保险的风险测定、费率厘定产生一定影响。经济的发展伴随环境变化所导致的疾病种类的增多和变异；科学的进步与推广，医疗器械、药品的更新换代，医疗技术和市场价格等原因的影响，使健康保险的保险金给付呈上升趋势。加之健康保险经营管理环节复杂，易发生道德风险、逆选择，风险管理难度较大，健康保险风险测定比较困难，保险费率计算误差较大。为保证保险人经营的稳定性，便于保险人根据实际情况适时合理调整费率，健康保险合同大多数保险期限通常设定时间较短。因此，与人寿保险、意外伤害保险合同相比，健康保险既有长期合同，也有短期合同，但是，大多数医疗保险合同为短期保险合同，还有极短期保险合同，如手术保险、分娩保险等；重大疾病保险属于长期性保险业务。

（三）健康保险的核保严格

健康保险在核保中有非常严格、独特的制度。

1. 按照风险程度将被保险人分为标准体保险和非标准体保险两类。

2. 保险人针对被保险人所患特殊疾病制定特种条款。

3. 设立非保体规定，具体包括拒保体和延期保险。

4. 健康保险核保时需要考虑被保险人的年龄、既往病症、现病症、家族病史、职业、居住环境及生活方式等多种因素。

（四）保险金给付规定风险共担

人寿保险和意外伤害保险合同都属于定额给付性合同，而健康保险合同既有定额给付性合同，也有补偿性合同。健康保险合同还有观察期、免赔规定、犹豫期、共同比例条款等方面规定（参见本节"四、健康保险合同的特殊规定"）。

（五）健康保险产品单独管理

健康保险承保风险的复杂多样性和产品功能的独特性决定了其经营管理方面独具特色。各国通常制定专门的法律条例进行管理。

我国《健康保险管理办法》从经营、产品、销售、精算和再保险等方面，对健康保险的经营行为以及违规经营所要承担的法律责任作出明确规定。

三、健康保险的业务分类

（一）按照保障内容划分为疾病保险、医疗保险、失能收入损失保险和护理保险

按照我国《健康保险管理办法》第二条的规定：

疾病保险是指以保险合同约定的疾病的发生为给付保险金条件的保险。

医疗保险是指以保险合同约定的医疗行为的发生为给付保险金条件，为被保险人接受诊疗期间的医疗费用支出提供保障的保险。

失能收入损失保险是指以因保险合同约定的疾病或者意外伤害导致工作能力丧失为给付保险金条件，为被保险人在一定时期内收入减少或者中断提供保障的保险。

护理保险是指以因保险合同约定的日常生活能力障碍引发护理需要为给付保险金条件，为被保险人的护理支出提供保障的保险。

（二）按照保险期限划分为长期健康保险和短期健康保险

长期健康保险是指保险期间超过一年，或者保险期间虽不超过一年但含有保证续保条款的健康保险。

短期健康保险是指保险期间在一年及一年以下且不含有保证续保条款的健康保险。

（三）按照投保方式划分为个人保险与团体保险

个人健康保险是指保险人与保险单所有人之间达成的合同，是保险人以一个或数个自然人为保险对象提供健康保险保障的保险。

团体健康保险是指保险人与团体保险单持有人（投保人一般为雇主或法人代表）之间达成的合同，是保险人对于主契约下的群体提供保险。但不能是为购买团体健康保险而组成的团体。

（四）按照保险金给付方式划分为定额给付保险、实报实销型保险与津贴给付型保险

定额给付型保险是指保险人在被保险人发生合同约定的保险事件（罹患合同约定的某种疾病）时，按照合同约定的保险金额和方法一次或分次给付保险金。

实报实销型保险是指保险人对被保险人因患疾病或发生意外伤害实际支出的医

疗费用，按照保险合同的约定补偿其经济损失。

津贴给付型保险是指保险人按照被保险人的实际住院天数和合同约定的每天住院补贴的一定标准额度给付保险金。

（五）按照组织性质划分为商业健康保险、社会健康保险、管理式医疗保险、自保计划

商业健康保险是指投保人与保险人双方遵循自愿原则，以双方所达成的保险合同为基础，在被保险人出现合同中约定的保险事故时，由保险人给付保险金的一种保险。

社会健康保险是指国家通过立法形式，采取强制的方式对劳动者因患病、生育、伤残等原因所支出的费用和收入损失进行物质帮助而实施的一种制度。

管理式医疗是指一种将提供医疗服务和提供医疗服务所需资金相结合的一种医疗保险管理模式或管理系统。

自保计划是指企业或事业单位或雇主，通过部分或完全自筹资金的方式承担其职工或雇员的医疗费用开支，并为此承担部分或全部损失赔偿责任。

（六）按续保方式划分为保证续保健康保险和非保证续保健康保险

保证续保的健康保险，即只要被保险人继续缴费合同就可以成立，直至约定年龄为止，这时被保险人有选择保险公司的权利，而保险公司却没有选择被保险人的权利。对于非保证续保的健康保险，每一次续保时保险公司和被保险人都有选择对方的权利。

此外，按照保险承保标准划分为简易健康保险、老年健康保险、特种风险健康保险与次标准体健康保险。

四、健康保险合同的特殊规定

（一）责任期限

责任期限是意外伤害保险和健康保险特有的概念，是指自被保险人遭受意外伤害之日起的一定时期（90天或180天等）。在此期间内，被保险人因意外伤害导致的死亡或残疾医疗费用或收入损失由保险人承担。

（二）观察期条款

观察期也称试保期，是指健康保险合同成立之后到正式开始生效之前的一段时间。由于保险人仅仅凭借过去的病历难以判断被保险人是否已经患有某些疾病，为防止已经患有疾病的人带病投保，保证保险人的利益，通常在首次投保的健康保险单中规定一个观察期（90天或180天等）。被保险人在观察期内所患疾病都推定为投保之前已经患有，其所支出的医疗费或所致收入损失保险人不负责，只有观察期结束后保险单才正式生效。及时续保的健康保险合同不再设置观察期。

如果被保险人在观察期内因疾病或者其他免责事项死亡，则保险人在扣除手续费后退还保险费，保险合同终止。如果被保险人没有死亡，保险人可根据被保险人的身体状况决定是否继续承保，也可以以危险增加为由解除保险合同。

（三）等待期条款

等待期也称免赔期，是指健康保险中因疾病、生育及其导致的疾病、全残、死

亡发生后到保险金给付之前的一段时间。等待期的时间长短视健康保险种类及其规定有所不同。规定等待期的目的，既可以为保险金申请人准备资料，申请索赔提供充足、有效的时间，又可以防止被保险人借轻微的小病或小额的医疗费用领取医疗保险金。同时，防止被保险人自加伤害等道德风险的发生，也有利于保险人调查取证、核实情况，控制不合理保险金给付，防范保险欺诈，保证健康保险稳健经营。

（四）犹豫期

犹豫期也叫冷静期，是指投保人收到保单之日起 10 日内的一段时间，投保人可以无条件地要求保险公司退还保费，保险公司除收取最多 10 元的成本费以外，不得扣除任何费用（过了犹豫期以后的退保，保险公司通常要扣除较多的手续费）。但对于投资连结保险，如在此期间投资账户的资产价值减少，减少的部分将由投保人承担。规定犹豫期是为了防止客户因一时冲动而做出购买保险的决定，因此对客户来说它无疑起到"缓冲器"的作用。

我国《健康保险管理办法》第十五条规定："长期健康保险产品应当设置合同犹豫期，并在保险条款中列明投保人在犹豫期内的权利。长期健康保险产品的犹豫期不得少于 10 天。"

（五）免赔额条款

在健康保险合同中通常对医疗费用保险有免赔额条款的规定，在规定的免赔额以内的医疗费用支出由被保险人自己负担，保险人不予赔付。免赔额有两种，一种是相对免赔额，一种是绝对免赔额。在健康保险业务中通常都采用绝对免赔方式，该条款能够促使被保险人努力恢复身体，节省不必要的医疗费用，减少道德风险的发生，还可以减少保险人大量理赔工作，从而减少成本，这一规定对保险人双方都有利。

（六）共保比例条款

共保比例条款也称比例给付条款、共同分摊条款，类似于保险人与被保险人的共同保险。它是指按照医疗保险合同约定的一定比例由保险人与被保险人共同分摊被保险人医疗费用的保险赔偿方式。例如共保比例 80%，表明保险人只对医疗费用负担 80%，被保险人要自负 20%。这一规定可以促使医生和病人在治疗过程中节约和减少费用开支，避免医疗资源浪费。如果同一份健康保险合同既有共保条款又有免赔额条款，则保险人对超出免赔额以上部分的医疗费用支出，采用与被保险人按一定比例共同分摊的方法进行保险赔付。

（七）给付限额条款

由于健康保险的被保险人的个体差异很大，其医疗费用支出的高低差异也很大，为保障保险人和大多数被保险人的利益，在补偿性质的健康保险合同中通常实行补偿性原则，即对于医疗保险金的给付通常有最高给付限额的规定，以控制总的支出水平。如单项疾病给付限额、住院费用给付限额、外科手术费用给付限额、门诊费用给付限额等。

（八）连续有效条款

为方便客户获得保险保障，对于希望长期投保健康保险的客户，保险人一般可以通过在保险单中设定有关保险条款使健康保险保单成为连续有效的保单，常见的方式有：

1. 定期保险条款

该条款规定有效期限，如一年期保险单，保险人承诺在保险期限内不能提出解除或终止合同，也不能要求改变保险费或保险责任。一旦保险期限届满，被保险人必须重新投保，这时保险人有权拒绝承保或要求改变保费或保险责任。这一规定既避免了被保险人每年重复的、复杂的手续，以及各项杂费，也相应延长了平均保险期限，保险双方均可获益。

2. 可取消条款

该条款规定被保险人或保险人在保险期间内任何时候均有权提出终止合同或改变保险费，以及合同条件、保障范围，但是，必须事先通知对方。对于已经发生尚未处理完毕的保险事故仍按原来规定的合同条件、保障范围承担责任。同时，应按比例退还未满期保费。该条款因灵活性强、承担的风险小、成本低，对于保险人比较有利。

3. 续保条款

该条款有两种不同的续保规定：一种是只要被保险人符合合同规定的条件就可以续保，直到某一特定的时间或年数，此谓条件性续保；另一种是只要被保险人继续缴纳保险费，合同可继续有效，直到一个规定的年龄，在此期间保险人不能单方面改变合同中的任何条件，此谓保证性续保或无条件续保。

保证续保条款是指在前一保险期间届满后，投保人提出续保申请，保险公司必须按照约定费率和原条款继续承保的合同约定。

我国《健康保险管理办法》第二十条规定："含有保证续保条款的健康保险产品，应当明确约定保证续保条款的生效时间。含有保证续保条款的健康保险产品不得约定在续保时保险公司有调整保险责任和责任免除范围的权利。"

4. 不可取消条款

该条款规定保险双方都不得要求取消保险合同，被保险人不能要求退保退费。但是，如果被保险人不能缴纳保费，则保险人可自动终止合同。

第二节 医疗保险

一、医疗保险的概念、种类

（一）医疗保险的概念

医疗保险是医疗费用保险的简称，我国《健康保险管理办法》第二条规定：医疗保险是指以保险合同约定的医疗行为的发生为给付保险金条件，为被保险人接受诊疗期间的医疗费用支出提供保障的保险。

医疗保险是健康保险最重要的组成部分，保险的目的在于使被保险人因疾病、生育或意外伤害发生后其治疗时所支出的医疗费用能够得到补偿。医疗保险所承保的医疗费用一般包括医生的医疗费和手术费、药费、诊疗费、护理费、各种检查费和住院费及医院杂费等。各种不同的医疗保险单所保障的费用一般是其中一项或若干项医疗费用的组合。

（二）医疗保险的业务种类

1. 按照保险金的给付性质划分分为费用补偿型医疗保险和定额给付型医疗保险。

2. 按照医疗保险的保险保障范围分类，可以分为普通医疗保险、住院医疗保险、手术医疗保险、高额医疗费用保险、综合医疗保险、门诊医疗保险、特种疾病保险、长期护理保险。

3. 按医疗保险保障的内容不同，特种医疗保险一般包括牙病保险、处方药保险、眼科检查及视力矫正保险、母婴安康保险。

4. 按照医疗保险业务投保对象分类，还可以分为个人健康保险和团体健康保险。

二、医疗保险的特点

（一）医疗保险的承保理赔管理

医疗保险因出险频率高、风险不易测定，赔付率高，且不稳定，道德风险和逆选择等人为风险难以控制，导致保险费率高、保险费率计算误差大，所以，医疗保险风险管理难度较大。

（二）医疗保险金给付方式

我国《健康保险管理办法》第四条规定："医疗保险按照保险金的给付性质分为费用补偿型医疗保险和定额给付型医疗保险。费用补偿型医疗保险是指，根据被保险人实际发生的医疗费用支出，按照约定的标准确定保险金数额的医疗保险。定额给付型医疗保险是指，按照约定的数额给付保险金的医疗保险。费用补偿型医疗保险的给付金额不得超过被保险人实际发生的医疗费用金额。"

例如，费用补偿型医疗保险合同的保险人按照合同约定的最高保险金额，对被保险人的实际医疗费用开支（一次或多次）进行补偿，其理赔适用损失补偿原则。

例如，定额给付型医疗保险合同的保险人依照合同约定的某类疾病保险金给付标准或手术项目给付标准给付，或者按照每日补贴标准根据被保险人实际住院天数给付保险金。

（三）医疗保险产品管理具有原则性与灵活性相结合的特色

我国《健康保险管理办法》第三章"产品管理"有关条款的规定集中体现了对医疗保险产品管理采取严格的制度管理与市场经营原则相结合的特点：

（1）医疗保险产品和疾病保险产品不得包含生存给付责任。

（2）含有保证续保条款的健康保险产品，应当明确约定保证续保条款的生效时间。

（3）短期个人健康保险产品可以进行费率浮动。

（4）短期团体健康保险产品可以对产品参数进行调整。

（5）保险公司设计费用补偿型医疗保险产品，必须区分被保险人是否拥有公费医疗、社会医疗保险的不同情况，在保险条款、费率以及赔付金额等方面予以区别对待。

（四）医疗保险的承保范围与给付规定

保险人在理赔中应严格区分被保险人所支付的各种医疗费用，原则上保险人只负责被保险人因疾病或意外伤害进行治疗时所涉及的直接医疗费用，对与治病无关而患者必须支付的间接费用不负责。为避免发生争执，通常保险人在保险合同中详细列明其所承担的保险项目。

一般情况下保险人都会将药费、手术费（包括麻醉师费和手术室费）、检查费（包括心电图、CT、透视等）、治疗费等列入保险保障范围。

对于病人的膳食费、滋补药品费、安装假肢假牙假眼费、美容性整形整容费、器官移植的器官费等，通常是作为保险除外责任。其他投保人，被保险人的故意行为、被保险人故意犯罪、拒捕、被保险人醉酒，或服用、吸食、注射毒品；被保险人未遵医嘱，私自服用、涂用、注射药物等原因产生的疾病及医疗费用也不负责。至于住院床位费、家属陪护费、取暖费、异地治疗交通费等保险人是否承担责任，则应视保险合同的具体约定而有所不同。

值得注意的是，在不同的医疗保险合同中保险责任和除外责任的规定也不相同。

三、医疗保险主要险种的承保范围与保险金给付

（一）普通医疗保险

普通医疗保险主要保障被保险人治疗疾病时所发生的一般性医疗费用，即对于住院期间的门诊医疗费用、住院医疗费用和手术医疗费用提供补偿（主要包括门诊、医药、检查等项费用）的医疗保险。上述三种类型医疗保险保障既可以包括在同一个普通医疗保险产品中，也可以作为单独的医疗保险产品独立承保。这种保险因保费成本较低，保障程度较低，比较适用于一般社会公众，既可以采用团体方式，也可以采用个人方式投保。

普通医疗保险一般采取补偿费用的方式给付保险金，为控制医药和诊治费用水平，这种保单一般都有免赔额和比例共保规定，被保险人每次疾病所发生的费用累计超过约定保险金额时，保险人不再负责。

（二）住院医疗保险

住院医疗保险是指保险人对被保险人因疾病或意外伤害住院而支出的各种医疗费用提供保障的医疗保险。目的在于解决被保险人因住院而产生的高额费用支出问题。

为了防止被保险人故意延长住院时间产生不合理医疗费用开支，在首次投保或非连续投保住院医疗保险时有免赔期规定，且通常重大疾病住院免责期长于一般疾病住院免责期。但是，对于意外伤害住院和连续投保的则无免责期规定。这类保险合同通常还有最长住院天数和每日补贴金额等规定。

（三）手术医疗保险

手术医疗保险是指保险人对被保险人在患病治疗过程中所必须进行的各种大小外科手术而产生的全部医疗费用进行补偿的医疗保险。补偿范围包括手术费、麻醉师费、各种手术材料费、器械费和手术室费等。通常医疗保险合同上列有各种类型的手术项目表，在表中列出的手术项目均规定有相应的手术保险金给付的最高限额，

其他未列入手术项目表中的手术项目可参照类似项目来确定给付时的最高限额。实践中该险种既可以以独立的方式承保，也可以以附加险的方式承保。

（四）高额医疗保险

高额医疗保险是针对支付限额以上医疗费用不足部分而专门设计的补充性保险险种，该险种主要对于被保险人遭遇重大且不可预期的疾病提供广泛的保障，高额医疗费用保险承保的医疗费用主要有住院费、手术费、就诊费、急诊及看护费等。承保对象包括团体和个人。保险期限通常为一年，到期后符合条件可申请续保。

（五）门诊医疗保险

门诊医疗保险是以保险人对被保险人门诊发生的诊断、治疗费用提供保险保障的一种保险。主要费用包括检查费、化验费、医药费等。鉴于门诊医疗保险风险管理环节多，且较复杂，以及道德风险难以控制，目前，门诊医疗保险主要采取团体方式承保，且仅限于被保险人住院前后一段时间内的门诊诊断和治疗费用的补偿。即使对于少数个人医疗保险所包含的门诊医疗保险，也通常被限制在特定的门诊医疗费用中，如意外伤害发生后的一定时间以内，在门诊部门的抢救或者处置费用。

（六）特种疾病医疗费用保险

特种疾病医疗费用保险是以被保险人罹患某些特殊疾病为保险事故，当被保险人一经确诊为患有某种特殊疾病时，保险人按照约定金额给付保险金或者对被保险人治疗该种疾病的医疗费用进行补偿，如现行重大疾病保险、长期护理保险属此类。

（七）综合医疗保险

综合医疗保险是保险人为被保险人提供的一种保障范围较全面的医疗保险，能够对疾病或意外伤害导致的大多数医疗费用进行补偿，其保障内容主要包括住院床位费、检查检验费、手术费、诊疗费和门诊费等，此外还包括门诊费和对某些康复治疗费用的补偿。与前述几项基本医疗保险相比，综合医疗保险保障的范围广泛、补偿程度高，综合医疗保险的给付限额相对较高，除外责任较少，实际上是前几个医疗保险险种的组合。这种保单的保险费率较高，同时还确定一个较低的免赔额及适当的分摊比例。

第三节　疾病保险

一、疾病保险的概念、特点

（一）疾病保险的概念

疾病保险是指被保险人罹患合同约定的疾病时，保险人按照合同约定的保险金额给付保险金，以补偿被保险人损失的保险。疾病保险并不考虑被保险人的实际医疗费用支出，而是依照保险合同约定给付保险金。疾病保险是健康保险业务的重要组成部分，它是以特定人群或特种疾病发生的医疗费、护理费等为保险金给付条件向被保险人提供的经济保障。

我国《健康保险管理办法》第二条规定：疾病保险是指以保险合同约定的疾病的发生为给付保险金条件的保险。

（二）疾病保险的特点

疾病保险与医疗保险虽同属健康保险业务范畴，但是，疾病保险对于"疾病"所赋予的特定含义使得疾病保险合同保险双方当事人在权利义务规定、保险业务管理等方面呈现出许多不同。

1. 疾病保险所承保的"疾病"首先应符合健康保险"疾病"的基本条件

（1）内部原因的疾病。必须是由人体内部的某种原因引发的，即是由于某个或多个器官或组织异常，甚至某个系统产生病变而致功能异常，从而出现各种病理表现的情况，比如肺结核会引起低烧、咳嗽，胃肠炎表现为上吐下泻等。

这是区分疾病保险与意外伤害保险的一个重要特征。在实际生活中健康保险所承保的疾病有许多是外部原因引起的，但是，这种基于外界各种因素产生的疾病，如病菌感染或者环境污染，必须要在身体内部经过一段时间的作用，引起身体内部的各种物理、化学反应之后，才会出现某些临床症状、形成疾病，比如气候突变引发感冒、导致肺炎。又如高致病性 H5N1 型病毒引发的人类感染禽流感病毒产生的发热、肺炎等临床症状。

（2）非先天性疾病。保险人履行保险赔偿或保险金给付义务是以保险合同成立并生效后在保险期间内发生的保险事故为条件。因此，疾病保险要求疾病发生在保险合同的有效期间。对于被保险人先天性疾病或缺陷，或者由于遗传原因而形成的疾病一般不属于健康保险的承保范围，如先天肢体残疾、器官性能残缺等，或遗传性精神分裂等疾病，保险人不承担保险金给付责任。

（3）偶然性原因所致疾病。这里的"偶然性"是指被保险人是否会发生某种疾病存在不确定性，包括患病的时间、地点、原因等无法预测，以及感染之后的治疗费用、对健康的影响程度等情况不可估量。

对于健康保险所承保疾病的偶然性理解应该是：通常人以健康为常态，患疾病为异常。这与人的一生状况也是一致的，正常情况下多为健康状态。同时，理解疾病的偶然性还应注意：①它不包含必然发生的、自然的、生理现象所产生的病态，例如，年老体衰表现出来的视觉减退、记忆力下降等生理现象，保险人通常不负责；②疾病一般在客观上是可以通过各种医药手段和措施减轻痛苦、缓解病势；③保险人一般在订立合同、核保时就已经将某些客观地、明显地存在的疾病或必然发生的有损人们健康的各种危险排除在保险承保范围之外，如对于常年卧床、依靠各种药物维持生命的被保险人，保险人通常会拒绝承保。

【知识链接】

什么是先天性疾病

先天性疾病是胎儿在子宫内生长发育过程中，受到内在或外部环境某些物理、化学和生物等不良因素作用，致使胎儿局部体细胞发育不正常，使得婴儿出生时表现出有关器官、系统在形态或功能上呈现异常。如风疹病毒感染引起的畸形、先天性髋关节脱位、肢体残缺或器官缺陷等。

遗传病是指父母亲的精子或卵子发育异常，而导致胎儿发生器质性或功能性的不正常而引起相应的疾病或缺陷。这种遗传因素（致病基因）按一定的方式传给子代，子代就可能发生遗传性疾病。这种病可以出生后就表现出来，也可以出生后长到一定年龄时才表现出来。如精神病是可以遗传的，多数到青春期才开始发病。

所以，先天性疾病和遗传性疾病都是先天的，但是，二者不同：先天性疾病是生下来就表现出来的，但是，并不是都与遗传有关，且多半可以通过做好孕期保健来避免。而遗传性疾病多半不易治愈，通常是终生存在的，也不一定在出生时就表现出来，只能通过产前检查，及时终止妊娠来避免。

（资料来源：杜庆生等：《保险医学实用手册》，北京，中国金融出版社，2005。）

2. 疾病保险单是以特定的疾病为保险风险、以特定的群体为保险对象

疾病保险的各类保险单对其所承保的疾病种类，以及所承担的有关费用等保险责任有专门定义，如国内保险市场上各种重大疾病保险单对其所承保的有关重大疾病及其有关专业术语作出专门解释。

疾病保险对于具有产生重大疾病可能性或具有这类风险转嫁需要的被保险人，在患某类重大疾病后的诊断、治疗、预防或保健提供经济保障，或者专门针对某类客户群体发生的与健康相关联的某些事件所产生的资金需要提供资金支持。

我国《健康保险管理办法》第十四条规定："长期健康保险中的疾病保险产品，可以包含死亡保险责任，但死亡给付金额不得高于疾病最高给付金额。前款规定以外的健康保险产品不得包含死亡保险责任，但因疾病引发的死亡保险责任除外。医疗保险产品和疾病保险产品不得包含生存给付责任。"

3. 疾病保险的保险金规定方式

既有定额给付方式，也有费用补偿方式。例如，重大疾病保险和生育保险保险人一般采取定额给付方式给付保险金，牙科费用保险和眼科保健保险采用费用补偿方式。至于长期护理保险，在法国是以每月支付年金的形式提供固定补助金保障，美国则采取费用偿还模式。

4. 疾病保险的保险期限

既有短期，也有中期、长期。例如，重大疾病保险、长期护理保险为中长期保险，保险期限一般是 1~10 年；牙科费用保险、眼科保健保险、生育保险等一般为短期保险，1 年或者更短。

二、疾病保险的主要险种的责任范围及给付规定

（一）重大疾病保险的责任范围

重大疾病保险是指当被保险人在保险合同有效期间内罹患合同所指定的重大疾病（如心脏病、癌症等）时由保险人按合同的约定给付保险金。由于该保险主要限于与重大疾病有关的费用，因此，通常被保险人投保本保险的目的在于将其作为其他医疗保险的补充。重大疾病保险，既有适合于个人投保的产品，也有适合于团体投保的产品。根据不同时期不同条款的规定，重大疾病保险保障的疾病种类由最初的 10 种增至 30 种、40 种，甚至更多。重大疾病保险核保比较严格，在我国没有统一的医疗档案查询平台的情况下，比较容易出现客户方的道德风险问题，所以不宜负责太多种类的重大疾病，否则刚过免责期就发生索赔的给付案，很容易造成保险

公司与客户的纠纷。某寿险公司曾经办"生命绿荫"疾病保险，负责 500 种疾病，但是试销半年多即告停办。可见疾病保险的承保与医疗新技术、医疗管理水平等都有密切联系。

（二）特种疾病保险

特种疾病保险是保险人以被保险人罹患某些特殊疾病为保险给付条件，按照合同约定金额给付保险金或者对被保险人治疗该种疾病的医疗费用进行补偿的保险。

1. 生育保险

生育保险是以身体健康的孕妇和新生儿为保险对象的母婴安康保险，承保产妇或婴儿在产妇入院办理住院手续之日开始至产妇出院时为止的一段时间，因分娩或疾病或意外事故造成产妇或婴儿死亡的保险金给付责任。

2. 牙科费用保险

牙科费用保险是指保险人为被保险人的牙齿常规检查、牙病预防、龋齿等口腔疾病治疗提供医疗费用保障的一种保险。

3. 眼科保健保险

眼科保健保险是指保险人为被保险人提供接受眼科常规检查和视力矫正时所发生的医疗费用的一种保险。如眼科检查费、眼镜配置费、隐形眼镜等。

4. 艾滋病保险

我国继推出承保因医疗输血造成的感染和医护人员在工作期间感染艾滋病的保险事故的保险品种之后，又专门为艾滋病患者提供风险保障产品——艾滋病保险，这是一种专门针对普通团体提供的专项艾滋病保险产品，承保因输血导致的艾滋病病毒感染，或其他因工作中的意外感染、受犯罪侵害感染等情况。保险期限 1 年，保险金额为每份 1 万元，总保险金额最高不超过 30 万元。

5. 团体传染性非典型肺炎疾病保险

该保险以机关、团体、企业、事业等单位为投保人，为其在职人员向中国人寿保险公司投保本保险。投保单位成员必须80%以上投保，而且符合投保条件的人数不低于 8 人。保险期间为 1 年，每份保险的保险金额为 1 万元。保险人主要承担被保险人经确诊罹患传染性非典型肺炎，在县级以上（含县级）医院或本公司认可的医院住院治疗的或者经住院治疗并在住院期间身故的疾病保险金、身故保险金。

6. 禽流感保险

民生人寿保险公司推出专门针对人禽流感的民生关爱特种疾病定期寿险（B款）。保险人对被保险人在保险合同生效 10 日后被确诊患有禽流感，且因此身故的给付身故金，被保险人年龄在 18 岁以上的保险金额为每份 10 万元，保险期间 1 年。

此外，新华人寿保险公司在国内首次推出"附加传染病疾病保险"产品，产品中所指传染性疾病包括鼠疫、狂犬病、流行性脑脊髓膜炎、流行性乙型脑炎、炭疽、钩端螺旋体病、传染性非典型肺炎在内的 7 种被《中华人民共和国传染病防治法》收录的甲、乙类传染性疾病；病毒性肝炎不在疾病险保障之列。

三、疾病保险的不保危险

对于由下列原因所致被保险人发生的疾病，一般不属于疾病保险的责任范围：

1. 被保险人的自杀或犯罪行为；
2. 被保险人或其受益人的故意欺骗行为；
3. 战争或军事行动、暴乱或武装叛乱；
4. 先天性疾病及其手术；
5. 意外伤害引起的疾病或手术；
6. 在观察期内发生的疾病或手术；
7. 凡保险责任内未列明的疾病。

有的保险单将被保险人罹患特定的疾病除外不保，如精神障碍、结核病等除外不保，也有保险单将不法行为、酗酒、吸毒等也列入不保危险的范围之中。

第四节　失能收入损失保险

一、失能收入损失保险的概念、特点

（一）失能收入损失保险的概念

我国《健康保险管理办法》第二条规定："本办法所称失能收入损失保险，是指以因保险合同约定的疾病或者意外伤害导致工作能力丧失为给付保险金条件，为被保险人在一定时期内收入减少或者中断提供保障的保险。"

失能收入损失保险在国外也称为收入保障保险，或称为丧失工作能力保险，它是指在保险合同有效期内，因疾病或意外事故的发生导致被保险人残疾，或部分或全部丧失工作能力，或短期或永久丧失工作能力而造成其正常收入损失时，由保险人按合同约定的方式定期给付保险金的保险。

开办本保险的目的在于通过保险人的失能收入损失保险金的给付，缓解被保险人自身及家庭在遭遇类似不幸事件所面临的经济压力。但值得注意的是，投保收入保障保险的前提是在投保时被保险人必须有固定的全职工作和收入，否则，不能够投保本保险。同时，本保险并不承保被保险人因疾病或意外伤害时所发生的医疗费用。

（二）失能收入损失保险的特点

失能收入损失保险具有独特的业务规定：以被保险人发生残疾为给付条件；导致被保险人残疾的原因必须是意外伤害或疾病；保险金给付金额的确定有固定给付和比例给付两种；保险金给付方式有一次给付和分次给付；保险金给付有最高限额规定、免赔期规定；在维护被保险人利益方面有免缴保险费条款规定、抵御通货膨胀条款的规定；保险费率的厘定要考虑通货膨胀的因素；残疾有特定的含义和标准。

二、失能收入损失保险业务分类

（一）根据导致残疾的原因不同划分

失能收入损失保险可以分为疾病收入损失保险和意外伤害收入损失保险。前者是补偿因疾病导致残疾的收入损失；后者补偿因意外伤害导致残疾的收入损失。

（二）根据给付期间的不同划分

失能收入损失保险又可分为短期收入保障保险和长期收入保障保险。前者是补偿被保险人在身体恢复以前不能工作的收入损失，期限一般为 1～2 年；后者是补偿被保险人因全部残疾而不能恢复工作的收入损失，具有较长的给付期限，通常规定支付至被保险人退休年龄。

（三）根据给付金额的确定不同划分

失能收入损失保险可以分为两类：一类是按照给付额度是否固定，又可以分为比例给付法与固定金额给付法（即定额给付）。另一类是按照残疾程度划分，又可以分为全残给付与部分残疾给付。

（四）按照保险保障的目的不同划分

失能收入损失保险可以分为工资收入损失保险、失能买断保险和重要员工失能所得保险。

三、失能收入损失保险的责任范围

（一）残疾（失能）的界定

正确理解收入损失保障保险责任范围的首要问题在于对残疾的界定。在每一份失能收入损失保险保险单中都要明确解释全残的概念，并规定相应的全残保险金，被保险人只有符合全残规定时，才能领取保险金。

人们对于残疾的一般解释可以分为完全残疾和部分残疾，前者是指被保险人永久丧失全部劳动能力，不能参加任何有报酬性的工作；后者是指被保险人身体的某一部分残疾，不能从事原来的职业，但尚能从事一些有收入的职业。

失能收入损失保险中全残的概念的界定经历了一个由严格到宽松的发展过程。传统收入损失保险的"残疾"的概念是以任何一种职业为基础的"绝对全残"，在"任何报酬性职业"条款中规定，只有被保险人不能从事与其教育、训练及经验相关的任何职业的工作，则被视为全部失能，从而使被保险人的保险金领取受到严格的限制。另一种残疾的定义是基于原职业，即"原有职业"条款认为被保险人无法从事其正常职业的主要任务，即被保险人在失能开始所从事的职业。

对于全残定义还有其他几种方法：

1. 现时通用的全残概念

这是一种基于原职业全残和任何职业全残定义的结合。如果在致残初期，被保险人不能完成其惯常职业的基本工作，则可认定为全残，领取全残收入保险金。在致残以后的约定时期内（通常为 2～5 年）若被保险人仍不能从事任何与其所受教育、训练或经验相当的职业时，还可认定为全残，领取相应保险金。

2. 收入损失全残

这是按残疾情况实际给被保险人造成的损失程度来确定残疾保险金，分为两种情况：一是被保险人因全残而丧失工作能力，且无法从事任何可获取报酬的工作；二是被保险人虽尚能工作，但是因残疾导致收入减少。

3. 推定全残

这是针对特殊情况的两种残疾定义：一种是当被保险人患病或遭受意外伤害后，

在保险条款中规定的定残期限内还无法确定其是否会残疾时，则其在定残期限届满时如果仍无明显好转的征兆将自动推定为全残。另一种是当被保险人发生了保险单所规定的伤残情况时，将被自动作为全残。

4. 采取列举法

在失能收入损失保险保险单中列举能够确认被保险人"全残"的具体标准或情况，并严格要求在治疗结束后由保险人指定或认可的医疗机构出具被保险人全残鉴定报告。

（二）保险承保的风险及责任认定

失能收入损失保险所承担的保险金给付责任是以被保险人发生意外伤害事故或疾病导致其残疾为前提条件。

1. 该保险承担因意外伤害造成被保险人身体残疾或失能所产生的收入损失赔偿责任，这里的"意外伤害"与意外伤害保险中对"意外伤害"的要求基本一致，即是指遭受外来的、突发的、非本意的、非疾病的客观事件。

2. 该保险还承担因疾病造成被保险人残疾或失能所产生的收入损失。这里的"疾病"与健康保险所承保的"疾病"的要求完全一致，即疾病应符合被保险人身体内部原因引起、非先天性和偶然性三个基本条件；同时，还必须是被保险人是在保险合同有效期内首次发生的疾病，如果是既往症保险人不负责。

3. 免责期规定，又称等待期或免赔期间。大多数失能收入损失保险都不会从被保险人发生残疾的第一天起就提供收入补偿保险金，一般都有一个约定的免责期间。这类合同通常规定：首次投保本保险或非连续投保本保险时，被保险人因疾病住院治疗的，等待期为一至三个月，续保或因意外伤害住院治疗的无等待期规定。对等待期内或在本附加合同生效之前发生且延续的住院治疗，保险公司不负给付保险金责任。对保险期间内发生且延续至本保险合同到期日后一个月内的住院治疗，保险公司负给付保险金责任。此外，在许多收入保障保险中允许一个免责期间的中断，如在6个月的时间内，被保险人因为相同或不同原因而再度失能，保险公司将两段免责期间合并计算。

免责期规定与财产保险的免赔额作用相同，因短期失能的被保险人能够靠以往储蓄维持生活，所以，规定免责期目的在于：（1）避免对能够迅速恢复原工作的被保险人展开不必要的调查，从而减少保险费用；（2）保险公司可以避免大量轻伤所导致的小额索赔，降低理赔的成本，保持较低的保险费率。

（三）失能收入损失保险的一般除外责任

失能收入损失保险合同一般规定，对于被保险人因战争、军事行动和暴乱引起的残疾或失能；被保险人故意自伤行为所致残疾或失能；或者主动参加不法暴力行为所引起的残疾或失能；或者因酗酒、吸毒和自杀造成的伤残；或者在投保以前已患有的疾病引起的残疾或失能，以及被保险人有资格通过社会保险或其他政府计划获得补偿的损伤或疾病造成的残疾和失能等原因导致被保险人残疾的，保险人不承担保险金给付责任。

对于某些特殊嗜好或特别职业，例如跳伞、冲浪、滑雪等体育活动及探险、高空作业等危险工作，可列为责任免除或采取特约附加承保。

四、失能收入损失保险的保险金给付

（一）保险金给付期间

保险金给付期间是指保险人给付被保险人收入损失保险金的期间。

根据给付期间的长短，伤病失能健康保险有短期和长期之分。约有98%的失能者在一年内恢复。团体失能收入损失保险给付期间在一年以内的属于短期失能收入损失保险，保险给付期间通常为13周、26周、52周；给付期间超过一年的团体失能收入损失保险属于长期失能保险。个人失能收入损失保险给付期间低于一年的比较少见，给付期间在1~5年的属于短期性失能保险，超过5年的属于长期性失能保险。

（二）失能收入损失保险保险金额的确定

失能收入损失保险合同性质属于补偿性质，投保金额并不能完全由投保人或被保险人自行确定，而是保险人参考被保险人过去的专职工作收入水平或社会平均年收入水平，同时，还要考虑被保险人的兼职收入、残疾期间的其他收入来源以及现时适用的所得税税率等因素综合考虑确定保险金额。此外，保险金给付一般都不能完全补偿被保险人因伤残失能所导致的收入损失。一般残疾失能保险的给付额都有一个最高限额，且该限额通常低于被保险人伤残以前的正常收入水平。

科学、合理地确定残疾失能保险的给付额非常重要，给付额确定太高容易使被保险人对保险产生依赖，即导致失能的被保险人失去重新工作的动力，甚至会故意延长残疾失能的期间。但是，保险金给付额太低，会使被保险人收入骤减，可能影响其正常生活达不到保险保障的目的。

1. 按照失能收入损失保险金的给付金额是否固定可以分为比例给付与定额给付

前者是指保险事故发生后，保险人根据被保险人的残疾程度，给付相当于被保险人原收入一定比例的保险金。后者是指保险双方当事人在签订保险合同时，根据被保险人的收入状况协商约定一个固定的保险金额（通常按月份确定）。

2. 按照残疾程度可以分为全残给付与部分残疾给付

前者是指保险人给付的保险金额一般为被保险人原收入的一定比例，如70%或80%；后者是指保险人给付的保险金为全残保险金的一定比例。

（三）失能收入损失保险保险金给付方法

1. 一次性给付

当被保险人全残时，按照一定年龄划分不同的年龄段所规定的每一年龄段给付保险金的倍数，保险公司按照合同约定的保险金额一次性给付被保险人。当被保险人部分残疾时，保险公司一般根据被保险人的残疾程度及其对应的给付比例支付保险金。

2. 分期给付

（1）按月或按周给付。

（2）按给付期限可以分为短期和长期两种。短期者通常为1年到2年；长期者可给付至被保险人年满60周岁或退休年龄。

（3）按推迟期给付。即是指被保险人残疾后超过一定时期（一般为90天或半

年)，被保险人仍不能正常工作时保险人才开始承担保险金给付责任。

在维护被保险人利益方面，收入损失保险合同还有保险费免缴条款、生活指数调整给付条款等规定。

第五节　护理保险

一、护理保险的概念

我国《健康保险管理办法》第二条规定："本办法所称护理保险，是指以因保险合同约定的日常生活能力障碍引发护理需要为给付保险金条件，为被保险人的护理支出提供保障的保险。"

国外习惯称为长期护理健康保险，又名老年看护健康保险，保险人对于那些因年老、疾病或伤残生活无法自理或不能完全自理，而需要他人辅助全部或部分日常生活的被保险人（老人或伤残者）提供护理服务或经济保障的一种保险。

目前在国外，长期护理保险已成为健康保险市场上最为重要的产品之一。此类保险对被保险人的年龄一般限制在 50～84 岁。

二、护理保险的承保范围

护理保险主要是为满足被保险人在老年护理中心和其他一些康复机构，甚至是在被保险人的家中因各种护理需要或者接受各类护理服务的费用补偿而提供的保险保障。

按照保险人对被保险人所承担的护理费用划分，护理保险可以分为专门护理或家庭护理两大类：专门护理是指在康复机构由专业护理人员，如注册护士或有执照的护士或在他们指导下进行的护理；家庭护理是指在病人家中为病人提供的日常生活照顾，如洗澡、吃饭等。

按照护理服务性质划分可分为治疗性质护理服务和非治疗性质护理服务：前者有诊断、预防、康复等；后者有家庭护理、成人日常护理等。

按服务时间划分分为全天候 24 小时特别护理和非全天一般性护理。

三、保险金给付

护理保险的保险金给付根据承保方式不同而不同。

对于独立签发的护理保单，有三种方式可供选择：

1. 规定保险人对被保险人的护理费用补偿不能超过规定的给付额——最高给付额。

2. 由被保险人在规定的一年、数年、终身等几种不同的给付期中自行选择给付期。

3. 从被保险人开始接受承保范围内的护理服务之日起算，规定 30 天至 180 天不等的多种免责期。

四、护理保险的除外责任

护理保险的除外责任一般包括各种精神疾患导致的护理服务，但老年人中常见的老年性痴呆症不属于除外责任，如投保前已患有此病的则属除外责任。

护理保险合同中涉及被保险人权益保护规定的条款有保费豁免条款、不没收价值条款、通胀保护条款。

第六节　我国健康保险常见品种

一、附加住院费用医疗保险

（一）保险的功能与特点

附加住院费用医疗保险属于附加合同，是健康保险中医疗费用补偿型保险，投保时必须依附于某一主险。本保险险种的功能和特点是：能够为客户提供医疗费用报销，保障全面，可以报销与住院相关的门诊费用。

（二）保险条件

投保范围，0～50周岁均可投保；5年一核保，可续保至被保险人64岁。

（三）保险责任

本附加住院费用医疗保险合同的保险责任分为基本部分和可选部分。投保人可以单独投保基本部分，也可以在投保基本部分的基础上增加可选部分，但不能单独投保可选部分。同时在投保可选部分时必须对该部分的两项责任同时投保，而不能只选择其中一项。

1. 基本责任

在等待期（30天）结束后被保险人因疾病或意外伤害经医院诊断必须住院治疗，对于每次住院在约定范围内的床位费和医疗费以及住院期间前后各30天内因与该次住院相同原因而产生的门诊费，保险人按照被保险人实际支出的合理且必要的上述各项费用的80%分项给付保险金。各项保险金的限额（见各保险公司附加住院费用医疗保险费率表）按照合同约定给付。

2. 可选部分

（1）非器官移植手术费用保险金。被保险人因疾病或意外伤害而住院进行非器官移植手术治疗，可按照被保险人每次手术在约定范围内实际支出的合理且必要的手术费用的80%给付保险金，每次手术给付保险金的限额（见各保险公司附加住院费用医疗保险费率表）。

（2）器官移植手术费用保险金。被保险人因疾病或意外伤害而住院进行器官移植手术治疗，保险人按照被保险人每次手术在约定范围（同签发保险单分支机构所在地社会医疗保险规定的赔付范围）内实际支出的合理且必要的手术费用的80%给付保险金，每次手术给付保险金的限额，若被保险人因同一原因需间歇性施行手术，且前后手术日期间隔未达90天，则视为同一次手术。

（四）责任免除

保险人对因下列原因造成的被保险人医疗费用支出不承担给付保险金的责任：

1. 保险单中特别约定的除外疾病，如先天性畸形、变形和染色体异常、艾滋病或感染艾滋病病毒、性病、精神和行为障碍、椎间盘突出症、未告知的既往症；

2. 不孕不育治疗、人工授精、怀孕、分娩（含难产）、流产、堕胎、节育（含绝育）、产前产后检查以及由以上原因引起的并发症；

3. 疗养、矫形、视力矫正手术、美容、牙科保健及康复治疗、非意外事故所致整容手术；

4. 被保险人殴斗或醉酒；或者被保险人故意犯罪或拒捕、故意自伤，或者被保险人服用、吸食或注射毒品，或者被保险人酒后驾驶、无合法有效驾驶证驾驶或驾驶无有效行驶证的机动交通工具，或者投保人的故意行为；

5. 从事潜水、跳伞、攀岩、蹦极、驾驶滑翔机、探险、摔跤、武术比赛、特技表演、赛马、赛车等高风险运动；

6. 战争、军事行动、暴乱或武装叛乱；或者核爆炸、核辐射或核污染。

（五）保险期间和续保

本附加险合同的保险期间为 1 年，期限届满经保险人审核同意可以续保。

（六）保险金额与保险费

本附加险合同每份的保险金限额依据保险合同双方的约定，具体可参见各保险公司附加住院费用医疗保险费率表。投保的份数由保险双方当事人约定并载明于保险单上。

二、疾病保险

（一）某保险公司女性终身重大疾病保险条款

1. 保险功能与特点

这是一款传统大病保险产品，具有保费可调整、保障更充分、分类更科学、身故给保额、保单可贷款等特点。

2. 投保范围

年龄为 16 周岁至 50 周岁的女性均可作为被保险人参加本保险。

3. 保险责任

（1）一类（22 种）、二类（6 种）重大疾病保险金给付责任。被保险人因意外伤害事故身故或于保单生效日起 90 天后因疾病身故，经医院诊断初次发生本条款所定义的一类或二类重大疾病时，由保险公司分别按照保险金额的 80% 或 20% 给付一类或二类重大疾病保险金。重大疾病保险金的给付以一次为限。保险公司给付"一类重大疾病保险金"和"二类重大疾病保险金"后，保险责任终止。

（2）身故保险金给付责任。被保险人因意外伤害事故身故或于保单生效日起 90 天后因疾病身故，保险公司按保险金额给付身故保险金，保险责任终止。对于保险公司已给付一类或二类重大疾病保险金的，保险公司按保险金额扣除已给付的保险金后的余额给付身故保险金，保险责任终止。

被保险人于保单生效日起 90 天内因疾病身故，或于保单生效日起 90 天内因疾病经医院确诊初次发生本条款所定义的一类或二类重大疾病，保险公司无息返还所交保险费，保险责任终止。

（3）保险费豁免。给付上述一类或二类重大疾病保险金后，保险公司豁免本合同的以后各期保险费。

4. 保险期间

本保险的保险期间为终身。

5. 保险金额

本合同的保险金额由投保人和保险公司约定并于保险单上载明。

（二）我国重大疾病保险品种发展概述

我国重大疾病保险市场自 20 世纪 90 年代发展到现在，其产品经历了引进阶段和发展阶段，后者又分为产品发展的第一、第二、第三代。

引进阶段：1995 年重大疾病保险产品被引进我国时是以定期附加险的方式承保，保障的疾病为癌症、脑中风、心肌梗塞、冠状动脉绕道手术、尿毒症、瘫痪、重要器官移植。

发展第一代产品：1998 年以后，我国各寿险公司开始将附加定期形式的重大疾病保险产品改为终身产品，并以独立方式承保，承保疾病由 7 种扩大为 10～12 种。如中国人寿保险公司的康宁终重大身保险（承保 10 种重大疾病），平安人寿保险公司的平安康泰终身保险（甲）条款（承保 11 种重大疾病）。

发展第二代产品：21 世纪初各保险公司对重大疾病的种类进一步细分为一类和二类，按照保险金额的不同比例承担给付责任，如平安人寿的常青树终身男性重大疾病保险（分红型）（一类 20 种和二类 5 种）和平安康乃馨终身女性重大疾病保险（分红型）（一类 22 种和二类 6 种）。

发展第三代产品，各公司将所承保的重大疾病扩大至 30～45 种，如中国人寿保险公司的国寿康恒重大疾病保险（29 种重大疾病），民生人寿保险公司的康吉重大疾病保险（40 种重大疾病），中英人寿保险公司的中英人寿利呈祥男性重大疾病保险（B 款 45 种重大疾病）。

未来重大疾病保险的发展趋势是承保疾病种类将不断增多、责任范围日益扩大。因此，为了进一步规范健康保险市场，必须统一衡量重大疾病标准，以避免保险市场存在的重大疾病种类"注水"的现象，使投保者能更好地了解重疾产品的内容，有效减少因信息不对称造成的保险公司和消费者对大病界定意见不一的理赔纠纷，也有助于保险公司根据市场情况，在规定保障"核心疾病"的前提下，通过更为自由灵活的组合搭配，满足不同的消费群体。

目前，规范包括重大疾病保险在内的健康保险市场正在加快推进。保监会 2006 年出台了首部《健康保险管理办法》，对健康保险的经营和风险控制做出了明确规定。

2006 年，由中国保险行业协会牵头进行的重大疾病行业标准定义制定工作已取得阶段性成果，完成重大疾病行业标准定义初稿。已初步完成了 26 种重大疾病的标准定义，并根据行业理赔经验初步选出了发生概率很高、影响最大的 7～10 种重大疾病，确定为重大疾病保险产品必须包含的"核心疾病"。

同时，中国保险行业协会和中国医师协会正式签署了合作协议，将以共同制定有关重大疾病保险的疾病定义为开端，展开长期的跨行业全面合作。两协会还联手成立了健康保险专家委员会，召开了第一次重疾险疾病定义专家工作会议。下一步的合作，就是要在目前已经完成的重大疾病行业标准定义的基础上，最终敲定重大疾病的行业标准和入围病种。合作主要在三个方向进行：一是借鉴国际经验，结合中国实际，从更深层次上确定具有中国特色的重大疾病标准定义。为此，中国医师协会已经选派了包括中国工程院院士在内的 30 余位高水准的医学专家参与这项工作。二是帮助全国的医师进一步了解健康保险，以进一步促进健康保险的发展。双方还将共同建立巨大的数据库，共享资源网络等。三是从投保人的角度对新型的重大疾病保险产品进行监督，力争从更高层次推动我国健康保险事业迈上一个新台阶。

【资料信息】

中国人寿保险公司康宁终身保险条款关于承保 10 种重大疾病的解释

重大疾病，是指下列疾病或手术之一：

1. 心脏病（心肌梗塞）指因冠状动脉阻塞而导致部分心肌坏死，其诊断必须同时具备下列三个条件：

（1）新近显示心肌梗塞变异的心电图。

（2）血液内心脏酶素含量异常增加。

（3）典型的胸痛病状。

但心绞痛不在本合同的保障范围之内。

2. 冠状动脉旁路手术指为治疗冠状动脉疾病的血管旁路手术，须经心脏内科心导管检查，患者有持续性心肌缺氧造成心绞痛并证实冠状动脉有狭窄或阻塞情形，必须接受冠状动脉旁路手术。其他手术不包括在内。

3. 脑中风指因脑血管的突发病变导致脑血管出血，栓塞、梗塞致永久性神经机能障碍者。所谓永久性神经机能障碍，是指事故发生六个月后，经脑神经专科医生认定仍遗留下列残障之一者：

（1）植物人状态。

（2）一肢以上机能完全丧失。

（3）两肢以上运动或感觉障碍而无法自理日常生活者。

所谓无法自理日常生活，是指食物摄取、大小便始末、穿脱衣服、起居、步行、入浴等，皆不能自己为之，经常需要他人加以扶助之状态。

（4）丧失言语或咀嚼机能。

言语机能的丧失是指因脑部言语中枢神经的损伤而患失语症。

咀嚼机能的丧失是指由于牙齿以外的原因所引起的机能障碍，以致不能做咀嚼运动，除流质食物以外不能摄取食物之状态。

4. 慢性肾衰竭（尿毒症）指两个肾脏慢性且不可复原的衰竭而必须接受定期透析治疗。

5. 癌症指组织细胞异常增生且有转移特性的恶性肿瘤或恶性白血球过多症，经病理检验确定符合卫生部《国际疾病伤害及死因分类标准》归属于恶性肿瘤的疾病，但下述除外：

(1) 第一期何杰金氏病。

(2) 慢性淋巴性白血病。

(3) 原位癌。

(4) 恶性黑色素瘤以外的皮肤癌。

6. 瘫痪指肢体机能永久完全丧失，包括两上肢，或两下肢，或一上肢及一下肢，各有三大关节中的两关节以上机能永久完全丧失。

所谓机能永久完全丧失，指经六个月以后其机能仍完全丧失。关节机能的机能丧失指永久完全僵硬或关节不能随意识活动超过六个月以上。上肢三大关节包括肩、肘、腕关节，下肢三大关节包括股、膝、踝关节。

7. 重大器官移植手术指接受心脏、肺脏、肝脏、胰脏、肾脏及骨髓移植。

8. 严重烧伤指全身皮肤 20% 以上受到第三度烧伤。但若烧伤是被保险人自发性或蓄意行为所致，不论当时清醒与否，皆不在本合同的保障范围之内。

9. 暴发性肝炎指肝炎病毒感染而导致大部分的肝脏坏死并失去功能，其诊断必须同时具备下列条件：

(1) 肝脏急剧缩小；

(2) 肝细胞严重损坏；

(3) 肝功能急剧退化；

(4) 肝性脑病。

10. 主动脉手术指接受胸、腹主动脉手术，分割或切除主动脉瘤。但胸或腹主动脉的分支除外。

三、失能收入损失保险

目前，我国保险市场上失能收入损失保险保险有两种，一种是附加意外伤害住院收入保障保险，主要承担被保险人因意外伤害住院导致的收入损失补偿。另一种是附加住院收入保障保险，其承保事项规定如下：

(一) 保险责任

1. 疾病收入损失保障金

对于首次投保本保险或非连续投保本保险时，被保险人因疾病住院治疗的，等待期为三个月；续保无等待期。

被保险人因疾病经医院诊断必须住院治疗，保险公司从被保险人每次住院的第四天开始按住院天数给付住院日额保险金，即：

每次疾病住院日额保险金给付天数 = 实际住院天数 - 3 天

2. 意外伤害收入损失保障金

被保险人因意外伤害住院治疗的无等待期。

对保险期间内发生且延续至附加合同到期日后一个月内的住院治疗，保险公司负给付保险金责任。在附加合同保险责任有效期内，保险公司承担如下保险责任：被保险人因意外伤害经医院诊断必须住院治疗，保险公司从被保险人住院第一天开始给付住院日额保险金，即：

$$每次意外伤害住院日额保险金给付天数 = 实际住院天数$$

（二）除外责任

与一般住院医疗保险的除外责任类似，一般收入保障损失保险对于被保险人因非属住院医疗保险承担的风险事故或事件造成住院治疗的，保险人不承担保险金给付责任。详细规定可参见各保险公司的条款规定。

（三）保险金额与保险费

附加合同的住院日额保险金每份每天人民币 10 元。投保份数由投保人和保险公司约定并于保险单上载明，一经确定，该保单年度内不得变更。

本附加合同的保险费根据投保人与保险公司约定的投保份数确定，并于保险单上载明。

投保人按照附加合同约定向保险公司支付保险费。分期支付保险费的，投保人支付首期保险费后，应当按约定的交费日期支付其余各期的保险费。

（四）保险期间和续保

附加合同的保险期间为 2 年，自保险公司同意承保、签发保险单并收取保险费的次日零时起至约定的终止日 24 时止。

若保险公司同意，投保人可于每个保险期间届满时，按续保时的保险费率向保险公司缴纳续保保险费，则附加合同将延续有效 1 年。

【本章小结】

健康保险	健康保险	健康保险是指以被保险人身体为保险标的，保险人对被保险人在保险期限内因患疾病或发生意外事故受到伤害时所导致费用或收入损失进行补偿或给付保险金的一种保险。健康保险具有承保风险事故多样性、损失赔偿难以预测、保险费率影响因素复杂等特点。
	医疗保险	医疗保险是健康保险的主要险种，它是以被保险人发生的合同中所约定的医疗费用开支为保险金给付条件，保险人为被保险人提供医疗费用保障的保险，它可以分为普通医疗保险、住院医疗保险、手术医疗保险、高额医疗费用保险、综合医疗保险等。
	疾病保险	疾病保险是指被保险人罹患合同约定的疾病时，保险人按合同约定的保险金额定额给付保险金，以补偿被保险人损失的保险。它是以特定人群或特种疾病发生的医疗、护理费用等为保险金给付条件向被保险人提供经济保障。
	收入保障保险	收入保障保险，又称丧失工作能力保险，是指在保险合同有效期内，因疾病或意外事故发生导致被保险人残疾，或部分或全部丧失工作能力（亦即失能），或短期或永久丧失工作能力而造成其正常收入损失时，由保险人按合同约定的方式定期给付保险金的保险。

【课后习题】

1. 简述健康保险的主要特点及业务分类。

2. 健康保险合同有哪些特殊条款?

3. 疾病保险承保的"疾病"应具备的基本条件是什么?

4. 护理保险的主要承保内容是什么?

5. 影响健康保险费率厘定的主要因素有哪些?

6. 失能收入损失保险的全残界定标准有哪几种?

第七章
团体人身保险

【教学目的】

通过本章的教学，使学生明确团体人身保险的概念、特点和业务分类，掌握团体人身保险的主要业务规定，能够综合运用所学人身保险知识设计团体人身保险保障计划。

【教学内容】

团体人身保险业务是寿险公司的支柱业务，与个人人身保险业务相比有自己的特点。团体人身保险业务种类繁多，保险计划组合多种多样，越来越成为各企业、机关团体员工福利计划不可分割的重要组成部分。

【教学重点难点】

团体人身保险的特点；团体人身保险条款组合；团体人身保险计划书的设计。

【关键术语】

团体人身保险　团体人寿保险　团体年金保险　团体定期人寿保险　团体万能寿险

【本章知识结构】

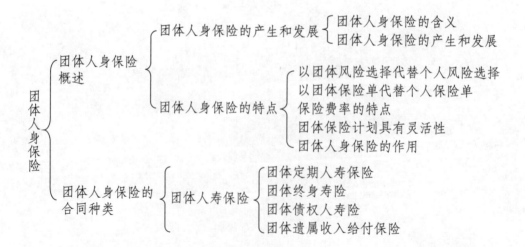

174

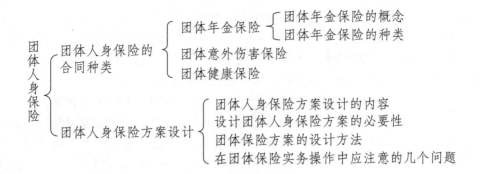

第一节 团体人身保险概述

【案例引入】

该保单能不能退保?

1996年,赵某与单位签订了劳动合同,双方约定由单位作为投保人为赵某购买18 000元的一次性终身养老保险。单位在投保单中特别约定:"保单一经签订,不得中途撤保。"投保后,保单由赵某保存。2000年,赵某到保险公司查询保险事宜时,被告知保险单已由投保单位办理了退保手续。

赵某称:根据保险公司的规定,投保人办理退保时应持保单,保险公司在投保单位没有保单,且双方在保单中约定俗成不得中途撤保的情况下,仍为投保单位办理了退保手续,此举违反了保险业务的有关规定,给赵某造成了重大的经济损失。

赵某要求法院依法判令被告保险公司为其办理有关复保手续,赔偿其4 000元诉讼费。

一、团体人身保险的产生和发展

(一)团体人身保险的含义

团体人身保险有广义和狭义之分,狭义的团体人身保险简称团身险,是负责被保险人在保险期限内因疾病死亡(首次投保有90天免责期)、因意外伤害死亡或残疾的短期人身保险,类似于团体意外伤害保险。广义的团体人身保险简称团险或团单,通常是指以某团体为投保人,以团体内的所有成员或部分成员作为被保险人,用一张总的保险单为上述人员提供人身保险保障的保险。本章内容主要介绍广义的团体人身保险。

(二)团体人身保险的产生和发展

团体人身保险起源于20世纪初。1907年,美国哥伦比亚大学教授海东锡格首先提出:企业的雇主应对其雇员因遭受不幸事故、疾病、衰老丧失工作能力、伤残、死亡、失业等所造成的社会问题承担一定的责任,而其中最佳的途径则是为雇员购买人身保险。最早的一例团体人身保险是 1911 年美国公平人寿保险公司对新泽西州某企业签发的团体人寿保险。这一新的保险产品一出现，立即就引起了人寿保险业界的广泛注意，各类保险组织群起仿效，随之使团体保险在世界各地发展起来。第二次世界大战期间，由于政府对物价和工资的管制，许多经济组织为提高员工福利，纷纷购买团体人身保单，导致 1940—1945 年间团体保单的保额增长了 50%。1949 年，美国高等法院颁布法令，指出雇员有权集体与雇主商议有关工资、工作时间、退休和有关购买保险的计划，这对美国团体寿险的发展起到了决定性作用。加之 1954 年美国联邦政府为其 250 万雇员提供死亡保险，最终导致美国成为世界上最大的团体寿险市场。到 20 世纪 90 年代初，美国有 56% 的雇员通过雇主或工会参加了团体养老金计划，近 58% 的美国公民获得了团体健康保险计划的保障。截至 2001 年底，美国有 1.63 亿份团体人身保险契约，保险达 6.8 万亿美元。在美国，团体人身保险与个人保险、社会保险并列为经济安全制度的三大支柱。

我国的团体人身保险业务是自 1982 年中国人民保险公司恢复办理人身保险业务以后一直到 20 世纪 90 年代中期的主打业务，保险险种主要包括简易人身保险、独生子女保险、子女婚嫁教育金保险、养老金保险和学生、幼儿平安险等。1982 年团体寿险保费收入为 159 万元，占国内保费收入的 0.2%。1993 年全国的团体保费收入为 200 亿元，占全国保费收入的 37.3%。随着我国社会保障体制改革的不断深入，企事业单位保险意识不断增强，团体寿险尤其是企业补充养老保险业务更是面临前所未有的发展机遇。1999 年，团体人身保险业务保费收入超过 300 亿元。2000 年分红型团体保单和万能保单的出现，使得我国的团体保险的形式更加多样化，极大地满足了市场的多层次需求。2002 年是我国加入世界贸易组织后的第一年，中国政府为中资保险业设立了三年的保护期，到 2004 年全面开放，体现在人身保险领域主要是团体人身保险的开放。受到经济全球化的影响，员工福利计划的概念在我国不断发展，而团体保险是员工福利计划中一个很重要的分支，由此，我国真正意义上的团体保险开始崭露头角，带领团体保险走向新生。很多机关团体、企事业单位将团体人身保险纳入"员工福利计划"中进行综合考虑，使其成为重要组成部分。这对于完善我国的社会保障体系，提高人民生活水平和稳定社会都具有非常重要的意义。

二、团体人身保险的特点

团体人身保险的特点体现在其与个人保险相比有许多不同之处。

（一）以团体风险选择代替个人风险选择

从风险管理角度看，团体人身保险是以团体风险选择代替个人风险选择。对于个人人寿保险，投保人要如实告知被保险人和投保人的健康状况、自然状况和财务等情况，根据投保规则，有的被保险人还要经过体检，并经过专业人员进行风险选择和业务处理，保险人方可承保。对于团体人身保险则不需要进行体检或提供有关的可保证明，但是，要求投保人必须符合投保条件，对于不合格的被保险人，拒绝承保。团体人身保险的风险选择的主要目的是获得团体人数，或者更重要的是由团体人数累积产生的可预测的死亡率或发病率。保险人集中了大量的面临同质风险的个体，符合保险风险的集中与分散的原理。所以，团体人身保险在实际操作中对团体有具体要求。

1. 投保团体的资格

投保的团体必须是依法成立，且有本身专业活动的团体组织。另外，投保团体保险只能是这个组织的附带工作。这样规定的目的是为了避免一些人专门为了参加保险而成立一个团体，为了保险而专门组织起来的团体，必然集中一些"最愿意投保的人"。有些可能属于"拒保体"，如果其投保个人寿险的话，保险人不予承保或即使承保也作为弱体加费承保。这种临时组织起来的团体，其死亡率必然超过正常水平，因此，选择合格团体对保险人来说就显得尤为重要。在我国，党政机关、企事业单位、社会团体等可认为是"合格团体"。

2. 被保险人的资格

投保团体的被保险人通常要求是能够参加正常工作的"在职人员"。在职人员一般指在投保单位工作并领取工资的人员，但并不是说所有的领取工资的人员都可以作为被保险人，如已退休、离休、离职人员则并不包括在内，而临时工、合同工虽然不是正式职工，但仍属该团体成员，如有投保要求，保险人都可以接受承保。就总体而言，采用团体的方式承保，可以消除逆选择因素，保证承保对象总体上达到平均的健康水平。由于新老职工的自然交替，使得大多数团体员工平均年龄趋于稳定，从而也保证了死亡率、疾病率等的稳定。

3. 对投保人数的规定

团体人身保险对团体投保的人数有两个方面的规定。一是对投保团体人数绝对数的要求，二是对投保团体相对数的要求。一般来说，投保团体的成员人数应不少于8人，有的公司规定"不少于5人"。投保人数占团体总人数的比例不少于75%。以上两个条件应同时满足，缺一不可。这一规定的目的，在于减少对投保团体的选择，从而有利于分散危险。

4. 保险金额的限制

团体保险的保险金额是由投保团体的法人代表与保险人协商订立的，其具体方法有两种：一是整个团体的所有被保险人的保险金额相同；二是根据工龄、工资级别、职位高低、服务年限等标准划分几个不同等级的保险金额，使一类被保险人有一个相同的保险金额。团体保险金额统一化的目的，是为了防止体质差、危险大的人选择较高的保险金额。

（二）以团体保险单代替个人保险单

从承保形式上看，团体保险单一般是由团体的法人代表与保险人签订的保险契约。团体保险用一张总的保险单为成百上千人，甚至更多的人提供保险保障。在这份保险合同中，根据要求列出每一被保险人的姓名、性别、年龄等，团体是总保险单的持有人，有些险种可以发给每个被保险人一份保险凭证。团体保单签订以后，该团体会选择相关的某个部门的人员作为兼职代办员，负责团体保险计划的日常管理工作，如在保险计划中增加新的成员、缴纳保费、出险报案、办理索赔手续等，直接与保险公司衔接工作，从而有利于节省营业管理费用。

（三）保险费率的特点

1. 费率比个人保险费率低

团体保险由于采取集体作业的方法，具有规模经济的特点，使得被保险人可以以较低的保费获得较高的保险保障。团体保险费率低的原因主要有：团体保险用一张总的保险单承保成百上千人，简化了承保、收费、会计等手续；减少了代理人的佣金支出，节约了保险公司的业务管理费用；团体保险免体检，节约了体检费。

2. 费率采取手册费率法与经验费率法相结合

手册费率法是保险人在不考虑特定团体先前赔付经历的情况下，利用保险公司自己的经验费率（或其他保险公司的经验数据）估计该团体的预期理赔成本和相关费用。一般而言，对于新投保团体的首期保费或者小团体续期保费采用此法计算。经验费率法是指保险公司以特定的团体先前赔付经历为基础，确定团体保险费率的一种方法。通常适用于大型团体的续期保费的计算，也适用于其他公司已承保的大型团体的首期保费的计算。

团体保险费率的计算通常要考虑两方面的成本支出：一是团体保险金的支付，二是管理团体保险业务的成本。保险公司可以针对不同类型的团体，采用手册费率法与经验费率法相结合的方法来确定保险费率。

（四）团体保险计划具有灵活性

保险公司在进行团体保险产品销售时，尤其是对于短险的销售，常常是两个或更多的险种组合起来，形成团体保险计划，使其功能更全，保障作用更好。团体保险计划具有灵活性的特点，主要体现在：

1. 保险金额确定和保险费交付方式可选择性强

在遵守一定的投保规则的前提下（例如有的保险人规定某险种的最低保险金额为 3 000 元，并且附加加保保额不能高于主险），保险人可以根据客户的具体情况和需求组合成多种方案供客户选择，保险费也随之变化。例如，对于消防队员，意外伤害死亡和伤残保险金一般要求较高，而对于疾病住院的要求较低。

团体人身保险的保费既可以由单位或者个人全部承担，也可以由单位和个人共同承担。既可以用支票或汇票形式支付，也可以用现金方式支付。

2. 保险合同的内容与形式相对灵活

与普通个人保险的保险单不同，团体保险单并非必须是事先印制而一字不可更改的。投保团体人身保险的投保单位，可以针对保险条款的设计和保险内容的制定，与保险公司进行协商，形成特别约定。例如，某人寿保险公司为参加集训的航天员安排的意外伤害保险计划、为出国的工程技术人员安排的保险计划等，都需要在保险金额、保险责任、责任免除和理赔处理等方面进行局部变更，都可以通过特别约定或协议式保单解决。应该注意的是，与普通条款相比变动较大的，应上报当地保监局批准备案。

3. 被保险人可以变更

个人保险特别是人寿保险，投保人和受益人可以变更，但是被保险人是不能变更的，只能另外再签订保险合同。但是，在团体保险特别是短险中，由于单位的员工具有流动性，有新来的、退休的、调走的，且对于被保险人的投保要求一般是跨度较大的年龄段（例如意外伤害保险要求被保险人为 16 周岁至 60 周岁），假如正好在一天里来了一位走了一位，投保人可以通过保险人更改被保险人的姓名即可。否则，可以给走了的人退保，给新来的员工加保，进行短期收费，合同终止时间与其他员工相同。在业务处理中，投保单位一定要以书面形式通知保险人，保险人据此出具批单对原保险合同进行补充或修改。

三、团体人身保险的作用

（一）提高企业的竞争力

企业在招聘时，雇主许诺的福利待遇比它的竞争者更有吸引力时，往往可以吸引优秀的人才。团体人身保险作为员工福利计划的重要组成部分，是健全人力资源管理的有力保障，可以提高企业的竞争力，帮助企业吸引和留住优秀的雇员。

（二）有利于降低运作成本，增强财务稳健

企业承担着社会福利和保障的职责，可以弥补社会保障不足。对企业的某些风险进行合理转嫁，避免资金的管理漏洞和浪费，有利于企业降低成本，合理运用和节约资金，使企业减轻负担，轻装上阵。员工福利计划就是未雨绸缪，帮助企业建立财务平滑机制，为企业健康发展服务。

（三）有利于企业减轻税负，形成良性的分配机制

国务院《关于印发完善城镇社会保障体系试点方案的通知》（国发〔2000〕42号）规定，企业在缴纳商业养老保险时，保险费在工资总额 4% 之内的部分可以税前列支。企业为职工购买的补充医疗保险，保费在工资总额 4% 以内的部分，从职工福利费中列支，福利费不足列支的部分，经市财政、税务部门核准后列入成本。这些政策实际上是对企业建立补充养老保险和补充医疗保险所需资金的企业所出资部分实行一定额度的免税。另外，团体人身保险有利于企业形成良性的分配机制。

（四）提高员工的工作积极性和劳动生产率

对在职员工提供医疗保险、人身意外伤害保险以及退休后的养老保险等方面的保障，可以减少员工对于自己经济状况的忧虑，有效地调动员工的工作积极性，培养员工对企业的忠诚，减少员工的流动性，鼓励员工为企业长期服务，从而提高劳动生产率。

（五）增强企业的凝聚力和向心力，提高领导威信

以团体保障为核心的员工福利计划可以使员工老有所养、病有所医，对企业起到了"稳定器"的作用，同时，也是企业人事制度和财务制度的重要环节。企业可以根据员工的去留、晋升等因素，对保障的程度进行调整，以满足人力资源管理的需要。操作这样的员工福利计划，不仅需要优质的保险服务，更需要团体单位决策人物的远见卓识和魄力。操作得好，领导受员工拥护，威信提高是很自然的事，从而增强了企业的凝聚力和向心力，这正是科学管理要达到的目的。可见，在很多情况下，以团体保险为核心的员工福利计划可以起到其他福利待遇无法替代的作用。

第二节　团体人身保险的合同种类

根据保险期限的长短，团体人身保险产品可分为长期保险和短期保险，分别简称长险和短险。长险主要分为团体人寿保险和团体年金保险。短险主要分为团体意外伤害保险和团体健康保险。

一、团体人寿保险

团体人寿保险简称团体寿险，是以团体的方式投保定期或终身死亡保险。团体寿险是美国、加拿大等发达国家员工福利计划的一种最主要的形式，市场比重在50%左右。传统团体人寿保险计划，主要是向员工提供退休前的人寿保险保障。退休后，员工只能面临着两种选择：要么团体定期人寿保险终止，要么将其转换成个人保险。但是近年来，越来越多的团体人寿保险计划，不只是能够提供退休前的人寿保险保障，而且能够提供退休后的人寿保险保障。有些是通过延续团体定期人寿保险来达到目的，有些是通过提供永久福利的终身保险方式达到目的的。团体人寿保险主要有以下险种。

（一）团体定期人寿保险

团体定期人寿保险是一种以团体为投保人、团体内成员为被保险人、以被保险人的死亡为给付条件的定期人寿保险，且保险期限为一年，期满后可以办理续保。一般来说，该险种在每年续保时，团体被保险人无须提供可保证明，并且这些定期保险单没有现金价值，保险公司每年可以根据团体的构成情况而相应地改变费率。

1. 投保范围

凡机关、团体、企事业单位身体健康，并能从事正常工作或劳动的在职人员，均可作为被保险人，由其所在单位作为投保人向保险公司投保本保险。投保时，符合投保条件的在职人员必须75%以上投保，且符合投保条件的人数不低于8人。对于投保比例和人数，不同的保险公司要求不完全相同。

2. 保险责任、责任免除、保险期间

保险责任、责任免除、保险期间与定期死亡保险相同。

3. 被保险人的变动

（1）投保人因所属人员变动需要增加被保险人的，应书面通知保险公司，经保险公司审核同意，于收取保险费的次日起开始承担保险责任。新增加的被保险人的保险期间届满日与本合同的保险期间届满日相同。

（2）投保人因被保险人离职或其他原因需要减少被保险人的，应书面通知保险公司，保险合同对该被保险人所承担的保险责任自通知到达时终止，保险公司退还其未满期保险费。

（3）如果保险合同中被保险人人数减少到符合参加本保险条件的在职人员总数的75%以下或8人以下时，保险公司有权解除本合同，并退还未满期保险费。

4. 保险金额

通常一个单位所有的被保险人的保险金额相同。

5. 保险费率

保险费率按照该单位大部分工作人员的职业类别或危险性最高人员的职业类别查表计算。

例如，某单位（职业类别为三类）投保上述团体定期寿险，每人保险金额为1万元，在16~30岁的人有25人，31~40岁的人有20人，41~50岁的有15人，则该单位应缴保费是多少？

根据保险费率表可查出各年龄段的费率，计算如下：

$$10\ 000 \times 1.5\text{‰} \times 25 + 10\ 000 \times 3.8\text{‰} \times 20 + 10\ 000 \times 7.5\text{‰} \times 15 = 2\ 260.00(元)$$

即该单位应缴保费为2 260元。

（二）团体终身寿险

团体终身寿险是以定期保险为基本形式，搭配以个人长期保险（如终身保险、养老保险等）的一种团体寿险。与团体定期寿险相比，团体终身寿险不享有税收方面的优惠，因而其受欢迎的程度远远不如团体定期寿险。但是，雇主可以利用团体终身寿险为其雇员在定期寿险终止时购买退休后的人寿保险保障，可以作为定期寿险的补充，所以又叫补充保险。

团体终身寿险的种类有很多，但比较常见的主要有以下三种：

1. 团体缴清保险

团体缴清保险是由一年定期死亡保险和终身死亡保险相结合而成的，属于贡献性保险，即一年定期死亡保险的保费由雇主缴纳，该部分保险金额随着雇员年龄的增大而逐渐递减，而雇员则每年以趸缴保费的形式购买一次终身死亡保险，因此随着时间的推移，终身死亡保险的保费将逐年递增。团体缴清保险对每个雇员终身有效，而无论其是否在职、退休或脱离团体。

2. 团体均衡保费终身寿险

团体均衡保费终身寿险通常是由雇主为其雇员投保的限期缴费的终身死亡保险，缴费期可到被保险人50岁、55岁或60岁等退休时为止。由于这种保险单具有累积现金价值，所以雇主经常利用它为雇员提供退休福利。保费完全由雇主为雇员负担，雇员在职期间对于保单的现金价值没有处置权。当雇员脱离投保团体或退休时，该雇员是否享受对于保单价值的处置权，则由雇主与雇员当初签订的合同规定。

3. 团体万能寿险

团体万能寿险是以团体保险的方式投保的万能寿险，这种保险在很多方面与个人万能寿险保单的功能相似。团体中的被保险人是根据自己的意愿来确定保险金额的，保费则完全由雇员自己承担而雇主一般不承担任何保费，所以与其他团体寿险不同，在成员脱离团体时，仍然享受该团体保险计划的保障，而不必将团体保险转变为个人保险。其承保成本要低于个人万能寿险，所以其费率也相应地比个人万能寿险的费率低。

（三）团体债权人寿险

团体债权人寿险是债权人（如银行）为其当前和将来的债务人购买的一种保险，由于其签订合同的基础是债权人与债务人之间的信用关系，故又可将其称为团体信用人寿保险。与其他团体寿险保单最大的不同点是，团体债权人是保单的持有人同时也是受益人，当团体被保险人死亡时，保险公司给付的保险金由债权人受领，以抵偿被保险人（债务人）所负债务。团体债权人保险采用定期寿险的方式，保险金额受贷款余额的限制，一般要求被保险人的保险金额等于其所欠债权人的债务数额，并且随着贷款的偿还，保险金额将逐渐减少，贷款全部归还时保险责任也就随之终止。

(四) 团体遗属收入给付保险

团体遗属收入给付保险是指当参加该团体保险计划的员工死亡之时，保险公司可以以年金的方式向死者的家属给付保险金的一种团体寿险计划。对于此类险种，保险公司根据员工的工资来确定被保险人的保险金额，并且以一定的比例向死者的家属支付保险金，如配偶领取死者工资的 30%，子女取得 10%。但是，对于家属给付有一个限额，这个最高限额是死者工资的 40%，并且有一定的给付期限。

二、团体年金保险

(一) 团体年金保险的概念

团体年金保险简称团体年金，是以团体方式投保的年金保险。团体年金保险合同由某团体与保险人签订，被保险人只领取保险凭证，保险费由该团体和被保险人共同缴纳或主要由团体缴纳。

随着我国社会养老保险制度改革的深化，各经济组织普遍参加了社会养老保险统筹。由于社会养老保险仅提供退休人员的基本生活保障，因此，较高水平的养老保障需要通过商业保险途径解决，团体年金保险就是其中重要的一种。许多寿险公司都设计出各种形式的团体年金保险，以适应各种经济组织建立年金保障的需要。

在我国团体年金保险业务中，通常保单约定的被保险人年龄必须达到国家或特殊行业规定的退休年龄。被保险人办理退休手续后，才可凭投保人有关证明到保险公司以现金等形式领取年金。所以，该险种多成为团体养老金计划的一部分。被保险人因特殊情况提前退休的，可在办理退休手续后重新计算领取金额。被保险人因其他原因提前离开投保人的，必须在投保人出具有关证明后，才能到保险公司按养老计划规定的比例以现金等形式领取年金。

(二) 团体年金保险种类

在我国当前的保险市场上，常见的团体年金保险险种主要有以下几种：

1. 团体延期年金保险

这是一种最古老的团体年金形式，由团体组织一次或每年按员工工资的一定比例缴存保费至保险公司，保险公司对投保的每一个团体分别建立一个账户，当团体中的成员生存至约定时间，保险公司一次或每年按约定的金额给付保险金。在此年金中，保险人对团体的人数有所要求，以降低管理费用。团体的规模越大，管理费用比例也越低。保险人一般对团体年金所积存的资金进行长期资金应用，投资风险由保险人承担。

2. 预存管理年金保险

投保的团体每年向保险公司缴纳保险费，在该团体的账户下形成一笔基金（即预存管理基金），这笔基金由保险公司对其加以投资运用并保证其收益不低于某一约定的利息。当该团体的某个员工退休时，从基金中划出一定比例作为其趸缴保险费，为该员工投保个人即期终身年金保险。

3. 团体分红年金保险

与传统团体年金保险不同的是，团体在签订保险合同时与保险人约定，投保人所缴纳的保险费扣除管理费后记入缴费账户，保险人对其进行投资，当账户的投资出现盈利时，保单所有人享有红利的处分权。红利可以退还给投保人，也可转入缴费账户，在被保险人领取年金时，其个人账户中既有单位缴费也有个人缴费积累的资金，按照被保险人所选择的年金领取形式和所对应的年金转换标准，决定其每年按年领取或者按月领取的金额。目前，团体分红年金保险以其灵活性和有账户保证收益的优势，受到团体客户的广泛欢迎。

4. 团体投资年金保险

投保团体在签订保险合同时与保险人约定，投保人所缴纳的保险费扣除营业费用后记入投资账户，保险人对其进行投资，保险人对投资收益率不作任何保证，把所有投资风险都转嫁给保险单所有人。在团体投资年金保险中，保险人除按保费的一定比例收取营业费外，还按被保险人的人数每月收取保单管理费和投资账户管理费。与团体分红保险相比，账户的透明性更高，但风险相对也大。

【资料信息】

某人寿保险股份有限公司
某团体年金保险（分红型）条款（节选）

第二条　投保范围

企业或其他组织可以作为投保人，以与其具有保险利益的人为被保险人，向某人寿保险公司投保本保险。

第四条　年金开始领取日

本合同年金开始领取日为被保险人法定退休年龄的生日。被保险人提前开始领取年金的，应符合国家法律、法规、政府主管机关和保险监管机关的有关规定。

第九条　保险责任

在本合同有效期内，本公司负下列保险责任：

一、被保险人在年金开始领取日前身故，本公司按其个人账户资金余额给付身故保险金，本合同对该被保险人的保险责任终止。

二、被保险人生存至年金开始领取日，可以选择下述一种方式领取年金：

（一）一次性领取个人账户资金余额，本合同对该被保险人的保险责任终止。

（二）将个人账户资金余额，按被保险人选择的年金类型和年金开始领取当时本公司规定的年金转换标准转换为按年（或按月）领取的年金：

1. 定期年金。本年金给付期限分为十年、十五年和二十年三种，由被保险人选择本公司自年金开始领取日起按年（或按月）向被保险人给付年金直至约定给付期限届满，本合同对该被保险人的保险责任终止；如果被保险人在约定给付期限届满前身故，本公司给付年金至其身故时为止，本合同对该被保险人的保险责任终止。

2. 普通终身年金。本公司自年金开始领取日起按年（或按月）向被保险人给付年金直至身故，本合同对该被保险人的保险责任终止。

3. 保证给付十年终身年金。本公司自年金开始领取日起按年（或按月）向被保险人给付年金，保证给付十年。如果被保险人未领满十年身故，其受益人继续领取未满十年部分的年金，本合同对该被保险人的保险责任终止；如果被保险人十年后仍生存，本公司继续给付年金直至身故，本合同对该被保险人的保险责任终止。

4. 保证给付十年增额终身年金。本公司自年金开始领取日起按年（或按月）向被保险人给付年金，保证给付十年。从第二年起以后每年（或每月）年金给付标准在上一年给付标准的基础上，按首年给付标准的5%增加。如果被保险人未领满十年身故，其受益人继续领取未满十年部分的年金，本合同对该被保险人的保险责任终止；如果被保险人十年后仍生存，本公司继续给付年金，直至身故，本合同对该被保险人的保险责任终止。

5. 定期确定年金。本年金给付期限分为十年、十五年和二十年三种，由被保险人选择本公司自年金开始领取日起按年（或按月）向被保险人给付年金。本公司保证给付约定期限的年金，给付完约定期限的年金后，本合同对该被保险人的保险责任终止。

（三）将个人账户资金余额部分转换为年金，个人账户资金余额剩余部分在被保险人领取第一笔年金时一并给付。

年金领取方式一经确定不得变更。

三、团体意外伤害保险

（一）团体意外伤害保险的概念

团体意外伤害保险简称团意险，是以团体方式投保人身意外伤害保险，对被保险人因意外事故而导致死亡、残疾给付全部或部分保险金的保险。团体意外伤害保险的保险责任、保险期限和给付方式与个人投保的意外伤害保险基本相同。

意外伤害保险与其他人身保险险种相比，更适合采用团体方式投保，因为意外伤害保险的保险费率与被保险人的年龄和健康状况关系不大，而是取决于被保险人的业务活动范围和职业的危险程度。保险费率在不同的寿险公司划分的等级也有所不同。保险金额根据投保单位的需求和保费支付能力确定，一般以每千元为单位进行增减变化，有的保险条款也限定最低保额，例如有的保险公司规定最低保额为3 000元。保险金额一旦确定，中途不得变更。保险期限一般为1年。团体意外伤害保险既可以作为主险，又可以作为附加险，作为附加险时，保险费率比作为主险要低一些。例如，团意险也可以作为团体人寿保险的附加险。团意险作为主险时，可以在此基础上附加健康保险，形成保险组合计划，例如，附加团体意外伤害医疗费用保险或住院医疗保险等。

按照我国对商业保险的分类，意外伤害保险属于人身保险业务，由人寿保险公司经营。但是根据《保险法》第九十五条的规定，经营财产保险业务的保险公司经保险监督管理机构核定，可以经营短期健康保险和意外伤害保险业务。财产保险公司经营这类保险业务多数都是以团体保险的形式运作，而且保险产品与寿险公司的基本相同。

（二）团体意外伤害保险的常见险种

团体意外伤害保险可以分为两大类：一类是通用型的，保险责任单一，费率取决于被保险人的职业类别，保险金额选择的幅度较自由，适合与团体健康险组合成灵活多变的保险计划。另一类团体意外伤害保险就是专为某个行业或特定人群设计的具有某种特色的产品。这类保险产品已经不是单纯的意外伤害保险了，而是由团体意外伤害保险作为主险，然后附加意外伤害医疗费用保险。与单纯的意外伤害保险相比，保险责任得到扩展，实质是意外伤害保险与健康保险的组合。主要有以下险种：

1. 学生、幼儿平安保险

学生、幼儿平安保险简称学平险，是目前我国开展最普遍，保障性较好的团体保险业务，也是典型的组合型保险产品。各家保险公司的学平险虽然不完全一样，但大同小异。学平险一般是由团体人身保险作为主险，两个健康保险作为附加险而成。主险的保险责任是承担对被保险人因疾病死亡、因意外伤害死亡、残疾、失踪给付保险金的保险责任。两个附加险：一个是附加意外伤害医疗费用保险，承担对被保险人意外伤害医疗费的给付责任；另一个是附加住院医疗保险，承担对被保险人疾病住院医疗费给付的保险责任。传统型的学平险保险金额一般可以达到 7 万元左右，而保险费只有 50 元（学生）或 60 元（幼儿）。学平险主要采取由学校代办的形式展业，但是由于宣传不够，有时会被误认为是学校滥收费，其实投保是自愿的。近几年保险公司采取发给每个被保险人保险证的方法，既起到了宣传作用，也可以更好地维护保户的权益。总之，学平险为均衡家庭支出、保险公司取得经济效益和稳定社会起了很重要的作用，充分体现了个人、集体和社会效益的高度统一。

2. 建筑工程团体人身意外伤害保险

凡在建筑工地施工现场从事管理和作业并与施工企业建立劳动关系的人员均可作为被保险人，以团体为单位，由所在施工企业或对被保险人具有保险利益的团体作为投保人，在保险期限内，合同保障被保险人在从事建筑施工及与建筑施工相关的工作时，或在施工现场或施工期限制定的生活区域内遭受意外伤害，保险人负责给付相应的保险金。

这个险种保险期限较灵活，保险期间一般为一年，也可以根据施工项目期限的长短确定，保险合同到期，工程仍未竣工的，须办理续保手续，在工程因故停顿时，保险责任可以中止，重新开工后，可以申请复效，保险期限顺延。保险费的计算形式有几种方法：可以按职业类别计收；也可以按照建筑工程项目总造价的一定比例计算；还可以按照建筑施工总面积计收。

3. 执法人员团体意外伤害保险

这是为加强法制建设、维护社会安定，保障执法人员及其家属的人身安全，解除其后顾之忧而推出的团意险。本保险的投保范围是：年龄在 18 周岁至 60 周岁，身体健康、能正常工作的公安、检察、司法、国家安全、工商、税务、物价、海关、城监、卫生检疫等部门等执法人员，这些人作为被保险人，他们的配偶、子女及父母作为连带被保险人。保险责任是：在保险合同有效期间内，被保险人遭受意外伤害造成死亡、残疾或因意外事故下落不明，保险人负责给付相应的保险金。连带被保险人因被保险人的职务行为遭受他人故意侵害以致死亡或残疾的，保险人负责给付相应的保险金。连带被保险人的保额为被保险人保额的 20% 左右。这个保险对被保险人进行了扩展，体现了对执法人员的人文关怀。

4. 旅游意外伤害保险

旅游意外伤害保险简称旅游险，是以我国境内的旅行社组织的旅游团队的全体成员，包括旅游者及旅行社派出的导游、领队人员等作为保险对象，负责被保险人在保险期间内，由于急性病发作 7 日内因同一原因死亡，或因遭受意外伤害造成死亡或残疾，或因意外事故下落不明等事故，保险人负责给付相应的死亡保险金、残疾保险金、医疗费用以及丧葬费用。其保险期间为行为时间，根据履行期限而定，从被保险人乘上由旅行社指定的交通工具开始，至本次旅游结束离开旅行社指定的交通工具为止。如果旅途中因故延长日期，可以补交保险费，保险责任继续有效。严格说来，旅游意外伤害保险是集人寿保险、人身意外伤害保险和健康保险为一体的综合型极短期团体保险。在我国旅游业日趋发达的今天，旅游保险有着广泛的市场，各保险公司主要采用通过旅行社等团体进行行业代理的方式营销，使得本保险开展得较为普遍。

类似险种还有乘客人身意外伤害保险、病员安康保险、母婴安康保险和燃气用户人身意外伤害保险等，都是根据特定人群在特定场所因遭受意外事故造成意外伤害，保险人负给付死亡、残疾和医疗费保险金责任的综合型团意险。

【资料信息】

某人寿保险股份有限公司执法人员团体人身意外伤害保险条款（节选）

第一条　投保范围

一、年龄在 18 周岁至 60 周岁，身体健康、能正常工作的公安、检察、法院、司法、国家安全、工商、税务、物价、海关、城监、卫生检疫、卫生防疫等部门的执法人员，可作为被保险人参加本保险。

二、被保险人在中国境内的配偶、子女及父母作为本保险的连带被保险人。

三、经被保险人同意，被保险人所在单位可作为投保人。单位投保时，其在职人员必须 75% 以上投保，且符合投保条件的人数不低于 8 人。

第二条　保险责任

一、在本合同保险责任期间内，被保险人遭受意外伤害，本公司以下列约定给付保险金：

1. 被保险人自意外伤害发生之日起 180 日内因同一原因死亡的，本公司按保险金额给付死亡保险金，本合同对该被保险人的保险责任终止。

2. 被保险人因意外伤害事故下落不明，经人民法院宣告死亡的，本公司按保险金额给付死亡保险金，本合同对该被保险人的保险责任终止。

3. 被保险人自意外伤害发生之日起 180 日内因同一原因身体残疾的，本公司根据人民银行 1998 年制定的《人身保险残疾程度与保险金给付比例表》的规定，按保险金额及该项残疾所对应的给付比例给付残疾保险金。

二、在本合同保险责任有效期间内，连带被保险人因被保险人的职务性行为遭受他人故意侵害以致死亡或者残疾的，本公司在连带被保险人的保险金额范围内给付保险金。

几名连带被保险人同时遭受他人故意侵害时，本公司将连带被保险人的保险金额依受害人数平均分摊后按本条款约定分别给付保险金。

第三条　保险金额

被保险人的保险金额由本合同双方约定，最低为人民币 5 000 元。连带被保险人的保险金额为被保险人保险金额的 20%。

四、团体健康保险

（一）团体健康保险的概念

团体健康保险是以各种社会团体为投保人，对被保险人因意外事故或疾病而住院治疗所花费的必要的合理的医疗费用按照约定给付保险金的团体保险。

经济组织面临的健康风险主要包括医疗费用支出的风险、收入损失的风险、丧失劳动力的风险和重大疾病等风险，这与个人健康保险基本相同，但是通过以团体形式的运作，员工可以享受到更全面更优惠的保险保障。由于团体健康保险是以负责医疗费用为主，这就与社会医疗保险有交叉，成为两个互相有替代性的险种，社会医疗保险是采取法定形式强制实施的，而团体健康险属于商业保险，投保是自愿的，所以许多保险公司出台了与社会医疗保险相衔接具有互补性的团体补充医疗保险。有些团体健康保险可以作为主险直接承保，有些可以作为附加险承保。有些健康保险既可以以团体方式投保，也可以以个人方式投保，只是收费档次和给付规定上有所不同，体现了团体保险的优越性。

（二）团体健康保险的常见险种

团体健康保险产品很多，根据经济组织面临的不同健康风险，主要有以下三个类型：

1. 医疗费用型

医疗费用型团体健康保险，主要负责被保险人因意外伤害和疾病导致的医疗费用，负责项目与一般个人医疗保险相同。对于因意外伤害发生的医疗费用，保险人既负责门诊医疗费用，也负责住院医疗费用；对于因疾病发生的医疗费，保险人一般只负责住院发生的费用，个别可以负责疾病门诊治疗费用的险种，费率较高，规定的免赔额也较高。常见的险种有团体医疗保险，团体补充医疗保险，学生、幼儿附加意外伤害医疗保险，学生、幼儿附加疾病住院医疗保险等。

2. 疾病手术型

疾病手术型团体健康保险，主要负责保险责任范围指定的疾病的治疗或手术费用，一般实行定额给付方式，而不考虑其医疗费用的具体金额，要求被保险人提供诊断或病历，不必提供具体的医疗票据。例如某公司的"团体重大疾病保险"，指定10种重大疾病为保险责任范围，一旦被保险人被确诊为罹患这10种大病之一者，即按照保险金额给付。常见的险种还有团体女性安康保险、团体传染性非典型肺炎等。

3. 收入保障型

收入保障型团体健康保险，主要负责按日提供被保险人在住院治疗期间的生活津贴、误工津贴和护理津贴等项目，有的条款根据被保险人所患病症规定有最高补偿日数，并规定免赔日数，一般以附加险形式承保。这类险种对被保险人提供的经济帮助是非常必要的，尤其适合已经参加社会医疗保险的被保险人。常见险种有附加住院医疗补偿金保险、附加医疗生活津贴保险等。

【资料信息】

某寿险公司职工团体补充医疗保险（节选）

第二条 投保范围

凡已参加社会基本医疗保险的机关、企业、事业单位或社会团体均可作为投保人，本单位年满十六周岁以上的全体在职、退休职工（不包括离休人员、革命残废军人）均须作为被保险人，由投保人统一向本公司投保本保险。

第四条 保险责任

在本合同有效期间内，本公司对每一被保险人负以下保险责任：

一、本合同的保险金给付范围为职工社会基本医疗保险统筹基金的支付范围。本公司按当地社会保险部门规定的《职工社会基本医疗保险用药目录》、《职工社会基本医疗保险诊疗项目》、《职工社会基本医疗保险医疗设施目录》及其他职工社会基本医疗保险管理办法规定的报销项目执行。

二、本合同对每一被保险人的免赔额为当地职工社会基本医疗保险统筹基金的最高支付限额。当被保险人在本公司指定或认可的医院治疗，本公司对被保险人支出的符合本条第一款规定的免赔额以上部分的医疗费用按下表比例给付保险金：

免赔额以上部分的医疗费用	累进给付比例
4万元以下（含4万元）	85%
4万元以上8万元以下（含8万元）	90%
8万元以上	95%

三、本合同每一被保险人的保险金额为15万元人民币。在每一保险年度内本公司对每一被保险人累计给付的保险金以其保险金额为限。当被保险人在本公司指定或认可的医院治疗跨两个保险年度时，本公司以该被保险人开始治疗之日所在保险年度的保险金额为限给付保险金。

第三节　团体人身保险方案设计

一、团体人身保险方案设计的内容

团体人身保险方案包括以下两方面内容。

（一）综合型保险产品

综合型保险产品是指保险公司研发人员将保险责任单一的几个险种，按照主险、附加险的形式组合起来，或者进行一些保险责任的扩展，形成一个新的保险产品，推向市场。这样的保险产品以短期保险为主，其中作为主险的主要有团体人身意外伤害保险、团体人寿保险等。作为附加险的主要有意外伤害医疗保险、住院医疗保险和住院津贴保险等。如学生、幼儿平安保险，旅游意外伤害保险等都是这类保险产品，是固定形式的团体人身保险设计方案。这种保险方案使用起来简便易行，但由于其保额和保费固定，所以不能满足某些客户个性化的需要。

（二）团体人身保险计划书

团体人身保险计划书，是由基层展业人员根据展业对象的具体情况和需求，将几种保险产品组合在一起，并汇入公司介绍和服务承诺等内容，为准客户量身定做的保险宣传材料，也称为"团体保险计划书"或"团体保险建议书"。这种团体人身保险方案，在设计时，既可以包括长险，也可以包括短险。例如可以用团体人寿保险、团体年金保险等作为主险。这样组合起来的保险方案，保险金额可以自由选择，但一般都有一个最低要求。例如有的险种要求最低保额为 3 000元，还有附加险保额一般不超过主险保额或是主险保额的一定比例。相对于综合型保险产品，计划书式的设计方案就灵活得多了，可以满足客户对不同保额和不同危险程度的需要。

二、设计团体人身保险方案的必要性

（一）团身险较强的专业性决定对于团身险投保必须通过专业设计

由于人身保险产品种类多、功能各异的专业性，保险合同的条款中有大量的专业术语，各条款之间的保险责任存在一定差异，仅通过业务员的口头说明和保险公司的宣传资料，难以使客户全面了解业务员所推销的保单。同时，一些企业管理人员的风险保障意识淡薄，利用保险转嫁风险的意识不强，因此，针对客户具体存在的风险状况，帮助客户分析、评估风险，通过制作保险计划书，有的放矢，系统地介绍人身保险产品，为客户量身定做设计投保方案就十分必要。

（二）团身险业务对象的广泛性、特殊性决定团身险投保必须通过专业设计

由于团身险业务涉及各个行业和部门，以及各团体内风险差异度也较大，从这一意义上讲，与个人保险计划相比，团体保险计划书的设计涉及因素更复杂、考虑的问题更多。但是，通过专业化设计，能够使团体保险计划书的灵活性得以充分体现，并使之更好地为客户服务。

（三）团体保险方案设计工作本身的特点决定团身险投保必须通过专业设计

团体保险方案工作涉及面广，方案本身包含内容全面且具体，既有公司介绍，又有服务承诺；对保险产品介绍针对性强，简明扼要，耐心细致；在险种组合和费率方面可选择性强。客户根据自身需要自主选择、组合保险产品，在享受专业化、优质服务的同时，以较少的支出获得充分的保障。对保险人而言，则展业效果好，成功率高。因此，通过专业设计团体保险方案有利于促进保险合同关系的建立和健康发展。

三、团体保险方案的设计方法

（一）设计团体保险方案应遵循的原则

1. 满足需求原则

每一团体保险方案，都应以保险需求为中心，想客户之所想，急客户之所急。例如客户想要一个以年金保险为中心的保障计划，那么在险种挑选与组合时就要选取几种年金保险作为中心，其他短险为辅助，如果客户暂不需要短险，营销人员也应尊重客户的选择，不能搞搭售。

2. 因地制宜原则

每个客户的情况不同，需求不同，团体保障计划要针对该客户的具体情况进行风险分析，提出商品组合建议。这就要求事先做好调研工作，保障计划要量身定做，而不能千篇一律。对于第一次投保的新客户，团体保险方案计划书不仅应该内容丰富，而且应该包装精美，表示对客户的尊敬和重视。对于续保的老客户，保险保障计划书应当简明扼要，便于协商和操作。

3. 多方效益原则

制定保险保障计划时应遵守投保规则，要符合风险分散原理，杜绝逆选择情况，争取以较少的投入，使保险人获得较大的经济效益和社会效益。

（二）团体保险方案的要素

这里主要是针对团体保险计划书而言，不包括综合型短期保险产品。

1. 保险方案的标题

根据所设计的保险方案的风险保障的侧重点，取一个贴切、吉祥、富有创意的方案名称，给客户以亲切感不致产生厌恶情绪。如《××公司福顺安康保险方案》、《××公司医疗无忧保障计划》等。

2. 寿险公司简介

保险在我国的发展历史不长，在人们对保险还缺乏充分认识时，保险合同所提供的风险保障是客户在购买时无法感知的，若没有对保险公司的充分信任和了解，团体投保者不愿将一大笔资金交给保险公司，因此业务员对所推荐险种的公司进行必要的介绍就显得十分重要。公司简介中主要包括以下几方面的内容：

（1）该寿险公司成立的时间、地点、公司性质和注册资本金情况。

（2）该寿险公司的发展历程、发展思路、服务理念、业务规模、信誉等级。若已取得国际权威评级机构的认证，加以例证则更能取得客户的信任。

（3）该寿险公司的服务承诺。人身保险保单是一种无形的商品，客户在购买时最担心的就是一旦发生风险事故，索赔困难。因此对公司的售后服务情况特别是理赔情况加以介绍，解除客户的后顾之忧就很有必要。

3. 团体风险状况分析

由于缺乏风险管理的知识，更多时候团体对自身所面临的各类人身风险并没有一个全方位的认识，更不知如何应用经济手段进行合理处置，以最小的成本获得最大的安全保障。所以站在客户的角度分析团体面临的风险和亟待解决的保障问题，应该将保险保障计划置于该团体整个风险管理计划当中，并考虑到客户已有的保障计划和风险管理方式，以理财顾问的身份协助客户进行风险管理。

4. 保险产品组合方案

保险产品组合方案即投保方案建议。投保方案是一份团体保险计划的核心，它的质量好坏，对合同的最后签订有着决定性作用。产品组合既要考虑保障全面，又要考虑客户的缴费能力。在制定团体保险保障方案时，还要注意在每个保险产品中保险金额的定位，保险费可以根据保险金额的变动而变动。在对保障计划进行说明时，可以图文并茂，既有实事求是的说明性文字，又要有富于感染力的宣传用语，真正发掘出客户的保险需求。

四、在团体保险实务操作中应注意的几个问题

(一) 如实告知

团体人身保险的被保险人不用体检，所以如实告知就显得格外重要。保险公司展业人员应与投保单位的领导和代办人员讲清投保范围，向单位的代办人员了解有关情况，投保单位的工作人员应如实告知一些特殊成员的情况。尤其是带有附加疾病住院医疗保险的，要对不符合投保条件的人做剔除，防止逆选择，并做好解释工作，排除客户的逆反心理，避免纠纷。

寿险公司对参加团体意外伤害保险和意外伤害医疗保险的被保险人只作年龄段方面的简单规定，但是对参加疾病医疗保险的被保险人，就要做一定的排除。一般做法是在投保范围中规定：凡患有恶性肿瘤、心脏病（心功能不全二级或二级以上）、心肌梗塞、白血病、高血压病（二期以上）、肝硬化、慢性阻塞性支气管疾病、脑血管疾病、慢性肾脏疾病、糖尿病、再生障碍性贫血、先天性疾病、遗传性疾病、精神病或精神分裂、癫痫病、法定传染病、艾滋病、性病或正患病住院及因病全休、半休者不能作为疾病医疗保险合同的被保险人。

(二) 受益人指定

关于受益人的指定，我国《保险法》第三十九条规定，人身保险的受益人由被保险人或者投保人指定。投保人指定受益人时须经被保险人同意。被保险人为无民事行为能力或者限制民事行为能力的，可以由其监护人指定受益人。

关于保险金在什么情况下作为遗产处理，我国《保险法》第四十二条规定，被保险人死亡后，遇有下列情形之一的，保险金作为被保险人的遗产，由保险人向被保险人的继承人履行给付保险金的义务：第一，没有指定受益人，或者受益人指定不明无法确定的；第二，受益人先于被保险人死亡，没有其他受益人的；第三，受益人依法丧失收益权或者放弃收益权，没有其他受益人的。

　　中国保监会《关于规范人身保险经营行为有关问题的通知》（保监发〔2000〕133 号）对团体人身保险受益人的指定与保险金的给付也有明确规定：

　　团体保险业务的死亡给付、意外伤害给付、疾病给付、医疗给付和年金给付，应由保险公司直接向受益人委托的代理人支付。保单上没有指定受益人的，保险公司应直接向被保险人支付保险金。除非被保险人书面同意指定投保人为受益人，否则保险公司不得将前款规定的各项保险给付金支付给投保单位或其委托的代理人。在没有被保险人同意的情况下，保险公司不得与投保单位达成协议或特殊约定，将保险金支付给投保单位。被保险人指定投保单位为受益人，或同意保险公司将保险金支付给投保单位的，保险公司应当要求投保单位提供由每一被保险人签字的证明。

　　在实务中，保险公司的工作人员和代办人员应该向投保人或者被保险人说明，受益人这一栏应该由被保险人经过慎重考虑、认真、亲笔填写。如果需要指定受益人的，应由被保险人亲笔签字才具有法律效力。如果被保险人同意其身故后的保险金可以作为遗产按照《继承法》由其继承人继承的，受益人这一栏可不必填写。

　　（三）业务拓展

　　团体业务在展业时，一般要与团体或单位的决策性人物接洽，所以对展业人员的素质要求较高。要求展业人员不仅具备深厚的保险知识功底，而且要具备丰富的相关知识，有较强的公关能力和语言表达、文字表达能力。团体业务的拓展工作一般由保险公司的正式员工或者实力较强的保险经纪人承担。

　　拓展团体保险业务，经常需要政府部门、各企事业单位和团体的配合，所以保险公司特别注意树立和维护良好的公众形象，热衷于公益事业。例如很多保险公司都有"献爱心，帮助困难学生"的活动，还有赞助全运会，为全体运动员和工作人员免费提供意外伤害保险等活动。为了争取大客户并与之保持长期合作关系，保险公司往往会对团体业务中可赔可不赔的案件进行通融赔付。良好的信誉和公关活动，为保险公司的业务拓展起到了巨大的推动作用。

　　为了提高效率，节省费用，团体保险业务一般都是通过保险兼业代理人来完成日常管理工作。这就要求在选择代办人员时，要选择工作责任心强、态度认真、积极热情的人作为代办员，对他们的培训要认真到位，尤其是单证填写，要求信息齐全，戳记清晰。如果因为保险兼业代理人工作不认真或发生失误，保险公司是要承担责任的。所以，展业人员应经常与之联系，及时指导，按时划款结账，避免出现错误和不该发生的纠纷。

　　（四）业务核保

　　团体人身保险业务的核保比个人业务简单得多。由于被保险人不用体检，且一张保单保障人数众多，所以核保重点放在展业人员核保这一关上。（1）展业人员应在兼业代理人和有关工作人员的帮助下，将不符合投保条件的个人剔除。（2）尽量提高团体中人员的投保比例，投保比例不能低于合同中规定的最低比例，例如75%；投保人数不能低于合同中规定的最低人数，例如 8 人。特别注意要将职业风险程度低的员工也纳入承保范围，因为这部分人员常被投保单位排除在外。（3）同一团体内尽量统一费率，而且从高不从低。例如化工厂的技术人员、财务管理人员的适用费率，应该与车间生产工人相同。（4）协商受益人的填写方式，与投保人达成共识，避免不必要的纠纷。

【本章小结】

团体人身保险	团体人身保险	狭义的团身险可以理解为一个险种；广义的团身险是一种承保方式，它是用一份合同向一个团体的大部分成员提供人身保险保障。在人身保险市场上，团体保险业务有很大需求，经常被作为员工福利计划的一部分，受到越来越多的企业、事业单位和组织的重视。
	团体人身保险业务的优势	对保险人来说，保险标的众多，符合风险分散的原理；保费金额较大，展业效率高；一单承保多人，营业管理费用低；有利于保险公司提高市场占有率，取得规模效益。对客户来说，不用体检，手续简便，保费低廉，灵活实惠。为了保证团体人身保险业务优势的可靠性，保险公司在承保时，对团体有一定要求。首先要求投保的团体是合格的团体，不是为了争取优惠的保险费率而临时成立的团体；其次对团体中参加保险的人数和比例规定了下限，这样才能有效地避免逆选择的发生。
	团体人身保险业务种类	团体人身保险业务种类涵盖人寿保险、意外伤害保险和健康保险，除了投保范围和保险费率不同以外，其他保险条款基本相同。团体人身保险的费率一般采取经验法厘定，主要与团体中大部分被保险人的职业类别有关。根据危险程度的不同，保险公司设计了针对不同职业的综合型保险产品。
	团体人身保险计划书	在团体人身保险业务的营销中，展业人员要与团体中的决策性人物打交道，所以对展业人员要求较高。展业人员不仅要精通保险业务，具有丰富的相关知识，而且要具备为客户度身定制保险保障计划的能力。团体人身保险方案的设计，应针对该客户面临的主要风险，要考虑客户的经济实力等因素。合适的保险计划书，是展业必备的工具

【课后习题】

1. 团体人身保险与个人保险相比有哪些特点？
2. 在设计团体保险保障计划时主要应遵循哪些原则？
3. 团体保险中受益人的指定应注意哪些问题？
4. 在团体保险实务中，"如实告知"应怎样掌握？
5. 团体保险的核保有哪些做法和特点？

第八章

人身保险营销

【教学目的】

通过本章的教学，使学生掌握人身保险营销的基本知识，明确人身保险营销策略及流程，熟练掌握人身保险的推销方法和技巧。

【教学内容】

本章的教学内容主要包括人身保险营销的含义和特征、人身保险营销的策略、人身保险营销的流程及推销技巧。

【教学重点难点】

人身保险营销的含义和特征；人身保险营销的策略；人身保险营销的流程及操作要领；人身保险推销的方法与沟通技巧。

【关键术语】

保险营销　陌生拜访　电话营销　缘故法

【本章知识结构】

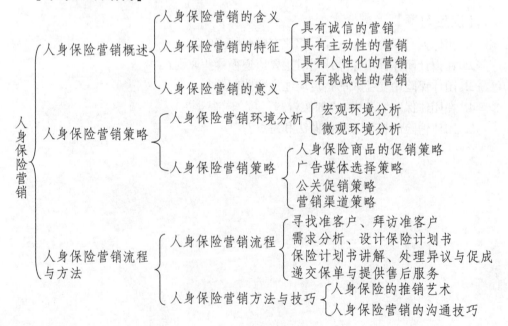

第一节 人身保险营销概述

【案例引入】

一个刚毕业的大学生进入保险公司的营销职场，他非常紧张，问他的主管，我要如何做才能把保单销售出去呢？我觉得这个工作很难，在这个城市，我认识的人很少，我是否适合做这个工作呢？主管告诉他，要放轻松，开始不会不要紧，保险公司会有新人培训，如何做保险销售是有科学流程的，只要照着这个做，大胆尝试，一定会提高自己，也一定可以销售成功。半年后，这个大学生已经成为一个营销小组的主管了。

一、人身保险营销的含义

人身保险营销可以从广义和狭义两方面理解。狭义的人身保险营销一般是指人身保险的推销，它侧重于推销人身保险产品和客户服务，通过各种沟通手段挖掘人们对人身保险商品的需求，使投保人接受保险商品，并从中得到最大满足的过程。它是广义的人身保险营销过程的一个重要环节，广义的人身保险营销是指在保险市场上，以人身保险产品为交换对象，以满足客户需求为目的，保险企业实现其组织经营的一系列经营活动。它包括人身保险市场调研、选择目标市场、产品的开发研究、产品定价、销售渠道选择、保险人与客户沟通与服务等一系列内容。

人身保险营销主要包括以下几方面内容：

（一）人身保险营销的起点——分析投保人的需求

一切营销希望达到的最终目的就是使消费者购买其商品。人身保险营销的各个环节也是围绕着使投保人接受人身保险商品这个目的而展开的。人们接受某种商品是因为商品有使用价值，购买保险商品也主要是为了满足客户转嫁某种风险或补偿因某种风险造成损失的需要。因此，人身保险营销的前提就是分析投保人的需求，并能够设计出符合投保人需要的人身保险商品。

在现实经济生活中，风险是一种客观存在，人们对损失补偿和保障的需求也是一种客观存在。因而能够发现人们的需求，并设计出迎合这种需求的人身保险商品，对保险企业的经营显得尤为重要。

（二）人身保险营销的核心——社会交换

事实上，在满足投保人需求的同时，满足保险人的需求也是必不可少的，因为只有这样公平的交易才有可能实现。

保险营销的过程，实际上就是投保人和保险人为实现各自的目的而进行交换的过程。投保人为了买到满足自己需要的保险商品必须向保险人缴纳与风险状况相应的保险费；保险人为了收取保费取得经济效益，必须向投保人提供满意的保险商品和服务。市场营销和推销的区别之一在于：市场营销强调"双赢"，即在满足顾客需求的同时，实现企业的目标。因此，它追求的不是一次性交易，而是多次交易。

要想实现多次交易,关键在于使顾客满意。

（三）保险营销的手段——整体营销活动

现代营销学强调整体性的营销活动,即不是把营销仅仅当作推销或促销,而是把营销当作一项长期性的、系统性的工作,进行全面、通盘的考虑,周密、细致的策划。因此,营销的手段应包括市场调研和预测、对投保人心理与行为的分析、产品设计与开发、产品定价、营销渠道的选择、促销组合的运用等。

1. 市场调研和预测的目的在于挖掘与测量保险商品的市场需求。

2. 对投保人心理与行为分析的目的在于更好地了解投保人的需求。

3. 产品开发与设计的目的是为了提供满足投保人需求的保险商品。

4. 产品定价的目的是为了制定出双方都能接受的产品价格。

5. 营销渠道选择的目的是采取最可行的、最合理的、最方便的渠道形式。

6. 促销组合的目的是采取最有效的沟通形式,引起客户注意,提高客户兴趣、激发客户的购买欲望,并引导其采取行动。

二、人身保险营销的特征

人身保险营销的特征主要是由人身保险商品的特点所决定。人身保险商品形态的无形性、非渴求性、需求潜在性、功能可替代性、交易长期性等特点的存在,决定了人身保险营销与其他商品的营销相比,前者在营销过程中更注重诚信,提倡主动性、人性化营销。

（一）具有诚信的营销

任何一种商品的营销都应注重诚信。人身保险的营销更应注重诚信,这是因为人身保险商品形态的无形性决定的。一般商品的客户在选择购买某种商品时,可通过商品的外观、性能和质量来作出是否购买的决定。但是,在购买保险商品时,亦即客户在投保之前,对保险商品通过直观无法感知其特性,除了看到一份保险单的条款,听营销人员对条款的解释之外,无法像购买一般商品那样进行常规的选择过程,保险商品的无形性特征使客户很难激发起购买保险商品的欲望。由于保险商品具有这种不利于销售的先天特点,客户在购买保险商品时,实际上是在购买保险公司的"信誉"及业务人员的专业服务。因此,保险营销人员的首要任务就是要以自己的"最大诚信"赢得客户的信任,通过优质的服务和保险宣传等实际行动,让广大顾客认识、感知以及判断保险商品的质量及效用,从而作出购买决策。

（二）具有主动性的营销

1. 引起客户兴趣

非渴求性是指人身保险商品往往是客户不了解、不知道或虽然知道却没有兴趣购买的商品。人身保险商品的非渴求性质,决定了保险企业必须加强主动性的广告宣传和推销工作,使消费者对保险商品有所了解,产生兴趣,才能形成购买的行动。

2. 变潜在需求为现实需求

风险对于任何人、任何部门或团体都是一种客观存在。然而风险的威胁往往使人不易察觉,具有一种隐蔽性的特点;人们实际或多或少具有一定的风险意识,感到了风险对自己的威胁。但是，由于风险是属于未来的，而且何时、何地、发生何种程度风险损失都具有偶然性，因此，人们往往把对保险的需求搁置一旁，只有看到了或经历了风险事故带来的后果，才恍然大悟。我们把保险需求所具有的这种特点称为保险需求的潜在性，尤其是保险商品中的人身保险商品更是如此。因此，保险营销者必须通过主动地接近顾客、主动向顾客宣传、主动解答顾客的疑难问题、主动提供顾客所需要的一切服务等一系列主动性的营销活动，将投保人的潜在需求转变为现实需求。

3. 建立稳定的客户群

人们的风险保障以及储蓄、增值需求的满足具有多种途径，并非只能通过保险这一种方式来实现，我们把保险商品的这个特点称为可替代性，例如，人寿保险的作用就是为人们提供养老和家庭收入的保障，而解决这一问题的办法有很多，如通过社会保险保障制度也可以满足人们的这种需求。此外，人们还可以通过银行存款、购买房地产等其他金融资产来积存退休后或身故后的家庭生活费用。因此，保险营销人员如何发挥主动性将大多数消费者的需求吸引到保险商品上来，建立稳定的顾客群，这是一项很具有挑战性的工作。

4. 人寿保险商品的交易具有长期性特点

人寿保险合同是一种长期性的合同，保险期限往往长达十年或几十年之久。保险合同期限久远的这一特征，使得消费者对保险商品的作用不能真正或充分了解，甚至会产生一定误解：认为交了许多保险费，所得到的只是一纸若干年后才能兑现的保险单。因此，许多人不会主动向保险公司购买保险，而需要保险营销人员做大量的、主动的促销工作。

（三）具有人性化的营销

人身保险商品的特点也决定了保险商品营销是以人为出发点，并以人为中心的营销活动。保险营销是一种特殊的服务性活动，这种服务性活动不仅表现为保险营销人员应在投保人投保之前根据其保险要求，帮助设计保险方案，选择适当的保险险种，而且还表现为客户投保之后，保险营销人员应根据其需求的变化和险种的内容合理地开展营销活动。

服务质量的优劣也是关系到保险营销能否成功的关键因素。提高服务质量做到人性化营销必须做到以员工为本、以顾客为本。

首先，应以员工为本。从某种意义上讲，员工也是顾客，令顾客满意，必须首先令员工满意。因为保险营销活动在很大程度上要通过员工们的共同努力来实现，如果没有员工的满意，就不可能使其行为让顾客满意，因此，关心员工的成长、注重员工道德的培养，使每个营销员树立起敬业精神、诚信意识和主动精神是保证营销成功的关键。

其次，以顾客为本。保险营销的最终目的是实现顾客满意，因此，保险经营者要面对顾客，要能够从顾客的需求出发，不断开发和提供满足顾客需求的产品和服务；要能够针对顾客对外界事物认识的特点，有的放矢地开展营销活动；要能够维护顾客的根本利益，向顾客提供满意的服务。

(四) 具有挑战性的营销

人身保险营销因其营销的保险产品具有抽象性、消费需求的滞后性而使得工作过程比较困难。目前我国民众的保险意识普遍不高，单纯依赖社会保险和个人储蓄。保险业界个别素质不高的从业人员对客户的误导，使得很多人对保险营销有抵触情绪。当前在我国人身保险营销主要依赖个人寿险代理人，这支队伍平均年龄偏大，知识老化，专业性不强。人身保险营销团队的晋升佣金制度使得业绩不好的业务员被淘汰，造成一定流动性。所以，人身保险营销工作具有一定的挑战性，能力较强的人才能适应。

三、人身保险营销的意义

对于人身保险商品来说，保险营销的意义十分重大，主要体现在保险市场营销的功能和作用上。

(一) 人身保险营销的功能

保险营销的功能是强调保险营销机制本身所具有的效能。保险市场营销的功能包括：

1. 导向功能

保险市场营销对保险企业经营方向具有导向功能。导向功能是指保险企业通过对保险市场进行认真调查研究后，会充分掌握客户对保险需求的意向、市场的供求态势、各家竞争对手的情况和所形成的竞争态势等。这样就能为保险企业决策人员制定战略决策、安排工作计划，以及适时开发适销对路的新产品等提供可靠的依据，在错综复杂的市场中为本企业的经营方向起到导向的作用。

2. 便利功能

便利功能是指保险市场营销能给保险交易双方带来交易上的方便和利益。它一方面使保险人能够准确地了解客户的需求情况，从而开发出适销对路的产品；另一方面使投保人能通过保险中介人、广告等渠道对各家保险公司的资信情况及其保险商品的功能特点等进行比较与鉴别，顺利地作出正确的投保决策。

3. 交换功能

投保人与保险人是商品交换的关系。保险营销的交换功能是指它所具有的使投保人与保险人商品交换顺利实现的功能。投保人与保险人的交换是权利义务等价有偿的平等交换。投保人要从保险公司购买保险商品，使自己获得保险保障的权利，就必须履行向保险公司缴纳保险费的义务；保险公司从投保人处收取了保险费，就要向被保险人承担保险事故发生时履行保险金赔偿或给付义务。

(二) 人身保险营销的作用

人身保险营销的作用是指其所产生的客观效果。

1. 以卓有成效的运行机制，有效地形成保险供给与需求的平衡，解决保险商品生产与消费的各种分离、差异和矛盾，使得保险商品生产者方面各种不同的供给与投保人各种不同的需求与欲望相适应，具体地实现保险生产与消费的统一。

2. 满足被保险人的需要，维系个人、家庭和社会生活的稳定。在满足客户需求的同时，使保险公司的经营利润最大化，企业实现可持续发展。

第二节　人身保险营销策略

一、人身保险营销环境分析

作为经营保险商品的企业，必须分析营销环境、分析其投保人的行为，从中发现和挖掘保险企业营销的机会。

保险市场营销环境有广义与狭义之分。狭义的保险市场营销环境是指保险企业生存和发展的各种外部环境因素，即是指那些与保险企业市场营销活动有关联的各种因素的组合。狭义的保险市场营销环境需要扩展，即保险市场营销环境不仅包括狭义保险市场营销的内容，而且还包括影响保险企业生存和发展的各种内部因素，它是保险企业外部环境和内部条件因素的总和，这就是广义的保险市场营销环境。

（一）宏观环境分析

影响人身保险营销的宏观因素主要有人口、经济、法律、政策、社会文化等。

1. 人口因素对人身保险营销的影响

人口因素对人身保险营销来说至关重要，也是分析投保人需要并开发出适销对路保险商品的主要依据之一。

首先，人口规模是保险市场潜力形成的要素之一，对人身保险需求的容量具有重要影响。在满足其他条件的情况下，人口多且增长速度快，保险的需求就会大；反之，人口少且增长速度慢，保险需求容量就会小。这也是目前众多国外保险企业看好中国市场，纷纷准备"抢滩登陆"，希望尽快取得在中国经营保险业务执照的原因之一，其中一些佼佼者已经开始培育市场，为在将来的国际竞争中得到有利商机做好各方面准备。毕竟，中国作为世界上人口最多而且社会保障制度建设刚刚开始的国家，随着在建设小康社会中人们购买能力和保险意识的逐步提高，人口规模庞大的中国未来将有可能成为世界上最具有发展潜力的保险市场。

其次，人口结构是开发出"适销对路"的人身保险商品的依据之一。保险的目标市场是各种客户群体，保险营销的目的就是满足不同客户的保险需求。对于人身保险商品的营销来说，只有对不同构成人员的需求做到"胸中有数"，才能在保险服务中做到"有的放矢"，取得成功。一般来说，人口构成包括自然构成和社会构成两个方面：前者如性别构成、年龄构成；后者如民族构成、职业构成、教育程度构成等。不同构成的人群由于客观和主观的意识不同，对保险产生不同的认识和不同的需求倾向，这种倾向正是开发"适销对路"保险商品的依据。

2. 经济因素对人身保险营销的影响

经济因素主要是指营销环境中经济周期变化、通货膨胀的有无、消费者收入、消费者购买意愿等情况。消费者很可能由于经济不景气、手头紧张而停止购买一些非生活必需品，当然也包括停止购买人身保险商品。反之，由于收入的增加、生活的富足，消费者也会增加对一些非生活必需品的需求。

3. 政治法律因素

在任何一个社会制度下，企业的营销活动都要受到国家政策和法律的影响。政治法律因素是由那些强制影响社会上各种组织和个人行为的法律、政府机构、政府的各项方针政策等组成。

4. 自然因素

自然因素对保险企业的发展影响重大。自然因素主要指气候变化、地域间的差距、自然灾害的发生等不以人的意志为转移的客观因素。由于各种自然灾害给人们的生产和生活造成了难以预计的损失，因此，人们产生了对避免自然灾害带来的损失、保障人民生活的保险商品的需求。这在客观上为保险企业的发展提供了机会。

5. 社会文化因素

社会文化因素主要是由价值观念、信仰、兴趣、行为方式、社会群体及其相互关系等内容构成。例如，在我国传统文化中，家庭起着非常重要的作用，往往成为人们日常生活的一个中心。如注重家庭消费、重视人情往来、注重中长期消费、以孝为本的消费观、大众化的消费倾向等，都对保险企业营销活动的开展产生了重大影响。

（二）微观环境分析

微观环境主要包括企业自身因素、竞争者因素、投保人、公众、市场营销渠道等因素。

1. 企业自身因素

企业自身因素主要指组织的效率和企业各部门的协调状况。首先，越是有效率的组织，其所拥有的机会越多，所面临的威胁越少。企业必须能够制定适当的战略，明确企业的任务和目标，建立一个恰当的组织结构，以便能够执行这一战略。此外，高素质的、精明强干的员工队伍是企业重要的财富，他们在工作中所体现出的风格、掌握和运用各种技巧的能力，以及是否与企业共同拥有一致的价值观念等，是保证组织有效性的关键因素。其次，企业高层管理者在制定营销战略与计划时，要充分考虑其他部门的影响，包括最高管理者、财务部门、研究与开发部门、人事部门等，这些相关部门构成了企业的内部环境。各部门间协调配合的好坏将会直接关系到企业营销战略与计划的实施与效果。

2. 竞争者因素

在市场经济条件下，竞争无处不在，任何企业都处在不同的竞争环境之中，经营人身保险的保险企业所要面对的竞争主要来自三个方面：一是同行业间的竞争。由于经营的产品和服务有相似性，保险公司之间的竞争是难免的。二是与同人身保险商品具有替代性的商品的竞争。例如，养老保险与银行储蓄的竞争。三是人身保险商品与其他消费性商品间的竞争。在人们生活没有达到极大富裕的阶段而面对资金支出时，选择购买某种商品的同时必然放弃对某种商品的追求。

3. 投保人因素

投保人是保险市场营销环境中最重要、最关键的微观环境因素。投保人作为保险企业的服务对象，是保险企业经营活动的出发点，又是经营活动的落脚点。保险企业的一切营销活动都应以投保人为中心，以满足投保人的需求为核心。保险企业经营的实践证明，投保人对保险企业的信任和支持是保险企业取得成功的必要条件。因此，保险企业的营销活动，应从投保人入手，研究投保人的动机、需求特点、要求保障的大小以及投保方式等各个方面，以保证保险企业的营销活动符合投保人的愿望。

4. 公众因素

公众因素是指对保险企业经营活动有着实际或潜在的兴趣与影响的任何团体。保险企业的营销活动会影响到周围的各种公众的利益，而公众也可以促进或阻碍保险企业营销目标的实现。所以，保险企业的市场营销活动，不仅要立足于满足投保人的需要，而且要考虑到其他公众的需要，要采取切实可行的措施，与周围的公众协调关系，发挥公众对其营销活动的促进作用。

5. 市场营销渠道因素

市场营销渠道是保险市场营销环境中必不可少的环境因素。因为单独一个保险企业不可能自己承担从设计到保险售后服务这一系列营销活动，它必须和营销渠道中的其他企业合作，才能完成其营销的任务。一个保险企业的市场营销渠道主要包括：保险代理人、保险经纪人、广告商、保险咨询机构以及其他与具体险种制定有关的机构。

二、人身保险营销策略

（一）人身保险商品的促销策略

在当今市场中，促销是被人们广泛用来宣传产品、创造需求、引导消费的一种有力的工具。在保险营销过程中，促销的作用越来越重要，促销策略的运用也越来越广泛。简单地说，促销就是通过人员和非人员的方法传播商品的信息，帮助和促进消费者熟悉某种商品和劳务，并促使其做出购买决策的一系列活动。促销的实质是促进营销者与购买者和潜在购买者之间的信息沟通。

保险公司促销组合的运用情况，直接关系到该保险公司经营活动的成败。保险促销策略就是促销组合的策略，可分为推动策略和拉动策略两种。

1. 推动策略

推动策略是保险公司通过自己的营销人员把产品推入市场的一种策略。在保险营销中，推动策略的运用主要以保险分销渠道的成员为推销主体，以便更多的保险分销渠道成员采取积极的措施推销保险商品，从而使投保人接受保险商品。简单地讲，推动策略的实施对象就是分销渠道的成员，为推动各成员积极开展业务而采取的措施即为推动策略。

2. 拉动策略

拉动策略就是运用大量广告和其他宣传措施来激发消费者对保险公司产品产生兴趣，从而产生购买行为。在保险营销中，拉动策略的运用主要是通过各种有效的促销手段，如广告、展业推广、公共关系等将潜在投保人的兴趣和欲望调动起来，使其主动地向分销渠道成员询问、打听，以推动分销渠道成员更广泛、更细致地掌握需求信息并推广更多的险种。由此可见拉动策略的实施对象是潜在的投保人。

（二）广告媒体选择策略

人身保险商品作为一种无形商品，"既看不到，又摸不着"。如何让顾客认识保险商品，了解保险商品，进而产生购买欲？在当今信息时代，广告无处不有，无时不在。它像一条无形的纽带，把顾客与企业联系在一起。

作为有效沟通手段之一的广告，在保险营销中起着举足轻重的作用。具体表现在：传播保险观念、传递保险信息、激发购买欲望、树立企业形象、促进保单销售等几个方面。保险公司要做好广告宣传工作，实现上述作用，必须正确选择广告媒体，通过适当的媒体渠道，及时、准确、有效地传递保险信息，以达到保险公司做广告的目的。

总之，在激烈的保险竞争中，保险公司要树立形象和品牌，让顾客了解自己，做广告是一种极为有效的方式。

（三）公关促销策略

公关是指保险企业为了在公众心目中树立良好的形象，而向公众提供信息和进行交流的一系列活动。保险公司经营活动的各个方面都需要公关，保险公关可以发挥多方面的作用与功能。当保险企业运用公关促进保险销售时，保险公关就成了一种促销的手段，而与其他的保险促销手段并列。

保险公关的主要功能有：沟通信息、提高企业形象、争取谅解和增进效益等。其主要手段为：制造和利用新闻、适时演说、利用特殊事件、发行出版物、赞助和支持社会公益事业、设计保险公司标识。

（四）营销渠道策略

保险营销渠道是指保险产品从保险企业转至投保人所经过的通道。保险公司的营销渠道有两种：一种是直接销售渠道；另一种是中间销售渠道。直接销售渠道是指保险产品从保险公司向客户销售过程中不经过任何中介人转手的营销渠道，即由保险公司自己的员工直接向客户推销。中间销售渠道是指保险公司通过中介机构（保险代理人、保险经纪人）向客户推销保险产品所形成的渠道。

究竟采用直接销售还是采用中介销售，当通过中介进行销售时，保险公司是主动采用代理渠道，还是以接受经纪渠道来开展业务，这一切都以成本核算与技术难度如何而定。例如，我国寿险中的个人险业务，由于客户分散、技术较简单，为了节省经营成本，采取代理人展业的渠道；而寿险中的团体险业务，往往采用直接销售的形式。有的承保条件很复杂的团体保险则往往通过经纪人开展业务。

第三节　人身保险营销流程与方法

一、人身保险营销流程

保险业务销售过程是一个循环的过程，主要包括七个步骤：寻找准客户、拜访准客户、需求分析、设计保险计划书、保险计划讲解、处理异议和促成、递送保单和提供售后服务。

（一）寻找准客户

准客户是指与之建立了联系并有希望参加保险的顾客。寻找准客户，就是寻找和发现可能购买保险产品的企业、家庭或个人。寻找准客户是销售环节中的基本步骤，是销售循环的起点，是维持大量且稳定的客户资源的基础，也是保险销售人员成功的重要因素之一。

1. 准客户应具备的条件

保险的销售对象是人，如何在茫茫人海中挑选出最有可能购买寿险商品的准客户，是保险营销人员必须考虑的重点问题。不是所有的人都能成为准客户，为了提高保单的成功率，应重点考虑具备以下条件的人：

（1）有保险需求。几乎每个人都需要人身保险，只不过有些人早就意识到了，并表现出对保险产品感兴趣，而大部分人对保险需求并不迫切，甚至没有意识到自己需要保险产品。对营销员来说，拜访前者更容易使营销获得成功。营销员要了解客户已经表明的需求，并协助他们发现被忽略的需求，将他们的潜在需要变为现实需要。

（2）有经济条件。保险合同是有偿合同、双务合同，要求保险人与被保险人权利义务相等，购买寿险必须付得起保费。因此，要选择的准客户应该是有工作能力、收入相对稳定、具备持续缴费能力的人士。大多数寿险营销员将其准客户定位在中、高收入阶层。

（3）有健康身体。被保险人和投保人应该符合寿险公司承保条件，不会成为拒保体。寿险营销员在接触准客户时，必须对准客户健康状况有所了解，对于弱体准客户，必须要特别强调其不同于标准体的承保条件。

（4）有决策权力。寿险的购买者、决策者、被保障者不一定是同一个人。例如投保人是妻子，被保险人是丈夫，或者投保人是父亲，被保险人是孩子。作为一名寿险营销员，要敏锐地寻找出具有决定权的人，并全力说服他（她），使营销少走弯路。

（5）有亲和力。在寿险营销中，营销员会遇到各种社会背景和不同性格的人士，如果准客户是易接近、好沟通的人，具有一定的亲和力，就会大大缩短推销的时间，提高营销效率。所以，一般营销员会把具有亲和力的客户作为近期拜访的重点工作目标。

2. 寻找准客户的方法

寻找准客户的方法，也称为准客户的开拓方法。寻找准客户有许多方法，营销员可以根据自身的情况、自己的个性、能力、习惯和需要，来选择一种或几种方法实践。一般而言，寻找准客户常用的、有效的方法主要有以下几种：

（1）缘故法。缘故法就是利用人际关系寻找准客户。利用缘故法推销保险时，可利用的关系从静态上看有工作关系、同学关系、邻里关系、亲戚关系和朋友关系，从动态上看则是无止境的。缘故法是把你认识的人作为准保户，这样做的优点是你与你的亲戚朋友之间已经存在一个基本的信任关系，容易掌握有关信息，也容易沟通和交流，保单成功率较高。缘故法尤其是新人最有价值的寻找准客户来源的方法。

有的营销员对缘故法有心理障碍，怕有"杀熟"的嫌疑。其实对保险产品有深刻理解的人，一定会选择适当的险种介绍给自己的亲朋并与之分享。假如你的亲朋遇到不幸，别人能够给予的帮助是有限的，不如帮他们安排好保险计划，希望他们拥有最好的保障。

（2）介绍法。介绍法也称转介绍或连锁介绍法，就是请求老客户作为你的介绍人，推荐他们的熟人作为你的准客户。介绍法的优点是便于收集准客户资料和获得与准客户见面的机会，并在面谈中相对减少拒绝，从而达成签约的目的。在运行过程中，关键是选择好的介绍方式和时机。例如，利用聚会、聚餐的机会显得自然、愉快；选择电话、信签，显得正式和重视。介绍来的客户成了朋友和保户，也就成了"缘故"，又可以继续连锁介绍，往复下去，就会形成无可限量的客户群。这种方法被证明是一般营销人员中最常用的，也是最有效的方法。

（3）陌拜法，即陌生拜访法，也称直冲法，就是直接寻找素不相识的人来推销寿险产品，可以是随机的、顺路的拜访，也可以是有选择性的拜访。在现实生活中，陌生人远远多于熟人，所以陌生人的市场更大。营销员只要有目的、有计划地进行筛选就会获得理想的准客户。

陌生拜访可依照一定的路线、区域或行业逐一进行拜访，其中可利用的方式有：展示资料、邮递函件、电话拜访、问卷调查、设点咨询等。陌生拜访的优势在于能够快速提升自己的业务技巧，更能有效磨炼自己的行销心态；其劣势在于保单的成交率相对比较低，营销人员容易产生挫折感。刚毕业的大学生或者来到一个陌生地方做保险营销，多采用这种方法，只要度过困难期，就会迎来"柳暗花明又一村"。

（4）其他方法。其他方法都是这三种基本方法的变形或综合，主要包括：

中心开花法：就是营销员在一定范围内或地区内，寻找一些具有影响力的中心人物，发展他为你的保户，并通过中心人物的影响，把该范围内的个人或单位都变成准保户的方法。

名册法：电话号码本、同乡录、同学录、企业家名人录等，都能提供给你许多准保户资源。

个人观察法：营销员根据自己对周围环境的直接观察和判断去发现准客户。营销员在各种场合，无论是与人聊天、购物、乘车、吃饭、美容、健身等，都会去寻找准客户。要有非常敏锐的感觉去吸收有用的信息。

猎犬法：营销员委托有关人士来寻找潜在客户，自己则集中精力从事具体的营销访问工作。这些受雇用的人一旦发现目标，便立即告诉营销人员，安排营销访问。

合作营销法：保险营销员与其他商品的推销员合作，相互介绍客户，资源共享，优势互补。

（二）拜访准客户

拜访准客户也称为接洽或接触，是与客户直接面谈，并试图与之建立良好的关系，使准客户对销售人员产生信任和依赖感，为促成合作做好准备。

1. 拜访前的准备工作

（1）物质准备。物质准备包括客户资料和展业工具的准备，这些准备可以让保险营销员在客户面前树立专业形象，赢得客户的信任。

客户资料的收集应从多角度、多渠道出发，尽可能全面收集所有与客户相关的资料，包括自然情况、健康状况、家庭状况、经济状况、工作状况、个人嗜好及近期活动等。客户资料收集越多，客户形象越清晰，面谈的切入点就越明确，容易有共同语言。

展业工具包括身份证明材料、展示资料、签单工具、小礼品等。具体来说，有名片、展业证或保险代理人证、自己或团队获奖证书和照片、司徽或工作牌、保险宣传单、保险条款、投保单、签字笔、计算器等。展业工具具有强化说明和完成签单的功能，是寿险营销人员不可缺少的武器。

（2）行动准备。行动准备是为实施有效接触而进行的行动规划与设计。

一个详细周密的拜访计划一般包括拜访的对象、目的、时间、地点、内容、策略等。为了提高效率，还应设计好拜访顺序和路线，是否事先与拜访对象以信函或电话形式预约。

拜访时间和拜访场所的安排应依据客户的习惯、生活规律和职业等来确定。例如拜访会计师应避开月初和月末，这时他们最忙；拜访餐馆老板应避开就餐高峰。注意拜访不要给客户的工作、生活带来不便，以免引起客户的反感。

在拜访前，营销员应根据要拜访的对象着装，暗示自己应注意的礼仪。拜访企业领导或者大客户时，应着职业装，严肃稳重；到客户的家中拜访，则可随便些，不要反差太大。礼仪方面，要注意自己的言谈举止，交际中的细节，杜绝不良习惯。

（3）心态准备。一切取决于心态，人的感情和情绪是可以相互传染的，营销员信心十足的情绪将会增加客户的信任感，而低落的情绪会增加客户的疑虑。在展业前，应做好"五心"的准备。

信心：对自己、对公司、对产品有信心，准客户才能信任你；

耐心：耐心地解释和介绍，才能化解准客户的疑虑；

爱心：没有爱心，就无法打开通向客户的心灵之窗；

诚心：诚心关切准客户的需求；

热心：热心帮助客户解决问题。

2. 与准客户接洽

（1）自我介绍。与准客户见面作自我介绍时，除按习惯致意外，业务员必须要表明自己的身份及所在公司名称。想要了解准客户首先要让客户了解你。

（2）引起注意。自我介绍之后，以对方关心的话题引起准客户的注意。这个话题必须使他在心理上产生疑问，以获得想听你多说一些的回答。通常，准客户在听了引起注意的话题之后，必然产生好奇心，会表示他希望你继续说下去。

（4）唤起兴趣。激起准客户的好奇心之后，自然而然地会唤起他的兴趣。如果客户对他感兴趣的问题进行询问的话，我们可以断定你所说的已经唤起他的兴趣了。这个时候业务员一定要把握机会，逐步把话题引到保险商品上。

（三）需求分析

销售人员最重要的工作是发现，甚至创造准客户的财务需求，并据此拟定出相应的保险计划，满足某些特定的财务需求。寿险业务人员为准客户制定出一个或几个详细的个人财务计划，这一步骤称为需求分析。

进行需求分析时应考虑的主要因素有：准客户的年龄、家庭人口；长期资金积累目标；收入和储蓄的来源；现已投保的团体和个人保险；其他资金或资产、平均月消费；若准客户（或其他家庭成员）身故或残疾所需要的资金和对风险的态度。需求分析是销售过程中很重要的步骤，在综合的需求分析中，业务员可帮助准客户找出问题，并鼓励准客户采取行动去解决问题。协助客户，让他发现他需要购买保险，帮助客户让他发现他的人生计划、理财计划还有缺口，而保险正是堵住这个缺口最适当的安排。准客户在这一步骤中越投入，就越觉得他是在购买保险保障，而不是被推销保险产品。

（四）设计保险计划书

1. 编写保险计划书的原则

保险计划书应该是在对准客户的具体情况大致了解，找到准客户的需求点和购买点之后，根据他的实际保障需要、所能负担的保费为他完整搭配，量身设计。这样设计出来的计划书才能符合客户的实际风险保险需求。在设计计划书时，应遵循一定的原则，这样才能设计出优质的计划书，主要应遵循的原则有七条，即：合理保额原则；全面保障原则；适当保费原则；不影响生活水平原则；先保障后储蓄原则；先大人后小孩原则；夫妻互保原则。

2. 保险计划书的内容

设计保险计划书是推销流程中至关重要的一个环节，是对保险这个无形商品提供包装和试用的机会。一份周全的保险计划书，应该是一份完整的投资理财计划书，它可以为客户带来完善的保障，使他能够买到最需要的东西。

一般保险计划书的设计应该包括以下七个组成部分：

（1）封面：计划书名称、客户姓名，计划推荐人特别说明。

（2）公司简介：公司的历史、现状，展望公司的未来。

（3）设计思路与需求分析：对客户解释你的设计思路，使其对你产生信任感。

（4）保单特色：计划书的综合特点、综合保障利益。

（5）保险利益内容：保险金额、保险费、保险期限、交费方式及各项保险利益的详细说明、效益分析，让客户知道这份计划究竟能解决什么问题，他及他的亲人能得到什么具体的利益。

（6）辅助资料：其他有助于此份计划的资料、宣传彩页或剪报。

（7）结束语：名人名言、公司营业部、地址、姓名、资格证编号、联系电话等。

需要说明的是，保险业务员为准客户设计保险计划，可能是在第一次拜访前根据对客户的了解就设计好了的，也可能是拜访时当场提出的一些简单规划。如果第一次拜访很愉快，可以约定再次拜访的时间，也可以第二次拜访时再展示保险计划书，更显出重视和量身定做之意。

（五）保险计划讲解

1. 计划书说明的原则

（1）内容简单化，解说生活化。一份保险计划书内容非常多，作为非专业人士的客户要在短时间内完全理解有一定的难度，这就要求业务员尽可能地简化内容，说明重点。尽量避免使用专业术语，而使用生活化、口语化的语言。

（2）专业熟练化。对保险条款、保险费率、其他公司的同类产品等情况要非常熟悉，以建立业务员在客户面前的专业人才形象，也只有你显得很专业，客户才会放心地购买。

（3）保持微笑和耐心。始终保持微笑，创造一个轻松愉快的环境，消除客户的紧张感，面对客户的疑问要有足够的耐心。

（4）确定客户完全了解保险的内容。在说明过程中要不时地询问准客户对所介绍产品的了解情况，只有客户真正了解了保险的内容，才有可能引起他的购买欲望。

2. 计划书说明的步骤

（1）再一次确认客户的需要。在说明计划书之前，你可以提醒客户，在以前的谈话中，客户自己曾提出过的哪些需要。这样做的目的是，一旦客户的需要有了变动，你可以当场修改计划书，并改变推销重点。当客户再度确认他的需要时，就不会再有借口说你建议的保险不符合他的需要。

（2）提出分析。帮助客户分析他对人身保险商品的需求，找出他的需要，以增强其对计划书的理解，并形成对保险商品的购买欲望。

（3）提出建议。在确认需要并提出分析之后，业务人员应结合客户需要讲解计划书，讲清推荐的保险险种的保险责任、功能、责任免除、交费方式和告知义务，提出建议，让客户认识到你所提供的保险商品是能够满足他的需要的。

（六）处理异议和促成

出现异议是正常的，有经验的业务员是不惧怕客户提出异议的，因为提出异议实际上表明了客户对产品有真正的兴趣。事实表明，当客户有异议时，销售成功率为64%；然而当客户没有异议时，销售成功率反而降低10个百分点。营销员可以利用客户异议中提供的信息帮助进行促成。促成就是运用技巧让客户对保险产品的需求变得迫切，并以主动、积极、明确、果断的专业立场，协助客户作出决定，购买保险产品。

1. 处理异议时应采取的态度

（1）沉着冷静。当我们理解了推销中客户的反问是必然的、正常的，我们就没有理由去惧怕客户的反对问题，就不会去讨厌这些反对问题，而是把这些反对问题当作一块块通往成功交易的基石。

（2）诚实恳切。把我们拥有的保险知识如实地告诉给客户，耐心细致地为客户分析保险的功用、保险的意义，能够经常站在客户的立场为客户着想，能够体恤客户、关怀客户，以这种态度去对待客户，就会缩短与客户的距离。

（3）热情自信。要说服客户，打动客户，首先我们要抱有一种积极热情的态度。当我们尽我们所能帮助客户把购买付诸行动时，我们的热情就会感动客户，因为热情是一种可以相互传动的能量。

（4）避免争论。在回答客户的反对问题时，我们要尽量避免争论。因为在销售过程中与客户发生争论，业务人员即使赢得争论，对推销也是无益的。

（5）灵活处理。客户的反对问题千奇百怪，具有较大的随意性，我们不必事事当真，要灵活处理客户的反对问题。

2. 处理异议的方法

处理异议的主要方法有间接否认法、询问法、类比法、正面回答法、转移法等。针对不同的情况要灵活使用各种方法。

（1）间接否认法是指我们听完顾客的反对问题后，先肯定对方的问题，然后用有关事实和理由婉转地处理该反对问题。

（2）询问法是指销售人员在未完全理解客户反对问题的具体内容时，对客户进行进一步的询问，以了解客户到底需要解决什么问题。

（3）类比法是指通过举例来反驳客户的拒绝理由。

（4）正面回答法是指当客户提出拒绝问题后，业务员利用事实和证据直截了当地否认和纠正客户的看法。

（5）转移法，即业务员明知客户已提出反对问题，但因为无关大局或一时难以圆满回答，所以故意忽略，不予理会，继续自己的话题或转换到别的话题。

3. 促成的时机

一般来说"成交"可以在下列三种情况下进行：

（1）提出解决方案后。早在销售面谈时，我们已有成交的机会。例如，在提出寿险是帮助客户解决问题的最佳办法后，就可以尝试成交。

（2）解释建议书后。建议书的内容讲解清楚后，询问客户的意见，如果客户没有异议，请马上要求客户签约。如有异议，处理异议，异议处理完成后，重复尝试成交。

（3）购买信号出现时。与客户商议，不一定到指定阶段才可成交。要在交谈中"察言观色"，只要发现客户有意购买——发出购买信号，便可协助客户做出购买决定。

下面列举一些购买信号：

客户频频点头，对你的介绍或解释表示同意；客户再次详细查阅你带来的资料，如条款、保单；神色开始活跃，态度更加友好，敌意消失；侧过身来，向你靠拢；反复了解能得到哪些保障或哪些利益；询问交费多少和交费方式；咨询售后服务和索赔事宜；等等。

4. 促成的态度和方法

在成交面谈时，业务人员应表现出：百分之百的热诚、坚强的信念、真情的诚恳、纯熟的技巧、锲而不舍的精神。

促成的方法很多，以下重点介绍几个方法：

（1）假设成交法。假设成交法是指根据准客户的反应判断出其购买意向，推销员在此基础上向前推进一步，即从客户决定购买的角度上讨论问题，带动客户的思维朝交易的方向思考。使用默认的方法不必探寻准客户的决定，只需等候成交。此时准客户心里已经认为保险可以购买，只等着你开口要他签合同了，如：

"陈先生，把您的身份证借我一下，我们来签合同。"

"吴先生，这份保单的保障非常完整，我们已经讨论好几次了，如果没有问题，请您在这里签个字。"

（2）激将法。当营销员在促成的最后阶段，商品介绍和异议处理都已完成，准客户还是下不了决心，如果推销员离去等待其考虑好再定显然是不明智的，这时不妨试试激将法。可以这样说：

"您的亲戚朋友都买了保险，以您的能力，相信没问题。"

"像您这样顾家的人，相信绝对会替家庭购买一份保障。"

（3）二择一法。人们往往对拿不定主意的事情一口回绝，二择一法就是针对这一点巧妙地运用人类微妙心理进行促成的方法。当别人问你：要选择 A 还是选择 B 时，表面上是尊重你的选择，事实上是缩小了选择的范围，促使你作出二中择一的回答。看看以下几种说法：

"张太太，刚才我们谈到的几种方案，您是要保额 50 万元的还是 30 万元的？"

"选择老公还是孩子作为受益人？"

（4）行为促成法。行为促成法就是利用一些可以达成共识的动作来达到促成效果的方法，有利于促成结果的尽快推进。这些动作包括：

选择合适的座位。位置的选择相当重要，一般客随主便，由主人安排，但要选择便于书写和解释的地方，而且空间距离不要太远，减少距离感。

展示建议书。展示保险建议书或计划书要适时及时，同时注意动作顺序，给人一种专业人士的印象。

适时拿出投保单。估计对方已基本认同，比较信任你，而且不会有太大的异议了，这时便应当拿出投保单。

还有探寻对方的年龄、请求出示身份证、确定受益人、向准客户传递手中的笔、征询对方缴费方式等。

（5）促成后的工作。一旦完成成交步骤，你应该借此圆满成交的时刻，要求客户多带一位亲友来保险公司听保险公司组织的各种保险知识和健康知识讲座，这是做新生意的一个好时机。

有礼貌地结束会面，向客户保证你会准时递送保单。

将投保单及保费尽快交回公司。

告诉客户如果有紧急事情，除了业务员本人以外的其他可以联系的公司部门的联络方式。

检查成交过程，记下做得好与做得不好的地方，以供日后参考。

（七）递交保单和提供售后服务

1. 递交保单

保单签发后，业务员必须核对保单资料无误，然后亲自递送保单，向客户解释保单条款的重点，使客户更了解人身保险商品的作用，营销员也可借机请客户介绍其亲友购买人身保险商品。

2. 定期联络

营销员可依据客户的保费到期日、生日或其他喜庆节日定期拜访或联络客户，借此机会了解他们的近况及转变，寻找新单或客源，并借这种机会加深客户对人身保险商品的认识和了解。

3. 设立客户档案，服务生活化

根据美国寿险行销与研究协会的统计，80% 以上的客户都来自旧客户的介绍。很多成功的业务员对服务工作的重视程度更甚于新业务的开拓，而他们的业绩却一直呈上升趋势。这是因为服务工作落实，客户的满意度就会越高，他们给业务员介绍新客户的几率也就越大。而要让众多的客户都能享受到良好的售后服务，就必须进行客户管理，设立客户档案，有步骤、有计划地进行服务。

4. 正确处理客户抱怨

在销售过程中，业务员会遇到客户的异议；在售后服务中，业务员也会遇到客户的抱怨。客户有怨言是正常的，业务员如果对客户的抱怨处理不当，就会对相互之间的关系形成较大影响。不管由什么原因引起的客户抱怨，业务员都应该认真对待，同时运用恰当的方法进行处理。

二、人身保险营销方法与技巧

人身保险营销的方法与技巧是由人身保险营销的特点决定的。如前文所述，人身保险营销是诚信的、主动性的、人性化的营销过程。因此，具体的人身保险营销方法与技巧就是围绕着其营销特点而展开的。

（一）人身保险的推销艺术

保险推销过程对于人身保险营销来说是一个非常重要的环节，人身保险营销的方法也主要体现在推销的艺术上。

1. 保险推销的特征

（1）推销的是人际关系。推销就是推销你自己，只有你自己被别人接受，别人才能接受你推销的思想和商品，所以从这个角度说，推销是推销人际关系。别人能否接受你是推销成功的关键。

（2）推销是满足客户的需求。推销是满足客户的需求，而非满足业务人员自身的需求。很多业务人员用自己的标准衡量客户，衡量的结果往往是没有行动，留下遗憾。购买的决定权在客户手里，客户的许多需求是自己感觉到、意识到的，推销是满足客户需求的过程。

（3）推销是解决问题。推销对于客户而言是难以接受的，没有人喜欢被推销。但你若是真诚地关心客户、帮助客户解决问题，那没有人会拒绝你。对于一件商品，当客户认为可有可无时，即使这件商品再便宜、再优惠，客户也很难下定决心。反之，当客户认为你所推荐的商品是迫切需要的，即使商品本身不是那么完美，他也会迫不及待地买下来。从这个意义上讲，推销不是简单的"体力＋口才"的劳动，而是一门特殊的艺术。

（4）推销是寻找客户的过程。很多人将推销简单地归纳为如何说服客户。事实上，很多人是不可能被你说服的，推销人员应该去寻找发现适合自己产品的客户群。

2. 销售基点及其特点

销售基点就是对于客户应该特别诉求的商品效用价值，也是公司当作方针所设定，绝对有效的销售语言，是为了加深客户对商品的印象，进而提高销售业绩的用语。例如，在推销意外伤害保险时，保险计划书或者营销员可以用"打开意外保险伞，生活工作更安全！"作宣传语；还有"大病保险，让您拥有老年时的尊严！"等等。

销售基点的特点：（1）刺激顾客购买欲望的销售用语；（2）根据丰富的商品知识，设计出极有说服力的销售用语；（3）以科学方法设定，非以直觉判断的销售用语；（4）针对客户购买心理，极具刺激的销售用语；（5）这些销售用语必须很自然地由推销员的口中说出。一个优秀的保险营销员应该掌握所销售的保险商品的卖点，即销售基点，这是重要的基本功。

（二）人身保险营销的沟通技巧

1. 聊天的技巧

在保险营销员拜访客户时，当客户听完营销员的自我介绍后，很有可能在心理上产生一种戒备："他是来推销的，我要小心上当受骗。"因此在推销过程中，不要一见到客户，就立即宣传保险，而是要通过聊天，让客户逐渐松弛，慢慢消除戒备，打开"话匣子"，兴奋起来，由封闭状态转为开放状态。

（1）聊天时选择客户感兴趣的话题。

在人际交往中，若双方意识到彼此之间有相似的地方，则容易相互吸引。所以，营销员应该选择准客户感兴趣的话题，注意谈吐幽默得体，客户就会感到与你非常投机，同你聊天是一种享受。请记住这样一个原则：在每个人看来，这世界上最重要、最亲近的人是他自己，他所喜欢听的，是有关他自己的事，他喜欢谈论的，也是有关他自己的事。

一般来讲，女性比较感兴趣的话题有时尚、服装、化妆、美容、保健、孩子、烹调、旅游、家庭等；男性感兴趣的话题有时事政治、体育、新闻、健身等；男女都适宜的话题有天气、嗜好、工作、时事新闻、功名、孩子及家庭、影艺及运动、故乡、就读的学校或工作过的地方、投资理财、健康等。要根据谈话的对象来选择话题，并很快发现对方感兴趣的话题和兴奋点。

（2）了解客户感兴趣的话题。

事先了解。在拜访客户之前，先从他的熟人那里了解他的嗜好和兴趣，以及他家庭成员的情况，做到有的放矢。

见机行事。当你进入客户的办公室或家庭时，从他的布置摆设找出对方感兴趣的话题。这要求营销员有敏锐的观察力和随机应变的能力。

"火力侦察"。当你无法确定客户对哪种话题感兴趣时，你可以多谈一些话题，然后去感觉它喜欢的话题。

应避免的话题：对于你不了解或不熟悉的事情，不要冒充内行；不要自我吹嘘；不要议论别人的失败、缺陷或隐私；不要谈论容易引起争执的话题；不要谈论引起对方伤感的话题；不要到处诉苦和发牢骚。

2. 发问的技巧

美国推销大师杰拂瑞·基特玛在其《销售圣经》中写道：成不成交，关键在发问。发问技巧是推销人员必须掌握的技巧中最重要的一个，因为能否提出适当的问题，是决定推销成功与否的关键。衡量发问是否有水平，主要看所提出的问题：

（1）是不是简明扼要；（2）是否直接切入准客户关心点；（3）是否直接切入准客户的疑虑；（4）是否能从准客户那里得到某些更重要的信息，使你更能把握准客户的内心活动，从而使推销更有针对性；（5）是否能创造出正面的、有引导性的氛围，以利于促成交易。

3. 说明的技巧

与实物性商品不同，保险商品的买卖促成，靠的不是商品的展示与陈列，而更主要靠的是商品说明。因此，商品说明在保险营销中具有举足轻重的作用。保险商品的推销员在商品说明过程中要做到生动形象、掌握语速、重复优点、有凭有据、权衡利弊。

4. 倾听的技巧

作为一名保险营销员，不仅要善于推销商品，而且还要善于倾听，当个好的听众。有效的聆听可以带来许多业绩，因为你可以从聆听中学到很多，也能了解很多你希望得到的信息。在倾听中要做到全神贯注、适时反应、不做争辩、要有耐心。

5. 促成的技巧

营销的最终目标就是要促成交易，但促成交易和签约并不是保险商品营销的终点，充其量也只是营销的中点。因此，保险营销员应把促成看成是售后服务的开始，是销售构成的延伸。要想达到促成交易，营销员必须要有一定的心理准备，与客户达成良好的沟通。

（1）不断的拜访。一般说来，保险营销不可能一次促成交易，每一笔业务的达成，都可能经过几次甚至几十次的努力。所以，成功的保险营销员，应勤于拜访自己的客户。

（2）顺其自然。事情的发展都有其自身的规律，欲速则不达。营销员可以引导客户的购买欲望，但不能强迫客户作出购买决定。顺其自然，看似被动，其实是技巧。

（3）情感效益。推销商品，只有在顾客被打动后才能谈成，营销员与顾客沟通最有用的，可能是微不足道的家常话，让客户感到贴心，最终促成销售。

【本章小结】

人身保险营销	人身保险营销的含义	广义的人身保险营销是指在保险市场上，以人身保险产品为交换对象，以满足客户需求为目的，保险企业实现其组织经营的一系列经营活动。 狭义的人身保险营销一般是指人身保险的推销，它侧重于推销人身保险产品和客户服务，通过各种沟通手段挖掘人们对人身保险商品的需求，使投保人接受保险商品，并从中得到最大满足的过程。
	人身保险营销特征与功能、作用	人身保险营销的特征主要表现在：注重诚信的营销、注重主动性的营销、注重人性化的营销、具有挑战性的营销。 人身保险营销的功能包括导向功能、便利功能、交换功能。其作用表现为能够有效地形成保险供给与需求的平衡；解决保险商品生产与消费的各种分离、差异和矛盾；使得保险商品生产者方面各种不同的供给与投保人各种不同的需求与欲望相适应，满足被保险人的需要；使保险公司的经营利润最大化，企业实现可持续发展。
	人身保险营销流程	拜访客户前的准备工作；拜访准客户工作；异议的处理和促成工作；递交保单与售后服务工作；编写保险保障计划书工作；保险需求分析与保险计划书说明工作。
	人身保险营销的沟通技巧	聊天技巧、发问的技巧、说明的技巧、促成的技巧、倾听的技巧等。

【课后习题】

1. 保险营销的特点有哪些？
2. 人身保险营销的流程和操作要领是什么？
3. 拜访客户前的准备有哪些方面的内容？
4. 人身保险的沟通技巧有哪些？
5. 处理异议的态度及方法有哪些？
6. 如何做好售后服务？

第九章
人身保险的承保与核保

【教学目的】

通过本章的教学，使学生明确人身保险承保与核保的概念、区别，掌握其业务处理流程及主要保险单证的填写方法，熟悉和掌握人身保险的核保流程的内容，了解人身保险再保险的概念和安排方式。

【教学内容】

人身保险业务的承保与核保是寿险公司的重要工作环节，每个保险从业者都应当熟练掌握人身保险承保与核保等环节的基本知识和实务操作，其中应重点掌握人身保险核保的操作要领。

【教学重点难点】

人身保险的承保与核保的区别；人身保险的核保流程与操作要领；人身保险核保时主要应考虑的因素。

【关键术语】

核保　风险保额　累计风险保额　高额保件　生存调查　人身保险再保险

【本章知识结构】

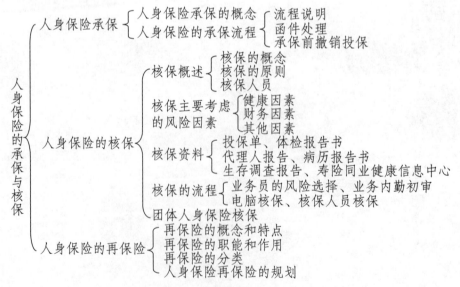

第一节 人身保险承保

一、人身保险承保的概念

承保与核保是有区别的。人身保险的承保有广义和狭义之分，广义的人身保险承保是指包括业务拓展（展业）、业务选择（核保）、收取保费、签发保单等在内的一系列工作过程。狭义的人身保险承保不包括展业过程，而是从保险业务员争取到人身保险业务后，携带客户填写的投保单、保费暂收收据以及保险费等，经保险人核保、出单等环节，到保险业务员将保险合同送到客户手中结束。本节主要介绍狭义的人身保险承保。

人身保险的业务运作是从承保开始的，即从收取保费、出立保单和建立保险基金开始的。核保是指保险人对新业务的风险加以全面地估计和评价，决定是否予以承保，以什么条件承保，它是承保中的一个很重要的步骤。有效的展业保证了承保保单的数量，核保则保证了承保的质量。保险人作为独立经营的经济实体，为保持自身经济利益，要做好承保工作的每一个环节。

二、人身保险的承保流程

承保流程包括续保业务与新保业务。与新保业务相比，续保业务的承保手续简单。为了全面熟悉掌握承保流程，以下以新单业务流程为例介绍人身保险承保的全部程序。

新单业务流程，是指投保人向保险人发出要约直至缔结保险合同的全过程，具体为业务员向保险公司柜台交送投保资料，保险公司在接收投保资料后，对其进行初审、录入和核保直至保险合同的缮制、清分与寄送等一系列运作过程。具体如图9-1所示。

（一）流程说明

1. 收单

代理人指导客户填写投保单及其他必要的投保资料，并在两个工作日内将客户的投保资料交客服柜面。若交单遇元旦、春节、五一、十一放假期间，代理人需在投保当日致电电话中心进行电话报备，报备时须提供投保单号、投保人及被保险人姓名、险种名称、投保日期、代理人姓名及代码。

客服柜员收单时应按照投保规则及投保单填写规则对投保资料进行审核，初审合格的由柜员填写签收单，注明代理人提供的资料内容和页数，柜员与代理人分别签字确认，并各留存一联。不符合填写要求、投保资料不齐全的应退还代理人。

客服柜员将初审合格的投保资料进行扫描并将影像传输至总公司。

2. 录单

录入人员对照影像录入投保资料，复核确认无误后进行核保处理。

3. 核保

核保人员对投保单进行审核，决定是否投保及投保条件。

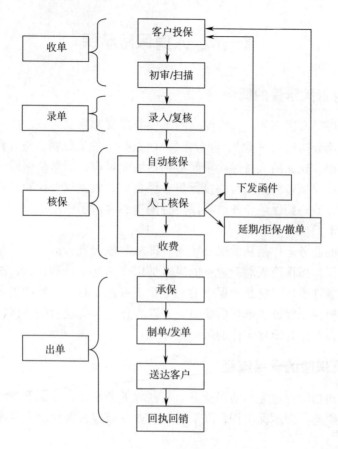

图 9 - 1 投保流程图

4. 出单

收费承保后打印的保险合同送至客服柜面，代理人领取保险合同并送达客户。客户签收后代理人将回执交回客服柜面。

（二）函件处理

1. 函件类型

包括合同审核函、体检通知函、调查通知函、财务资料函、健康资料函、核保通知函。

2. 函件发放

客服柜员打印函件并在晨会结束后下发，代理人领取时需在函件发放清单上签字确认。

3. 函件处理

代理人应及时联系客户处理函件内容，并在函件规定回复时间内交回客服柜面。

（1）合同审核函：请客户根据函件内容签字确认，如有必要请提供相关证明文件。

（2）体检通知函：请客户在规定时间内持体检通知函、本人近期 1 寸免冠照片、身份证原件到公司指定地点进行体检。

（3）调查通知函：公司调查人员接到调查通知函后亲访客户。客户在投保单上应留下真实准确的工作单位、家庭住址、联系电话，以便调查人员及时与客户取得联系。

（4）财务资料函：请客户按照函件内容提供相关财务证明材料。

（5）健康资料函：请客户按照信件内容提供相关健康证明材料。

（6）核保通知函：代理人应就核保结论向客户进行详细说明，请客户在客户填写栏中选择"接受核保结论"或"不接受核保结论"，并请投保人及被保险人分别亲笔签字确认。如核保决定涉及加费的，参照交费领款规定处理。

上述函件处理完毕后（调查通知函、体检通知函除外），代理人在规定时间内将函件及相关资料一起交到客服柜面。

4. 函件处理时效

合同审核函、财务资料函、健康资料函、核保通知函应在函件下发后 10 日内予以回复。客户应在体检通知函下发 10 日内到公司指定医院体检。

公司将对投保后 30 日仍未承保的投保单进行撤件处理。

（三）承保前撤销投保

1. 投保人填写"撤销投保申请书"与身份证一并交至客服柜面（代办须同时提供投保人"保险事宜代办委托书"及委托人身份证）。

2. 客服柜员受理并做出撤销投保处理。

3. 若涉及退费参照交费领款规定。

4. 代理人在客服柜面领取保险合同并签字确认。

5. 代理人应在领取保险合同后 3 日内送达投保人，并请投保人在保险合同回执上签字。

6. 代理人须在客户签收保险合同后 2 个工作日内将回执交至客服柜面进行回销。

7. 特殊情况下如不能按期回销，应及时到客服柜面做情况说明。

第二节　人身保险的核保

【案例引入】

病历能作为带病投保的证据吗？

1997 年 11 月，宋某在某保险公司业务员的说服下投保了 10 份"老来福终身寿险"及 2 份"附加住院医疗保险"。在投保单健康告知栏中，宋某对两年内的疾病状况、目前患病或自觉症状等事项的回答均填写"无"，并在声明栏中被保险人签字处签上了自己的名字。1998 年 8 月，宋某因糖尿病住院治疗，医疗费共计 9 158.30 元，出院后，宋某即向保险公司申请赔付医疗费。保险公司在核赔过程中发现，宋某过去几年曾患多种疾病，病历中有"患糖尿病两年"的记录。保险公司遂以宋某带病投保为由拒绝给付。

宋某多次索赔未果，就把保险公司告上了法庭。

一、核保概述

（一）核保的概念

核保也称风险选择，是指保险人对新业务的风险进行评估、鉴定，以决定是否承保，并且如果决定承保，则须进一步确定其保险费率的工作过程。

由于申请投保的准客户所处的生活工作环境不同，各自的生活习惯和职业类别也不同，因而健康状况就不同，所以有必要对投保者及各风险个体加以分类筛选，并分别赋予相应的费率或以不同的条件承保，以维持保险的公平合理性。

（二）核保的原则

在评估风险并进行风险分类时，核保人员应坚持以下四个原则：

1. 保证客户的公平性

保险的基本原则之一是每个投保人缴纳的保费与其风险程度大体一致。保险公司一旦接受投保人的投保申请，就必须确定被保险人的风险程度并由此收取合理的保费。核保人员必须深入了解影响死亡的各种因素，才能辨别不同被保险人所面临的风险并相应地进行分类，才能按照其对应的风险类型收取保费。

2. 防止逆选择

逆选择是指身体状况较差或职业危险较高的人，隐瞒危险或投保动机，有目的地投保某一险种的倾向。逆选择使风险集中，导致保险公司实际损失高于预期损失，最终造成保险给付过多，形成亏损。通过核保，对准保户进行分类，并对风险程度不同的被保险人收取不同的保费，能有效地避免逆选择的发生。

3. 保证公司的盈利

核保的重要目的在于控制保险风险，保证保险公司在稳健经营的基础上能够获利。任何一个保险公司都要求通过健全的核保来保证公司获得一定的利润。只要寿险公司继续经营，盈余就应该不断增加。公司的盈利能力在很大程度上是精算师设计的费率结构的组成部分，尽管核保人不直接参与费率制定，但是核保人的决定可以降低实际的死亡率以符合精算师的死亡率假设。

4. 方便代理人的销售

对保险公司提出的保单条件，消费者根据自己的状况最终做出接受与否的决定。保单遭到拒收的主要原因之一是公司的核保政策对客户不利，导致实际保费超出客户的预期。

为了使保单能够被投保人接受，保单必须满足三个要求：（1）保单提供的保障必须符合客户的需求；（2）保单所提供的保障成本必须在客户的可承受范围内；（3）保单所收取的保费必须具有市场竞争有力。保持保单的市场竞争力是十分重要的，尤其当市场竞争非常激烈时，价格竞争显得尤为重要。

（三）核保人员

核保人员因他们的经验和所受的专业训练不同而具有不同的权力等级。下面为常见的核保人员的职称及其等级：核保总监、核保经理、首席核保员、高级核保员、核保员、初级核保员、快速核保员、核保实习生。

最初，核保人员几乎没有作为风险评估基础的数据，他们完全依赖自己的经验和判断，决定哪些风险可以接受。随着与风险相关的各类统计数据的增加，尤其是死亡率数据的丰富，核保人员的工作逐渐变得简单。同时，随着各类数据的可靠性增强，一些可能增加死亡或罹病率的因素也能够被识别出来，例如医疗条件或职业等，保险公司因此能够建立人寿和健康保险的核保准则。没有核保经验的工作人员也能够经过培训，掌握核保准则，学会评估死亡率或罹病率风险。许多保险公司聘请医生作为专职或兼职的医疗专家或医疗顾问。这些医疗专家或顾问协助制定或更新公司的健康核保准则；对不寻常的或有疑难病史的投保单，与核保人员共同协商。

二、核保主要考虑的风险因素

人身风险都具有危及生命的特点，与疾病和死亡紧密相关，因此，在人身风险评估时，所有与健康及生命有关的危险因素都要考虑在内，尤其要注意以下因素。

（一）健康因素

健康因素是指身体方面的风险，主要包括年龄、性别、体格、身体现状、个人病史和家族病史等。

1. 年龄

年龄是风险选择时所要考虑的最重要因素之一，因为死亡概率和人身伤害概率一般随着年龄增加而增加。当年龄达到一定程度时，死亡率急剧提高。因此，寿险公司都规定每一险种的最高承保年龄，超过这个年龄的被保险人则不接受其投保。

年龄除了影响死亡率，也会影响罹患率。15 岁以下的小孩，由于身体没有完全发育好，抵抗力比成人低，患病率较高。人到 40 岁以后，出现生理性衰老，疾病发生率也逐年递增，慢性病发生率明显高于年轻人，且治疗效果较差。人群的年龄与许多疾病有关，如癌症、高血压、心脏病、慢性支气管炎等疾病在老年人中多发，而麻疹、百日咳、白喉等疾病主要威胁儿童。因此，高龄者罹患重大疾病的概率与死亡率上升的趋势几乎是相同的，对申请保额超过一定额度的客户，保险人就要求被保险人按相关制度体检，来筛选其风险。个人附加住院医疗保险的费率按年龄段是两头高中间低，而团体附加住院医疗保险的费率，由于投保年龄范围是 16～65 周岁，所以费率是向右上方倾斜的直线，也是这个道理。

2. 性别

女性除妊娠期间死亡率较高外，其他时间死亡率较男性均低。对于重大疾病保险中所承保的多数疾病来讲，男性患病率较高。这可能与男性工作压力较大、社会活动频繁、生活习惯和规律性较差、对身体轻微不适的重视程度不够等因素有关。一般来说，相同年龄的女性死亡率低于男性，所以，大部分寿险公司对于以死亡或大病为保险责任的险种向女性收取的保费低于男性，而对于年金保险，女性的保费要高于男性。

3. 体格

体格一般指身高和体重的情况。体格是遗传所致的先天性体质与后天各种因素的综合表现。一般双亲身材高大，子女就有高大的倾向；双亲体重属肥胖体，子女体重肥胖的几率就明显高于正常人。肥胖体容易与某些疾病结缘。大量的研究表明，肥胖病不仅仅是一个影响人的外观的问题，它还可以导致高血压、冠心病、脑中风、糖尿病、脂肪肝、高血脂、胆囊炎等一系列疾病。此外，肥胖还与若干癌症的发生呈正相关，如男性肥胖者易患大肠癌、前列腺癌，女性肥胖者易患胆囊癌、乳腺癌、宫颈癌及卵巢癌等。

当然，过轻体也可能潜藏着某些疾病。多数体重过轻者都存在消化系统疾病，其死亡率高于正常体重的人群，但与年龄无关。侏儒和巨人症者平均寿命较低。

所以在核保时，要注意被保险人的身高、体重等是否正常，身材是否匀称，还要注意被保险人的人体的有关功能是否正常，特别是神经系统、心血管系统和消化系统有无异常。对病态肥胖者或体重过轻者通常不会按照正常情况承保。

【知识链接】

肥胖、消瘦与核保

肥胖对于死亡率趋势有明显的影响。目前，全球性肥胖流行对于寿险产品定价和寿险承保具有重要意义。

保险公司一般认为，衡量肥胖的标准以体重指数（又称体格指数）较好。

所谓体重指数（BMI），即体重（公斤）/身高（米）^{2}。

世界卫生组织将 BMI 高于 30 的定义为肥胖人群。但结合我国的实际情况，正常人标准为：18.5~23.9；BIM≥24 时为"危及健康"的超重；BIM≥28 时为"高度危害健康"的肥胖。BMI 定为 24、28 为两个界限是经过流行病学调查结果得出的。BMI 超过 24 时，肥胖相关疾病的发生率和死亡率显著上升。肥胖者死亡率是正常人死亡率的 2~3 倍。

界定肥胖的另一指标是腹围。男性正常腹围在 85cm 以内，女性在 80cm 以内，超过这一指标也视为肥胖；此外，胸腹围的比例也很重要，一般正常人均表现为胸围大于腹围，而腹围大于胸围者，多数死于心、脑血管疾病，肾脏疾病、糖尿病及肝硬化，腹围越大，死亡率越高。

肥胖的原因不明，但导致的原因可能是遗传、内分泌代谢紊乱、心理病、缺乏运动及社会因素等。其中最主要因素为食入热量过高，因而引起肥胖。新近研究证实，睡眠不足可引起脂质代谢中脂肪酸氧化能力下降，血液中一氧化氮敏感性降低，也是导致肥胖的危险因素。

就实际投保而言，不进行体检的投保人如果体重过高，总会在健康状况一栏内"告知"上虚报加以掩饰。核保时要警惕，对肥胖的投保人还要分清是单纯性抑或继发性肥胖，同时，结合其他资料如家族史、实验室检查结果、血脂、血糖，以及血压、心电图、肝脏 B 超等，这样才能对肥胖投保人的预后、转归等做出客观分析，从而进行科学、公正的寿险投保评点。

体重指数小于 18.5 为消瘦（emaciation）。一般由热量的消耗明显大于热量的摄入和吸入而引起。

消瘦会增加患其他疾病的危险性。如并发营养不良、感染、外伤、精神神经及消化系统疾患，消瘦者更易于死于肺部疾病、消化道疾病和传染性疾病；而有些消瘦者则是某些疾病的结果。引起消瘦的原因不外摄食障碍、消化障碍和消耗增多。极度消瘦者称恶病质（cachexia）。对大多数消瘦者经过病史分析、体检及有关实验室检验等可以明确原因。

投保人半年内无明显原因，体重明显减轻（≥2.5公斤），或引起渐进性消瘦，可能暗示某些潜在的疾病，如神经性厌食症、溃疡性结肠炎、节段性回肠炎、甲状腺功能亢进、恶性肿瘤、结缔组织病、急（慢）性传染病、结核病、败血症、原虫或寄生虫病、药物成瘾等。核保时，更重要的是评价这些原发疾病对投保人带来的危害和后果；若经过详细检查并未发现明显疾病，则应延期投保，以使某些潜在的疾病得以充分表现，根据这些疾病或仅就单纯生理性消瘦而决定是否承保。

（资料来源：杜庆生等：《保险医学实用手册》，北京，中国金融出版社，2005。）

【课堂小讨论】

用上述方法计算自己和家人的体重指数，然后归类胖瘦人群，核实身体状况。

4. 身体现症

身体现症是指被保险人投保时正患有的疾病，包括客户投保时告知正患疾病和体检发现的疾病。对未来被保险人身体状况不产生较大影响的病症，如白癜风等，可按标准体承保。对重大疾病有直接影响的危险因素，如肺结核、心肌炎等应予以拒保。对于现病史不能判断是否会发展变化的疾病，如胸部肿块，不知是良性还是恶性，应延期承保，待手术确诊后再进行判断。

5. 既往病史

既往病史是指被保险人曾经患病治疗的病史。一些疾病治愈后对被保险人的身体无严重影响，如病毒性疱疹，可以按标准保费承保。但也有许多既往症对被保险人的身体有重大影响，如冠心病，即使临床治愈，其复发可能性也较大，死亡率也远远高于正常人群。因此，在核保时对既往病史应特别注意。

核保员要根据投保单和健康告知书等资料对客户以前曾患疾病进行详细了解，包括治疗的时间、地点、原因、结果及经常就诊的医院，要特别注意审查被保险人是否存在避重就轻的告知，或不完全告知。若被保险人有住院病史，可采用请被保险人提供病历的方式索取核保的资料，必要时还可进行抽查体检或生存调查，以避免逆选择的发生。

6. 家族史

家族病是指遗传因素起主导作用的疾病，这些疾病在出生时，甚至在胚胎时由于基因遗传就已形成。在风险评估时，家庭病史是一个重要依据，因为有些疾病是容易遗传的，如糖尿病、血液病、原发性高血压症、精神疾病等。如果被保险人的父母均因心脏病在60岁以前死亡，那么被保险人患心脏病的概率就很高。

一些传染性疾病虽然其本身并不遗传，但是母亲可能会在怀孕或分娩时将此疾病传给婴儿，如乙型肝炎，此类人员的子女投保时应通过体检等方法进行筛选。

【案例分析】

本节导入案例，宋某多次索赔未果，就把保险公司告上了法庭。

宋某述称：保险公司认定宋某带病投保的根据是宋某1998年8月诊治医院的病历记录，而病历记录中关于宋某投保前患病的记载来源于口述，这种口述不是宋某所为，病历记录属于传来证据，没有证据效力，保险公司始终没能提供可以认定宋某投保前患病的检验报告及医护证人证言等直接证据，保险公司的拒付保险金决定没有事实根据。

被告保险公司辩称：宋某在投保前已患多种疾病，属于带病投保，违反了如实告知义务，被告保险公司有权解除保险合同，不承担保险责任，不退还保险费。原告的病历是医生根据原告的自述记录而成，应该能说明其所说属实。而糖尿病是一种慢性病，这一次宋某因糖尿病而住院，可见其糖尿病已经发展到了严重的程度。这也可以从另一角度佐证宋某向医生所说的"糖尿病两年"的自述不假。如果说这都是假的而不能作为证据，那么只能说明原告所说的一切都是假话，她所主张的也是不应该得到支持的。

法院经审查明：原告宋某在投保单健康告知栏中，对近年来的健康检查、疾病状况、目前患病或自觉症状等事项的回答均选择"无"，并在声明栏中被保险人签字处签名，称对本保险合同条款和费率的规定及"投保须知"均已了解并同意遵守，经查上述各项填写均系宋某本人所为。原告病历所记载内容皆系其自述，现在却主张不能以此作为证据，但又提不出病历记载不真实的反证。故此主张亦不予采纳。所以，应该认定病历中的记载系病人自述。这就说明，原告投保前确实已患有多种疾病，但她却在投保时在健康告知栏中对这些疾病进行否认，其行为显系故意隐瞒事实，不履行如实告知义务。根据《保险法》的有关规定，被告保险公司可以解除保险合同，原告不能要求保险公司承担保险责任。

最后，法院作出判决如下：原告与被告所订立的保险合同自始无效，被告不承担原告医疗费赔偿责任；原告缴纳的保险费，被告不予退还。

评析：

本案明显是一起恶意隐瞒病史的带病投保案。有很多理由说明被保险人在投保以前就已患有严重疾病。被保险人宣称她向医生自述的病历不能作为证据，如果单独看，这样的主张似乎有一定的理由，但如果与病历中记载的疾病治疗史联系起来，这样的主张就没有理由了。最关键的是，她不能提出病历记载不真实的反证。所以，她的主张没有得到法院的支持。另外，该被保险人出险时间距离投保时间较近（一年左右），也可以判断有诈骗保险嫌疑。如果时间长些，超过两年，这种嫌疑就会减轻，根据《保险法》和不可抗辩条款的规定，保险公司应该承担给付责任。

（二）财务因素

在个人寿险中，投保人的财务状况是重要的核保因素。道理很简单，如果人们购买的保险每年需要缴纳的保险费超出了支付能力，他们就无力承担，保险合同就有可能因此而终止，给保险双方带来不应有的损失。此外，购买超额保障有可能隐含着逆选择和道德风险。

个人的财务状况主要体现在投保人的现行收入上，因此，在进行个人财务评价，以判断准被保险人所要求的保险金额是否合理时，最重要的是看投保人的现行收入，同时，还要据此确定其保费支付能力，并注意其已经生效的保单。

1. 现行收入

现行收入包括工资、奖金、兼职收入、股票期权、各种投资收入、继承的遗产等。现行收入是确定准被保险人死亡或残疾时发生的经济损失的重要依据。例如，在残疾收入保险中，无论被保险人残疾程度如何，保险公司所给付的保险金都不会超过原工作所得。现行收入也是保险公司确定可承保保险金额的重要依据。例如，有的保险公司规定年龄20岁的被保险人的最高保险金额为其年收入的20倍。因为人寿保险费是按照被保险人投保时的年龄决定的均衡保费，一经确定，在交费期间20年或30年都不变，而年轻人的工资是非常有提升潜力的，随着工资的上涨，保额与收入的倍数在降低，保费金额占收入的比例也在降低，既符合投保规则，又可以增加保额。在分析现行收入时，应注意尽量以稳定收入为准，偶然性收入可以考虑趸缴保费的形式。收入来源项目的评估可参照表9-1。

表9-1　　　　　　　　　　收入来源项目评估

收入来源	核保收入评估
工资	按100%计算
奖金、佣金、兼职收入	最高以80%为限
红利、直接投资收入	最高以80%为限
证券投资收入	最高以50%为限
利息、租金收入	最高以50%为限
彩金、遗产、馈赠收入	最高以20%为限

从保险公司核保的角度讲，累计风险保额和年收入之间的倍数也是有一定之规的。

表9-2　　　　　　　　　　累计风险保额/年收入的倍数关系

险种 / 年龄（岁）	寿险	重疾	寿险+重疾	意外险	寿险+定期寿险+重疾+意外险	重疾+意外险
16~25	15	10	15	10	20	15
26~45	20	10	20	10	25	15
46~50	15	8	15	10	20	13
51~55	10	8	10	5	15	13
56~60	8	5	8	5	10	10
61岁以上	5	3	5	5	6	8

2. 保费支付能力

在测定投保人收入的前提下，就可以采用一定的方法来确定保费支付能力了。

（1）收入百分比法，它是根据投保人收入的一定比例确定其能够承担的保险费支出，比例一般在5%~20%之间，具体的取值则是投保人的总收入水平和所保险种的

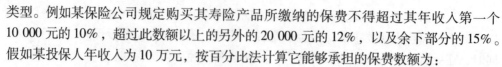

类型。例如某保险公司规定购买其寿险产品所缴纳的保费不得超过其年收入第一个 10 000 元的 10%，超过此数额以上的另外的 20 000 元的 12%，以及余下部分的 15%。假如某投保人年收入为 10 万元，按百分比法计算它能够承担的保费数额为：

$$10\ 000 \times 10\% + 20\ 000 \times 12\% + 70\ 000 \times 15\% = 12\ 700(元)$$

（2）20% 规则。按照这一规则，投保人最多可用总收入的 20% 购买保险。按上例，年收入 10 万元的投保人，可拿出 20 000 元花在保费支出上。另外，如果投保的是两全保险或分红型保险，可以适当提高保费占收入的比例，因为这两个类型的保险储蓄性强，现金价值高，又是投资理财工具，可以挤占客户用于储蓄和投资的份额。

当然，各寿险公司都有自己关于保额、保费与收入关系的投保规则，它是核保时的依据。核保时一旦发现有异常情况，则要求投保人填写"财务补充问卷"或由调查人员做生存调查，对特殊情况进行说明，否则应按照投保规则进行投保。

3. 已生效保单

核保人员要了解准被保险人在所有保险公司购买的保险、全部保险金额和每年应交的保费，保额之和应按照累积风险保额计算，目的是看其是否超额投保，有无逆选择倾向，有没有能力再购买保险。下面介绍三个相关的概念：

风险保额：是指每一有效个人保单在该保险合同有效期限内，被保险人身故、高残或患重大疾病，保险人承担给付的最高保额。与保险金额不同，在许多寿险公司的条款中都规定："被保险人因意外伤害身故，本公司按保险单所列明保险金额的两倍给付身故保险金，本合同终止。"这个两倍给付金额即为风险保额。

累计风险保额：是指被保险人购买的各有效保险单的风险保额的累计。一般来说，年金保险和各类医疗保险的保险金额不需计算累计风险保额，定期寿险和意外伤害保险则需计算累计风险保额。表 9 - 3 为中国平安保险公司针对不同职业类别制定的累计风险保额限额。

表 9 - 3 累计风险保额表 单位：万元

职类类别	第一类	第二类	第三类	第四类	第五类	第六类
累计寿险风险保额限额	300	200	100	50	20	10
累计意外风险保额限额	1 000	500	200	100	50	20

高额保件：是指累计风险保额超过各寿险公司自留额标准以及超出公司最高核保权限的保件，需要请示上级公司核准，并由总公司按操作规则办理分保。

所以，核保人员要考虑原合同和新合同保额大小、合同种类、缴费方式、受益人情况等是否合理合情。如果某一险种投保得比较集中，则应关注客户的投保动机。

（三）其他因素

其他因素是指除健康因素和财务因素以外的对厘定准被保险人费率有影响的因素，主要包括职业、生活习惯、道德品质等。

1. 职业和工作、居住环境

职业是影响死亡率的重要因素，从整体来看，职业带给人寿保险的风险来源主要包括意外风险和疾病风险两大类。在核保时应对客户曾经从事过的职业类别、岗位、工种、时间等及其相关风险进行了解。

统计学表明，同一种族的人，城市居住者糖尿病发病率明显高于农村居住者，脑力劳动者明显高于体力劳动者，发达地区的发病率远高于未开发的落后地区；体力劳动者心血管发病率较脑力劳动者低；高层建筑工人、电力工程施工人员及动物饲养人员等，因工作意外事故导致的瘫痪、肢体缺失、失明或失聪等的概率较大。职业与发病率关系密切。长期在高温高湿或充满粉尘的环境或空间劳动，很容易患上职业病。

2. 生活习惯

（1）个人嗜好，是指客户在生活上的喜好，其涉及面较广。如是否业余爱好赛车、跳伞、登山等危险性运动，是否有吸烟与饮酒的习惯。据临床医学统计显示：吸烟导致肺癌的比例要比其他致癌因素高，而且患其他癌症的概率也较常人高。长期饮酒过量会造成严重的消化系统和神经系统障碍，还可导致肝硬化。

（2）药物或毒品的滥用。药物滥用是指人们非医疗目的反复、大量地使用一些具有依赖性潜力的药物，其结果是使用者对该药品产生依赖性状态，迫使他们无止境地寻求用药，由此造成健康损害，并带来社会问题，这种行为俗称吸毒。静脉注射的使用者中，感染乙型肝炎及艾滋病的概率非常高。

3. 道德品质

投保人和被保险人的道德品质关系到他们的行为的善恶。当客户故意隐瞒某些不利于自己的信息，甚至扭曲信息或制造虚假信息，以求签订保险契约或获得保险金，就可以认为发生了道德风险。由于保险公司的信息缺乏，道德风险经常存在。

为了防止道德风险因素的出现，核保人员还应从保险利益方面考虑。核保人必须评估每个申请人在可能损失中的保险利益，即如果被保险人发生保险事故，保单持有人将遭受的感情和经济上的损失是多少。当被保险人和保单持有人不是同一个人时，保险利益问题显得尤为重要。

三、核保资料

核保时主要考虑的因素有保险利益、保险金额、客户身体状况和财务状况。保险人通过对各种资料信息进行分析和判断，划分危险程度，确定承保条件。这些信息的取得主要依据以下一些资料。

（一）投保单

1. 投保单的作用

投保单是保险合同的重要组成部分，是被保险人申请投保的要约文件，是记载被保险人年龄、性别、职业及健康状况等告知信息的书面材料，因此也是核保人员评估被保险人风险程度的最基本核保资料。

2. 投保单的构成

个人人寿保险的投保单一般由两部分组成：一是询问被保险人的基本情况，包括投保人和被保险人的姓名和地址，被保险人的性别、出生日期、职业、婚姻状况、习惯、业余爱好、是否购买其他保险公司保单和以前是否被其他公司解约，以及受益人的姓名、受益人和被保险人关系、投保的险种和保险金额等；二是询问被保险人过去和目前的健康情况，包括被保险人的身高、体重、过去和现在所患的疾病和残疾情况、最近看病的情况和原因，甚至还会询问被保险人是否饮酒、吸烟、吸毒及家族病史。

3. 投保单的填写要求

投保单是保险人获取客户信息的主要资料，也是保险人进行风险选择的首要依据。营销员应向投保人和被保险人说明投保须知，解释保险条款，并提醒客户据实填写，以免发生错误。在填写投保单时应注意以下事项：

（1）投保书上的每一栏内容都必须填写，空项用余线表示，字迹要工整、清晰、正确，用钢笔或签字笔填写。

（2）被保险人姓名应以身份证为准，出生年月日据身份证填写，无身份证者据实按户口簿上的姓名和出生年月日填写，年龄按周岁计算；身份证号码应为 15 位或 18 位，不得多或少，应仔细核对。以军人证或其他身份证明投保者需在身份证号码栏顶格填写，并注明证件名称。

（3）如投保人和被保险人为不同人时，则需填明两者关系。

（4）投保时应注明受益人及顺序，每一受益人享受之百分比，同时注明其与被保险人的关系，若未指定受益人，则以其法定继承人为准。

（5）投保人联系地址应是便于与保险人联络的常住地址，应写明详细地址及邮政编码；被保险人地址应以目前居住地点为准，如有工作单位，应同时注明单位地址以便生存调查。

（6）被保险人职业指目前实际从事的工作行业、工种，类别的填写应按职业分类表所列内容正确填写，并填写代码，以便确定费率、保额限值和体检标准。若被保险人从事两种或两种以上职业或同时持有机动车驾驶执照，则以类别较高者计费。

（7）健康状况应如实告知，如有"是"则必须说明，必要时将病历及有关证明原件或复印件随投保书一并上交。说明项目包括疾病详细诊断名称、发病时间、治疗的内容、使用药物和就诊医院名称、是否已痊愈。

（8）限制民事行为能力者（满 16 周岁，未满 18 周岁）和无民事行为能力者，所有投保文件均需其法定监护人签审同意。

（9）投保单涂改不能过多，涂改处必须加盖投保人印章或签名（应和投保单签章处之签名或印章相符）。下列填写项不得涂改：投保人、被保险人、受益人栏及投保人、被保险人法定代理人签章处、被保险人工作性质、职业编码和身份证号码、投保的险种、缴费年期、保额、保费、缴费期限与缴费方式、被保险人告知。

（10）如果首期保费为现金缴费，则要注意该暂收收据是否已过期，如过期则不接收此投保单。

（二）体检报告书

医生对被保险人进行体格检查，将其结果填写在体检报告书内，以供核保人员进行审核。体检报告书包括三部分内容：

1. 被保险人对体检医师的书面健康陈述；

2. 医师对被保险人进行体检结果的记载；

3. 体检医师对被保险人的综合健康评价。

　　在上述三个部分中，体检医师对被保险人的综合健康评价对核保员做出正确的核保决定最为重要，特别是当被保险人患有慢性疾病时，对其既往史的进一步了解，将有助于核保结果的客观准确性。根据准被保险人的年龄和保险金额的不同，体检要求也不同。有的公司称体检报告为"医生报告书"。

　　表9-4中有关词语解释：

　　体检1=物理体检+尿常规+心电图

　　体检2=体检1+血常规+血糖+血脂

　　体检3=体检2+肝功能+肾功能

　　体检4=体检3+乙肝两对半+腹部B超（成年女性加做妇科B超）

　　体检5=体检4+抗HCV（丙型肝炎病毒）+抗HIV（艾滋病病毒）+AFP（甲胎蛋白，用于诊断肿瘤）

　　APS：病历报告

　　TSP：由公司指定的医师做体检

　　TM：运动心电图

【信息资料】

表9-4　　　　　　　　　　　　　中国人寿保险公司体检规定

保额 ＼ 体检要求 ＼ 年龄	16～35周岁	36～40周岁	41～45周岁	46～50周岁	51～55周岁	56～60周岁	61～65周岁
5 000～50 000元	免体检	免体检	免体检	免体检	体检1 心电图	体检1 心电图	体检2 心电图 胸透
50 001～100 000元	免体检	免体检	免体检	体检2	体检2 心电图	体检2 心电图 胸透	体检2 心电图 胸透
100 001～200 000元	免体检	免体检	体检1	体检2	体检2 心电图 胸透	体检2 心电图 胸透	体检2 心电图 胸透
200 001～300 000元	免体检	体检1	体检2	体检2 心电图	体检2 心电图 胸透	体检2 心电图 胸透	TSP体检2 心电图 胸透
300 001～500 000元	体检3	体检4	体检4 心电图	体检4 心电图	体检4 心电图 胸透	体检5 心电图 胸片 腹部B超	TSP体检5 心电图 胸片 腹部B超

续表

体检要求 保额＼年龄	16～35 周岁	36～40 周岁	41～45 周岁	46～50 周岁	51～55 周岁	56～60 周岁	61～65 周岁
500 001～ 1 000 000 元	体检 5 胸透	体检 5 胸透	体检 5 胸片 心电图	TSP 体检 5 胸片 腹部 B 超 心电图	TSP 体检 5 胸片 腹部 B 超 心电图	TSP 体检 5 胸片 腹部 B 超 心电图	TSP 体检 5 胸片 腹部 B 超 心电图
1 000 001～ 2 000 000 元	TSP 体检 5 心电图 胸片	TSP 体检 5 心电图 胸片	TSP 体检 5 心电图 胸片	TSP 体检 5 心电图 胸片 腹部 B 超	TSP 体检 5 心电图 胸片 腹部 B 超 肺功能 APS	TSP 体检 5 TM 胸片 腹部 B 超 肺功能 APS	TSP 体检 5 TM 胸片 腹部 B 超 肺功能 APS
2 000 001～ 5 000 000 元	TSP 体检 5 心电图 胸片 腹部 B 超	TSP 体检 5 心电图 胸片 腹部 B 超	TSP 体检 5 心电图 胸片 腹部 B 超 APS	TSP 体检 5 心电图 胸片 腹部 B 超 肺功能 APS	TSP 体检 5 心电图 胸片 腹部 B 超 肺功能 APS	TSP 体检 5 TM 胸片 腹部 B 超 肺功能 APS	TSP 体检 5 TM 胸片 腹部 B 超 肺功能 APS
5 000 000 元 或以上	TSP 体检 6 TM 胸片 腹部 B 超 APS	TSP 体检 6 TM 胸片 腹部 B 超 APS	TSP 体检 6 TM 胸片 腹部 B 超 肺功能 APS	TSP 体检 6 TM 胸片 腹部 B 超 肺功能 APS	TSP 体检 6 TM 胸片 腹部 B 超 肺功能 APS	TSP 体检 6 TM 胸片 腹部 B 超 肺功能 APS	TSP 体检 6 TM 胸片 腹部 B 超 肺功能 APS

（三）代理人报告

许多寿险公司在询问被保险人的状况时，有一些问题是由代理人回答的，有的公司干脆采取"业务员报告书"的形式来询问诸如代理人与被保险人或投保人相识的时间、代理人是否了解一些关于被保险人的不利信息，代理人还需对申请者的财务状况、性格和居住环境等说明自己的观点。

（四）病历报告书

对于存在既往住院治疗病史的客户，必须通过到其曾经就医过的医院查阅其原始病历，才能对危险做出恰当评价。调查人员应对其病历进行摘抄或复印。有必要时，还应向准被保险人的主治医生或护士了解治疗情况，并写成调查报告，供核保人员参考。如果曾治疗的医院在外地，可以请求当地分支机构的工作人员（一般为核保或理赔人员）协助查证，有特殊情况的可以派员到外地取证。

（五）生存调查报告（或生存调查表）

生存调查报告，是指核保人员在对被保险人有关风险方面的事项进行直接或间接调查后所形成的报告，内容包括被保险人的职业、个人习惯、业余爱好、驾驶记录、健康状况、收入水平和道德品质等。有的寿险公司称生存调查报告为"消费者报告"。

（六）寿险同业健康信息中心

在美国，寿险公司核保的另一个信息来源是健康信息中心，也称医疗信息中心。它是由多家寿险公司组成的一个非营利性机构。该信息中心的成员公司把承保过程中收集到的健康方面的信息编号，并向该中心报告，成员公司可以利用该中心的档案来核实被保险人的健康状况。但是核保人员不能仅根据健康信息中心提供的信息做出承保决定。

同业内信息共享应该是发展趋势，尤其是对于大额保单的核保，为了防范保险欺诈和逆选择，各寿险公司应该在同业协会的组织下，构筑信息共享平台。随着医疗机构管理水平的提高，所有的病历都实行电脑管理，并为保险公司调阅病历提供方便，保险市场信息不对称的状况就会有很大的改观。

四、核保的流程

核保的流程就是保险人对保单申请人的状况进行评估、选择和分类的过程，由于个体的差异性和信息不对称的特点，使得核保的流程较为复杂。图9-2给出了人寿保险业务的核保流程。

（一）业务员的风险选择

个人寿险业务的开展主要是通过业务员进行的，业务员是投保人和被保险人与保险公司连接的桥梁，直接或间接地与投保人、被保险人打交道，接触的机会多了，了解的机会也多，对诸如既往病史、职业史、家族病史、生活环境及生活方式、经济状况、投保动机等都比较清楚。尤其在免体检投保时，业务员的第一次风险选择对于保险公司有效地进行风险控制有着极其重要的意义。

营销人员在推销保单过程中，也完成了第一次风险选择。在这个过程中业务员采取的主要方式包括：

1. 面晤

业务员必须亲自面见投保人和准被保险人，通过交谈，了解投保动机，对投保动机不良者，应予婉拒。看受益关系是否合理，对不受法律保护的受益关系，应了解其指定受益人的理由，并做出书面说明。引导投保人如实填写投保单，尽可能避免发生保险欺诈。

2. 观察

通过观察被保险人的体型、颜貌、精神状态、步态等方面，大致了解被保险人的健康状况、生活环境与习惯，对异常和不良习惯应加以记录和报告。

3. 询问

通过提问方式了解准被保险人的有关情况，例如家族病史、个人史、婚姻史、既往病史、职业史和收入情况等。

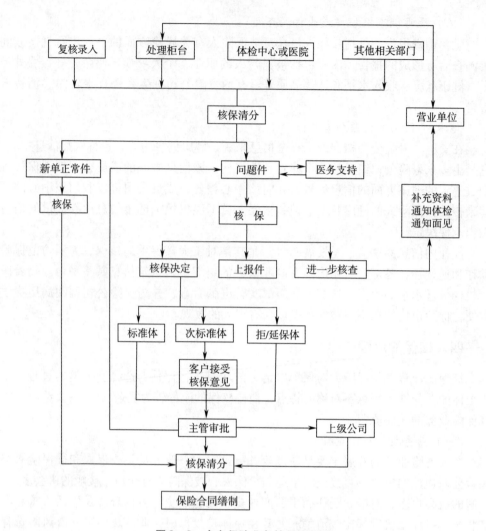

图 9-2　人身保险业务核保流程图

4. 报告

业务员根据对投保人、准被保险人的面晤、观察和询问的结果，完成业务员报告书。值得注意的是，业务员在进行风险选择时，难免涉及客户的隐私，这就要求业务员具备职业精神、职业方法和职业道德。对待了解的对象要从关心的角度出发，避免引起对方的反感，承诺为客户保密。

（二）业务内勤初审

业务内勤的初审，是对投保者基本资料进行初步的审查核对，以确定资料是否齐全，是否符合保险公司的投保规则、客户的投保需求是否超出保险公司的承保能力，客户有无不良投保记录等，初审内容有以下几点：

1. 投保资料是否齐全，缴费方式选择"委托银行转账"方式的投保单是否附有《委托银行代扣保险费协议书》。

2. 投保单是否详实、准确、完整。被保险人职业、工种与类别是否匹配，是否有过多涂改和重填项目，特别注意投保人及被保险人的亲笔签名。

3. 了解投保人和被保险人的基本情况，通过电脑查询被保险人在同一公司曾经投保的记录，累计保额是否需体检，是否在别的公司有不良记录等。

初审也称"快速核保"，对于那些简单的投保单，保险公司先进行快速审核，如果投保单非常符合保单的严格要求，审核人员就可以同意该投保申请并立即签发保单。否则，退回营销部门进行修正。快速核保大大降低了保险公司的核保成本，使有经验的核保人能够更专注于特殊的保单。同时，保险公司可以迅速处理和签发一些保单，有助于改善客户服务。

（三）电脑核保

电脑核保主要是通过内勤人员对投保单中被保险人基本信息的录入，将投保单所载信息与电脑相应模块中的标准信息进行对比的过程。与人工核保相比，电脑核保具有准确率高、速度快、成本低廉的优点。但是，电脑核保只能对简单的、定量化的、客观的信息进行分类审核，而无法对较复杂的、定性的、主观的信息进行分析和判断。

（四）核保人员核保

这是核保人员根据业务人员的报告和投保单再次进行核审，判别是否可以承保或以何种条件进行承保的过程。能通过快速核保和电脑核保的投保单称为正常保件或标准保件，随即进入出单程序，不能通过的称为问题保件或非标准保件，需要医务上的支持，即相应的体检，也称为医务风险选择。有的还需要派工作人员到投保人、被保险人生活和工作的环境走访，向其家属、邻居和同事调查了解有关情况，即做生存调查。核保人员根据体检和生存调查的结果，对被保险人的风险进行分类，根据投保规则和核保规定做出相应的核保结论，确定承保费率或拒保。

1. 医务风险选择

医务风险选择就是医生根据保险公司的规定，对准被保险人进行问诊，同时实施体检，必要时进行器械、X光、化学检查和其他更为深入的专项检查，填写体检报告，对准被保险人的身体作出综合评价。对于较为简单的体检，有的寿险公司通过自己的医师来完成，对于复杂的或需要专项医疗仪器的，一般委托定点医院来完成，有的寿险公司所有的体检都是委托定点医院来完成。必须采用体检核保的情况有：

（1）投保时健康告知有异常情况。例如，被保险人告知有高血压，则有必须进行体检，检查血压控制是否良好，并附带了解心血管方面有无其他并发症；近期接受过手术、家庭成员因遗传病而去世等告知的被保险人应进行体检，防止带病投保。

（2）年龄超过规定的体检年龄或保额超过规定的保额，例如，有的险种规定无论保额多少，准被保险人年龄超过50岁应该体检，或者超过40周岁，并且保额超过30万元，也要体检。这是因为，人的健康状况随着年龄的变化而变化，特别是人过中年后身体逐渐衰弱，容易患病。仅凭营销员的接触和询问很难全面了解客户的身体情况，需要进行体检，防止带病投保和适用费率不当。

（3）因职业、嗜好等因素需要提高承保费率。例如，准被保险人有每天喝白酒的习惯且超过半斤，则可以要求其作肝功能的检查。如果准被保险人每天在煤矿井下作业，可以要求其作呼吸系统的检查等。

体检中应注意证明体检人确为需要体检人员本人，防止冒名顶替。还要注意体检的级别，例如，应该进行体检 3 的人进行体检 2，或应进行专项体检的人只进行简单体检都是不符合要求的。体检最后的结果应由核保人员综合判定，体检医师切勿将可能结论先行透露给客户。

2. 生存调查

（1）生存调查的含义。生存调查是指保险人为保证经营的稳定性，在承保前和承保后，对被保险人的健康状况、财务状况及投保动机等实施的全方位调查，简称"生调"。

生存调查的直接目的是为核保提供风险评估的素材，然后根据调查所获得的资料来预测被保险人可能存在的道德风险、财务风险、健康风险等，以便对被保险人作出最接近于正确的核保结论。

对于绝大多数被保险人来说，通过营销人员的初次审核、电脑核保、核保人员核保及体检医师的核保后，风险选择已经终了，但是，对于有特殊情况的被保险人则还需继续下去。例如有的投保人与被保险人之间不是配偶、子女、父母关系，而投保人与受益人又为同一人的，就应该对投保动机、他们之间相处的关系和有无经济往来等情况进行详查。一般来讲，对于保险金额超过一定额度、被保险人有残障、异地投保或核保人员认为仍有疑虑的保件，应该进行生存调查。

（2）生存调查的方法。生存调查可分为直接调查法和间接调查法。直接调查法是通过直接与投保人和被保险人接触，了解被保险人的健康状况、投保人的经济状况是否符合投保条件。此法直观且节省费用，不易引起客户的反感，但是，可信度较低。

间接调查法是通过对与被保险人熟悉的人群（亲属、邻居、同事或同学等）的调查，来达到了解被保险人的目的。主要调查被保险人的健康状况、经济状况及投保动机是否符合投保条件。此法消息来源比较广泛，但时间慢、费用高，容易引起客户的误解。

（3）生存调查中应注意的问题。业务员在接到生存调查通知后，常常不知如何面对客户，因为财务情况常涉及个人隐私，客户往往很敏感，弄不好有撤单的风险，所以，做生存调查时，调查人员要注意时刻保持礼貌、亲和的态度，认真承诺为客户保密。

首先，在为客户设计保险计划时，如果是高保额应向客户说明其投保额度已经达到保险公司的生调标准，公司对这些客户非常重视，将专门派生调人员前来拜访，感谢客户对公司的信赖与认同，并就保险相关事宜进行更深入的了解与沟通，以使客户更放心地购买保险。其次，生调地点一般选择在被保险人的工作地点或住宅，以便察看被保险人的工作和生活环境，评估其生存环境是否与其收入相匹配，进而评估其保险需求是否合理，同时请客户提供身份证、年收入证明、资产证明等材料。再次，调查时业务员最好陪同前往，协助将调查人员介绍给被保险人或谈话对象，以便取得更好的沟通效果。最后，生调人员应填写生存调查表，并形成生存调查报告，一并交给核保人员审核。

3. 核保处理办法

在核保所需的资料收集齐备后，对影响被保险人死亡率的有利及不利因素进行综合分析，依据核保手册，查出被保险人的额外死亡率，并以此决定被保险人所处的危险等级，决定承保条件。通常，核保最终对投保风险作出三种结论：标准承保、次标准承保、不予承保（拒保或延期）。其结论是依据准被保险人所归属的风险等级决定的。保险公司通常将准被保险人的风险等级分成以下几类：

（1）标准体。标准体是指被保险人的危险程度在寿险公司可以接受的正常范围内，有着正常的预期寿命和健康状况，以正常费率承保。90％以上的被保险人属于标准体风险类别。

对于团体业务，标准体是指投保的团体是合格的团体，团体中的人代表了平均死亡风险并可按标准费率支付保费，这就要求团体足够大，大到被保险人的一定比例即可确保死亡经验的稳定性和可测性，同时管理费用达到最小值。

（2）次标准体（弱体）。次标准体是指被保险人在健康和其他方面存在缺陷，致使他们的预期寿命低于正常的人，但是，其风险在可承保的范围内；或者因职业、环境因素而导致的额外死亡率增高的群体，也属次标准体。如果被保险人被划入次标准体，保险人要根据具体情况，做出不同的核保决定。如收取附加保费、变更承保条件、附加除外责任等。大多数保险公司将次标准体分为三类：

①固定型风险。这种超额风险不随被保险人的年龄的增长而改变或变化的幅度很小，即在保单年度内，这类超额风险是相对固定不变的，如职业性风险、航空旅行风险、酗酒风险及肺结核病等。

②递减型额外风险。这类风险的影响程度随着被保险人的年龄的增长而降低，如消化型溃疡，或被保险人曾做过成功的手术等。

③递增型额外风险。这类风险会随着被保险人年龄的增长而增加，如肥胖、高血压、糖尿病等。

对次标准体的费率判定办法有很多，主要有：

①超额复合表法。这是对次标准体制定费率最常用的方法。保险公司根据自己的数字评级系统测定出次标准风险的总值，然后划分成更多的群体。每一位申请人根据他们的总点数被分入不同的级别中，每一级别有相对应的死亡表和费率表，这种方法最适合递增型的超额风险。

②统一附加保费法。这种方法比较适合固定型超额风险。在这种方法下，附加固定保费与年龄无关，所以它主要运用于职业风险和旅行风险，因为这类风险属于意外风险，与年龄无关。

③保险金削减法。如果保险事故发生在合同生效后的约定期间内，保险人依一定比率削减保险给付。这种方法适用于递减型风险，即保险人对额外风险不另收特别保费，而根据风险的大小，在合同生效的一定时期内削减给付金额。

④增龄法。对于附加风险随着年龄的增长而增大的情况可采取增龄法，假设被保险人的承保年龄大于其实际年龄。例如，一个30岁的被保险人可采用35岁时的费率。

⑤保险期限缩短法。对于递增型风险，随着保单年度的增加，额外风险程度

也增大，为了避免在高危期间承担过高的危险，对于危险较大的客户投保终身险可采取此类方法，即保险期间缩短，仅承担特别规定期间的责任，而不承担终身责任。

⑥特别预定法。特别约定是对于某一种可明确界定的危险加以限制的承保方法，也称除外责任法或排除法。例如，客户投保时胆囊有结石，保险公司会对胆囊结石及并发症而发生的保险事故不承担给付责任，也不加收额外保费。

（3）完美体。属于这一风险类别的人有高于正常的预期寿命，身体是非常健康的，并有良好的家庭健康史，并且不吸烟，对他们使用低于标准费率的优惠费率。这种处理方法多见于国外，目前我国在人身保险业务方面尚未实行优惠费率政策。

（4）不保体。不保体包括延期、拒保两种情况。当被保险人的风险程度不明确或不确定，无法进行准确合理的评估时应采取暂时不予承保，即延期处理的方式。被延期的老客户，在延期时限届满，可以再次申请投保，核保员将视其当时状况作出相应判断。延期承保通常为半年或一年，视具体情况而定。

对于申请投保的被保险人存在高死亡风险或患重大疾病的因素，风险已超过保险人可接受的范围，为了不损害其他广大客户的公平利益而采取拒保方式。被拒保该险种的客户无论将来何时都不能再申请参加此类险种，但是，可以作为生存保险或养老保险的被保险人。不能承保的保单主要有以下情况：①未满十六周岁，或十六至十八周岁未参加工作的人，不能作为投保人投保。②无当地户口，且无固定地址及职业者不能承保。③申请人患有下列疾病的不能作为被保险人投保人身保险：恶性肿瘤，精神疾病，中、重度心脏病，脑梗塞，脑出血，肝硬化，慢性活性肝炎，糖尿病已出现并发症，慢性肾炎，尿毒症，血液病等。④已属于公司规定范围内的身体高度残疾者。

4. 向客户通报核保结论

核保人员将拟定的承保条件通报给业务员，业务员反馈给客户，如果客户不接受承保条件，则将投保资料作报废处理，另行保管，已作预收保费的应原额退还。如果客户接受核保结论作出的承保条件，则按照核保要求，补充好相应材料或保费，由业务员传回，核保人员报请核保主管领导或上级核保部门批准后，清分单证，进入计费出单的承保程序。

五、团体人身保险核保

（一）团体保险与个人保险核保的区别

1. 核保考虑因素不同

团体保险核保主要审核的因素包括投保团体的规模、职业、理赔记录、保险金额的确定方法、在岗情况、团体成员的年龄、团体成员的流动情况、团体保险销售人员所介绍业务的既往记录等因素。

2. 核保的重点不同

团体保险更侧重从整体角度评估一个团体的风险来源和风险状况，确定是否承保以及承保的条件，以达到将死亡率、疾病发生率、伤残发生率控制在精算预定范围之内的核保目的。

3. 审核思路不同

对于团体核保来说，团体的规模是一个重要的影响因素，团体规模越大，分散风险的功能就越突出，而小规模团体分散风险的功能相对较弱，在核保上要重点考虑；职业风险的审核在团体险核保中的重要性更为突出，相对于个人保险来说，要重点考虑团体职业风险的集中性及巨灾风险；既往承保及理赔记录对于团体保险意义更为重要，是确定承保条件的重要参考因素；在财务审核上，重点考虑投保团体的财务状况等。

4. 核保动作的处理时间也往往与个险不同

在很多情况下，团体保险核保需要将核保动作前置，将核保意见参与到销售定价过程当中。对于团体保险来说，销售人员作为核保过程的一个环节的作用也更为突出，因此，核保人员应该与销售人员密切配合，培养销售人员的核保知识和核保观念，从而达到管理人员、销售人员共同控制和防范风险的目的。

（二）团体保险核保要点

团体保险的特点决定了团体核保的特点，即对团体的风险评估重于对个人的风险评估。主要体现在以下几个方面：

1. 团体合法性和团体成立的原因

投保团体必须是合法团体，不以参加保险为目的而成立。一般情况下，参加投保的团体为法人团体、政府机构或其他社团。

2. 最低参加人数和参加比例

一般情况下，参加投保的人数最少为 5 人，有的险种要求会更严格一些。参加比例指整个团体中参加投保人数占总人数的比例，一般情况下，最低参加比例要求是 75%。核保人员应该了解团体当中未参加投保的人数以及未参加投保的原因。

3. 参加投保的员工必须在岗工作

如果有的员工正在住院治疗，他将暂不能参加保险，必须等病情好转、能够正常工作之后才能参加保险。当然，如果有的员工正在正常休假，不是因为疾病、伤残等原因休假，如休年假、休事假，那么，他可以随同整个团体参加保险。

4. 保险金额的确定必须有一定的依据

确定团体成员的保险金额必须依据一定的合理标准，如根据员工的职务、年收入、工作年限等确定保险金额。一般情况下，员工的保险金额不得超过年收入的8～10倍，同等职务的人员保险金额应该一致。当然，投保团体也可以选择多个标准来综合确定保险金额。总之，确定员工的投保额度时要有一定的客观标准。

5. 团体的职业风险在可承保范围之内

团体职业风险相对于个人险来说，重要性更为突出。一是职业意外伤害。由于一个团体中所有成员很可能集中在一个工作地点，还有可能同时旅游或搭乘同一交通工具，也有可能集中居住，所以投保团体发生职业意外事故或者火灾、爆炸、中毒、交通等事故的集中性风险就非常高。二是职业健康风险。与特殊疾病有关系的职业，如铅锌工业的铅中毒、X 光操作及有关放射线工作人员等，职业性疾病风险就非常集中。所以，对于团体职业风险要格外重视，特别是职业风险高的团体，要慎重核保。

其他考虑要点包括团体的性质、既往投保记录、理赔记录、意外伤害及疾病的发生情况等因素。

（三）团体保险核保的方法

1. 告知

在团体投保单上设计一些告知项目，要求投保团体告知，以此了解投保团体的情况。告知项目包括投保团体以往年度投保的情况、理赔情况、员工流动情况、疾病发生情况，本次投保中有无残疾人员参加等内容。

2. 体检或提供体检资料

为了解团体成员的健康状况，在一定条件下，还要求团体成员参加体检，或者提供近期体检报告，或者医疗机构出具的病情说明资料等。需要提供上述资料的情况包括：投保单告知有正在接受治疗、确诊疾病等健康状况不良人员或残疾人员参加投保；团体投保保险金额较高，超过了该团体免体检额度，需要体检或出具体检资料。对于团体保险来说，由于团体集中投保，一定程度上分散了风险，特别是规模较大的团体。因此，团体保险体检标准要比个人保险宽松一些。在团体寿险和健康险的核保中，一般都根据团体的人数规模等条件设置了相应的免体检额度。

3. 生存调查

生存调查是指在保险合同成立前后，为了确定承保风险，收集投保方有关资料的调查过程。生存调查的对象包括投保人、被保险人、受益人等。需要生存调查的情况包括团体投保保险金额较高、团体职业风险较高、残疾人员参加投保、团体投保死亡责任保险而受益人为团体法人代表或负责人等情况。

一般情况下，如果团体投保额度较高或团体职业风险较高，以及存在其他承保风险增加的情况，核保人员会要求进行投保团体实地生存调查。了解该团体的经营情况、劳动保护条件、团体总人数、投保比例等情况，这同时也是核保人员与投保团体沟通并且为投保团体提供服务的机会。

4. 填写问卷或补充进一步资料

在核保过程中，为了对投保企业有一个更为客观与确切的了解，特别是投保额度较高时，核保人员需要补充进一步的资料。因此，除了投保单中的告知之外，核保人员还设计了一些问卷，要求团体填写，例如团体高保险金额财务问卷、残疾人员问卷等。

第三节　人身保险的再保险

人寿保险公司在承保了人身保险业务之后，除了承担由被保险人转移来的自然灾害、意外事故、疾病、年老等风险之外，其自身还面临着利率变动风险、投资风险和管理风险等多种特殊风险。为了保持财务状况的稳定与安全，承保人身保险业务的寿险公司也需要通过再保险的方式分出、分入业务。

一、再保险的概念和特点

（一）再保险与人身保险的再保险

再保险也称分保，是对保险人所承担的风险责任的保险。保险人通过签订再保险合同，支付规定的分保费，将其承保的风险和责任的一部分转嫁给另一家或多家保险或再保险公司，以分散责任，保证其业务经营的稳定性。

分出人：分出保险业务的保险人称为原保险人、分出人或分出公司；

分入人：接受分保业务的称为再保险人、分入人或分入公司；

分保费：分出人支付给分入人的保费称为分保费；

分保手续费：为弥补原保险人在承保业务过程中的费用开支，分入人向原保险人支付的费用称为分保手续费或分保佣金。

人身保险再保险，是指经营人身保险业务的寿险公司根据不同业务类别和自身财务状况，通过确定适当的自留额，灵活运用各种再保险方式与方法，将其所承担的风险责任在国内或国际保险同业之间进行转移和分散，从而扩大自身承保能力，稳定业务经营的行为。

人身保险的再保险业务，一般由承保部门负责安排和管理，业务量大的公司会设置单独部门负责处理。在人身保险中需要进行再保险的一般为高额保件、意外伤害保险和次标准体保险。

（二）再保险的特点

1. 是一种风险分散机制

原保险人将其所承保的部分风险责任转移给再保险人并向再保险人交付保险费，出险时再保险人必须分担其约定承保部分的损失，即原保险人可以从再保险人那里摊回分保部分的损失赔款。

2. 体现保险人与再保险人之间的合作关系

原保险人与再保险人以风险共担、利润共享为目的签订再保险合同，原保险业务的良好经营结果，是再保险获得利润的源泉，而如果原保险业务经营效益欠佳，再保险业务就要出现亏损。这种合作关系使得二者的业务经营管理密切相关，所以后者经常督促前者提高经营效益，并愿意为原保险人提供技术帮助和业务咨询服务。

3. 建立在相互信任的基础之上

相较于原保险人而言，再保险人并不完全掌握其所接受业务的情况，在业务管理和风险控制等方面一般也只能间接了解和参与，因此原保险人应当给予再保险人足够的信任，将其所掌握的资料与其共享，只有在双方充分信任的基础上才能顺利合作。

4. 具有国际性

再保险往往涉及高额风险、巨大灾害或某些特殊风险业务，通常一个或几个再保险人财力有限，难以承担如此巨额的风险，因此要跨越国界寻求多个再保险人进行分保，从而在更大的范围分散风险。某些新兴保险市场对某种新型业务缺乏经验，也会寻求国外再保险人的帮助。

二、再保险的职能和作用

（一）从整个社会的角度出发

1. 能够形成全球性的保险基金。

2. 能够促进国际贸易和经济全球化的发展。

（二）从分保分出人的角度出发

1. 分散风险，避免巨额损失

随着社会经济和科学技术的不断发展，保险人所承担的各种业务在规模、发生损失的频率以及所累积责任的严重性等方面，都变得日益复杂，使得保险公司面临的经营风险逐渐增大。通过办理再保险，能够将高额风险分出给一个或多个再保险人，从而实现风险的分散。

2. 扩大承保能力，增加业务量

按照大数法则的要求，保险人要承保尽可能多的风险单位，平衡风险责任增加保费收入，但保险人的承保能力受到很多条件限制，如果承保量过大，超过自身的实际承保能力，就会造成经营的不稳定，因而会影响到保险人的生存，对被保险人也会造成威胁。但如果不承保大额业务，则无法与其他保险公司竞争，甚至无法经营业务，因为那样就无法符合大数法则所要求的大量同类风险的存在。有了再保险的支持，保险人就可以承保更多的风险单位。

3. 控制责任，稳定经营

作为经营风险的公司，保险公司各年度的赔付率往往变化较大，很难作出准确的预测，经营结果难以保持稳定。对于股份公司来说，经营结果的波动会直接导致股价的震荡，甚至影响企业的生存和发展。再保险通过控制风险责任使保险经营得以稳定，具体做法分两个方面：一是控制每一风险单位的责任，二是对累计责任的控制。人寿保险的再保险也是为了限制损失经验率的波动，通过再保险自留额使业务损失均衡化，可避免较大的经营风险，使企业经营稳定。

4. 降低营业费用，增加可运用资金

由于再保险的支持，原保险人的业务量得以增加，规模效应使营业费用降低；同时，原保险人可以获得再保险佣金，而且在分出业务有盈余时，还可以按一定比例得到盈余佣金，从而增加了保险人资金运用总量。

5. 促进新业务拓展

保险人在开展新业务的过程中，由于经验的不足，往往十分谨慎，不利于新业务的迅速开展。再保险具有控制责任的特性，可以使保险人通过分保使自己的赔付率维持在某一水平之下，所以准备拓展新业务的保险公司可以放下顾虑，积极运作，使很多新业务得以发展起来。

6. 扩大对外联系，获得技术支持

再保险是对外联系和发展业务关系的重要渠道，通过与再保险公司的交流与合作，能够及时了解国际市场的最新动态和信息，引进、学习国外再保险公司的经验和技术，并取得它们在分保、核保、核赔、精算、产品开发、营销等多方面的帮助和支持。

（三）从寿险业务的角度出发

1. 缓解新业务初期费用负担

伴随寿险公司业务规模的扩大，每年要签发大量的新单，初期费用可能会超过首年保费收入，对于新成立的公司或是新业务拓展速度超过续期业务的公司来说，对其财务会造成沉重的负担，影响盈利。通过办理分保，可以获得分保佣金以缓解初期较高的费用支出，从而促进公司业务的持续健康发展。

2. 有利于次标准体业务的承保

次标准体业务的风险程度明显高于标准体业务，寿险公司为了在竞争中保持优势，并保持良好的公众形象，通常会勉强承保，但由于缺乏大数法则基础，其损失波动性较大，需要借助再保险人来承担。再保险人具有承保次标准体业务的丰富经验与专业知识，它接受全世界范围内各寿险公司分来的大量次标准体业务，因此符合大数法则的经营原则。

3. 可以借助再保险公司的经验联合开发新产品

再保险人特别是历史悠久、实力雄厚的国际性再保险人，通常会设置专门的研究机构，对世界范围内的保险市场、再保险市场进行分析研究，并且可以凭借其在全球范围的承保经验帮助原保险人挖掘新的市场需求，开发新型产品。

三、再保险的分类

（一）按再保险安排方式分类

1. 临时再保险

临时再保险是指在原保险人有分保需要时，临时与再保险人协商，订立再保险合同，合同的有关条件也都是临时商定的。优点是具有灵活性和针对性，缺点是需要逐笔办理，手续繁琐，且时间性强。适用于高风险业务、新开办业务或不稳定的业务。

2. 合同再保险

合同再保险也叫固定再保险，是由原保险人和再保险人事先签订再保险合同，约定分保业务范围、分保条件、具体额度及价格等。其特点是具有固定性、稳定性并且起讫规范，能够提高承保效率。合同签订后一般定期报送业务报表，操作简便。目前国际、国内市场广泛采用这种方式。

3. 预约再保险

预约再保险是介于临时再保险与合同再保险之间的再保险方式，它规定对于约定的业务，原保险人可以自由决定是否分出，而原保险人一旦决定分出，再保险人就必须接受，不能拒绝。在寿险业务中，预约再保险主要是对合同再保险的补充，用于处理超过合同自动接受限额的业务。

（二）按再保险的实施方法分类

1. 商业再保险

商业再保险是指原保险人和再保险人双方根据自愿的原则建立再保险关系。

2. 法定再保险

法定再保险也叫强制再保险，按照国家的法律法规，原保险人必须将其承保业务的一部分向国家再保险公司或政府指定的再保险公司分保。

（三）按再保险责任限制分类

1. 比例再保险

按保险金额的一定比例确定原保险人的自留额和再保险人的分保金额，同时也按该比例分配保费和分摊赔款的再保险，包括成数再保险、溢额再保险和成数溢额混合再保险。

（1）成数再保险。

①定义：指原保险人与再保险人约定保险金额的分割比率，将每一危险单位的保险金额按照约定比例在分出公司与分入公司之间进行分割。

②特点：手续简便，节省人力物力；合同双方利益一致；缺乏弹性；无法均衡风险责任。

③适用范围：新公司、小公司：刚组建或规模小，缺乏经验，自留额的把握不足，采用成数方式可以得到再保险人在风险分析、核保核赔等方面的技术支持；新业务、新险种：缺乏统计资料和实际经验，对未来风险状况一般难以准确预测和估计；平均保额偏低、赔款较难统计的业务：如健康险业务、意外险业务等。

（2）溢额再保险。

①定义：指原保险人与再保险人在合同中约定自留额和最高分入限额，将每一保单的保险金额超过自留额的部分分给分入公司，并按实际形成的自留额与分出额的比例分配保费和分摊赔款。对于每一危险单位或一系列危险单位的责任或损失，分出人根据其本身的财力而确定的所能承担的限额称为自负责任或自留额。超过自留额的部分为分保金额。

②确定自留额要考虑的因素：以往损失率的高低、保险金额的大小、费率高低、公司资本金加公积金的数额、承保业务的数量、业务机构、风险密集程度、责任累计的可能性。

③特点：灵活而有弹性；可以均衡风险责任；比较费时繁琐；不能完全体现合同双方利益的一致性。

④适用范围：因其合理分散风险的优点而成为广泛采用的方式。危险性小且风险本身较分散的业务：能够保留充足的保费；业务质量不齐、保额不均匀的业务：能够均衡风险责任；高保额业务：避免巨额损失对经营结果的负面影响。此外，比例再保险中还有成数和溢额混合再保险方式，一类是成数合同之上的溢额合同，另一类是溢额合同之内的成数合同。

2. 非比例再保险

以赔款金额为基础，当原保险人的赔款超过一定额度或标准时，由再保险人承担超过部分的赔款的再保险，通过分割未来赔款来确定原保险人的自负责任和再保险人的超赔责任。包括险位超赔再保险、事故超赔再保险和赔付率超赔再保险。在财产险业务方面应用较多。

四、人身保险再保险的规划

（一）自留额

自留额是原保险人就其所承保的业务，对每一危险单位所能自行承担的责任限额。人寿保险公司的自留额在理论上应由精算师按数量模式决定，然而，在实务上并没有一个单纯的公式来制定，因为这取决于每一家寿险公司特殊的经济地位及其营运方式。确定自留额应考虑的因素主要包括：

1. 财务状况

主要考虑寿险公司自身的资本、特别准备金及未分配盈余的大小等项。财务状况越雄厚，则自留额可越高，反之则低。

2. 业务数量

寿险公司承保的业务量越大，业务的同质性越均齐，损失经验率的波动就越小，则可确定较高的自留额，反之则低。

3. 业务品质

寿险公司应考虑不同业务的特性，例如有效保单的分配情形，包括金额、保单数量、被保险人的性别、平均年龄、次标准体的比例等，如果业务品质佳，过去理赔经验良好，则可确定较高的自留额，反之则低。

4. 员工素质

公司业务人员特别是核保人员的专业素质高，则自留额可定得较高，反之，则自留额应定得较低。

5. 经营政策

寿险公司经营政策积极，则自留额可定得较高些；反之，若经营政策较保守，则自留额可定得较低些。

6. 再保险成本

当整个再保险市场承保能力过剩、再保险成本相对较低时，寿险公司可确定较低的自留额；反之，则可确定较高的自留额。

（二）再保险计划

1. 每年续保定期计划

这种再保险计划又称为风险保费再保险。保险金额扣除保单责任准备金后的余额称为净风险保额。直接保险公司将每一风险单位的净风险保额超过自留额的部分向再保险公司购买再保险，再保险费由直接公司与再保险公司协商而定。当发生保险事件时，再保险公司根据它分摊的净风险保额承担赔偿责任。但是，如果再保险的保单退保，再保险公司没有义务支付现金价值。

该计划的优点是：①直接保险公司的资产迅速增加，因为其可以保留保险业务中提存的准备金，这对于中小规模的保险公司尤为重要。②管理简便。再保险公司不存在保单分红、解约金等问题。③分保处理简便，节约管理费用。

2. 共同保险

共同保险计划就是直接保险公司将所承保的业务按约定的百分比分给再保险公司，被保险人缴纳的保费也按约定的比例分给再保险公司。

例如，假设某直接保险公司和某再保险公司签订一份共同保险计划，合同规定该直接公司的自留额为 200 000 元。

该直接公司签发了一份保险金额为 500 000 元的保单，则它须向再保险公司分出 300 000 元。该再保险公司有权获得保费的 60%（300 000/500 000＝60%）。同时，该再保险公司应承担该保单的索赔、准备金和红利的 60%。

共同保险可适用于人寿保险、残疾保险、医疗保险和年金保险等。人寿保险的定期寿险几乎全部利用共同保险计划来办理再保险，其原因是共同保险计划的解约金极低，投资风险也较低。但是，由于保单的责任准备金由再保险公司按约定的比例持有，直接保险公司的资产累积相对迟缓。

3. 修正共同保险

共同保险因再保险部分的责任准备金由再保险人提存而影响了直接公司资产的积累，修正方法由此产生。修正方法是指在每年对合计的责任准备金净额进行调整，即用期末的保单责任准备金减去期初的保单责任准备金，再减去期初保单责任准备金一年的利息。再保险公司仅保留再保险部分的当年责任准备金的增加部分，而直接公司保留经过年度全部的责任准备金，从而使资产快速积累。

4. 超过赔款再保险计划

超过赔款再保险是针对一次事故或一系列事故造成的赔款超过直接保险人的自留赔款额或超过约定的死亡人数时，由再保险人承担超过部分的金额，直至约定的最高赔付金额。

例如，甲再保险公司同意，如果乙保险公司在 2000 年的赔付额超过 1 000 000 元，由其承担超过 1 000 000 元后的 500 000 元。

假设乙公司在 2000 年的实际赔付额为 1 200 000 元，则甲公司承担的责任为：

$$1\ 200\ 000 - 1\ 000\ 000 = 200\ 000(元)$$

【本章小结】

人身保险的承保与核保	人身保险承保	狭义的承保，不包括展业过程，是从保险业务员争取到人身保险业务后，携带客户填写的投保单、保费暂收收据以及保险费等投保资料，到保险公司前台承保服务窗口交单开始，经核保、出单等环节，到保险业务员将保险合同送到客户手中结束。
	人身保险承保的流程	包括接单初审、预收收入、专业核保、缮制保单、递送保单、整理归档。这些工作主要由窗口内勤人员和专业核保人员完成，如果投保材料有差错或者需要进行生存调查，则需要业务员或者调查员的配合。
	人身保险核保	核保是指保险人对新业务的风险进行全面估计和评价，决定是否予以承保，以什么条件承保。 人身保险的核保工作中较为复杂的是个人寿险和健康保险的核保。由于每个被保险人和投保人的情况千差万别，为了保证适用费率的公正性，核保时要考虑很多因素。这些因素包括被保险人的年龄、性别、体格、既往病史、家族病史、身体现状、职业、生活习惯、道德品质、经济状况和投保记录等。

续表

| 人身保险的承保与核保 | 人身保险核保的流程 | 分为业务员的核保、业务内勤的核保、电脑的核保、专业人员的核保。最后由专业核保人员将准被保险人分成标准体、弱体（次标准体）、完美体和不保体，标准体适用标准费率，完美体应给予费率上的优惠，弱体要带有一定附加条件承保，不保体包括永久性拒保和延期承保两种情况。 |
| | 人身保险再保险 | 由于近年来高额保件的增多，人身保险再保险受到特别的重视。再保险的关键是自留额、分出额的确定问题。 |

【课后习题】

1. 简述人身保险新单业务承保的流程。
2. 简述人身保险核保的流程。
3. 核保的原则有哪些？
4. 在人身保险核保中应考虑哪些风险因素？
5. 简述人身保险的核保处理方法。
6. 人身保险确定自留额时主要应考虑哪些因素？

第十章

人身保险理赔与客户服务

【教学目的】

通过本章的学习，要求学生掌握人身保险理赔的概念和原则，熟悉人身保险理赔的流程和内容，深刻认识人身保险欺诈产生的原因及其应采取的防范措施。

【教学内容】

本章阐述了人身保险理赔的概念、原则，介绍了人身保险理赔机构、理赔的流程和内容，并对人身保险欺诈及其防范措施作了描述。

【教学重点难点】

人身保险理赔的概念、原则；人身保险理赔的流程与内容；人身保险欺诈产生的原因及其防范措施。

【关键术语】

人身保险索赔　人身保险理赔　效率原则　保险欺诈　人身保险客户服务

【本章知识结构】

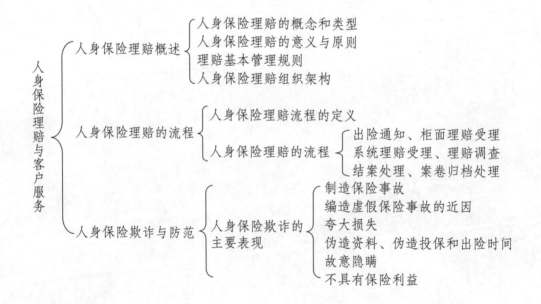

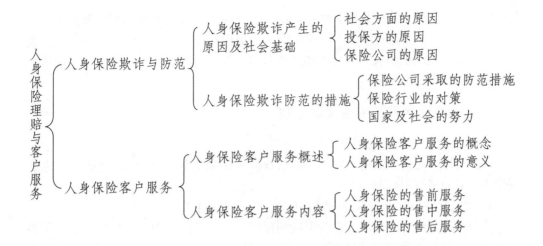

第一节　人身保险理赔概述

【案例引入】

医院病志记载能否作为既往疾病的证据

1999 年 8 月，某公司为员工投保了团体 3 年定期寿险及附加住院安心保险。2000 年 5 月 3 日至 7 月 5 日，该公司员工黄某因患慢性乙型肝炎在传染病医院住院治疗，出院后即向保险公司申请住院补贴保险金。经查：留存在传染病院的黄某住院病史明确记载，黄某有乙肝病毒携带史 10 年，肝功能反复异常，曾在某区中心医院多次住院治疗，好转后出院，其母及其妹有乙肝病毒携带史，其余家人体健。另外在主治医师及主任医师的查房记录中均记载，黄某 HBV 阳性史 10 年，肝功能反复异常，在外院多次住院治疗。但黄某拒不承认在该中心医院住院治疗过及有肝功能异常 10 年的病史。经查阅该中心医院病历，因时间间隔较长，且原病史系手工登记，无法通过电脑查询，故无法查到。

该案是否应予赔付？为什么？

一、人身保险理赔的概念和类型

人身保险理赔是指投保人或被保险人发生保险事故，导致人的寿命或身体受到保险合同约定的损害时，保险金权益人向保险人提出申请，保险人根据合同约定，履行赔偿、给付或免交保费责任的行为，是直接体现人身保险职能和履行保险责任的工作。

人身保险理赔包括以下类型：

身故理赔：以人的生命作为保险标的，当被保险人在保险责任期内身故时，保险人承担保险责任，包括意外身故给付、疾病身故给付、自杀身故和宣告死亡给付。

健康理赔：以人的身体作为保险标的，当被保险人在保险期间内因疾病或意外伤害接受治疗，保险人承担被保险人费用或损失补偿的保险责任，包括重大疾病给付、医疗费用给付、住院日额补贴、特定疾病/手术定额给付和收入损失补偿等。

残疾理赔：以人的身体作为保险标的，当被保险人在保险期间内因意外伤害或疾病导致永久丧失全部或部分劳力和身体器官机能，保险人承担保险责任，包括一般残疾给付和高度残疾给付。

二、人身保险理赔的意义与原则

（一）人身保险理赔的意义

保险理赔是保险人履行保险合同的过程，是保险基本职能的直接体现，在人身保险中，其意义可以归纳如下：

1. 通过保险理赔实现保险保障，有利于安定人民生活

人身保险理赔充分体现了人身保险的保障功能，直接表现为给付保险金，是将来源于每个投保人所交付的保险费，通过理赔的形式支付给发生保险事故的被保险人或受益人，显示出人身保险抵御各种人身风险的功能。人身保险中因被保险人的生、老、病、死及各种意外伤害所造成的经济损失可以通过理赔得到及时补偿，大大解除了人们的后顾之忧，使人们的生活和工作不至于因为各种风险的发生而停顿。因此，人身保险的理赔是客户实现保险保障的有效途径。

2. 保险理赔是检验承保质量的重要环节

保险公司妥善处理保险给付案件至关重要，加强理赔管理，关系到保险公司经济效益和未来发展。如果理赔环节把关不严，将导致赔付率上升，不良风险趁机而入，逆选择风险增加，最终将使保险公司承保质量下降，赔付率进一步上升，造成承保经营的恶性循环，影响保险公司的财务稳定性，经济效益下滑。从一定意义上讲，保险理赔是对承保质量最有效的检验，它不仅可以促使保险人不断改善承保质量，而且还有利于保证良好的偿付能力，维持保险经营的稳定。人身保险理赔是一项政策性较强的工作，不仅关系到保险公司的当前利益，而且关系到保险公司的未来发展。因此，应该高度重视人身保险理赔工作的管理。

（二）人身保险理赔的原则

人身保险理赔工作关系到寿险公司与客户两方面的利益，对维护寿险公司的信誉和经营稳定具有极其重大的影响。理赔是优质服务的出发点，也是客户满意与否的根本标准。人身保险理赔工作的宗旨是：信誉至上、依法有据、公平合理。人身保险理赔除了遵循保险合同的基本原则外，还必须恪守以下几项原则：

1. 效率原则

理赔必须注重时效性，即在合理的期限内，尽快审定索赔材料是否完备、事故是否属于保险责任等，避免积压和拖延赔案。效率原则集中体现在"主动、及时、准确、合理"八字方针上。

（1）主动：获知客户出险信息后，公司应主动与客户沟通联系，告知权利和义务，协助客户收集理赔申请资料。

（2）及时：在流程合规的基础上，力求处理及时。处理过程中理解并尊重客户，为客户提供高效和透明的理赔服务。保险公司对于理赔处理的时间长短都会根据给付金额、不同审批权限规定相应的处理时限，这些规定比《保险法》中相应规

定的时间要短。

（3）准确：在处理各种人身险给付案件时，要严格按照保险合同和有关法律法规执行，笃守信用，切实维护保险合同双方当事人的合法权益。

（4）合理：对每一个理赔案件的处理，应坚持以事实为依据，不掺杂任何个人主观臆断，严秉公平公正，做到不惜赔、不滥赔和不错赔。

2. 从实原则

虽然在保险合同条款中对保险责任和保险金给付标准作了原则性规定，但是，在实际赔案处理过程中，各种案件形形色色，案发原因错综复杂，在一定条件下，根据合同条款很难找到明确答案，加之被保险人对条款理解上的差异，提出的索赔要求有的合理，有的不合理。这就要求保险理赔人员明察秋毫，实事求是，不错赔、不惜赔，不滥赔。

3. 回避原则

为了保证人身保险理赔案件处理的公平、公正、合理，要求保险公司遵守回避原则。

根据《民事诉讼法》第四十四条的规定，必须回避的情形有三种：第一，参加本案审理的审判人员是本案的当事人或者当事人的近亲属应当回避；第二，审判人员与本案有利害关系的应当回避；第三，与本案当事人有其他关系如师生、同学、朋友关系等，可能影响对案件的公正审理时应当回避。

回避有两种方式：一种是自行回避，即理赔人员应主动不参加对案件的审理或任务的执行；另一种是申请回避，即当事人认为理赔人员存在《民事诉讼法》第四十四条规定的某种情形时，应提出申请，要求他们回避。

在人身保险理赔案件的处理上，如果理赔人员与案件有利害关系，可能影响到本案的公正处理，则理赔人员应该回避。

【课堂小讨论】

讨论一下《保险法》中有哪些关于理赔时效方面的规定？

三、理赔基本管理规则

（一）理赔授权规则

1. 理赔人员：公司根据专业资格或岗位性质，向理赔人员授予所有或部分理赔权限。

2. 电话中心人员或销售人员：公司依据一定规则，向电话中心人员或销售人员授予接报案权限。

3. 柜面临柜人员：公司依据一定规则，向柜面临柜人员授予接报案和案件受理等权限。

具体授权规则由总公司另行下发的文件确立和调整。

（二）理赔处理规则

1. 在同一理赔案件中，理赔处理人员和理赔审批人员不得为同一人。

2. 在同一理赔案件中，理赔处理人员和理赔调查人员不得为同一人。

3. 除重大疑难案件，赔案处理采取"权限内双人处理"原则，即在同级机构流转的案件，由一人经办，另一人审批，无需第三人参与处理。

（三）案件报备规则

报备案件分为超权限案件上报报备和权限内特殊案件报备。

1. 超权限案件上报报备

获知事故信息后，受理机构应对案件进行初步评估，对属于上级公司权限的案件，应在获知事故信息之日起1个工作日内向具有审批权限的机构上报现有案件信息。对于上报案件，上级公司应根据情况直接参与案件调查工作或拟定处理方案，对案件给予全面、全程指导。

2. 权限内特殊案件报备

对于受理机构权限内的案件，若有特殊情形，可在处理过程或结案后向上级公司报备，上级公司可根据案情决定是否给出处理意见。总公司根据管理需要，不定期对重大、疑难或其他具有普遍指导意义的案件予以汇总分析。

（四）组织审批规则

1. 对于达到一定金额，案件审批决定必须经总裁办公会/省级分公司总经理办公会审议通过；同时对案件从销售到理赔的各个环节进行深入剖析，总结经验教训，对经验推广和问题整改形成集体决议；

2. 经总公司、省公司重大疑难案件审定委员会审议通过的案件，达到一定金额的，仍应由总裁办公会/省级分公司总经理办公会审议通过；

3. 上报总公司审批案件，上报公司必须撰写书面报告，内容主要包括案情概述、承保情况及核保过程、案件处理及调查过程和是否分保情况等。具体授权规则由总公司另行下发的文件确立和调整。

（五）理赔保密规则

1. 公司信息保密规则

理赔人员应及时向客户告知理赔结论及相关依据，但对于案件处理过程中形成的书面材料、会议记录、电子邮件、调查记录等，禁止向客户或第三人提供。

2. 客户信息保密规则

对于客户信息，包括投保、理赔或调查获取信息，除非案件处理需要，任何知情人员不得向他人泄露。

在案件处理过程中，理赔人员应妥善保管案卷资料，除非案件处理需要，严禁他人借阅、摘抄、扫描或复印。

四、人身保险理赔组织架构

由于各大寿险公司计算机运用的升级，工作效率得到提高，为了便于管理，统一规范服务，寿险公司大都采用了"管理集中、服务分散，实质集中、形式多样"的大集中管理模式，总公司是决策管理中心，省公司是运营处理中心，地县公司由柜面、中介网点、客服热线、公司门户网站等组成。

理赔人员的岗位职责根据级别和分工不同，其工作内容既有联系，又有区别。

（一）柜面的理赔工作内容

综合柜员（支公司或办事处）：

1. 对营销员、客户提出的理赔咨询进行解答；

2. 对直接报案或电话中心等转办的理赔报案进行咨询解答、登记、回访、系统录入，对需要调查的案件及时通知调查人员；

3. 对客户递交的理赔案件资料进行审核，并及时在系统中进行扫描和理赔受理操作；

4. 打印结案通知书等资料并对理赔结论向客户进行解释，按公司规定退还客户需要的资料，对理赔档案进行归档；

5. 对理赔案件的解释、协谈；

6. 对营销员进行理赔基础知识的培训；

7. 其他与理赔相关的工作。

调查岗：

1. 对综合柜员转交的、理赔人员提起的及异地机构委托的调查案件进行调查；

2. 调查完成后及时撰写调查报告，并在系统进行操作处理；

3. 对调查网络的关系维护；

4. 其他与理赔、调查相关的工作。

本节开头的案例，就是需要调查岗的工人员认真调查取证，用确凿证据办案。

这个案例涉及病历中的病史记载能否作为证据使用的问题。在本案例中，病历中"主诉"作为单一证据是否可以作为定案的依据，需要审核该证据是否可以单独证明案件事实。如在审核其客观性之后可以单独证明案件事实，即为直接证据，可以作为定案依据；反之，即为间接证据，单独的间接证据不能作为定案依据，必须与其他证据结合成证据链条方可证明案件事实。这是一个重要的司法原则。本案例中，病史主诉人为患者本人及家属，其内容应为准确；主治医生与其无利害关系，其记录应为客观；病历中的既往病史与现存病症一致，辅助检查及常规检查与病情相吻合。因此，病历中主诉的内容具有客观性，是直接证据，可以作为判定投保前疾病的证据。

此外，值得提出的是，"投保前疾病"责任免除条款并不能证明被保险人违反告知义务。保险公司只需证明已向投保人说明合同的条款内容尤其是责任免除条款即可。证明"违反告知义务"适用于保险人需解除合同的情形。

（二）省级公司的理赔工作内容

理赔岗：

1. 对系统内的案件进行审核理算；

2. 对符合调查要求的案件提起调查；

3. 对权限内案件进行复核签批；

4. 参与本级机构疑难案件的合议；

5. 对机构柜面人员、调查人员的培训指导，收集编写经典理赔案例；

6. 贯彻执行总公司制定的各项理赔规章制度；

7. 其他与理赔相关的工作。

理赔管理岗：

1. 对权限内案件进行复核签批；

2. 组织本级机构疑难案件的合议。

3. 制定对机构柜面人员、理赔人员的培训计划；

4. 落实总公司制定的各项理赔规章制度，并根据实际情况制定细则，加强对所辖机构的管理；

5. 负责对机构其他理赔人员的用户配置及权限资格审定；

6. 定期对所辖机构的理赔数据进行统计分析；

7. 组织编写经典案例并上报；

8. 按总公司要求，及时、准确上报各种数据、表格；

9. 其他与理赔、调查相关的工作。

调查管理岗：

1. 负责所辖机构调查人员及调查工作的管理、指导，协调、跟踪异地机构委托调查案件的处理；

2. 对所辖机构调查案件的统计分析；

3. 参与本级机构疑难案件的合议；

4. 制定对下级机构调查人员的培训计划并培训；

5. 落实总公司制定的各项调查规章制度，并根据实际情况制定细则，加强对所辖机构的管理；

6. 对调查网络的关系维护；

7. 其他与理赔、调查相关的工作。

（三）总公司的理赔工作内容

1. 对超过省级分公司权限的理赔案件进行复核签批；

2. 负责制定关于理赔、调查的各项规章制度、办法、手册、流程、单证等；

3. 建立理赔授权体系，对省级分公司进行理赔授权；

4. 对理赔、调查核心系统的流程、功能等进行开发和优化；

5. 协助 IT 进行新产品等的系统开发、测试，并沟通解决系统出现的报错问题；

6. 建立全国的调查网络及协调代查勘工作；

7. 定期对公司理赔、调查数据进行汇总分析，建立异常指标预警系统，同时将发现的经营环节中存在的问题及时反馈给相关岗位、相关部门；

8. 定期对赔案进行质量检查和分析，并撰写检查报告；

9. 参与全国重大、疑难、诉讼理赔案件的理赔处理，并对机构提出建议；

10. 编写经典案例汇编等理赔专业书籍、教材；

11. 及时掌握行业新动态，组织理赔、调查信息交流；

12. 其他与理赔、调查相关的工作。

大集中模式是目前国际上最先进、最规范的模式。在理赔业务管理上，各级理赔人员在一定授权范围之内行使各自的理赔权利和职责，并在上级理赔人员的指导下完成理赔工作。对于超越权限的理赔案件要逐级上报，由上一级主管部门进行审核签批。同时，建立相应的考核制度。这种专业管理模式的优点在于理赔管理集中，理赔人员的权、责、利明确，理赔工作和行政、业务进行了有效分离，从而最大程度地减少和杜绝人情案、滥赔案和惜赔、错赔案的发生，有利于风险评估和管控，有利于理赔功能的充分发挥。

第二节　人身保险理赔的流程

【案例引入】

有一名大学生，投保了学生、幼儿平安保险，保单于 2012 年 9 月 1 日生效，2013 年 4 月 5 日，该同学因患急性阑尾炎住院治疗 10 天，痊愈出院，花费了 8 500 元。请问该同学在保险索赔方面应注意哪些事项？如何办理索赔手续？根据保险条款规定，计算赔付金额。

一、人身保险理赔流程的定义

人身保险理赔流程是根据理赔事宜办理的顺序规定的各岗位理赔人员的工作内容和规范，在计算机系统不断升级的过程中，理赔流程越来越科学和高效。

二、人身保险理赔的流程

理赔作业流程可分为理赔通知、理赔受理、理赔调查、理赔审核理算、理赔复核签批（包括给付、通融和解或拒绝给付）、理赔给付、案卷归档等几个环节。在实施中不得随意省略或逆向操作，任何承办人员在理赔件未完成前不得随意做出理赔结论的承诺（人身保险理赔的具体流程，见图 10-1）。

（一）出险通知

出险通知是指保险标的发生保险事故后，报案人将该事故情况通知保险公司的行为。报案人的身份没有具体的限制，可以是被保险人本人，也可以是其他知情人。报案是被保险人及受益人的法定义务。报案方式可以是上门、电话报案，也可以用传真报案，也可以用其他方式报案。

最初接受报案的可能是业务员、公司电话服务中心接线员，或者公司大厅里的综合柜员，接报人员应沉稳、耐心，询问时应注意方式方法和技巧，避免引致报案人的不满和诈欺者的警觉。接报人员应按照事故类型告知报案人需要的理赔单证及如何进行理赔申请，并记录好以下内容：

1. 报案人：姓名、与被保险人关系、联系方式；
2. 被保险人：姓名、证件号码、联系方式；
3. 保险单：保单合同号、投保险种、交费情况；
4. 出险事故：时间、地点、原因、经过、结果、相关处理机构、处理结论、相关人物。

根据《保险法》第二十一条的规定，投保人、被保险人或者受益人知道保险事故发生后，应当及时通知保险人。做如此规定的主要目的是使保险人不致因调查的延迟而丧失证据。接报人应将出险通知的内容当日及时转交给负责理赔工作的综合柜员，按照公司理赔服务要求及时向客户提供进一步服务。

综合柜员应及时在理赔报案登记表中对每笔报案进行登记，经核实出险事故明确并可在系统操作的案件，当日在核心系统进行理赔通知操作。在进行系统理赔通

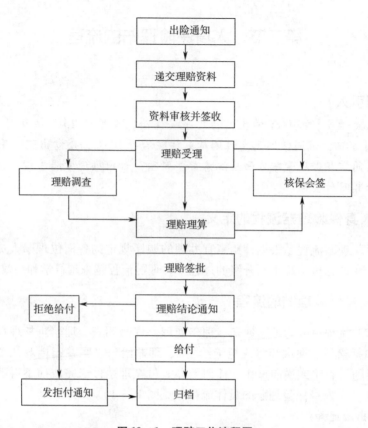

图 10 - 1　理赔工作流程图

知操作时，应详细录入各项内容，尤其是事故经过，同时根据案件情况预估该案件的赔付金额，并尽可能准确、及时地录入系统中，因为这是未决赔款提取的重要一部分。

对于明显不属保险单约定的保险责任的事故，应马上向报案人说明，不予受理。

报案的时间要求，目前各保险公司的保险条款内一般都规定，权利人应于知道保险事故发生之日起 10 日内通知保险公司，但是，因不可抗力导致者除外，否则，权利人应承担由于通知延迟致使保险公司增加的调查、检验等项费用。为保证保险公司获取第一手材料，避免与客户发生理赔纠纷，有些保险人对于短期保险的报案时间限定在 24 小时以内。其原因在于有些保险事故发生后不及时赶赴现场对于事故调查、责任审定非常不利，尤其是对于非正常死亡的赔案，超过 24 个小时，被保险人的尸体就有可能被火化，保险人就会失去现场勘查和作尸体检验的时机。

接报人应该向报案人详细介绍理赔的工作流程及办理理赔时的注意事项，一次性交代清楚申请理赔时需提供哪些资料，不能有任何遗漏，避免出现向客户重复索要理赔资料的情形。如报案接待人员认为案情特殊或保险金额较大的，应及时向上级理赔人员反映，建议立即安排人员进行现场调查或探望客户。理赔人员在接待报案时首先要注意礼貌周到，无论所发生的事故是否属于保险责任，均应表示同情和安慰。

报案接待人员应具备高度的职业敏感，能够敏锐地判断一个案子的复杂及重要程度。对于情况比较特殊的案子，如死亡赔案尸体尚未处理的，涉及重大疾病和可疑慢性病的医疗赔案且出险人仍在住院治疗的，涉及刑事案尚未结案的，社会上普遍关注的，涉及金额较大的案件等，必须在第一时间向上级理赔人员反映，以利于马上进行下一步的理赔处理工作。

（二）柜面理赔受理

当客户将填写的索赔单证和索赔资料交给负责理赔的柜面工作人员时，理赔综合柜员主要做以下工作：

1. 保险合同的审核

柜面综合柜员在确认保险合同有效后，将申请人提供的理赔资料进行受理并签收。保险合同中止或终止的，或者保险事故发生在保险合同规定的观察期内，柜员可终止受理，但应留取理赔材料复印件，并让申请人签字确认后将原件退还申请人，并在系统操作打出"不予立案通知书"，盖业务专用章后给客户。若保险合同效力中止未满二年的，综合柜员应提醒申请人到保全岗进行保险合同的复效。若该条款规定在观察期内发生保险事故给予给付的，受理人员按照正常受理进行。

2. 理赔单证的审核

（1）理赔申请书一般应由具有申请资格的权利人填写，由其他人填写的应持有委托授权书，同时被保险人/受益人处必须本人签字；身故保险金的受益人为多人时，各受益人均需在理赔申请书及委托授权书上亲自签字或印手模确认。

（2）投保人投保多个险种，但因同一保险事故导致提出多项理赔申请时，申请人只需提交一份理赔申请书；理赔申请书中出险事故的时间、地点、经过、结果要求叙述清楚完整，同时要求填写被保险人在其他寿险公司的投保情况。

（3）被保险人、申请人、受托人身份证明在受理时均应提供原件，综合柜员审核后留存复印件，在复印件上盖原件已核印章并署名和注明日期；同时将原件退回申请人。有效身份证明包括身份证、户籍证明、军官证、护照，并在有效期内。

（4）当被保险人或受益人年龄不足18岁，且为限制民事行为能力或无民事行为能力人，以及由于其他原因属于限制民事行为能力或无民事行为能力人，则由其法定监护人申请，但需提供法定监护证明（户籍证明、出生证明、独生子女证、其他法律文件）。

3. 保单、末次缴费收据、批单的审核

（1）以上保险单据在理赔时均应提供原件，柜面人员审核后留存复印件，将原件退回申请人；以上保险单据如因客户遗失或其他特殊原因不能提供原件时，由理赔人员决定是否可以在通过其他方式确认保险信息无误后予以受理。

（2）投保人、被保险人、受益人变更及加保、减保、复效须提供批单。

（3）遇因单位投保合开保险费收据而不能提供原件者，可提供加盖投保单位财务章之收据复印件。

（4）如附加险单独出单时，须同时提供主险保单及其收据。

4. 相关保险责任的理赔申请文件的审核

常见的申请项目需要的理赔资料如表10-1所示（在审核过原件的客户资料复印件上需加盖"原件已核"章，在理赔资料上加盖经办人员名章）：

表 10 – 1   常见的申请项目需要的理赔资料

申请项目	应备资料编号	资料内容
意外医疗门诊	1、2、3、4、5、6、9、10、17、20、21	1. 保险合同与最后一期保费的缴费凭证（保费收据或发票） 2. 理赔申请书 3. 被保险人身份证明 4. 诊断证明书（医疗机构出具，加盖印章） 5. 门（急）诊病历 6. 门（急）诊医疗费用原始收据及其药品清单或处方［注］ 7. 住院医疗费用原始收据、费用结算清单及用药明细清单［注］ 8. 出院小结 9. 病理、X线、CT、B超等血液、影像或其他方式的检查报告 10. 意外事故证明 11. 死亡证明 12. 户口注销证明 13. 丧葬证明 14. 受益人或继承人身份证明 15. 受益人或继承人与被保险人的关系证明 16. 身体伤残鉴定书 17. 被保险人或受益人的存折（卡）复印件（如选择银行转账） 18. 遗产继承公证书等法律文件（未指定受益人，继承适用） 19. 保险金继承协议书（未指定受益人，继承适用） 20. 授权委托书（委托适用） 21. 受托人身份证明（委托适用）
疾病住院医疗	1、2、3、4、5、7、8、9、17、20、21	
意外住院医疗	1、2、3、4、5、7、8、9、10、17、20、21	
意外收入保障	1、2、3、4、5、7、8、10、17、20、21	
疾病收入保障	1、2、3、4、5、7、8、17、20、21	
重大疾病（意外）	1、2、3、4、5、8、9、10、17、20、21	
重大疾病（疾病）	1、2、3、4、5、8、9、17、20、21	
意外高残/残疾	1、2、3、4、5、8、9、10、16、17、20、21	
疾病高残	1、2、3、4、5、8、9、16、17、20、21	
意外身故	1、2、3、5、8、10、11、12、13、14、15、17、18、19、20、21	
疾病身故	1、2、3、5、8、11、12、13、14、15、17、18、19、20、21	

注：如在其他单位已经报销，可提供复印件和费用分割单原件；如申请收入保障，第7项资料可提供复印件。

经受理审核发现申请资料不全或不符合规定的，应在"资料交接凭证"上注明已交资料明细，同时告知申请人需要补充和更改的资料名称。资料交接凭证一式两份，申请人一份，公司留存一份，并要求申请人和受理人员双方签字确认。

5. 扫描理赔申请资料

影像扫描顺序及要求：

（1）影像资料的扫描顺序如表 10 – 2 所示。

表 10 - 2   影像扫描顺序

序号	单证名称
1	理赔申请书
2	资料交接凭证
3	保险合同、投保资料、缴费凭证
4	授权委托书
5	被保险人（连带被保险人身份证明）
6	户籍注销证明
7	死亡证明、宣告死亡判决书、尸体处理证明
8	受益人身份证明及受益关系证明
9	理赔给付银行转账存折（卡）
10	受托人身份证明
11	相关法律文书（意外事故证明、事故认定书、调解书、伤残鉴定书等）
12	机动车驾驶证、行驶证
13	门诊资料
14	医疗费用发票
15	医疗费用清单及处方
16	疾病诊断证明书
17	住院病历
18	病理、血液、X光及CT报告
19	其他资料

注：如涉及多张医疗费用发票、多份病历资料等，按时间先后顺序排列并扫描。

（2）要求：对清晰度不一致的原始资料，应分开扫描，分别设置其对比度、分辨率及亮度，确保影像清晰。如遇原始资料不清晰，经设置后扫描效果仍不佳的影像资料，需在原始资料旁边空白处注明其相关内容并签字后扫描进系统。

（三）系统理赔受理

符合以下条件的理赔资料审核合格后，当天在系统进行理赔受理操作，详细录入各项内容，尤其是要选对、选全保险责任，否则会影响理赔理算的正常操作。

1. 发生保险合同约定的保险事故；

2. 保险事故的发生在保险有效期内；

3. 理赔申请在《保险法》规定的时效之内；

4. 提供条款约定的相关单证齐全有效。

（四）理赔调查

理赔调查是指在保险金申请人按要求提供了完整的索赔资料，经过保险公司立案阶段的初步审核后给予了立案，但是，由于案情比较复杂，根据已有资料尚不能作出准确的理赔结论，保险公司理赔人员为进一步明确发生的事故是否属于保险责任而向事故的知情方、联系方或处理方进行的核实取证工作。

保险公司通过事故调查，可以及时获取书证、物证或证人证言，防止被保险人、受益人在以后隐瞒有关真相、编造事故原因或损失程度。有些理赔案件经过周密的调查取证工作，可以得出与索赔资料所示完全相反的理赔结论。因此，调查对处理理赔案件具有重要作用。

1. 需要理赔调查的案件特征

（1）属于投保前已患疾病的；

（2）保险公司对造成保险事故的原因及其真实性存在疑义的；

（3）所患疾病发生的医疗费用存在明显不合理性的；

（4）投保文件记载的职业与出险时的职业有很大差异的；

（5）怀疑有保险欺诈或其他道德危险的；

（6）索赔金额巨大的；

（7）索赔时间过早的（如刚过观察期的医疗险或重大疾病索赔）；

（8）外地出险的；

（9）报案时间过迟的；

（10）有涉及犯罪行为可能的；

（11）给予保险公司理赔人员异于寻常压力的；

（12）签名笔迹有不同的。

2. 理赔调查的范围和信息来源

理赔调查的范围、所需的信息及取得信息的方法必须依情况而定。信息来源包括医院及主治医生、企业和工会、同业、银行、学校、房东、邻居、亲属和朋友及业务员等。对于有些特殊理赔案件，理赔人员还需争取到国家公、检、法机关的支持。

3. 理赔调查工作应注意的事项

理赔调查是一项时间性、技术性和纪律性都很强的工作。在具体调查一件理赔案件时，特别要注意以下几点：

（1）快速。这是理赔调查工作的基本要求。即理赔调查人员要具备高度的职业敏感和快速的反应能力，在获得出险信息后调查人员应及时赶赴现场，以便掌握事故的第一手资料。

（2）避免先入为主。理赔结论的公正原则是每位理赔人员必须遵循的原则。一件需要调查的案件在经过全面细致的调查前，理赔人员绝不能对该案件带有个人的看法。

（3）合法与保密。保险理赔调查工作一定要遵守国家法律法规的规定，以确保调查取证的合法性。这主要体现在合法收集证据上，证据必须有合法的来源（如鉴定结论必须出自经法定机关或聘请的有专门知识的人），证据必须有合法的形式（如鉴定结论要有鉴定人的签名，现场笔录要有调查人及见证人的签名等）。另外，在调查过程中必须特别注意保密，除了因为这是国家法律的规定外，同时也能让被调查人员和单位有安全感，为长期良好的合作打下基础。

（4）在调查时要能敏锐地把握住案件的一些疑点。在很多时候，一件理赔案件会提供给理赔调查人员一些相关的信息，理赔调查人员如果能注意到这些信息，在调查时就可以区分调查重点及采取相应的调查方式，从而有利于迅速结案。

（5）详细正确地做好调查记录。理赔调查人员必须仔细记录理赔调查的每一步骤，并将其保存在该案的理赔档案中。调查文件包括保单信息、调查信息来源（如医院、医生、邻居、亲属等）、调查日期，授权书、联系函、调查时有关笔录（必须含讲述人的签名）及其他（如剪报，有关方面出具的书面证明等）。

（6）强调调查见证人制。对于案情比较复杂，需多方调查的，如被保险人单位、银行、邻居、同学等，应考虑安排至少两名以上的调查人员进行调查，以保证调查取证的严谨性。

（7）正确处理好理赔调查和理赔时效的关系。理赔工作是一项时效性要求很高的工作，快速理赔已成为目前国内各保险公司竞争的最有效手段之一。理赔人员在调查工作过程中，一定要注意和客户随时保持良好的沟通，以得到客户的理解。同时，调查人员应根据调查工作的进展情况，及时调整调查计划、调查对象及调查方式，尽可能地缩短调查的时间。对于一些理赔案件可以采取调查提前的做法，在接到报案后即可展开调查，做好一件理赔案件的事前、事中、事后的调查工作。这样，既有助于发现最新的信息，也可以缩短理赔调查的时间。

（8）正确撰写理赔调查报告。在理赔调查工作过程中，调查人员要注意每一次调查的记录工作，并尽可能取书证、物证、证人证言。在完成调查工作后，应撰写详细的理赔调查报告。完成后应由所有参与此案调查的人员签字确认。需要注意的一点是，在调查报告中要避免给出理赔结论及调查人员主观的意愿。

（五）结案处理

结案处理工作主要包括根据理赔调查情况作出适当的理赔结论、撰写结案报告、保险金的计算、确定合适的保险金领取人并进行给付。

1. 做出适当的理赔结论

理赔结论一般有以下几种：

（1）一般给付，适用于保险合同有效、申请资料齐全、事实清楚并符合保险责任的理赔案件，不包括涉及保险责任终止的理赔案件。

（2）给付且保险合同终止，适用于保险合同有效、申请资料齐全、事实清楚并符合保险责任的理赔案件，涉及赔付后保险责任终止。

（3）给付且豁免保费，适用于保险合同有效、申请资料齐全、事实清楚并符合保险责任的理赔案件，涉及给付后同时需豁免投保人今后缴纳续期保费义务的责任。

（4）豁免保费，适用于保险合同有效、申请资料齐全、事实清楚并符合保险责任的理赔案件，但除了涉及豁免投保人今后缴纳续期保费义务的责任外，不涉及其他赔付。

（5）拒付，即对保险金申请人提出的索赔作出拒赔决定，但不涉及保险合同的终止。

（6）拒付且解除合同并不退还保费。

（7）拒付且解除合同但退还保费。

（8）拒付且解除合同但退还保单现金价值。

（9）部分拒付（或部分赔付）。此类理赔结论多见于保险单的部分有效或部分失效（一般由投保人未如实告知导致）。

（10）协议给付。此类理赔案件主要是指在订立保险合同时或对于保险事故的发生，保险合同当事人都存在着相应的过失责任；或者所发生的事故部分属于保险责任，保险合同双方就事故在协商一致的基础上并依照保险合同的约定进行理赔。

（11）通融给付。此类案件主要是不属于保险责任，保险公司可以进行正常的拒赔，但因基于社会舆论、公共道德及保险公司的商业利益等原因作出给付的决定。

2. 结案报告的撰写

结案报告一般包括索赔保险单的基本信息、案情简述及根据审核后得出的理赔结论。

3. 保险金额的计算

传统寿险赔款的计算比较简单。保险责任只有满期给付和死亡给付两种，满期给付一般按条款的规定进行定额给付即可。

死亡给付需要注意以下几个方面：

（1）身故赔付，注意是否有意外身故多倍赔付的情况。

（2）如为身故赔付，而投保人买的是分红险或投资连结保险，还要特别注意投资账户或红利计算时的终止时间点。

（3）如为身故赔付，注意有无保单贷款的问题。

（4）被保险人如在续期保费交费宽限期内出险，注意应在赔付金额中扣除应付的续期保费。

（5）有预付保险金或在保险责任终止后有多交保费的，应予以退回。

（6）如理赔案件为医疗险，而投保人在多家保险公司买了多份保险，理赔人员应注意使用医疗保险赔款分割单。

（7）对于有年龄误告的，对最后的给付金额作相应调整。

4. 确定保险金领取人

保险金领取人的确定对理赔工作来说具有重要的意义，否则保险公司很有可能就同一件理赔案件再次收到有效的索赔申请。因此，保险公司理赔人员一定要严格按照国家法律的规定和保险合同及条款的约定做细致的甄别工作。在确定保险金领取人资格的过程中，通常会遇到下列情况：

（1）保险合同有明确约定或保险条款中有规定的保险金领取人，在这种情况下，保险金领取人一般为保险金受益人，这种情况在日常的理赔工作中最普遍；

（2）保险金受益人委托他人进行领取的；

（3）保险金领取人为受益人的法定监护人的；

（4）保险合同或保险条款中没有规定或投保人没有指定受益人的，这种时候通常应将保险金作为已故被保险人的遗产进行处理；

（5）保险金的受益人和被保险人同时死亡的，适用共同灾难条款。

5. 案卷审批

理赔人员做完以上工作后，将客户提供的索赔材料和理赔书面材料，按照要求整理好顺序，夹好或装订好，不使其丢失掉落，签上自己的名章，然后送理赔主管审核签章；再送给主管理赔工作的经理或副经理审核签章，最后送财务或审计部门审核签章。超过理赔权限的，应报送上级主管部门审核批复。如果在主管或领导审核过程中发现错误或疑义，须退回理赔人员重新调查、补充材料或改正错误，再行审批。各环节审批完毕，只等向客户支付保险金时，才算是与客户达成给付协议。

6. 履行给付

保险金领取人确定后，保险公司应该立即将理赔结论通知给客户，并进行相应的付款工作。但是，对于拒赔（或部分拒赔）案、协议给付案，保险公司应特别注意给予保险金申请人书面通知书，通知书内应详细说明保险公司作出理赔结论的依据。

在履行给付程序时，保险人应注意理赔时效规则。

（六）案卷归档处理

一件理赔案件结案后，所有的理赔资料应予以归档，交由专门人员进行管理，以备今后随时查询。理赔资料的归档一般有下列步骤：

1. 根据不同的标准将理赔案件卷进行分类

现在保险公司一般均按索赔险种不同进行分类，但也有按索赔时间的顺序进行分类的。

2. 进行理赔资料的整理及装订

在做该项工作时，要注意以下三个问题：

（1）理赔档案的整理应按时进行，如规定必须在结案后半个月内完成理赔档案的整理；

（2）理赔资料必须按一定的秩序进行有规律的排放；

（3）注意案卷的完整性，不得将与赔案有关的资料另行存放。

3. 理赔案件卷的归档保存

（1）建立相应的理赔档案管理制度，如借阅制度等。

（2）档案存放应按照相应档案管理制度执行。

第三节 人身保险欺诈与防范

【案例引入】

国内首例捏造死亡骗赔案

1998 年 8 月，35 岁的曾某与邻居谢某及其独生子在长江游泳，大约游了一个小时后，谢家父子准备叫曾某一起回家，却怎么也找不到曾某，谢家父子大惊失色，寻找不着，只得通知了曾某的亲属并报了案。

出事前，曾某在保险公司投保了可以获得 26 万元身故赔偿金的人寿保险，缴纳保险费 4 485 元。出事后，曾某的前妻张某和姐姐一同到保险公司要求索赔，保险公司告知她们索赔需要尸体的火化证明、注销户口的证明及居民死亡证明，并且还给他们留下了联系电话，让他们一接到公安机关的认尸通知就告诉理赔调查员一同去。但是，几个月后，曾某的前妻张某和姐姐第二次来到保险公司时，却带来了曾某的注销户口证明及居民死亡证明。保险公司的理赔人员当时就问，认尸时为什么没有通知我们去？但张、曾二人说他们也没有见到尸体。理赔员大感意外，按公安部门的规定，尸体未被水上公安部门打捞并确认身份之前，任何部门无权开具死亡证明。于是，保险公司决定调查此案。通过调查，发现此案至少有两个疑点：一是始终没有找到尸体；二是医院的死亡证明是仅凭一张有居委会盖章的小纸条而开出的，而且写这个小纸条的人还是曾某的前妻张某。随着调查的展开，保险公司发现疑点越来越多，于是保险公司作出了暂不理赔的决定。受益人张某一再索赔，双方僵持了5个多月，一个匿名电话戳穿骗局，"死者"仍活在世上。曾某骗赔案告破。2000年7月12日，法院作出一审判决，曾某因犯保险诈骗罪，被判处有期徒刑5年，并处罚金2.5万元；曾某的前妻张某和姐姐分别被判处有期徒刑3年，缓刑3年，并处罚金1.5万元。

本案是一起捏造被保险人遇难死亡骗赔案。捏造遇难死亡常见的手法除本案曾某那样伪装溺死外，还有伪装失足跌落山崖、伪装落海遇难等。捏造遇难死亡一般的思路都是被保险人在水里游泳，或雪地滑雪，或海边游玩，忽然消失了踪影，同伴遍寻不着，于是报案，然后受益人出面向保险公司索赔。本案是我国发现的首例伪造被保险人遇难死亡诈骗案。

对于被保险人失踪索赔案，究竟是伪造被保险人失踪的保险欺诈案，还是真正的被保险人失踪索赔案，保险公司应加强调查，慎重对待。

保险欺诈主要表现为投保人、被保险人或受益人以骗取保险金为目的，以虚构保险标的、编造保险事故发生原因、夸大损失程度及故意制造保险事故等手段，致使保险人陷入错误认识而向其支付保险金的行为。

一、人身保险欺诈的主要表现

同其他民事欺诈相比，保险欺诈具有两个特点：一是极强的隐蔽性，往往被合法的保险合同关系所掩盖；二是严重的社会危害性，不仅危害保险公司经营的稳定性，更重要的是对被保险人的人身安全构成了很大的威胁。

（一）制造保险事故

投保人、受益人故意伤害被保险人致病或致残或致死，或者被保险人自残或投保后两年之内自杀，而伪装成意外事故或第三者谋杀所为，以骗取保险金。

（二）编造虚假保险事故的近因

保险事故虽然发生，但是，其近因并不在保险责任范围之内，而投保人故意将导致事故发生的不属于理赔范围内的实际原因加以掩饰，向保险机构虚构事故发生的近因，以此骗取保险金。

（三）夸大损失

夸大损失是指保险标的发生保险事故后，被保险人通过关系由医院或者相关单位出具伪证，或由被保险人自己擅自涂改有关单证，提高损失金额，制造伪证，虚报损失，以骗取高额保险金。

（四）伪造资料、伪造投保和出险时间

少数投保人或被保险人为了骗取保险金，往往伪造投保和出险时间，并伪造、自造与保险事故有关的证明资料和其他证据，或者制造虚假证明资料，或者编造虚假的事故原因。

（五）故意隐瞒

故意隐瞒是指投保人在发生某种事故后再去投保，即在保险标的和保险条件不合乎保险合同要求的前提下，而隐瞒真相进行投保，诱使保险人承保，而后伺机骗取保险金。

（六）不具有保险利益

未经被保险人同意，私下投保以死亡为给付保险金条件的合同，或未经被保险人书面同意认可保险金额，甚至篡改保险金额骗赔等现象都属于不具有保险利益的例子，同样也属于保险欺诈。

二、人身保险欺诈产生的原因及社会基础

保险欺诈的产生原因是多方面的，既有社会的原因，也有投保人、被保险人、受益人和保险公司方面的原因。

（一）社会方面的原因

1. 社会环境

社会环境的原因是指行为人社会道德意识的变化，这是保险欺诈产生的首要原因。

（1）经济背景。随着保险业的发展，保险欺诈的数量逐年递增，对欺诈者来说，一旦欺诈得逞，将收获高额的保险金。商品经济条件下人们的价值观念和社会的法制建设都还未能达到消除经济犯罪的地步，保险欺诈也基本呈现逐步增多的趋势。

（2）社会思想基础。保险作为一种旨在满足现代社会中人们的保障需求的社会产品，随着社会环境的改变已经无法再局限于仅仅去满足人们对生存的基本保障的需求，而且还要竭力去满足补偿人们的福利或生活享乐的需求，这一现象的发展无疑会激发起某些人的无穷欲念，从整体上看，这种过分顾及个人需要和欲望满足的社会发展趋势，已经或者正在为保险欺诈行为的产生提供了一张温床。

2. 公众的态度

公众对待保险欺诈宽容、冷漠、放任的态度也在一定程度上促使了保险欺诈的生成，如有些人认为保险公司是强势公司，向保险公司骗点钱"不算什么"，又如，有些公众明知有人进行保险欺诈还故意帮助隐瞒，放任欺诈行为的实施，从而间接帮助欺诈者完成欺诈。

（二）投保方的原因

投保人、被保险人和受益人方面进行保险欺诈的根本原因是对金钱的贪婪追求欲，此外，对保险缺乏正确认识，以及投保人或被保险人与保险公司的业务员发生了争吵等，出于报复保险人而进行的欺诈也属于投保方的原因。

（三）保险公司的原因

1. 保险公司不够重视

由于各保险公司常常将关注重点放在经营和业务拓展方面，对客户、代理人、

业务人员的欺诈行为重视不足，在一定程度上也导致了对保险欺诈的放任。

2. 保险公司管理不完善

管理不完善是保险欺诈能够屡见不鲜的发生的重要原因之一：保险企业自身的失误是促成保险欺诈行为快速蔓延的一个重要因素；保险公司电子化建设还适应不了业务和管理的需求，给多头投保、多头索赔提供了可乘之机；保险公司在处理日常赔案时没有采取有效措施防范保险欺诈行为，导致不诚实的保户通过制造夸大的保险事故向保险企业提出的索赔屡屡得手。

3. 理赔程序欠科学、制度执行不力

保险人在理赔操作时，没有严格执行各项规章制度，为保险欺诈开了方便之门。在确定赔偿金额时，保险人往往以有关单位的证明作为唯一依据。保险事故发生后，不去或不及时去现场查勘定损，使得有些本来能够发现的欺诈案件也不能及时地被识破和制止。

4. 理赔人员素质有待提高

保险理赔工作的专业性很强，理赔人员素质不高，是保险欺诈频繁发生的又一重要原因。

三、人身保险欺诈的防范措施

（一）保险公司采取的防范措施

在保险欺诈中，最直接的受害者就是保险公司，保险公司应该全方位对保险欺诈进行防范。

1. 端正经营思想，防范保险欺诈风险

保险公司应该转变经营思想，将"保费第一"的观念转变成为"效益第一"。逐渐将只注重保险的规模化经营转变为集约化经营，变只注重经济效益为更注重经营效益，重视对保险欺诈风险的防范。

2. 加强核保阶段的风险控制

核保是保险公司审核投保人是否具有投保资格，以及被保险人是否符合保险公司的要求而进行风险选择的过程。

（1）保险公司通过审核投保人与被保险人是否具有《保险法》所规定的保险利益关系，是否存在正常的投保动机等严格核保工作来限制欺诈保单进入保险公司，从而防止逆选择和欺诈案件的发生。

（2）保险公司通过加强对保险金额的审核能够在很大程度上限制保险欺诈的发生。如果一个财务状况并不好的人要求高额保险，则说明此张保单的逆选择倾向相对于其他保单而言会比较大。

（3）保险公司通过审核被保险人的身体状况能够减少逆选择倾向，从而减少保险欺诈的发生。

3. 完善理赔阶段的风险控制

（1）应提高保险公司核赔人员的准入制度，加强核赔人员对防范保险欺诈的责任感。

（2）提高核赔人员的业务技能和素质，具体可从以下三个方面着手：第一，对负责承保和理赔的人员进行反欺诈特别训练,使他们意识到公司采取反欺诈措施的重要性,并要求他们接受培训后,能掌握识别客户欺诈意图和欺诈鉴定程序方面的技术。第二,制作"欺诈理赔案件资料库",对以往发现的欺诈进行记录,形成经验积累,为理赔人员鉴别未来可能发生的理赔欺诈事件提供借鉴。第三,建立人身保险赔案库。即将与赔款有关的情报收集到保险公司建立的资料中心。

(3)加强对代理人的管理。充分发挥代理人的"一线核保员"作用,既能够减少代理人的欺诈行为,同时也有利于从根本上制止保险欺诈的发生。

(4)加强对保险中介机构的管理。加强保险公司对中介机构的管理和提高中介机构自身欺诈风险的防范能力等是保险经营管理中风险防范的重要工作。

(5)加强与相关组织的合作。在理赔工作中,保险公司对一些疑点颇多的理赔案件采取与公安机关等机构联合的方式进行调查,也是防止保险欺诈得逞的措施之一。

(二)保险行业的对策

1. 加强对保险知识的宣传

在社会范围内加强对保险原理、基本原则以及保险法制的宣传,使广大民众知道,社会中的每一个成员都应该自觉维护保险的公正性,维护自身的合法权益和社会公共利益,从而形成强大的社会舆论,有效遏制保险欺诈的发生。

2. 建立行业间的欺诈案件中心

我国可以借鉴欧美各国的经验,建立起常设的反保险欺诈机构,维护客户和保险公司的正当利益。鉴于某些保险欺诈方式及方法存在共性,在行业间建立起理赔资料中心和欺诈案件中心,对典型欺诈的案例进行搜集和汇总,不但能够在行业内形成信息共享,更能够形成行业间反欺诈的同盟,共同抵御保险欺诈在社会上蔓延,对欺诈案件的防范具有显著的作用。

3. 建立投保人、被保险人、受益人和保险代理人的信用档案,以利于行业内部监督,同时,为建立全社会的信用制度提供帮助。

(三)国家及社会的努力

首先,完善立法,建立健全保险法律法规能够对保险欺诈行为起到威慑作用,从而减少欺诈的发生。其次,通过制造社会舆论,加大对保险欺诈的曝光力度,有效提高新闻媒体、公众力量对保险欺诈的压力。

第四节　人身保险客户服务

【案例引入】

一位客户投保了终身寿险,因为搬家而变更了座机号,后来又换了手机号,但忘记通知保险公司了,一年后,发现自己错过缴保费时间,到保险公司咨询,得知自己的保单已经失效,该客户想要退保,后来听保险公司工作人员说退保不合算,就办理了复效手续。

一、人身保险客户服务概述

（一）人身保险客户服务的概念

人身保险客户是指那些现实和潜在的寿险公司保险产品的消费者。

人身保险客户服务是指保险人在与现有客户及潜在客户接触的阶段，通过畅通有效的服务渠道，为客户提供产品信息、品质保证、合同义务履行、客户保全、纠纷处理等项目的服务以及满足客户的特殊需求和对客户的特别关注而提供的附加服务内容。

（二）人身保险客户服务的意义

现代人寿保险公司的竞争，除了产品和价格的优势外，主要是服务的竞争。

美国人寿保险管理协会（LOMA）的研究结论：企业的客户每年留存量增加5%，其利润就增加85%；有一个客户对公司不满意，将会告诉另外8~10个人；建立一个新客户的成本，比留住一个老客户的成本高10倍。完善的客户服务对保险企业的发展具有重要意义。

1. 客户服务是市场竞争的需要

我国人身保险市场开放以后，保险客户对服务的要求会在外资公司先进服务技术和理念的刺激下迅速提高，国内寿险公司如果准备不足，有可能在对比悬殊的竞争中很快被驱逐出市场。

2. 客户服务是满足消费者维权意识提高的需要

随着经济的发展和社会文明程度的进步，人们的自我意识不断觉醒，对寿险服务提出了新的要求，构建智能化的保险客户服务信息技术平台，满足客户服务的要求，是实现优质客户服务的基础保证。

3. 良好的客户服务是实施顾客忠诚战略的基础

保险公司实施顾客忠诚战略，有利于扩大市场份额，降低市场开发费用，增强公司利润。越来越多的保险企业逐渐认识到，忠诚的顾客是企业最宝贵的财富，多次惠顾的顾客比初次登门者，可以为企业多带来40%~75%的利润。培养客户对公司的忠诚，可以引导客户重复购买和投保各类险种；当寿险公司推出新险种时，由于忠诚顾客的存在，可以很快地拓展市场，打开销路，节约保险新产品市场开发费用，增加公司利润来源。

4. 客户服务是寿险公司形成核心竞争力的重要手段

对于寿险公司而言，核心竞争力不再只表现为险种的更新、保险资金的运用，更表现为向客户提供最佳保险服务的能力，包括管理、人才、技术、品牌等无形资源，这些资源不易流动，不易被复制，在竞争中发挥绝对优势。

二、人身保险客户服务内容

人身保险客户服务是从人身保险产品销售开始的，其过程包括咨询、约访、面谈、缔约、收费等，如果保险标的发生了合同中约定的保险事故，还包括审核、理赔、契约变更、附加值服务，还有可能发生投保人和保险人之间的法律申诉等事件。人身保险客户服务概括为售前服务、售中服务和售后服务。

（一）人身保险的售前服务

1. 售前服务的定义

售前服务指保险人在销售保险产品之前为消费者提供各种有关保险行业、保险产品的信息、资讯、咨询、免费举办讲座、风险规划与管理等服务。

人寿保险公司提供给客户的售前服务主要是咨询服务。准保户在投保以前，必须要掌握有关人身保险的知识和险种类别、保费、一旦发生事故的赔付金、保单分红、缴费方式、保障责任、除外责任等方面的信息。

2. 人寿保险售前服务的形式

（1）电话咨询。准客户可以通过保险公司或中介机构的电话来了解保险信息和基础知识。

（2）窗口咨询。准客户可以直接到保险公司的窗口与保险业务员进行面对面的交流，索取有关的资料和信息。

（3）网上咨询。目前几乎各大保险公司都提供网上咨询的方式。通过互联网，准客户可以查询到自己感兴趣的保险信息，甚至可以在网上直接与服务人员交流，解决问题，并且可以与其他保户进行沟通和信息互相传递。

（4）客户服务中心系统。基于 IP 网络的客户服务中心系统的利用，包括电话、电子邮件、互联网和动态视频等多媒体形式，使保险公司能够详细了解和保存客户资料，及时了解客户的需求，为客户提供个性化服务。

（二）人身保险售中服务

售中服务是指在保险产品买卖过程中保险人为客户提供的各种服务。如协助投保人填写保险单、保险条款的准确解释、免费体检、保单的包装与送达、为客户办理自动交费手续等。

人身保险售中服务内容主要是指导投保人正确填写投保书。投保书是保险合同的重要组成部分，是出立保险单的基础，一般的投保人并不十分清楚填写要求，需要营销人员以专业水准指导投保人准确完成；耐心地从客户的需要出发，分析客户的收入和需求情况，建议客户选择恰当的投保金额。

（三）人身保险售后服务

人身保险售后服务的含义。售后服务是指在客户签单后保险人为客户提供的一系列服务。

由于人身保险公司提供的人身保险合同大都是长期性合同，在这样长的保险期限内，保险公司和被保险人会发生很大变化，如被保险人年龄增长、收入增加，或有的被保险人不能继续交费、工作地点转移等情况，使原有保单内容发生变化，需要保险公司提供方便、及时的服务。人身保险售后服务的重要性主要体现在以下几个方面：

（1）从客户角度看，售后服务是感受保险公司专业形象和业务人员关爱的最重要途径。

（2）从业务员角度看，售后服务是开拓市场、维护市场、编制新的人际网络的有效方法。对寿险业务员来说，售出保单只走了第一步，真正的推销是从售后服务开始的，通过优质的服务可以弥补销售技巧和售前服务的不足。了解客户的真正需求并尽力帮助其解决问题，能够进一步促成回头交易和为下一步推销工作顺利开展奠定基础。

（3）从保险公司角度看，售后服务是取信于民、永续经营的重要手段。售后服务对人身保险公司的经营是至关重要的。

3. 人身保险售后服务的内容

（1）续期保险费的收取。投保人向保险公司缴纳的保费在很多情况下都是分期给付的，首期保费可以直接缴纳现金支票，而以后各期可以由业务人员上门收取，也可以通过银行自动转账方式收取，这可以省去很多麻烦，方便快捷。

（2）保险合同变更的服务。在保险合同有效期内，投保人和被保险人的情况可能发生变化导致保险合同内容相应地变更，若投保人要求变更保险合同，应先填写更改保险合同的申请书，业务部门查看投保人的申请后，出立批单并予以更正。

（3）保险合同的复效或退保服务。分期缴费的人身保险合同的投保人未按时缴纳续期保险费，如果超过了 60 天的宽限期，保险合同效力就中止，即保单失效。保险营业员应及时与投保人联系，详细询问保险单失效的原因。通知投保人办理复效手续，在保险合同失效两年后，保险公司有权不为投保人办理复效手续。如果保险条款规定可以退保的，退保时一定要将未满期的保险费按规定退还给保户。

（4）保单迁移服务。在保险合同有效期内，保户因某些变动而要求办理到原签单单位以外的机构继续享受保单权益、履行保单义务的，保险公司要为投保人提供保单迁移的变动手续。目前，保单迁移只能在同一公司内部进行。

（5）保单贷款服务。当保单具有现金价值时，投保人可以凭借保险单向所投保的人寿保险公司申请保单贷款以解决资金短缺问题。贷款金额不能超过保险单的现金价值。

（6）选择减额缴清保险或可转换权益服务。如果保单具有现金价值，投保人可以现金价值作为一次缴清的保费，投保原保险，但是保额相应减少，这样可以使保单继续有效。投保人依条款规定，也可将所保险种转换为保险公司认可的终身保险、两全保险或养老保险，而且无需核保。

（7）挂失、补发保险单服务。如果保户的保单不慎遗失或损毁，可申请挂失并补发。

（8）自动垫缴保费服务。分期缴费的保单，如果超过宽限期仍未付费的，保险公司将以保单的现金价值垫缴应缴保费，以维持保单效力。

（9）利差返还和红利领取服务。有些人寿保险条款里设计有"利差返还"条款，规定当预定利率低于银行存款利率时，保险公司以保险单现金价值为本金，将利息差额返还给客户，红利领取是针对分红保险而言的，红利的金额是根据保险公司当年的经营状况计算的。

（10）"孤儿"保单服务。"孤儿"保单是指因为原营销人员离职而需要安排人员跟进服务的保单。"孤儿"保单服务具体包括保全服务、保单收展服务和全面收展服务三种。

①"孤儿"保单保全服务。寿险公司成立专门的"孤儿"保全部（组），集中办理"孤儿"保单续期收费和其他保全工作。"孤儿"保单采取按应收件数均衡分配方式，落实到每一个保全员。公司对保全员进行单独管理、单独考核。

②"孤儿"保单收展服务。寿险公司设专门的收展员或专门的收展部，并按行政区域安排"孤儿"保单的客户服务工作。

③全面收展服务。寿险公司内设专门的收展部门，并按行政区划安排"孤儿"保单及全部保单若干年的客户服务工作。

（11）保单附加值服务。保单附加值服务并不是与保险业务有关的服务项目，而是保险公司在业务之外对保险客户提供的额外服务，这种服务通常附加在保险单上，如保险公司对大客户开展的一些免费体检、联谊、健康咨询等服务。保险公司开展附加值服务的主要目的，是为了加强投保人和保险人之间的沟通，及时了解客户的具体服务需求。

总之，目前我国寿险公司提供的客户服务水平较低，尤其是附加值服务较少，相信随着保险市场竞争的加剧，保险客户服务的水平会不断提高。保险公司的人员要善于利用公司已有的条件，尽量做好售后服务，赢得客户的信任，只有这样客户群体才会源源不断地增大。

【本章小结】

人身保险理赔与客户服务	人身保险理赔	人身保险理赔是指在保险事故发生后或保险期限届满时，受益人或被保险人要求保险人承担赔偿或给付保险金的责任。
	人身保险理赔的意义	体现保险保障功能，有利于安定人民生活，检验承保质量；关系到保险公司的效益、声誉和今后的发展。
	人身保险理赔的原则	效率原则、从实原则、回避原则。
	人身保险欺诈	人身保险欺诈主要包括投保方的欺诈、保险人的欺诈、保险中介机构的欺诈。人身保险欺诈产生的原因是多方面的，既有社会原因，也有投保人、被保险人、受益人和保险公司方面的原因。人身保险欺诈防范的措施包括保险公司的举措、保险行业的对策和国家及社会的努力。
	保险客户服务	保险客户服务包括售前、售中和售后三个环节的服务。售前服务是指保险人在销售保险产品之前为消费者提供各种有关保险行业、保险产品的信息、资讯、咨询、免费举办讲座、风险规划与管理等服务。售中服务是指在保险产品买卖过程中保险人为客户提供的各种服务。售后服务是指在客户签单后保险人为客户提供的一系列服务。

【课后习题】

1. 人身保险理赔的原则有哪些?

2. 关于理赔时效有哪些法律规定? 这些规定对保险人和客户有什么意义?

3. 简述人身保险理赔的流程, 并说明哪个环节是重点, 哪个环节是难点。

4. 人身保险理赔欺诈的主要表现有哪些?

5. 人身保险客户服务的内容有哪些?

6. 人身保险售后服务的内容有哪些?

第十一章

人身保险投资与监管

【教学目的】

通过本章的教学，使学生理解人身保险投资的含义，弄清人身保险投资的资金来源；明确人身保险投资必须坚持的原则；了解并掌握国际上保险投资的各种形式，并着重熟悉我国保险投资的相关法律规定及投资实践过程。正确认识人身保险监管的含义及人身保险监管体系的构成，重点掌握人身保险监管的具体内容。

【教学内容】

本章包括以下基本内容：人身保险投资的资金来源、人身保险投资的原则、人身保险投资的形式、人身保险监管的目标、人身保险监管的模式，以及人身保险监管的内容。

【教学重点难点】

人身保险投资的资金来源；人身保险投资原则；人身保险监管的目标、模式；人身保险监管的内容；偿付能力的监管。

【关键术语】

人身保险监管　人身保险经营　最低偿付能力额度　保证金　认可资产

【本章知识结构】

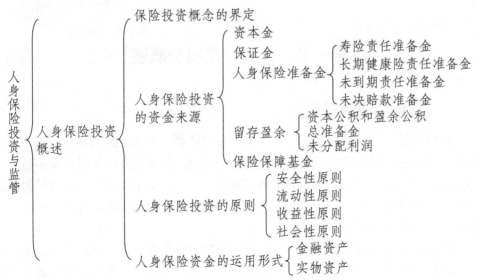

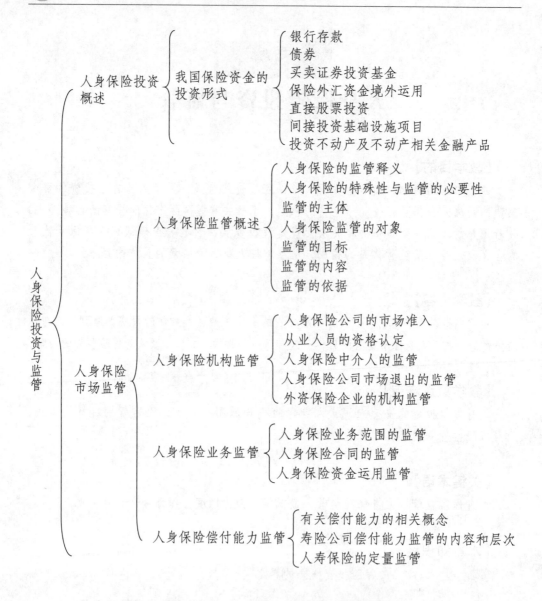

银行存款
债券
买卖证券投资基金
我国保险资金的　保险外汇资金境外运用
投资形式　　　　直接股票投资
间接投资基础设施项目
投资不动产及不动产相关金融产品

人身保险的监管释义
人身保险的特殊性与监管的必要性
监管的主体
人身保险监管概述　人身保险监管的对象
监管的目标
监管的内容
监管的依据

人身保险公司的市场准入
从业人员的资格认定
人身保险机构监管　人身保险中介人的监管
人身保险公司市场退出的监管
外资保险企业的机构监管

人身保险业务范围的监管
人身保险业务监管　人身保险合同的监管
人身保险资金运用监管

有关偿付能力的相关概念
人身保险偿付能力监管　寿险公司偿付能力监管的内容和层次
人寿保险的定量监管

第一节　人身保险投资概述

一、保险投资概念的界定

　　保险投资是保险资金运用的一种形式，是保险企业在组织经济补偿过程中，将积聚的各种保险资金加以运用，使资金增值的活动。保险投资的着眼点并不是直接增加公司资本存量，而是增加公司的债券或金融资产，从中盈利以增强公司的经济补偿能力与市场竞争能力。但是保险投资也会间接增加公司的资本存量，形成一定的固定资产和流动资产。

　　资金运动要经历三个阶段：第一阶段是保险费的收取；第二阶段是准备金的积累和投资运用；第三阶段是保险金的赔付。在这三个阶段中，保险费的收取是保险资金运用的前提和基础。保险金的赔付实现程度取决于保险准备金的积累和运用的规模。由于保险事故的发生具有随机性，造成的损失程度具有不可预计性，那么尽可能多地增加保险公司的资本存量是保险公司增强竞争力的不二选择，因此在人身保险经营过程中对于处于闲置状态的巨额资金加以运用是十分必要的。下面我们来分析一下寿险可用于投资的资金来源。

二、人身保险投资的资金来源

《保险资产管理公司管理暂行规定》（保监发〔2004〕43 号）中指出："保险资金是指保险公司的各项保险准备金、资本金、营运资金、公积金、未分配利润和其他负债，以及由上述资金形成的各种资产。"由此可见，人身保险投资中可运用的保险资金主要包括：（1）权益资产，即寿险公司的净资产，包括资本金（含保证金、营运资金）、公积金、公益金、总准备金、未分配利润等；（2）保险准备金，包括未到期责任准备金、未决赔款准备金、长期健康保险责任准备金、人寿保险（未到期）责任准备金等；（3）保险保障基金，这部分资金目前由各寿险公司专户存储或购买国债，使用权归各寿险公司。

（一）资本金

资本金是保险公司开业资本，是公司成立之初由股东认缴的股金或政府拨款的金额以及个人拥有的实际资本。因此资本金是保险公司开业初期赔付保险金的资金来源，是保险公司日后积累资本的基础，也是偿付能力的重要组成部分。

对于保险企业而言，资本金的主要功能在于确保保险公司开业之初的正常运营之需，同时，作为保险公司的自有资金，资本金属于企业的所有者权益部分，因此还可以预防公司偿付能力的不足，即在发生特大自然灾害或危险事故后各种准备金不足以支付保险赔款时，寿险公司可以动用资本金来承担责任。但是，在正常情况下，保险公司的资本金，除按规定缴存保证金外，绝大部分处于闲置状态，因而成为保险投资的重要来源。

（二）保证金

保险保证金是按照国家有关规定，为了保障被保险人的利益，支持保险公司稳健经营，保险公司应当按照保险监督管理机构的规定提存保险保证金。《保险法》第九十七条规定："保险公司应当按照其注册资本总额的百分之二十提取保证金，存入国务院保险监督管理机构指定的银行，除公司清算时用于清偿债务外，不得动用。"

（三）人身保险准备金

人身保险准备金是指保险公司为了保证履行经济补偿或给付的义务，确保保险公司的偿付能力而按规定从保费收入中提存的各种责任准备金。与资本金的性质不同，责任准备金是保险公司的负债，最终以保险金的形式偿付给被保险人。为了保障被保险人的利益，各国一般都以保险立法的形式规定保险公司应提取保险责任准备金，以确保这些保险公司具有与其承保的业务规模相应的偿付能力。如我国《保险法》第九十八条规定："保险公司应当根据保障被保险人利益、保证偿付能力的原则，提取各项责任准备金。保险公司提取和结转责任准备金的具体办法，由国务院保险监督管理机构制定。"

人寿保险公司的人身保险准备金主要包括寿险责任准备金、长期健康保险责任准备金、未到期责任准备金、未决赔款准备金及其他任意准备金等。其中，长期保险业务提存的准备金有寿险责任准备金和长期健康保险责任准备金；期限为一年的保险业务（如定期寿险、健康保险和意外伤害保险）提存的准备金为未到期责任准备金；短期人身保险业务提存的准备金包括未到期责任准备金、未决赔款准备金。

1. 寿险责任准备金

人寿保险的责任准备金是经营人寿保险业务的保险人为了履行未来的给付责任而提存的准备金，是为了确保寿险公司有足够偿付能力从而履行其赔付责任而计提的，主要来源于人寿保险投保人一次性趸缴保费或分期缴付的保费。

国外寿险公司一般按全部保单的净值提存责任准备金，我国是将本业务年度的寿险收入总额抵补本业务年度的寿险全部支出后的差额全部转入寿险责任准备金。寿险责任准备金的90%可用作长期投资。

2. 长期健康险责任准备金

长期健康险责任准备金是寿险公司和健康保险公司对一年期以上的长期健康保险业务为承担未来保险责任而按规定提取的准备金。《保险公司财务制度》规定，长期健康险责任准备金依据精算结果提存。

3. 未到期责任准备金

未到期责任准备金是指保险公司在年终会计结算时，把属于未到期责任部分的保险费提存出来，用作未来赔付的资金准备。在人身保险业务中，短期意外险及健康险业务都需要提取未到期责任准备金。这是因为这类业务虽然保险期限短，但是由于保险公司的会计年度与保单有效期不完全一致，到会计年度决算时，总有一部分未了责任（跨年度的保险单），根据权责匹配原则，保险公司不能把当年的保险费全部计入当年的损益，而应该将未了责任对应的保险费提取出来作为下一年度继续承担赔付责任的资金准备，这就是未到期责任准备金，也称未了责任准备金、未赚保险费准备金。

4. 未决赔款准备金

未决赔款准备金也称赔款准备金，它是针对保险事故已经发生，但是保险人尚在调查中，对于是否属于保险事故，或者具体赔付金额尚未确定，或者保险事故虽然已经发生，投保人尚未提出赔付请求等情况，在会计年度决算时提取的一种准备金，或者说，它是保险公司在会计期末为本期已发生保险事故应付而未付赔款所提存的一种资金准备。它包括已报未决未付赔案、已报未决已付赔案、已报已决未付赔案和已发生未报告赔案等情况下的赔款准备金。

（四）留存收益

留存收益是公司在经营过程中所创造的，由于公司经营发展的需要或是法定原因等没有分配给所有者而留存在公司的盈利，是企业从历年实现的利润中提存出的企业内部积累。包括盈余公积和未分配利润两部分，其中盈余公积是有特定用途的累积盈余，未分配利润是没有指定用途的累积盈余。

1. 资本公积和盈余公积

保险公司的资本公积用于弥补公司亏损、扩大公司业务经营规模或转为增加公司资本金。盈余公积金包括法定盈余公积金、法定公益金和任意盈余公积金等。

2. 总准备金

总准备金是从保险公司的税后利润中计提的，用于应付特大风险损失的一项专用准备金。总准备金是长期沉淀的，是保险公司长期投资的一项主要的资金来源。总准备金归属为所有者权益。1994 年后，总准备金被代以公积金科目。

3. 未分配利润

这是指保险公司每年用于积累的资金，属于股东权益的一部分。这部分资金会随着保险公司经营规模扩大而逐步增长，除某些年份因保险费不足以支付赔付而用于弥补之外，一般可作长期投资。

（五）保险保障基金

保险保障基金是指保险机构为了有足够的能力应付可能发生的巨额赔款，从年终结余中专门提存的后备基金。保险保障基金与未到期责任准备金及未决赔款准备金不同。未到期责任准备金和未决赔款准备金是保险机构的负债，用于正常情况下的赔款，而保险保障基金则属于保险组织的资本，主要是应付巨大灾害事故的特大赔款，只有在当年业务收入和其他准备金不足以赔付时方能运用。为了保障被保险人的利益，支持保险公司稳健经营，便于保险保障基金集中管理与统筹使用，2008 年 9 月 16 日中国保险保障基金有限责任公司正式挂牌成立。根据保监会、财政部、中国人民银行 2008 年 9 月 11 日联合发布实施的《保险保障基金管理办法》，保险保障基金的资金运用渠道得到拓宽，增加了中央银行票据、中央企业债券、中央级金融机构发行的金融债券等。这意味着保险保障基金开始走上市场化运作道路。资金运用渠道的放宽，将有助于提高资金运用收益，增强保险保障基金的保障能力。

【热点新闻】

我国保险保障基金制度的发展与现状

我国保险保障基金制度历经近二十年的发展，基金规模不断增长，管理体制逐步完善，保障功能日益增强。同时，保险保障基金也逐步走上了市场化、专业化运作的道路。这个过程大体可分成三个阶段。一是单独提取、专户存储的企业留存阶段。1995 年《保险法》首次对保险保障基金进行了原则性规定，此后中国人民银行和财政部先后发文对保险保障基金制度进行了较为详细的规定。二是专户缴入、加强监管的集中管理阶段。2004 年中国保监会发布《保险保障基金管理办法》，2005 年各保险公司将已提取的保险保障基金缴入保障基金专户，实现了集中管理。2006 年成立保障基金理事会，负责对保险保障基金的管理和使用实施监督。三是借鉴经验、积极改制的公司化运作阶段。2008 年保障基金实施了公司化改制，经国务院批准设立中国保险保障基金有限责任公司（简称保障基金公司）。保障基金公司依据中国保监会、财政部、中国人民银行颁布的《保险保障基金管理办法》，负责保障基金的筹集、管理和运作。董事会成为公司最高决策机构，保障基金理事会自行终止。

保障基金公司的成立，标志着我国保险保障基金制度进入市场化、专业化的发展阶段。保障基金公司是一个提供公共服务的机构，是监管机关防范和化解行业风险的手段，同时公司又是一个实行公司化管理的机构，需要实行市场化、公司化运作。自成立以来，公司始终坚持以"为监管服务、为行业健康发展服务、为保险消费者服务"作为发展方向，旨在通过市场化、专业化的管理和运作，努力成为行业风险的识别器和预警器、风险公司的起搏器和灭火器、行业健康发展的稳定器和助推器。经过多年努力，公司业务逐步开展，基金规模不断壮大，余额从2008年末的149亿元增至2014年2月末的近490亿元，增长了2.3倍。

（资料来源：《中国金融》，2014（7），作者：陈文辉）

综上所述，在所有保险资金中，除保证金和总准备金有其特定用途之外，其他所有暂时处于闲置状态的资金均可灵活运用于保险投资，其中最重要的部分就是各种人身保险准备金。

三、人身保险投资的原则

（一）安全性原则

安全性原则是指人身保险投资必须保证其本金安全返回的原则。除资本金是保险公司的自有资金以外，保险投资的其他资金来源都是保险公司负债，这就决定了保险经营人进行保险资金运用的前提是保证资金的安全性。这是人身保险投资的首要原则和最基本的要求。

（二）流动性原则

流动性是指人身保险投资项目具有迅速变现的能力，保险公司在需要时可以抽回资金，用以满足对被保险人的赔付需求。保险公司随时承担对保险合同的赔偿或给付责任，特别是对短期意外伤害、短期健康保险合同，因此要求保险公司保持一定的资金流动性以应付日常的赔付。坚持流动性原则并不是要求每一个投资项目都有高流动性，而是从可运用资金的性质出发，使得保险公司的资金来源和资金运用相互对称，即密切注意资产与负债在总量、结构、期限、成本及货币等方面的匹配。通常应该保持长期负债用于长期投资、短期负债作短期投资。

（三）收益性原则

保险投资收益性既是保险资金的内在要求，也是经营环境外在压力使然。尤其是长期寿险业务，在产品开发时，货币的时间价值问题已经被考虑在产品的价格当中，如果投资收益率低于定价的预定收益率，那么寿险公司在被保险人死亡时或保险期满时将没有足够的保险资金支付给被保险人或受益人。这样不但会损害被保险人和受益人的合法权益，严重时还会影响寿险公司的偿付能力。

（四）社会性原则

人身保险资金的长期性特征决定了人身保险资金投资于某些公共事业的可能性；而投资于发挥社会的或经济的最大效用的公用事业，可以增进公众的福利，扩大保险的社会影响，提高保险业的声誉。但这种投资应以不妨害投资的安全性、收益性等原则为前提。

以上四个原则是相互联系、相互制约的，其中，收益性是保险投资的目标，安全性是保险投资的出发点，流动性是基础，而社会性是从社会的或公共利益的角度考虑的投资收益。因此，在人身保险投资中，尤其是寿险公司的资金运用中，稳健的经营不是先追求效益，而是先保证保险资金的安全，先追求资金保值，然后再追求资金增值。追求经济效益的同时兼顾社会效益，这才是最佳的保险投资。

四、人身保险资金的运用形式

在金融市场高度发展的今天，资金融通的方式多种多样，而且还不断有新的金融工具产生来更快速地实现资金的信用创造。然而保险资金的运用要受到安全性的限制、流动性的要求、收益性的驱动等。因此，人身保险资金运用形式概括而言主要有以下几种。

（一）金融资产类

金融资产类投资包括债权类投资和股权类投资两大类。

1. 债权类投资

（1）债券。

债券是依照法定程序发行，约定在一定期限内还本付息的有价证券。债券的发行人是政府、与政府有关的公用事业单位、银行和信用较高的公司。债券是一种具有返还性且有固定收益的投资工具，安全性较高，流动性也比较强，同时，还具有一定的收益性，因此，是比较适合人身保险投资的，一向被认为是最适合寿险公司投资的投资工具，事实上也一直是人身保险投资的首选投资形式。依据债券发行的主体可以把债券划分为政府债券、金融债券和企业债券三种，它们的安全性、流动性和收益性存在差异。

政府债券也称国债，是政府为了筹集资金进行公共投资或者为了弥补财政赤字而发行的信用证券，政府债券是以一国政府的信誉为担保，无任何信用风险，是一种最安全的投资方式。政府债券的收益率比同期银行存款利率高，但是，比其他债券利率低，同时，投资于政府债券的利息收入，可以享受免税优待。但是，政府债券对利率风险相当敏感，尤其是可在二级市场交易的中长期政府债券，利率稍有变动就会引起价格的波动。

金融债券是由银行或非银行金融机构为筹集信贷资金而向社会发行的一种债权债务凭证。一般为中长期债券。

企业债券也叫公司债券，是公司为筹措资金而发行的债务凭证。公司债券期限较长，发行者多为一些一流的大公司，有些跨国公司的资信度极好，但是，一般公司债券信用度不及政府债券和金融债券，因此，其利率一般高于其他债券。

债券拥有比股票更好的流动性和安全性，《保险资金运用管理暂行办法》（保监会令2010年第9号）规定，投资于银行活期存款、政府债券、中央银行票据、政策性银行债券和货币市场基金等资产的账面余额，合计不低于本公司上季末总资产的5%；投资于无担保企业（公司）债券和非金融企业债务融资工具的账面余额，合计不高于本公司上季末总资产的20%；投资于股票和股票型基金的账面余额，合计不高于本公司上季末总资产的20%。可见，债券投资是保险公司有价证券投资的主体项目。

（2）贷款。

贷款是指保险公司向需要资金的单位或个人提供融资，按约定期限收回货币资金及获得利息的一项投资活动。按担保的形式不同，有不动产抵押贷款、有价证券抵押贷款、信用保证贷款之分。贷款的对象主要有政府、政府有关机构、公共团体、企业、消费者等。

2. 股权类投资

股票是股份有限公司在筹集资本时向出资人发行的股份凭证。代表着其持有者（即股东）对股份公司的所有权。股票一般可以通过买卖方式有偿转让，股东能通过股票转让收回其投资，但不能要求公司返还其出资。股东与公司之间的关系不是债权债务关系。股东是公司的所有者，以其出资额为限对公司负有限责任，承担风险，分享收益。

保险资金投资于股票可以使保险公司享有股票带来的盈余分配权、剩余财产分配请求权、股票配售权等多项权利带来的高额收益，同时股票在证券市场上的快速变现性也满足了保险资金流动性的要求。但是股票投资的缺点也是显而易见的，高收益必然伴随着高风险，股票价格的波动性大，因此各国对保险公司的股票投资均有严格的比例限制。

（二）实物资产投资

实物资产投资最主要的是不动产投资，也包括一些机械设备等。

五、我国保险资金的投资形式

我国《保险法》第一百零六条规定，保险公司的资金运用必须稳健，遵循安全性原则。保险公司的资金运用限于下列形式：银行存款，买卖债券、股票、证券投资基金份额等有价证券，投资不动产，国务院规定的其他资金运用形式。相较于1995 年颁布的《保险法》开通了投资不动产的投资渠道，可见国务院已逐步放宽了对保险投资的监管，在遵循安全性的前提下批准保险公司可以采用更多的投资形式。我国保险公司资金运用的形式有如下方式：

1. 银行存款

《保险资金运用管理暂行办法》第七条对保险资金存入银行的资质有如下要求：保险资金办理银行存款的，应当选择符合下列条件的商业银行作为存款银行：资本充足率、净资产和拨备覆盖率等符合监管要求；治理结构规范、内控体系健全、经营业绩良好；最近三年未发现重大违法违规行为；连续三年信用评级在投资级别以上。《保险资金运用管理暂行办法》第十六条规定，保险集团（控股）公司、保险公司从事保险资金运用应当符合下列比例要求：投资于银行活期存款、政府债券、中央银行票据、政策性银行债券和货币市场基金等资产的账面余额，合计不低于本公司上季末总资产的 5%。

2. 债券

《保险资金运用管理暂行办法》第八条规定，保险资金投资的债券，应当达到中国保监会认可的信用评级机构评定的、且符合规定要求的信用级别，主要包括政府债券、金融债券、企业（公司）债券、非金融企业债务融资工具以及符合规定的其他债券。该办法第十六条第二款规定，保险集团（控股）公司、保险公司从事保险资金运用应当符合下列比例要求：投资于无担保企业（公司）债券和非金融企业债务融资工具的账面余额，合计不高于本公司上季末总资产的20%。

3. 买卖证券投资基金

《保险资金运用管理暂行办法》第十条规定，保险资金投资证券投资基金的，其基金管理人应当符合下列条件：公司治理良好，净资产连续三年保持在人民币一亿元以上；依法履行合同，维护投资者合法权益，最近三年没有不良记录；建立有效的证券投资基金和特定客户资产管理业务之间的防火墙机制；投资团队稳定，历史投资业绩良好，管理资产规模或者基金份额相对稳定。

4. 保险外汇资金境外运用

保险外汇资金的境外运用限于下列投资品种或者工具：银行存款；外国政府债券、国际金融组织债券和外国公司债券；中国的政府或者企业在境外发行的债券；银行票据、大额可转让存单等货币市场产品；国务院规定范围内的其他投资品种和工具。《保险外汇资金境外运用管理暂行办法》第十条规定，保险外汇资金的境外运用，其比例应当符合下列规定：保险公司的可投资总额，不得超过公司上年末外汇资金余额的80%，保险公司的实际投资总额，不得超过国家外汇局核准的投资付汇额度；保险公司在同一银行的存款，不得超过国家外汇局核准投资付汇额度的30%，其在境外外汇资金运用结算账户的资金余额不受本项规定限制；除中国的政府或者企业在境外发行的债券外，保险公司投资信用评级在A级的所有债券余额，按成本价格计算，不得超过国家外汇局核准投资付汇额度的30%；除中国的政府或者企业在境外发行的债券外，保险公司投资信用评级在AA级以下的所有债券余额，按成本价格计算，不得超过国家外汇局核准投资付汇额度的70%；保险公司投资同一公司或者企业发行债券的余额，按成本价格计算，不得超过国家外汇局核准投资付汇额度的10%；保险公司投资中国的政府或者企业在境外发行债券的余额，按成本价格计算，不得超过国家外汇局核准的投资付汇额度。

5. 直接股票投资

《保险资金运用管理暂行办法》第九条规定，保险资金投资的股票，主要包括公开发行并上市交易的股票和上市公司向特定对象非公开发行的股票。投资创业板上市公司股票和以外币认购及交易的股票由中国保监会另行规定。第十六条规定，投资于股票和股票型基金的账面余额，合计不高于本公司上季末总资产的20%；投资于未上市企业股权的账面余额，不高于本公司上季末总资产的5%；投资于未上市企业股权相关金融产品的账面余额，不高于本公司上季末总资产的4%，两项合计不高于本公司上季末总资产的5%；保险集团（控股）公司、保险公司对其他企业实现控股的股权投资，累计投资成本不得超过其净资产。

6. 间接投资基础设施项目。基础设施等债权投资计划是指保险资产管理机构等专业管理机构根据有关规定，发行投资计划受益凭证，向保险公司等委托人募集资金，投资基础设施项目等，按照约定支付本金和预期收益的金融工具。《保险资金运用管理暂行办法》第十六条规定，投资于基础设施等债权投资计划的账面余额不高于本公司上季末总资产的 10%。

7. 投资不动产及不动产相关金融产品。

保险资金投资的不动产,是指土地、建筑物及其他附着于土地上的定着物。不动产相关金融产品是指不动产投资管理机构依法在中国境内发起设立或者发行的以不动产为基础资产的投资计划或者投资基金等;具体办法由中国保监会制定。《保险资金运用管理暂行办法》第十三条规定,保险集团(控股)公司、保险公司不得使用各项准备金购置自用不动产或者从事对其他企业实现控股的股权投资。第十六条规定,投资于不动产的账面余额,不高于本公司上季末总资产的 10%;投资于不动产相关金融产品的账面余额,不高于本公司上季末总资产的 3%,两项合计不高于本公司上季末总资产的 10%。

【热点新闻】

险资投资范围进一步扩大

第二批保险投资新政密集落地。保监会 22 日发布《关于保险资金投资有关金融产品的通知》、《基础设施债权投资计划管理暂行办法》、《保险资金境外投资管理暂行办法实施细则》、《关于保险资产管理公司有关事项的通知》。加上此前已公布的债券、股权和不动产等投资办法,13 项保险资金投资创新管理办法已发布 8 项,保险资金运用体制日趋完善。

新发布的四份文件继续扩大保险资金可投资品种和范围。《关于保险资金投资有关金融产品的通知》明确,允许保险资金投资商业银行理财产品、证券公司专项资产管理计划、信托公司集合资金信托计划、银行业金融机构信贷资产支持证券等。业内人士指出,这不仅有助于提高保险资金的投资收益率,提升保险公司利润,更重要的是,险资投资类证券化金融产品将有助于金融市场产品创新,促进金融市场的完善和发展,相关券商、银行、信托等将从中受益。

而在《保险资金境外投资管理暂行办法实施细则》中,保险资金境外投资额度不变,仍是不超过上年末总资产的 15%,但可投资范围和品种明显扩大。之前只允许投资香港市场的债券和股票,而今后 25 个发达国家和 20 个新兴市场国家均被纳入投资范围。投资品种将包括固定收益类、权益类、货币市场类、不动产以及境外证券投资基金和股权投资基金。

这批新政在扩大险资投资范围的同时,还运用市场化机制,推进保险资金运用体制机制改革,支持资产管理公司建立新的盈利模式,拓宽其业务范围。保险资产管理公司符合有关规定的,可以向有关金融监管部门申请,依法开展公募性质的资产管理业务。相关人士透露,目前证监会和保监会已协调一致,待基金法修订完成之后,相关公司可依相关要求向证监会申请基金业务牌照。

业内专家指出,在今年保险业发展放缓的背景下,保监会从 6 月中旬保险投资新政的酝酿讨论到目前投资细则落地过半,其出手之快、力度之大体现出监管部门稳定行业发展、促进行业转型的决心。上述相关文件将扩大保险公司操作空间、优化资产配置、提高投资收益,促进保险行业平稳增长。

此外，目前已发布的新政内容包括允许险资投资养老地产、降低基础设施债券投资计划发行门槛、扩大债券投资品种、扩大险资股权投资范围等，这与中国宏观调控政策保持了一致，意味着保险业已开始全面与实体经济对接，通过投资来支持实体经济发展。

（资料来源：《中国证券报》，2012 - 10 - 23，作者：丁冰）

第二节　人身保险市场监管

一、人身保险监管概述

（一）人身保险的监管释义

人身保险监管是指人身保险监管部门为了维护金融稳定，保护投保人、被保险人、受益人及社会公众的利益，对人身保险行业实施监督和管理。人身保险监管制度通常由两大部分构成：一是国家通过制定有关保险法规，对本国人身保险业进行宏观指导与管理；二是国家专司保险监管职能的机构依据法律或行政授权对人身保险业进行行政管理，以保证保险法规的贯彻执行。

对于人身保险监管的概念可以从以下几个方面理解：

1. 人身保险监管的目的是为了维护金融的稳定，保护投保方和社会公众的利益。金融是现代经济的核心，金融的稳定关系到国民经济的稳定。人身保险业是金融业的重要组成部分，人身保险业的经营涉及众多被保险人和社会公众的利益，所以政府要对人身保险业进行监督和管理。

2. 人身保险监管是政府的行政行为。虽然立法机关制定关于保险业管理的法律，司法机关审理关于保险合同争议的案件以及保险监管部门与监管对象之间的行政诉讼案件，但由于立法机关和司法机关不是政府部门，也不是政府授权的组织，所以这些行为不属于保险监管行为。

3. 人身保险监管是政府保险监管部门的行为。保险公司要办理工商企业登记，领取营业执照，要依法纳税，保险公司会购置房地产和机动车辆，因此，工商、税务、房地产管理、机动车辆管理等政府部门也对保险公司有关活动进行监督管理，保险公司也应当服从这些部门的管理。但是，这些政府部门对保险公司的监管不属于保险监管。

4. 人身保险监管是以法律和政府行政权力为根据的强制行为。人身保险监管在性质上不同于以资源为基础的保险同业工会（或保险行业协会）对会员公司的监督管理，不同于以产权关系为基础的母公司对子公司的监督管理，不同于以公司章程为根据的公司股东大会、董事会、监事会对公司的监督管理，不同于以授权为根据的总公司对分支机构的监督管理。对于保险机构和保险中介这些保险监管对象而言，无论它们愿意与否，都必须接受保险监管部门的监管。

5. 人身保险监管的范围仅限于商业人身保险领域，并不包括社会保险。商业人身保险即按等价交换的商业性原则经营的人身保险业务，习惯上简称保险，如《保险法》仅适用于商业保险，但并未称为"商业保险法"。社会保险虽也含"保险"

二字，但社会保险与商业保险的性质和经营原则完全不同，世界各国对社会保险和商业保险均分别立法，有不同的政府部门实施监管。

6. 人身保险监管包括监督和管理两个方面。监督指监督保险公司及其分支机构、保险中介的市场经营行为必须合乎法律、法规和部门规章，对于违反者予以查处，监测保险公司的偿付能力和经营风险，并督促保险公司防范和化解经营风险等。管理指批准设立保险公司及其分支机构，审查保险机构高级管理人员任职资格，审批备案保险公司的保险条款和保险费率，办理保险许可证颁发和变更事项等。

（二）人身保险的特殊性与监管的必要性

1. 人身保险产品复杂

（1）条款制定的专业性。人身保险的条款一般都是保险人以及保险行业的专业名词为基础，单方面以格式内容的形式提供给消费者的。因此，大多数的普通消费者对于保险专业名词的理解可能存在问题，甚至对于字面意思的理解也可能存在歧义。

（2）费率制定的复杂性。人身保险以专业的精算技术为基础计算保费，而一般的客户对精算技术并不理解和掌握，因此在这个环节中存在信息不对称问题，如果不加强监管，很可能出现两种情况：或者任意提高保险费率，增加投保人的负担；或者不正当竞争或过度竞争，人为地压低保险费率，影响保险公司的偿付能力，最终损害保险人的利益。

（3）保险产品的创新。近年来，随着经济全球化和金融混业经营趋势的加快，人身保险产品结构发生了多方位的变化。金融业整个经营大环境发生了很大变化，公众投资意识增强，为了与银行、基金、证券等金融产品争夺市场，人身保险在强调其产品保障特性的同时，越来越凸显其理财和投资特点，保险产品证券化日益明显。

新型寿险产品中的不确定因素更多，比如投资连结产品，客户的收益取决于投资结果，这不仅与投资工具的种类和特性有关，还取决于投资人员的才能、投资法规、宏观投资环境等。不确定因素的增加使得保险产品更加复杂，带有保险、储蓄、证券的特征。公众不熟悉这些新型寿险产品，经营这些产品的保险公司也没有积累丰富的经营经验，技术上也还不是非常成熟。这就更加大了新型寿险产品的风险，为了减少客户在购买这些产品时的不确定程度，确保保险公司经营的稳定，监管部门更有必要要求保险公司充分披露产品信息，接受规范的监管。

2. 人身保险产品周期长

保险合同的期限较长，而且保险金的给付是以特定风险发生为条件的。所以，对于保险经营者的信用及经营状况必须有严格的监督管理措施，以维护被保险人的利益。

保险交易不同于我们平时常见的"一手交钱，一手交货"的实物交易。尽管投保人开始支付保险费后获得了投保公司的保险保障，但在未发生保险约定的赔偿或给付事件时，这种保险保障仅仅是一种心理上的体验，而很多客户更看重的是能否得到经济上的返还，特别是寿险产品，与财产保险和健康保险等产品不同的是，它是一种给付性质的产品，无论是传统的生存保险、死亡保险、两全保险、分红保险，还是近年来流行的投资连结产品，都强调保险金的未来给付。一旦保险公司无法履约，客户只能自己承担选择不利的后果。特别是当前，保险市场竞争加剧，高风险险种的推出，经营大环境的变化，对保险公司的财务稳健型提出了挑战。

（三）监管的主体

人身保险监管的主体是由政府授权的保险监管部门、保险行业自律组织、保险信用评级机构、独立审计机构和社会媒体等共同构成的。我国人身保险监管由中国保监会下设的人身保险监管部具体施行。中国保监会的职能部门中与人身保险监管相关的部门包括人身保险监管部、发展改革部、财务会计部（偿付能力监管部）、保险资金运用监管部、法规部。另外，中国保监会在各省、自治区、直辖市和计划单列市都有派出机构，即保监局，下设人身保险监管处具体负责各地人身保险监管工作。保险经营尤其是人身保险经营直接影响着社会的方方面面，因此受到来自社会各方面的监督，主要是保险信用评级机构、独立审计机构和社会媒体的监督。社会监督作为保险监管的一种补充力量，发挥着独特的作用。

人身保险监管部门的主要职责：承办对人身保险公司的监管工作；拟定监管规章制度和人身保险精算制度；监控保险公司的资产质量和偿付能力；检查规范市场行为，查处违法违规行为；审核和备案管理保险条款和保险费率；审核保险公司的设立、变更、终止及业务范围；审查高级管理人员任职资格。

（四）人身保险监管对象

人身保险监管的对象是商业保险领域的人身保险业务经营者（简称保险经营者）和保险中介业务经营者。

具体来说，人身保险监管对象包括以下几类：

第一类，经批准设立的保险公司，含寿险公司、专业的养老保险公司、健康保险公司和银行保险公司，以及以上保险公司的分支机构。

第二类，经批准设立的保险代理公司、保险经纪公司、保险公估公司以及这些公司的分支机构，经批准从事兼业保险代理业务的机构和经批准从事保险代理业务的个人代理人。

第三类，未经批准擅自设立的保险公司、保险公司的分支机构和代表处，未经批准擅自设立的保险代理公司、保险经纪公司和保险公估公司及这些公司的分支机构、代表处。

第四类，未经批准非法从事人身保险业务经营活动或保险中介经营活动的单位或个人。

对于上述第一类、第二类监管对象，监管部门依法保护其合法经营的权益，纠正或处罚其违法、违规经营行为；对于第三类、第四类监管对象，人身保险监管部门依法取缔，其中构成犯罪的，由司法机关追究刑事责任。

（五）监管的目标

保监会具有政府行政管理部门和保险监管机构的双重职能。作为保险监管机构，它应维护被保险人的合法权益、维护公平竞争的市场秩序和保险体系的整体安全与稳定；作为行业行政管理部门，它必须做好保险发展的中长期规划的研究和制定，研究保险发展的重大战略、基本任务和产业政策，要通过规划、指导和信息服务引导保险业发展的方向。

（六）监管的内容

1. 市场准入和退出监管

保险公司是关系公众利益的特殊企业。为保证保险公司进入时具备一定的资质，退出市场时不会影响市场稳定及损害保单持有人利益，各国的保险法规都对保险公司的设立、撤销、破产清算等制定了详细的标准和规则。在准入方面，资本金数量通常是最重要的考核标准；在市场退出方面，保险合同转移、对保单持有人利益的保护、保险保障基金的使用、市场退出的法定程序等是监管的内容。

2. 条款费率监管

监管保险条款的主要目的是维护保险合同的公平性，防止保险人利用信息优势制定有失公平的条款，损害投保人和被保险人的利益。监管保险费率的原则是保持费率的"充足性、合理性和公平性"，其中充足性是为保证费率水平足以应付以后的损失赔偿和费用开支；合理性是为防止保险人利用信息优势制定过高的费率而获得超额利润；公平性要求对风险性相近的被保险人采用的费率相同。

3. 资金运用监管

资金运用业务不仅是保险公司重要的利润来源，更直接关系到保险公司的偿付能力。因此，各个国家都对保险资金运用业务进行监管，主要有以欧盟为代表的宽松监管和其他多数国家采用的严格监管两种模式。我国对资金运用的监管采取的是严格监管模式，但是随着保险业的发展，我国对资金运用的监管有逐渐放松的趋势。

4. 市场行为监管

为了维护市场公平竞争，保护保险合同当事各方特别是投保方的利益，各国的保险监管部门几乎都对保险人和保险中介人的市场行为进行监管，主要手段包括颁布法律法规、接受公众投诉、进行现场检查等，防止保险公司经营者恶性竞争、欺骗公众、损害股东和保单持有人的利益等。

5. 偿付能力监管

偿付能力监管一直是各国保险监管的主要内容。特别是当今金融市场日趋国际化和自由化，发达国家逐步放松监管，导致市场竞争和市场创新日益活跃，传统的条款费率监管和严格审批制度已经慢慢失去效力，迫使各国纷纷寻求更加有效的监管方式。偿付能力监管逐渐在保险监管中处于核心地位，成为保护保单持有人利益和维护市场稳定的最终手段。

偿付能力监管通常包括三方面的内容：一是偿付能力计算方法，包括保险公司资产和负债的谨慎评估标准、风险资本评估标准和法定最低偿付能力标准等；二是偿付能力实际水平的检查方法，包括财务报告和精算报告制度、监管部门的现场检查以及非现场分析等；三是对偿付能力不足的处理方法，包括监管部门根据保险公司偿付能力实际水平，采取整顿、接管、清算等监管措施。

（七）监管的依据

人身保险监管的依据是有关的法律、行政法规、规章和规范性文件。在我国，法律主要是指全国人民代表大会及其常务委员会通过的法律，如《保险法》、《公司法》等；行政法规是指国务院制定和发布的条例，如《外资保险公司管理条例》；规章是指中国保监会和国务院有关部委制定和发布的部门规章，如中国保监会发布的《保险公司管理规定》等；规范性文件是指国务院、中国保监会、国务院有关部委发出的通知、指示、命令或制定的办法。

二、人身保险机构监管

人身保险机构是进行人身保险业务活动的基础和载体。人身保险机构的监管是对人身保险机构的组织形式、市场准入、营业范围、市场退出以及人身保险中介人及高级管理人实施的监管。

（一）人身保险公司的市场准入

1. 人寿保险公司的组织形式

人寿保险公司的组织形式是指在一国或一地区上，保险人在经营保险业务时所采取的组织形式。现存的保险公司组织形式按投资主体可分为：公营保险组织、民营保险组织、个人保险、合作保险组织和自保公司。我国《保险法》第六条规定："保险业务由依照本法设立的保险公司以及法律、行政法规规定的其他保险组织经营，其他单位和个人不得经营保险业务。"

2. 人身保险公司的设立

（1）人寿保险公司的设立条件。在我国，《公司法》中规定了公司的设立条件和程序，《保险法》规定了保险公司的设立条件和程序，另外还有《保险公司管理规定》，依据特别法优于普通法的原则，保险公司的设立应以《保险法》和《保险公司管理规定》为主要依据。

第一，审批原则。在我国设立保险公司或保险公司设立分支机构必须经中国保监会批准，非经中国保监会批准，任何单位、个人不得在中华人民共和国内经营或变相经营商业保险业务。经批准设立的保险公司，由批准部门颁发经营保险业务许可证，并凭经营许可证向工商行政管理机关办理登记，领取营业执照。

第二，设立原则。保险公司应遵守保险法律、法规和行政规章，应合理布局、公平竞争，有利于我国保险市场和金融体系的稳定。保险和银行、证券分业经营，财产保险业务和人身保险业务分业经营。

第三，对公司章程的规定。有符合《保险法》和《公司法》规定的公司章程。股份有限保险公司的章程由发起人起草并经全体发起人一致同意，国有独资保险公司的章程由国家投资的机构或部门依照《公司法》制定，或者由董事会制定后报国家授权投资的机构或部门批准。章程一经确立，就具有法律效力，不得违反或随意修改。

第四，对最低开业资金的规定。《保险法》第六十九条规定，设立保险公司，其注册资本的最低数额为人民币2亿元，且必须为实缴资本。《保险公司管理规定》第十六条规定，保险公司以2亿元人民币的最低资本金额设立的，在其住所地以外的每一省、自治区、直辖市首次申请设立分公司，应当增加不少于人民币2 000万元的注册资本。申请设立分公司，保险公司的注册资本达到前款规定的增资后额度的，可以不再增加相应的注册资本。保险公司注册资本达到人民币5亿元，在偿付能力充足的情况下，设立分公司不需要增加注册资本。

第五，对从业人员的规定。鉴于保险业务的专业性、高技术性和高风险性，设立保险公司须具有具备任职专业知识和业务工作经验的高级管理人员，包括展业、承保、理赔、精算、法律等各方面的专业人才以及具有相当经验的管理层。

第六，对组织机构和管理制度的规定。新设立的保险公司必须有健全的组织机构和管理制度，内部控制制度设置合理有效，人事制度、业务制度、保卫制度等保障系统健全，保证信息通畅、决策迅速、行动高效。

第七，对硬件设备的规定。新设保险公司有符合要求的营业场所和与业务有关的其他设施，以保证与经营规模相适应的营业场所与设备，更好地获取经济效益。即使在网络经济时代，以网上服务方式取代传统的保险经营方式，也不能没有营业场所和相关设施的支持。

第八，设立保险股份有限公司的股东应为企业法人或国家允许投资的其他组织；股东规格应符合中国保监会的有关规定。

第九，中国保监会规定的其他条件。

以上条件即为一家保险公司设立时所必须具备的条件。若未经中国保监会批准，擅自设立保险公司或非法从事保险业务的，可以依法予以取缔。不构成犯罪的，依法没收非法所得，并处以违法所得 1 倍以上 5 倍以下的罚款；没有违法所得的，处以 10 万元以上 50 万元以下的罚款。

（2）保险公司的设立程序。保险公司从申请设立到开始营业，一般需要经过以下几道程序：申请核准、筹建、营业登记、缴存保证金。

第一，申请核准。《保险法》第七十条规定："申请设立保险公司，应当向国务院保险监督管理机构提出书面申请，并提交下列材料：（一）设立申请书，申请书应当载明拟设立的保险公司的名称、注册资本、业务范围等；（二）可行性研究报告；（三）筹建方案；（四）投资人的营业执照或者其他背景资料，经会计师事务所审计的上一年度财务会计报告；（五）投资人认可的筹备组负责人和拟任董事长、经理名单及本人认可证明；（六）国务院保险监督管理机构规定的其他材料。"

第二，初审合格后进行筹建。《保险公司管理规定》第八条要求进行筹建的保险公司向金融监管部门提交正式申请表和有关文件、资料，包括："（一）设立申请书，申请书应当载明拟设立保险公司的名称、拟注册资本和业务范围等；（二）设立保险公司可行性研究报告，包括发展规划、经营策略、组织机构框架和风险控制体系等；（三）筹建方案；（四）保险公司章程草案；（五）中国保监会规定投资人应当提交的有关材料；（六）筹备组负责人、拟任董事长、总经理名单及本人认可证明；（七）中国保监会规定的其他材料。"

第三，经批准的公司登记注册，准备营业。《保险法》第七十七条规定："经批准设立的保险公司及其分支机构，凭经营保险业务许可证向工商行政管理机关办理登记，领取营业执照。"一般说来，领到营业执照之后，保险公司就可以开始营业了。

第四，登记后要缴存保证金。《保险法》第九十七条规定："保险公司应当按照其注册资本总额的百分之二十提取保证金，存入国务院保险监督管理机构指定的银行，除公司清算时用于清偿债务外，不得动用。"

（3）保险公司分支机构的设立。保险公司根据业务发展的需要，可以以分公司、(中心)支公司、营业部的形式向中国保监会申请设立分支机构，由保险公司总公司营业部总部负责管辖总公司所在城市的支公司、营业部，总公司所在地不再设立分公司。分支机构可以独立开展保险业务，但不具有独立的法人资格，即不具有独立的名称、独立的资产、独立的公司机构，经理和高级职员都必须由总公司安排，接受总公司的管理，不独立享有民事权利，也不独立承担民事责任。

(4)保险公司设立代表处的规定。保险公司的代表处是负责保险公司的咨询、联络、协调等非保险业务经营活动的派出机构，不得从事经营活动。国内的保险公司在境外设立代表处必须经中国保监会批准。

中国保监会对代表处实行日常和年度检查制度，包括：代表处设立或变更事项的审批手续是否完备；申报材料的内容与实际情况是否相符；代表处工作人员的任用或变更手续是否完备；代表处是否从事经营性活动等。

(二)从业人员的资格认定

《保险法》规定，有具备任职专业知识和业务工作经验的高级管理人员；申请营业登记时，要出具拟任职的高级管理人员的简历和资格证明。高级管理人员必须具有符合规定的学历和资历，无经营不善而致使公司亏损、破产记录，公务员不得担任保险公司主要负责人，离退休人员不得担任保险公司法人代表。《保险法》第八十五条规定："保险公司应当聘用经国务院保险监督管理机构认可的精算人员，建立精算报告制度。"《保险公司管理规定》规定，保险公司的高级管理人员必须符合中国保监会规定的任职资格。

(三)人身保险中介人的监管

保险中介人主要包括保险代理人、保险经纪人和保险公估人。与人身保险有关的中介主要是指保险代理人和保险经纪人。保险中介人监管的内容包括资格监管、业务监管和报表账簿监管。我国《保险法》规定，保险代理人、保险经纪人应当具备保险监督管理机构规定的资格条件，并取得保险监督管理机构颁发的经营保险代理业务许可证或者经纪业务许可证。向工商行政管理机关办理登记，领取营业执照。保险专业代理机构、保险经纪人的高级管理人员，应当品行良好，熟悉保险法律、行政法规，具有履行职责所需的经营管理能力，并在任职前取得保险监督管理机构核准的任职资格。保险代理机构、保险经纪人应当按照国务院保险监督管理机构的规定缴存保证金或者投保职业责任保险。未经保险监督管理机构批准，保险代理机构、保险经纪人不得动用保证金。

(四)人身保险公司市场退出的监管

1. 人寿保险公司的解散和清算。保险公司因分立、合并需要解散，或者股东会、股东大会决议解散，或者公司章程规定的解散事由出现，经国务院保险监督管理机构批准后解散。《保险法》第八十九条规定："经营有人寿保险业务的保险公司，除因分立、合并或者被依法撤销外，不得解散。保险公司解散，应当依法成立清算组进行清算。"保险公司的解散清算是指保险公司出现法定解散事由后，依法结清公司的债务，消灭公司法人资格的行为。保险公司依法解散的，其资产处分应当采取公开拍卖或招标的方式；协议转让的，应当报中国保监会备案。在保险合同责任清算完毕之前，公司股东不得分配公司财产，或从公司取得任何利益。

2. 人寿保险公司的撤销和清算。保险公司的撤销是指保险公司因违反法律、行政法规，被保险监督管理部门吊销经营保险业务许可证，强制关闭的行为。保险公司依法被撤销的，应当立即停止接受新业务，依法上交保险许可证，并由保险监督管理机构依法及时组织清算组，进行清算，清算顺序同解散清算。

3. 人寿保险公司的破产和清算。保险公司的破产是指保险公司不能支付其到期债务，由债权人或保险公司自身向人民法院提出申请，经保险监督管理机构同意后，由人民法院宣布其倒闭清算。《保险法》第九十一条规定："破产财产在优先清偿破产费用和共益债务后，按照下列顺序清偿：（一）所欠职工工资和医疗、伤残补助、抚恤费用，所欠应当划入职工个人账户的基本养老保险、基本医疗保险费用，以及法律、行政法规规定应当支付给职工的补偿金；（二）赔偿或者给付保险金；（三）保险公司欠缴的除第（一）项规定以外的社会保险费用和所欠税款；（四）普通破产债权。破产财产不足以清偿同一顺序的清偿要求的，按照比例分配。破产保险公司的董事、监事和高级管理人员的工资，按照该公司职工的平均工资计算。"第九十二条规定："经营有人寿保险业务的保险公司被依法撤销或者被依法宣告破产的，其持有的人寿保险合同及责任准备金，必须转让给其他经营有人寿保险业务的保险公司；不能同其他保险公司达成转让协议的，由国务院保险监督管理机构指定经营有人寿保险业务的保险公司接受转让。转让或者由国务院保险监督管理机构指定接受转让前款规定的人寿保险合同及责任准备金的，应当维护被保险人、受益人的合法权益。"

（五）外资保险企业的机构监管

1. 外资保险公司的组织形式

外资保险公司的组织形式有中外合资、独资和设立分公司。《外资保险公司管理条例》规定设立外资保险公司，应当经中国保监会批准。设立外资保险公司的地区，由中国保监会按照有关规定确定。

2. 外资保险公司的设立

申请设立外资保险公司的外国保险公司，必须具备以下条件：（1）经营保险业务30年以上；（2）在中国境内已经设立代表机构2年以上；（3）提出申请前1年年末总资产不少于50亿美元；（4）所在国家或者地区有完善的保险监管制度，并且该外国保险公司已经受到所在国家或者地区有关主管当局的有效监管；（5）符合所在国家或者地区偿付能力标准；（6）所在国家或者地区有关主管当局同意其申请；（7）中国保监会规定的其他条件。外资保险公司成立后，应当按照其注册资本或者营运资金总额的20%提取保证金，存入中国保监会指定的银行；保证金除外资保险公司用于清偿债务外，不得动用。

3. 外资保险公司分支机构的设立

外资保险机构申请在华设立代表处的，首先应当为经所在国家或地区有关主管当局批准设立的保险机构。在中国境内已设立2个及2个以上代表处的外资保险机构，若未设立总代表处，应当指定其中一个代表处负责与中国保监会进行日常联络。代表处应当于每年2月底前向中国保监会报送上一年度的工作报告；在每年其所代表的外资保险机构会计年度结束后的两个月内，向中国保监会报送该机构上一年度的年报。当发生下列事项时，应当报中国保监会批准：更换首席代表；变更名称；展期；变更地址；撤销代表处。

三、人身保险业务监管

（一）人身保险业务范围的监管

人身保险业务范围的监管是对有权开展人身保险业务的机构是否在核定的业务范围内从事保险经营活动的行为实施监管，禁止没有取得授权而开展全部或部分人身保险业务的行为。我国现行的规定是保险机构不得兼业、兼营。即保险与银行、证券分业经营，财产保险业务与人身保险业务分业经营。我国《保险公司管理规定》规定，经中国保监会核定，人寿保险公司可以经营下列全部或者部分保险业务：意外伤害保险、健康保险、传统人寿保险、人寿保险新型产品、传统年金保险、年金新型产品、其他人身保险业务、上述保险业务的再保险业务。

（二）人身保险合同的监管

人身保险合同的监管主要是对人身保险合同的主体、客体监管，人身保险合同的基本条款的监管，人身保险费率和保险费的监管以及对人身保险合同的成立、变更、中止和终止的监管。

1. 人身保险合同的主体、客体监管

人身保险合同的主体是指人身保险合同当事人和关系人。人身保险合同的当事人是指参加人身保险合同法律关系的订立，享有权利并承担义务的人；而关系人是指人身保险合同当事人之外的、对于人身保险合同规定的利益享有独立请求权的人。若投保人与被保险人不是同一人时，当事人包括保险人和投保人，关系人则包括被保险人和受益人。虽然在人身保险合同的订立和履行中，需要借助保险中介，但由于他们与合同没有直接的利害关系，所以不作为合同主体，而归为保险合同的辅助人。

人身保险合同的保险人只能是依照有关法律设立的、取得经营人身保险业务许可证的保险公司，在主管机关规定的业务范围内，从事人寿保险、健康保险和意外伤害保险，其他任何个人、企业，包括寿险公司均不得经营人身保险业务。

2. 人身保险合同基本条款的监管

保险合同是附和性合同，保险合同的条款事先由保险人依据保险条款的性质和危险情况对不同的险种拟定若干保险条款，投保人只能依据已有的保险条款进行选择表示接受或不接受，即使被保险人有特殊要求，也只能采用保险人事先准备的附加条款作为对原条款的补充，或另附特别约定保单。因此保险人容易利用模糊条款和歧义文字逃避责任。为了维护被保险人的合法利益，我国的保险监管机构对保险合同的基本条款进行了规定。

（1）保险标的。人身保险标的是人身保险合同保障的对象，即人的身体和生命，应明确载明被保险人的健康状况、性别、年龄、职业、居住地等事项。通过保险标的的确定，可以确认保险合同的种类及具体适用的规定；判断投保人是否对保险标的具有保险利益、是否存在道德危险；确定保险价值、赔偿数额和诉讼管辖等。

（2）保险金额。人身保险的保险金额是投保人对保险标的的实际投保数额，是保险人计算保费的依据，也是保险人承担赔偿或者给付保险金的最高限额。

（3）保险责任和责任免除。人身保险的保险责任指约定的事故发生后，人身保险人所承担的保险赔款或保险金给付责任，一般包括原因、后果和保险金的给付方式，是保险合同的基本条款。保险责任条款通常由保险人拟定，以列举的方式在保险合同条款中规定，由投保人根据需要进行选择。责任免除是保险人不承担的危险种类，保险标的由于不保危险的发生而造成的损失或保险金请求权均不属于保险人的责任范围，人身保险的除外责任通常包括不属于所投保的责任范围的事故、违法或违背社会道德的行为引起的事故、危险程度超过保险人承担范围的事故。

3. 人身保险保险费率和保险费的监管

人身保险费率是人身险种中每个危险单位的保险价格。保险业对各种保单费率的制定有两条途径，即个别厘定和同业公会制定，但都要报经主管部门核准，才得以生效。

保险公司报备的保险条款和保险费率有下列情形之一的，中国保监会可以要求保险公司对其进行修改，也可以要求保险公司停止使用：

（1）违反法律、法规或行政规章的禁止性规定；

（2）违反国家有关财政政策；

（3）损害社会公共利益；

（4）内容显失公平或价格垄断，侵害投保人、被保险人或受益人的合法权益；

（5）保险费率低于成本价格构成不正当竞争；

（6）条款设计或厘定费率、预定利率不当，可能危及保险公司偿付能力；

（7）中国保监会认定的其他事由。

人寿保险费的缴付与否只影响保险合同是否有效，人身保险人一般不能强制投保人必须履行缴纳保险费的义务，不得以诉讼方式要求缴付。

（三）人身保险资金运用监管

根据《保险法》、《保险公司管理规定》和《保险公司财务制度》，我国对中外资人身保险公司投资的监管主要有以下内容。

我国保险公司的资金运用必须稳健，遵循安全性原则，并保证资产的保值增值。我国目前对中外资保险公司实施不一致的资金运用政策。外资保险公司可用于投资的资金包括资本金、未分配利润、各项准备金及其他资产，其可以以人民币或外币在境内从事以下的投资领域：（1）中国的金融机构的存款，没有具体的比例限制；（2）购买政府债券和金融债券，没有具体的比例限制；（3）购买企业债券，但投资额不得超过可投资总额的10%；（4）境内外汇委托放款，该放款应有抵押品或金融机构担保，对每一单位的放款，不得超过可投资总额的5%，所有放款的总和不得超过可投资总额的30%；（5）股权投资，不得超过可投资总额的15%；（6）经批准的其他投资。对中外保险公司采取不同的政策，严格限制中资保险公司的投资渠道，主要考虑了中资保险公司的投资管理水平，控制保险公司的经营风险。但随着保险市场化程度的加大，不平等的资金运用政策限制中资保险公司的利润空间，影响中资保险公司的费率取向，并进一步影响公平的保险市场氛围的形成。

四、人身保险偿付能力的监管

（一）有关偿付能力的相关概念

1. 偿付能力

偿付能力是指公司偿还债务的能力，具体表现为公司是否有足够的资产来抵偿其债务。但是保险业是经营风险的特殊行业，涉及广大公众的利益，具有广泛的社会性，偿付能力的大小与广大公众的利益息息相关。因此，保险公司的资产能够完全偿还债务，并不说明保险公司具备了偿付能力。保险公司的偿付能力是指保险公司对所承担的风险在发生超出正常年景的赔偿和给付数额时的经济补偿能力。保险公司资产必须要超过负债达到一定的额度，也就是我们通常所说的最低偿付能力。

2. 偿付能力额度

偿付能力额度是指保险人的认可资产与认可负债的差额。偿付能力额度涉及两个方面的内容：一是保险企业实际具备的偿付能力额度；二是保险管理机关要求保险公司必须具备的最低偿付能力额度，即法定偿付能力额度。保险企业实际具备的偿付能力额度就是在某一时点上认可资产与认可负债的差额，保险企业法定偿付能力额度是国家或政府主管机关依据立法要求保险企业必须具备的偿付能力额度。

（二）寿险公司偿付能力监管的内容和层次

从保险公司偿付能力的定义可以看出，寿险公司偿付能力监管离不开对寿险公司资产和负债的有效评估。除了对资产和负债的谨慎评估外，对寿险公司偿付能力的监管还包括对寿险公司费率的审核、对资本金的最低要求、对保证金及盈余分配的有关规定、各项责任准备金的提取标准、法定最低偿付能力额度的制定以及对保险资金使用上的控制等多方面内容。

在实际工作中，对寿险偿付能力的监管可以分为两个层次：

第一个层次是正常层次的监管，又称定性监管，其主要手段是对寿险经营的各个环节进行监管，如要求寿险公司厘定适当、公平、合理的保险费率，保持与其自留风险一致的净资产，提足各项准备金，保证保险基金投资收益超过预期等。从理论上讲，在正常年度，即没有巨灾发生的情况下，这一层次的监管可以保证寿险公司能够维持正常的偿付能力。

第二个层次是偿付能力额度监管，又称定量监管，即规定保险公司必须具备与其业务规模相适应的法定最低偿付能力额度。在寿险公司的经营过程中，很可能会发生实际赔偿或给付超出预定额度的情况，投资收益也可能偏离预期的目标，基于一定经验假设测算的保费和提存的准备金也会产生偏差，这就要求寿险公司实际资产减去负债后必须保持一定的余额，以应付可能产生偏差的风险。

（三）人寿保险的定量监管

随着我国保险业的不断发展，保险开放程度不断扩大，保险业的监管也从费率、条款为中心的审慎性监管向以偿付能力为中心的监管发展。中国保监会于 2008 年颁布《保险公司偿付能力管理规定》，建立了与国际趋同的、以风险为基础的动态偿付能力监管框架，并提出了分类监管的要求。中国保监会于 2012 年 3 月发布了《中国第二代偿付能力监管制度体系建设规划》，计划用三至五年时间，建成既与国际接轨又符合我国国情的第二代偿付能力监管制度体系，整体框架主要包括三大支柱。第一支柱：资本充足要求。主要是定量监管要求，包括资产负债评估标准、实际资本标准、最低资本标准、资本充足率标准和监管措施等。第二支柱：风险管理要求。主要是与偿付能力相关的定性监管要求，包括公司全面风险管理要求，监管部门对公司资本计量和风险管理的监督检查等。第三支柱：信息披露要求。主要是与偿付能力相关的透明度监管要求，包括对监管部门的报告要求和对社会公众的信息公开披露要求。

1. 我国《保险法》对偿付能力的规定

《保险法》第一百零一条规定：保险公司应当具有与其业务规模和风险程度相适应的最低偿付能力。保险公司的认可资产减去认可负债的差额不得低于国务院保险监督管理机构规定的数额；低于规定数额的，应当按照国务院保险监督管理机构的要求采取相应措施达到规定的数额。

《保险法》第一百零二条规定：经营财产保险业务的保险公司当年自留保险费，不得超过其实有资本金加公积金总和的 4 倍。

《保险法》第一百零三条规定：保险公司对每一危险单位，即对一次保险事故可能造成的最大损失范围所承担的责任，不得超过其实有资本金加公积金总和的 10%；超过的部分应当办理再保险。保险公司对危险单位的划分应当符合国务院保险监督管理机构的规定。

《保险法》第一百零四条规定：保险公司对危险单位的划分方法和巨灾风险安排方案，应当报国务院保险监督管理机构备案。

2. 现行保险公司偿付能力管理的要求

（1）资本充足要求。《保险公司偿付能力管理规定》规定：保险公司应当具有与其风险和业务规模相适应的资本，确保偿付能力充足率即保险公司的实际资本与最低资本的比率不低于 100%。

对于不足类公司，中国保监会应当区分不同情形，采取下列一项或者多项监管措施：①责令增加资本金或者限制向股东分红；②限制董事、高级管理人员的薪酬水平和在职消费水平；③限制商业性广告；④限制增设分支机构、限制业务范围、责令停止开展新业务、责令转让保险业务或者责令办理分出业务；⑤责令拍卖资产或者限制固定资产购置；⑥限制资金运用渠道；⑦调整负责人及有关管理人员；⑧接管；⑨中国保监会认为必要的其他监管措施。

（2）风险管理要求。中国保监会建立以风险为基础的动态偿付能力监管标准和监管机制，对保险公司偿付能力进行综合评价和监督检查，并依法采取监管措施。保险公司应当按照中国保监会制定的保险公司偿付能力报告编报规则定期进行偿付能力评估，计算最低资本和实际资本，进行动态偿付能力测试。保险公司应当以风险为基础评估偿付能力并对未来规定时间内不同情形下的偿付能力趋势进行预测和评价。偿付能力管理体系包括资产管理、负债管理、资产负债匹配管理、资本管理等。具体要求如下：

资产管理。保险公司应当建立有效的资产管理制度和机制，重点从以下方面识别、防范和化解集中度风险、信用风险、流动性风险、市场风险等资产风险：①加强对承保、再保、赔付、投资、融资等环节的资金流动的监控；②建立有效的资金运用管理机制，根据自身投资业务性质和内部组织架构，建立决策、操作、托管、考核相互分离和相互牵制的投资管理体制；③加强对子公司、合营企业及联营企业的股权管理、风险管理和内部关联交易管理，监测集团内部风险转移和传递情况；④加强对固定资产等实物资产的管理，建立有效的资产隔离和授权制度；⑤建立信用风险管理制度和机制，加强对债权投资、应收分保准备金等信用风险较集中的资产的管理。

负债管理。保险公司应当重点从以下方面识别、防范和化解承保风险、担保风险、融资风险等各类负债风险：一是明确定价、销售、核保、核赔、再保等关键控制环节的控制程序，降低承保风险；二是建立和完善准备金负债评估制度，确保准备金负债评估的准确性和充足性；三是建立融资管理制度和机制，明确融资环节的风险控制程序；四是严格保险业务以外的担保程序，遵循法律、行政法规和中国保监会的有关规定，根据被担保对象的资信及偿债能力，采取谨慎的风险控制措施，及时跟踪监督。

资产负债匹配管理。保险公司应当加强资产负债管理，建立资产负债管理制度和机制，及时识别、防范和化解资产负债在期限、利率、币种等方面的不匹配风险及其他风险。

资本管理。保险公司应当建立健全资本管理制度，持续完善公司治理，及时识别、防范和化解公司的治理风险和操作风险。保险公司应当建立资本约束机制，在制定发展战略、经营规划、设计产品、资金运用等时考虑对偿付能力的影响。保险公司应当建立与其发展战略和经营规划相适应的资本补充机制，通过融资和提高盈利能力保持公司偿付能力充足。

（3）信息披露要求。保险公司应当按照中国保监会制定的保险公司偿付能力报告编报规则及有关规定编制和报送偿付能力报告，确保报告信息真实、准确、完整、合规。保险公司偿付能力报告包括年度报告、季度报告和临时报告。

【本章小结】

人身保险投资与监管	人身保险投资概述	人身保险投资在保险经营中越发重要。人身保险投资的资金来源包括资本金、各种准备金以及资本公积、盈余公积、未分配利润等留存收益。 由于人身保险经营的特殊性，人身保险投资必须坚持安全性、流动性、收益性、多样性和社会性原则。其中，收益性是保险投资的目标，安全性是保险投资的出发点，流动性是基础，而多样性是手段。 保险投资的形式多种多样，从我国保险投资实践来看，保险投资渠道不断拓宽，主要包括银行存款、政府债券、金融债券、企业债券、资金拆借、证券投资基金、股票投资、间接投资基础设施建设、保险外汇资金的境外投资等。

续表

人身保险 投资 与监管	人身保险 市场监管	人身保险监管是指人身保险监管部门为了维护金融稳定，保护投保人、被保险人、受益人及社会公众的利益，对人身保险行业实施的监督和管理。 对这一概念的理解可以从人身保险监管的目的、范围、监管机构以及内涵等方面入手。 人身保险监管的必要性主要源自人身保险的特殊性。一是人身保险产品复杂，二是人身保险产品期限长。 人身保险监管目标的定位，与人身保险业的发展状况、政府对人身保险业的认识、政府认可的监管理论以及国家的经济体制和宏观环境都有一定的关系。另外，监管目标还应具有阶段性和可操作性。从各国保险实践看，在保险业发展初期，监管者往往倾向于重视保险业的成长；而在保险业相对成熟时期，则更多地注重维护被保险人的利益。 从中长期看，保险监管的目标应该是：保护消费者利益；维护公平竞争；维护保险市场的稳定。作为发展中国家，我国保险监管还有一个特殊目标，就是培育保险市场。具体来说，我国人身保险监管的目标有四个：维护被保险人的利益；维护公平竞争的市场秩序；维护人身保险体系的安全和稳定；培育保险市场。 人身保险监管的模式无外乎两种：以偿付能力监管为主的相对宽松的监管模式和以市场行为监管为主的严格监管模式。此外还有一种介于两种模式之间的中间模式。 人身保险监管内容包括人身保险机构的监管、保险中介人的监管、人身保险业务的监管以及偿付能力监管。

【课后习题】

1. 简述保险投资资金来源。

2. 人身保险监管的目标是什么？

3. 我国是如何对人身保险合同条款和保险费率进行监管的？

4. 简述人身保险投资对人身保险公司的重要性以及我国保险监管机构对其如何进行监管，谈谈你对我国人身保险投资监管的看法。

5. 谈谈你对市场行为监管和偿付能力监管的认识。

6. 简述我国目前的偿付能力监管框架。

7. 对人身保险公司的准备金进行监管的目的是什么？我国对此有哪些具体规定？

8. 对人身保险公司的最低偿付能力额度进行监管的意义是什么？

9. 简述我国现阶段全面监管的弊端以及未来人身保险监管的发展。

人身保险公司服务评价管理办法

（保监发〔2013〕73 号）

第一章　总　　则

第一条　为全面贯彻落实《人身保险业务基本服务规定》，建立人身保险公司服务评价体系，提升人身保险公司服务品质和服务效率，切实维护保险消费者合法权益，促进人身保险行业持续健康发展，制定本办法。

第二条　人身保险公司应当通过实施服务评价，建立"评价、查找、整改、提高"的良性循环机制，不断优化服务流程，改善服务质量。

第三条　人身保险公司服务评价工作应当遵循下列原则：

（一）全面评价。服务评价应当覆盖人身保险售前、售中、售后各个环节中与客户的所有接触点。

（二）客户导向。服务评价应当以客户感受为中心，对人身保险公司服务的过程和结果进行评价。

（三）持续改进。服务评价应充分发挥导向作用，引导人身保险公司不断改善服务水平。

（四）客观透明。服务评价应当考虑不同人身保险公司因发展阶段、经营模式和服务地域导致的客观差异，评价过程公正、规范、科学，评价结果真实、客观、透明。

第四条　服务评价工作由服务评价委员会统一组织、指导和协调。服务评价委员会的秘书处设在中国保险行业协会。服务评价委员会接受中国保监会的管理和指导，中国保监会人身保险监管部为服务评价委员会直接主管部门。

第五条　服务评价委员会下设人身险行业客户满意度指数（ICSI）专家委员会，负责满意度指数测评机制的制定、评估和修订。

第二章　评价体系

第六条　开业满三个会计年度的人寿保险公司、健康保险公司总公司，以及上述公司所辖的开业满三个会计年度的省级分公司、计划单列市分公司应当参与服务评价。

第七条　服务评价应当从影响服务质量的销售、承保、保全、理赔、咨询回访、投诉等环节，对人身保险公司的服务品质和服务效率进行全面评估。

第八条　除特别说明外，服务评价应当覆盖人身保险公司所有个人业务的销售和服务渠道，包括经公司授权委托提供销售或其他服务的第三方渠道。

第九条　服务评价由人身保险公司在服务评价委员会的指导下统一组织实施，覆盖总公司、省级分公司和计划单列市分公司两个层级。

第十条　服务评价指标体系由定性指标、定量指标和客户满意度指数构成。

（一）定性指标包括基本原则、基本要求和创新指引三部分。其中，基本原则是指人身保险公司各服务环节应当遵循的原则。基本要求是指人身保险公司提供服务过程中根据相关法律、法规和规范性文件应当达到的最低要求。创新指引是指部分人身保险公司在提供服务过程中提高客户服务体验，并值得其他公司学习、借鉴的创新做法。

（二）定量指标以保监会和各人身保险公司系统数据为基础，根据特定口径和计算公式，对公司与客户各环节接触点的服务品质和服务效率进行客观评价的指标体系。

（三）客户满意度指数是以客户感受为中心，委托独立第三方从客户角度对人身保险公司服务品质和服务效率进行评价的体系。

第十一条　服务评价采取定性评价和定量评价相结合的方式，评价最终结果由定性评价得分、定量评价得分和满意度评分构成，并分别列示。

（一）定性评价基础分为零，服务评价委员会根据人身保险公司申报的服务创新项目加 1 至 10 分，并在最后总分中单独列示。

（二）定量评价模型采用百分制，根据定量评价模型分别由定量指标、单项定量指标、指数评分逐级计算汇总得到保险公司定量评价的总分。定量评价模型由服务评价委员会制定并披露。

（三）客户满意度评价采用百分制，由客户满意度指数专家委员会根据满意度指数模型计算得出满意度评分。

（四）服务评价委员会可根据评价工作需要增设服务评价扣分项，并制定扣分规则。

第三章　评价方法及要求

第十二条　人身保险公司应当成立服务评价执行小组，共同推动和执行服务评价工作。执行小组成员应当至少包括公司总经理、各服务环节的提供和支持部门负责人、绩效考核部门负责人。

第十三条　人身保险公司应当于每年 12 月 31 日前，对照服务评价的定性指标从制度和操作层面对公司本年度的服务质量进行评估。

第十四条　人身保险公司从制度层面开展服务质量定性评估时，应当遵循定性指标的基本原则，符合但不限于定性指标的基本要求，探索改进服务质量的方法和途径，不断完善相关的服务制度。

第十五条　人身保险公司从操作层面开展服务质量定性评估时，应当评估相关操作流程及奖惩制度在落实定性指标中的有效性，并采取抽样、实地检查等方式评估定性指标的落实效果。

第十六条　人身保险公司可于每年 12 月 31 日前将公司在评价年度采用的服务创新举措（包括方法、技术、模式等）向服务评价委员会秘书处申报，由服务评价委员会对服务举措的创新度和创新效果进行评估和公示，公示结束后根据反馈意见进行相应加分。

第十七条　人身保险公司应当对照服务评价体系的定量指标，对数据来源于公司的各项定量指标进行统计、测评和分析。保监会相关部门根据职责分工对数据来源于保监会的各项定量指标进行统计、测评和分析。

第十八条　定量评价原则上每年开展一次，除特别说明外，评价区间为每年 1 月 1 日至 12 月 31 日。各保险公司应于次年 3 月 1 日前将总公司、各省级分公司和计划单列市分公司的评价结果提交服务评价委员会的秘书处。

第十九条　人身保险公司应当自行开发数据提取程序，实现来源于公司的指标数据全部由系统自动生成，不得人为操作影响数据真实性。

第二十条　人身保险公司应当完整记录和保存定量指标测评过程中的方法、程序和数据，并可在事后再现测评过程和结果，确保测评结果的可验证性。

第四章　客户满意度测评

第二十一条　人身保险公司客户满意度测评工作由服务评价委员会组织、保险公司参与、第三方机构实施。

第二十二条　服务评价委员会应组织人身保险行业客户满意度指数专家委员会建立人身险行业客户满意度指数（ICSI，Insurance Customer Satisfaction Index），作为衡量客户服务质量的关键指标。服务评价委员会应当每年组织开展人身保险公司客户满意度测评工作，鼓励人身保险公司建立面对终端客户的满意度测评体系。

第二十三条　人身保险行业客户满意度指数体系（ICSI）包括人身保险行业整体客户满意度指数、各人身保险公司客户满意度指数、各地区人身保险行业客户满意度指数、人身保险各业务环节客户满意度指数。

第二十四条　人身保险行业客户满意度指数模型采用结构方程模型。模型由企业形象、客户期望、感知质量、感知价值、客户满意度、客户关系管理和客户忠诚度等 7 个潜变量构成。每个潜变量由与之对应的观测变量决定。所有观测变量的基础数据通过问卷调查方式获得。

第二十五条　人身保险行业客户满意度指数专家委员会每年应依据人身保险行业发展情况、社会关注的服务热点问题及客户满意度指数测评的连续性要求，建立和及时修订满意度指数模型，并拟定具体的《人身保险行业客户满意度指数测评实施方案》，指导客户满意度测评数据的科学采集、参与测评公司及行业的客户满意度指数的测算，每年向服务评价委员会报告人身保险公司服务质量状况和人身保险行业客户满意度指数（ICSI）。

第二十六条　《人身保险行业客户满意度指数测评实施方案》实行版本管理，每年度根据专家委员会的意见进行方案修订和版本升级，具体内容包括但不限于：调查对象、观测变量的选定，调查问卷、抽样方案、有效样本数量的设计，第三方调查机构的遴选标准、调查过程及结果的管理。

第二十七条　客户满意度测评数据每年采集一次，由具备调查资质的第三方调查机构依据当年颁布的《人身保险行业客户满意度指数测评实施方案》执行。调查数据采集过程中，第三方调查机构必须确保客户信息安全。

第二十八条　负责客户满意度测评数据采集的第三方调查机构由服务评价委员会招标选定。服务评价委员会在选择第三方调查机构前制定遴选标准、建立招投标机制。第三方调查机构应当接受服务评价委员会对测评数据质量的监管，并与接受委托的人身保险公司签署客户信息保密协议。

第二十九条 人身保险行业客户满意度调查数据采集完成后，由指数专家委员组织进行《人身保险行业年度客户满意度指数》课题研究并撰写调查报告，报告应对各测评项目的测评结果及其相关信息进行详细阐述。每年测评结束后，由指数专家委员会就客户满意指数的测评结果进行解释。

第三十条 负责满意度测评数据采集的第三方调查机构应当按照指定格式向服务评价委员会提供所有客户满意度测评的原始答卷数据、受访者姓名和联系方式以及调研原始录音。

第三十一条 为有效地指导人身保险公司持续改进服务质量，所有客户满意度测评的原始资料，包括问卷、原始答卷数据和调研原始录音，将通过服务评价委员会专设的公示站点，向参与测评的保险公司公开，便于保险公司及时了解自身客户的意见。但保险公司不得查询非本公司客户的满意度测评原始资料。

第五章　评价组织及管理

第三十二条 服务评价委员会委员由科研院校、人寿保险公司、健康保险公司、保监会、保监局和中国保险行业协会的学者和代表组成。其中，保险公司委员人数不低于50%。人身险行业客户满意度指数（ICSI）专家委员会由科研院校、保监会和保险公司专家担任委员。

第三十三条 服务评价委员会应建立消费者、人身保险公司、监管部门对服务评价工作意见的收集和采纳机制，审议和推进下列工作：

（一）审议服务评价定性标准，更新和公布创新实践标准的具体内容；

（二）审议定量评价指标、客户满意度评价的观测变量、满意度调查问卷的科学性和合理性，组织完善评价体系；

（三）审定年度人身保险行业客户满意度指数测评实施方案，选定第三方调查机构；

（四）组织开展人身保险公司年度服务评价工作；

（五）审核认定公司服务创新项目，分析公司服务质量，编制并管理行业服务评价结果；

（六）总结行业服务工作经验，制定行业服务改进倡议和指引，推广优秀实践，树立行业标准；

（七）其他人身保险服务评价重要工作。

第三十四条 在服务评价工作中可能接触到人身保险公司保单和客户等数据信息的机构和人员，包括但不限于监管机构、服务评价委员会、第三方调查机构，以及上述机构的工作人员或成员，未经授权不得将上述信息用于服务评价以外用途，不得接触、复制、保存、传播或向第三方提供上述信息。

第三十五条 服务评价委员会应当在保监会指导下不断完善服务评价模型，根据各人身保险公司上报的指标数据，计算行业标准值，确定各公司评价结果，并做好服务评价结果的管理和发布工作。

第三十六条　服务评价试点运行的前两个年度，所有评价结果仅在行业内部发布。从第三个年度开始，由服务评价委员会向社会公布各人身保险公司及其省级和计划单列市分公司的服务评价结果。

第三十七条　人身保险公司应当对照服务评价结果，查找评价指标及客户满意度显示服务质量不高的环节，深入分析原因、制定整改方案，并将服务评价工作纳入公司日常管理及考核。

第三十八条　保监会及其派出机构应当根据服务评价结果，对评价结果不高的公司加大检查频率和力度，并对评价指标及客户满意度显示服务质量不高的环节进行重点检查。

第三十九条　参与服务评价测评的人身保险公司应当积极配合测评工作，如实提供相关测评数据资料，不得干扰测评活动，不得弄虚作假。针对测评中发现的服务质量问题，监管部门有权要求并督促人身险公司采取有效措施进行整改，提升人身险行业整体服务质量。

第四十条　保监会及其派出机构应当根据需要对人身保险公司报送评价结果涉及的相关资料和数据进行核实，并选择公司进行现场抽查。

第六章　罚　　则

第四十一条　人身保险公司未按规定保存评价过程中的方法、程序和数据，导致监管机构在检查中无法以再现方式验证公司评价数据和评价结果真实性的，由监管机构依据《保险法》第一百七十一条对责任机构和人员予以处罚。

第四十二条　人身保险公司在服务评价过程中存在虚报、瞒报、漏报等行为，导致服务评价结果不真实的，由监管机构责令公司改正，并向社会公开通报。情节严重的，依据《保险法》第一百七十二条对责任机构和人员予以处罚。

第四十三条　保险监管机构工作人员、服务评价委员会成员、第三方调查机构及其工作人员违反本办法第三十四条规定的保密义务，尚不构成犯罪的，由相关部门依法给予行政处罚，并承担对相关主体的民事责任。情节严重的，移交司法机关追究其他相应的法律责任。

第七章　附　　则

第四十四条　服务评价委员会由保监会人身保险监管部指导中国保险行业协会组织设立，并拟定章程报保监会审定后实施。

第四十五条　本办法所称公司或保险公司是指人寿保险公司和健康保险公司。

第四十六条　本办法自 2013 年 10 月 1 日起生效。

附录二

重大疾病保险的疾病定义使用规范

前　言

为方便消费者比较和选择重大疾病保险产品，保护消费者权益，结合我国重大疾病保险发展及现代医学进展情况，并借鉴国际经验，中国保险行业协会与中国医师协会共同制定重大疾病保险的疾病定义（以下简称疾病定义）。

为指导保险公司使用疾病定义，中国保险行业协会特制定《重大疾病保险的疾病定义使用规范》（以下简称规范）。

根据重大疾病保险的起源、发展和特点，本规范中所称"疾病"是指重大疾病保险合同约定的疾病、疾病状态或手术。

1　适用范围

本规范中的疾病定义在参考国内外成年人重大疾病保险发展状况并结合现代医学进展情况的基础上制定，因此，本规范适用于保险期间主要为成年人（十八周岁以上）阶段的重大疾病保险。

2　使用原则

2.1　保险公司将产品定名为重大疾病保险，且保险期间主要为成年人（十八周岁以上）阶段的，该产品保障的疾病范围应当包括本规范内的恶性肿瘤、急性心肌梗塞、脑中风后遗症、冠状动脉搭桥术（或称冠状动脉旁路移植术）、重大器官移植术或造血干细胞移植术、终末期肾病（或称慢性肾功能衰竭尿毒症期）；除此六种疾病外，对于本规范疾病范围以内的其他疾病种类，保险公司可以选择使用；同时，上述疾病应当使用本规范的疾病名称和疾病定义。

2.2　根据市场需求和经验数据，各保险公司可以在其重大疾病保险产品中增加本规范疾病范围以外的其他疾病种类，并自行制定相关定义。

2.3　重大疾病保险条款和配套宣传材料中，本规范规定的疾病种类应当按照本规范3.1所列顺序排列，并置于各保险公司自行增加的疾病种类之前；同时，应当对二者予以区别说明。

2.4　保险公司设定重大疾病保险除外责任时，对于被保险人发生的疾病、达到的疾病状态或进行的手术，保险公司不承担保险责任的情形不能超出本规范3.2规定的范围。

3　重大疾病保险条款的相关规定

重大疾病保险条款中的疾病名称、疾病定义、除外责任和术语释义应当符合本规范的具体规定。

3.1　重大疾病保险的疾病名称及疾病定义

被保险人发生符合以下疾病定义所述条件的疾病，应当由专科医生明确诊断。

3.1.1　恶性肿瘤

指恶性细胞不受控制的进行性增长和扩散，浸润和破坏周围正常组织，可以经血管、淋巴管和体腔扩散转移到身体其他部位的疾病。经病理学检查结果明确诊断，临床诊断属于世界卫生组织《疾病和有关健康问题的国际统计分类》（ICD－10）的恶性肿瘤范畴。

下列疾病不在保障范围内：

（1）原位癌；

（2）相当于 Binet 分期方案 A 期程度的慢性淋巴细胞白血病；

（3）相当于 Ann Arbor 分期方案 I 期程度的何杰金氏病；

（4）皮肤癌（不包括恶性黑色素瘤及已发生转移的皮肤癌）；

（5）TNM 分期为 T1N0M0 期或更轻分期的前列腺癌（注）；

（6）感染艾滋病病毒或患艾滋病期间所患恶性肿瘤。

注：如果为女性重大疾病保险，则不包括此项。

3.1.2　急性心肌梗塞

指因冠状动脉阻塞导致的相应区域供血不足造成部分心肌坏死。须满足下列至少三项条件：

（1）典型临床表现，例如急性胸痛等；

（2）新近的心电图改变提示急性心肌梗塞；

（3）心肌酶或肌钙蛋白有诊断意义的升高，或呈符合急性心肌梗塞的动态性变化；

（4）发病 90 天后，经检查证实左心室功能降低，如左心室射血分数低于 50%。

3.1.3　脑中风后遗症

指因脑血管的突发病变引起脑血管出血、栓塞或梗塞，并导致神经系统永久性的功能障碍。神经系统永久性的功能障碍，指疾病确诊 180 天后，仍遗留下列一种或一种以上障碍：

（1）一肢或一肢以上肢体机能完全丧失；

（2）语言能力或咀嚼吞咽能力完全丧失；

（3）自主生活能力完全丧失，无法独立完成六项基本日常生活活动中的三项或三项以上。

3.1.4　重大器官移植术或造血干细胞移植术

重大器官移植术，指因相应器官功能衰竭，已经实施了肾脏、肝脏、心脏或肺脏的异体移植手术。

造血干细胞移植术，指因造血功能损害或造血系统恶性肿瘤，已经实施了造血干细胞（包括骨髓造血干细胞、外周血造血干细胞和脐血造血干细胞）的异体移植手术。

3.1.5　冠状动脉搭桥术（或称冠状动脉旁路移植术）

指为治疗严重的冠心病，实际实施了开胸进行的冠状动脉血管旁路移植的手术。

冠状动脉支架植入术、心导管球囊扩张术、激光射频技术及其他非开胸的介入手术、腔镜手术不在保障范围内。

3.1.6　终末期肾病（或称慢性肾功能衰竭尿毒症期）

指双肾功能慢性不可逆性衰竭，达到尿毒症期，经诊断后已经进行了至少 90 天的规律性透析治疗或实施了肾脏移植手术。

3.1.7 多个肢体缺失

指因疾病或意外伤害导致两个或两个以上肢体自腕关节或踝关节近端（靠近躯干端）以上完全性断离。

3.1.8 急性或亚急性重症肝炎

指因肝炎病毒感染引起肝脏组织弥漫性坏死，导致急性肝功能衰竭，且经血清学或病毒学检查证实，并须满足下列全部条件：

（1）重度黄疸或黄疸迅速加重；

（2）肝性脑病；

（3）B超或其他影像学检查显示肝脏体积急速萎缩；

（4）肝功能指标进行性恶化。

3.1.9 良性脑肿瘤

指脑的良性肿瘤，已经引起颅内压增高，临床表现为视神经乳头水肿、精神症状、癫痫及运动感觉障碍等，并危及生命。须由头颅断层扫描（CT）、核磁共振检查（MRI）或正电子发射断层扫描（PET）等影像学检查证实，并须满足下列至少一项条件：

（1）实际实施了开颅进行的脑肿瘤完全切除或部分切除的手术；

（2）实际实施了对脑肿瘤进行的放射治疗。

脑垂体瘤、脑囊肿、脑血管性疾病不在保障范围内。

3.1.10 慢性肝功能衰竭失代偿期

指因慢性肝脏疾病导致肝功能衰竭。须满足下列全部条件：

（1）持续性黄疸；

（2）腹水；

（3）肝性脑病；

（4）充血性脾肿大伴脾功能亢进或食管胃底静脉曲张。

因酗酒或药物滥用导致的肝功能衰竭不在保障范围内。

3.1.11 脑炎后遗症或脑膜炎后遗症

指因患脑炎或脑膜炎导致的神经系统永久性的功能障碍。神经系统永久性的功能障碍，指疾病确诊180天后，仍遗留下列一种或一种以上障碍：

（1）一肢或一肢以上肢体机能完全丧失；

（2）语言能力或咀嚼吞咽能力完全丧失；

（3）自主生活能力完全丧失，无法独立完成六项基本日常生活活动中的三项或三项以上。

3.1.12 深度昏迷

指因疾病或意外伤害导致意识丧失，对外界刺激和体内需求均无反应，昏迷程度按照格拉斯哥昏迷分级（Glasgow coma scale）结果为5分或5分以下，且已经持续使用呼吸机及其他生命维持系统96小时以上。

因酗酒或药物滥用导致的深度昏迷不在保障范围内。

3.1.13 双耳失聪

指因疾病或意外伤害导致双耳听力永久不可逆性丧失，在 500 赫兹、1 000 赫兹和 2 000 赫兹语音频率下，平均听阈大于 90 分贝，且经纯音听力测试、声导抗检测或听觉诱发电位检测等证实。

注：如果保险公司仅承担被保险人在某年龄之后的保障责任，须在疾病定义中特别说明。

3.1.14 双目失明

指因疾病或意外伤害导致双眼视力永久不可逆性丧失，双眼中较好眼须满足下列至少一项条件：

（1）眼球缺失或摘除；

（2）矫正视力低于 0.02（采用国际标准视力表，如果使用其他视力表应进行换算）；

（3）视野半径小于 5 度。

注：如果保险公司仅承担被保险人在某年龄之后的保障责任，须在疾病定义中特别说明。

3.1.15 瘫痪

指因疾病或意外伤害导致两肢或两肢以上肢体机能永久完全丧失。肢体机能永久完全丧失，指疾病确诊 180 天后或意外伤害发生 180 天后，每肢三大关节中的两大关节仍然完全僵硬，或不能随意识活动。

3.1.16 心脏瓣膜手术

指为治疗心脏瓣膜疾病，实际实施了开胸进行的心脏瓣膜置换或修复的手术。

3.1.17 严重阿尔茨海默病

指因大脑进行性、不可逆性改变导致智能严重衰退或丧失，临床表现为明显的认知能力障碍、行为异常和社交能力减退，其日常生活必须持续受到他人监护。须由头颅断层扫描（CT）、核磁共振检查（MRI）或正电子发射断层扫描（PET）等影像学检查证实，且自主生活能力完全丧失，无法独立完成六项基本日常生活活动中的三项或三项以上。

神经官能症和精神疾病不在保障范围内。

注：如果保险公司仅承担被保险人在某年龄之前的保障责任，须在疾病定义中特别说明。

3.1.18 严重脑损伤

指因头部遭受机械性外力，引起脑重要部位损伤，导致神经系统永久性的功能障碍。须由头颅断层扫描（CT）、核磁共振检查（MRI）或正电子发射断层扫描（PET）等影像学检查证实。神经系统永久性的功能障碍，指脑损伤 180 天后，仍遗留下列一种或一种以上障碍：

（1）一肢或一肢以上肢体机能完全丧失；

（2）语言能力或咀嚼吞咽能力完全丧失；

（3）自主生活能力完全丧失，无法独立完成六项基本日常生活活动中的三项或三项以上。

3.1.19 严重帕金森病

是一种中枢神经系统的退行性疾病，临床表现为震颤麻痹、共济失调等。须满足下列全部条件：

（1）药物治疗无法控制病情；

（2）自主生活能力完全丧失，无法独立完成六项基本日常生活活动中的三项或三项以上。

继发性帕金森综合征不在保障范围内。

注：如果保险公司仅承担被保险人在某年龄之前的保障责任，须在疾病定义中特别说明。

3.1.20　严重Ⅲ度烧伤

指烧伤程度为Ⅲ度，且Ⅲ度烧伤的面积达到全身体表面积的20%或20%以上。体表面积根据《中国新九分法》计算。

3.1.21　严重原发性肺动脉高压

指不明原因的肺动脉压力持续性增高，进行性发展而导致的慢性疾病，已经造成永久不可逆性的体力活动能力受限，达到美国纽约心脏病学会心功能状态分级 IV 级，且静息状态下肺动脉平均压超过 30mmHg。

3.1.22　严重运动神经元病

是一组中枢神经系统运动神经元的进行性变性疾病，包括进行性脊肌萎缩症、进行性延髓麻痹症、原发性侧索硬化症、肌萎缩性侧索硬化症。须满足自主生活能力完全丧失，无法独立完成六项基本日常生活活动中的三项或三项以上的条件。

注：如果保险公司仅承担被保险人在某年龄之前的保障责任，须在疾病定义中特别说明。

3.1.23　语言能力丧失

指因疾病或意外伤害导致完全丧失语言能力，经过积极治疗至少 12 个月（声带完全切除不受此时间限制），仍无法通过现有医疗手段恢复。

精神心理因素所致的语言能力丧失不在保障范围内。

注：如果保险公司仅承担被保险人在某年龄之后的保障责任，须在疾病定义中特别说明。

3.1.24　重型再生障碍性贫血

指因骨髓造血功能慢性持续性衰竭导致的贫血、中性粒细胞减少及血小板减少。须满足下列全部条件：

（1）骨髓穿刺检查或骨髓活检结果支持诊断；

（2）外周血象须具备以下三项条件：

① 中性粒细胞绝对值≤$0.5 \times 10^9/L$；

② 网织红细胞 <1%；

③ 血小板绝对值≤$20 \times 10^9/L$。

3.1.25　主动脉手术

指为治疗主动脉疾病，实际实施了开胸或开腹进行的切除、置换、修补病损主动脉血管的手术。主动脉指胸主动脉和腹主动脉，不包括胸主动脉和腹主动脉的分支血管。

动脉内血管成形术不在保障范围内。

3.2 重大疾病保险的除外责任

因下列情形之一，导致被保险人发生疾病、达到疾病状态或进行手术的，保险公司不承担保险责任：

3.2.1 投保人、受益人对被保险人的故意杀害、故意伤害；

3.2.2 被保险人故意自伤、故意犯罪或拒捕；

3.2.3 被保险人服用、吸食或注射毒品；

3.2.4 被保险人酒后驾驶、无合法有效驾驶证驾驶，或驾驶无有效行驶证的机动车；

3.2.5 被保险人感染艾滋病病毒或患艾滋病；

3.2.6 战争、军事冲突、暴乱或武装叛乱；

3.2.7 核爆炸、核辐射或核污染；

3.2.8 遗传性疾病，先天性畸形、变形或染色体异常。

3.3 术语释义

3.3.1 六项基本日常生活活动

六项基本日常生活活动是指：（1）穿衣：自己能够穿衣及脱衣；（2）移动：自己从一个房间到另一个房间；（3）行动：自己上下床或上下轮椅；（4）如厕：自己控制进行大小便；（5）进食：自己从已准备好的碗或碟中取食物放入口中；（6）洗澡：自己进行淋浴或盆浴。

3.3.2 肢体机能完全丧失

指肢体的三大关节中的两大关节僵硬，或不能随意识活动。肢体是指包括肩关节的整个上肢或包括髋关节的整个下肢。

3.3.3 语言能力或咀嚼吞咽能力完全丧失

语言能力完全丧失，指无法发出四种语音（包括口唇音、齿舌音、口盖音和喉头音）中的任何三种、或声带全部切除，或因大脑语言中枢受伤害而患失语症。

咀嚼吞咽能力完全丧失，指因牙齿以外的原因导致器质障碍或机能障碍，以致不能作咀嚼吞咽运动，除流质食物外不能摄取或吞咽的状态。

3.3.4 永久不可逆

指自疾病确诊或意外伤害发生之日起，经过积极治疗180天后，仍无法通过现有医疗手段恢复。

3.3.5 专科医生

专科医生应当同时满足以下四项资格条件：（1）具有有效的中华人民共和国《医师资格证书》；（2）具有有效的中华人民共和国《医师执业证书》，并按期到相关部门登记注册；（3）具有有效的中华人民共和国主治医师或主治医师以上职称的《医师职称证书》；（4）在二级或二级以上医院的相应科室从事临床工作三年以上。

3.3.6 感染艾滋病病毒或患艾滋病

艾滋病病毒指人类免疫缺陷病毒，英文缩写为HIV。艾滋病指人类免疫缺陷病毒引起的获得性免疫缺陷综合征，英文缩写为AIDS。

在人体血液或其他样本中检测到艾滋病病毒或其抗体呈阳性，没有出现临床症状或体征的，为感染艾滋病病毒；如果同时出现了明显临床症状或体征的，为患艾滋病。

3.3.7 遗传性疾病

指生殖细胞或受精卵的遗传物质（染色体和基因）发生突变或畸变所引起的疾病，通常具有由亲代传至后代的垂直传递的特征。

3.3.8 先天性畸形、变形或染色体异常

指被保险人出生时就具有的畸形、变形或染色体异常。先天性畸形、变形和染色体异常依照世界卫生组织《疾病和有关健康问题的国际统计分类》（ICD－10）确定。

4 重大疾病保险宣传材料的相关规定

在重大疾病保险的宣传材料中，如果保障的疾病名称单独出现，应当采用以下主标题和副标题结合的形式。

4.1 恶性肿瘤——不包括部分早期恶性肿瘤

4.2 急性心肌梗塞

4.3 脑中风后遗症——永久性的功能障碍

4.4 重大器官移植术或造血干细胞移植术——须异体移植手术

4.5 冠状动脉搭桥术（或称冠状动脉旁路移植术）——须开胸手术

4.6 终末期肾病（或称慢性肾功能衰竭尿毒症期）——须透析治疗或肾脏移植手术

4.7 多个肢体缺失——完全性断离

4.8 急性或亚急性重症肝炎

4.9 良性脑肿瘤——须开颅手术或放射治疗

4.10 慢性肝功能衰竭失代偿期——不包括酗酒或药物滥用所致

4.11 脑炎后遗症或脑膜炎后遗症——永久性的功能障碍

4.12 深度昏迷——不包括酗酒或药物滥用所致

4.13 双耳失聪——永久不可逆

注：如果保险公司仅承担被保险人在某年龄之后的保障责任，须在副标题中注明。

4.14 双目失明——永久不可逆

注：如果保险公司仅承担被保险人在某年龄之后的保障责任，须在副标题中注明。

4.15 瘫痪——永久完全

4.16 心脏瓣膜手术——须开胸手术

4.17 严重阿尔茨海默病——自主生活能力完全丧失

注：如果保险公司仅承担被保险人在某年龄之前的保障责任，须在副标题中注明。

4.18 严重脑损伤——永久性的功能障碍

4.19 严重帕金森病——自主生活能力完全丧失

注：如果保险公司仅承担被保险人在某年龄之前的保障责任，须在副标题中

注明。

4.20　严重Ⅲ度烧伤——至少达体表面积的 20%

4.21　严重原发性肺动脉高压——有心力衰竭表现

4.22　严重运动神经元病——自主生活能力完全丧失

注：如果保险公司仅承担被保险人在某年龄之前的保障责任，须在副标题中注明。

4.23　语言能力丧失——完全丧失且经积极治疗至少 12 个月

注：如果保险公司仅承担被保险人在某年龄之后的保障责任，须在副标题中注明。

4.24　重型再生障碍性贫血

4.25　主动脉手术——须开胸或开腹手术

5　附则

5.1　中国保险行业协会建立常设机构，研究重大疾病保险相关疾病医疗实践的进展情况，并组织人员定期对疾病定义及规范进行修订。

5.2　本规范自发布之日起施行。2007 年 8 月 1 日后，保险公司签订的保险期间主要为成年人（十八周岁以上）阶段的重大疾病保险合同应当符合本规范。对本规范施行前已经签订的重大疾病保险合同，保险公司要做好相关服务工作。

5.3　本规范由中国保险行业协会负责解释。

参 考 文 献

［1］池小平、郑祎华、修波：《人身保险》，北京，中国金融出版社，2006。

［2］张洪涛、庄作谨：《人身保险》，北京，中国人民大学出版社，2003。

［3］陶存文：《保险百年》，北京，中国财政经济出版社，2010。

［4］蒋虹：《人身保险》，北京，对外经济贸易大学出版社，2010。

［5］陶存文：《人身保险原理与实务》，北京，高等教育出版社，2010。

［6］杜树楷：《人身保险》，北京，高等教育出版社，2008。

［7］孙祁祥、郑伟：《中国保险业发展报告2012》，北京，北京大学出版社，2012。

［8］郑祎华、辛桂华：《人身保险理论与实务》，大连，东北财经大学出版社，2011。

［9］黄景清：《保险案例精解》，北京，中国水利水电出版社，2003。

［10］孙祁祥：《保险学》，北京，北京大学出版社，2003。

［11］李秀芳、曾庆五：《保险精算》，北京，中国金融出版社，2006。

［12］卢仿先、曾庆五：《寿险精算数学》，天津，南开大学出版社，2001。

［13］章琪等：《寿险精算原理》，上海，上海财经大学出版社，1997。

［14］张洪涛等：《保险学》，北京，中国人民大学出版社，2000。

［15］刘明亮、邓庆彪：《利息理论及其应用》，北京，中国金融出版社，2007。

［16］翁小丹：《人身意外伤害保险和健康保险》，北京，中国财政经济出版社，2007。

［17］刘经纶：《重大疾病保险》，北京，中国金融出版社，2001。

［18］杜树楷：《银行保险》，北京，中国人民大学出版社，2005。

［19］黄占辉、王汉亮：《健康保险学》，北京，北京大学出版社，2006。

［20］刘金章、王晓珊：《人寿与健康保险》，北京，清华大学出版社，2010。

［21］杜树楷、周宇梅：《人身保险》，北京，高等教育出版社，2003。

［22］中国金融教育发展基金会金融理财师标准委员会：《员工福利与退休计划》，北京，中信出版社，2004。

［23］王宪章：《寿险公司运营》，北京，中国财政经济出版社，2002。

［24］洪娟、李军：《团体人身险纠纷案例》，北京，中国劳动社会保障出版社，2003。

［25］江生忠等：《人身保险市场与营销》，北京，中国财政经济出版社，2004。

［26］李克强：《人身保险业务员手册》，北京，企业管理出版社，2002。

［27］胡娟：《保险销售心理与销售技巧》，上海，华东理工大学出版社，2009。

［28］王丽莉：《保险营销员核保手册》，北京，中国金融出版社，2002。

［29］《寿险公司核保手册》，内部资料，2008。

［30］杜庆生、魏成和、庞惠珍：《保险医学实用手册》，北京，中国金融出版社，2005。

［31］吴定富：《保险原理与实务》，北京，中国财政经济出版社，2006。

［32］陈文辉：《人身保险监管》，北京，中国财政经济出版社，2004。

［33］魏迎宁：《人身保险监管手册之一：现场检查》，北京，中国财政经济出版社，2005。